汽车配件管理

主　编　龚建春　张敬东
副主编　张　娜　余旭东
参　编　王丽萍　于春鹏　贾淑媛
　　　　郭小兰　蒲光华　黎　辉
　　　　袁文胜

中南大學出版社
www.csupress.com.cn

内容简介

汽车配件管理是汽车服务工程专业课程，包括汽车基本知识及有关汽车配件的采购、仓储和销售等内容，通过运用合理的技巧、周到的服务以开展汽车配件商务活动。本书共分10章，在简要介绍汽车工业和汽车配件市场的发展后，重点阐述了汽车配件相关常识、汽车结构基础知识、汽车常见易损件和常用材料、汽车配件市场调查与预测、汽车配件目标市场营销与策略、汽车配件订货管理、汽车配件仓储管理、汽车配件销售、汽车配件计算机管理系统等内容。

本书内容丰富，信息量大，可作为高等院校汽车服务工程和车辆工程、汽车运用技术等专业的教材或参考用书，也可作为汽车及其服务产业从业人员的培训资料和工具书。

应用型本科院校汽车服务工程专业“十三五”规划教材

学术委员会

主　任

张国方

专　家

（按姓氏笔画排序）

邓宝清　孙仁云　张敬东　李翔晟
苏铁熊　胡宏伟　徐立友　简晓春
鲍　宇　倪骁骅　高俊国

前　言

我国汽车工业的高速发展和社会汽车保有量的迅猛增长，给汽车维修企业和汽车配件经营企业带来了巨大的商机，同时也对企业的经营管理水平以及配件行业的从业人员有了更新和更高的素质要求。

编写本书的目的是为汽车技术服务类师生提供一本较全面、系统了解汽车配件管理的教材。本书可供汽车服务工程专业、车辆工程专业、汽车运用技术专业等学生选用，也可供汽车维修企业、汽车配件管理、经营人员参考。

本书从实际应用的角度出发，详细介绍汽车工业和汽车配件市场的发展，汽车配件相关常识(如安全、危险品、汽车零部件的编号行业术语等)，对汽车结构基础知识、汽车常见易损件和常用材料，介绍了汽车配件市场调查与预测、汽车配件目标市场营销与策略、汽车配件订货管理、汽车配件仓储管理、汽车配件销售与汽车配件计算机管理系统等内容，随书附录列出了四川汽车工业股份有限公司技术中心负责起草的汽车产品零部件编号中的组号和分组号与产品结构特征代号，便于学生或从业人员查询选用相关配件代号。

本书由攀枝花学院交通与汽车工程学院龚建春、张敬东主编，攀枝花学院余旭东、黑龙江工程学院张娜担任副主编。

全书共10章，其中第1章由攀枝花学院张敬东编写，第2章、第7章由攀枝花学院龚建春编写，第3章由攀枝花学院余旭东、黎辉编写，第4章由攀枝花学院郭小兰编写，第5章由四川绵阳师范学院蒲光华、攀枝花学院贾淑媛编写，第6章由黑龙江工程学院于春鹏编写，第8章、第10章由黑龙江工程学院张娜编写，第9章由攀枝花学院王丽萍编写。全书由攀枝花学院交通与汽车工程学院龚建春统稿，农业部南京农业机械化研究所袁文胜参与了部分章节的初稿编写及图表整理工作。

由于本书涉及技术内容范围较广，且实践性较强，加之编写时间仓促，编写水平有限，不妥之处在所难免，恳请广大读者不吝赐教。

编者

2016年6月

目 录

第 1 章　概论

1.1　汽车工业和汽车市场的发展

1.1.1　蒸汽汽车的诞生

人类对自然界的认识是逐渐加深的，从最初的利用人力、畜力到后来使用水力、风力等。

1705 年，纽科门·托马斯(Newcomen Thomas)首次发明了不依靠人和动物来做功而是靠机械做功的实用化蒸汽机。这种蒸汽机用于驱动机械，产生了划时代的第一次工业革命。随着蒸汽驱动的机械汽车的诞生，人类社会开始了无休止的汽车发展的历史。

1757 年，詹姆斯·瓦特(James Watt)被聘为英国格拉斯戈大学实验室技师，接触到纽科门蒸汽机。1763 年他发现其只利用了气压差，没有利用蒸汽的张力。1769 年，他与博尔顿(Matthew Boulton)合作发明了装有冷凝器的蒸汽机。

蒸汽机推动了机械工业的发展，并为汽轮机和内燃机的发展奠定了基础。

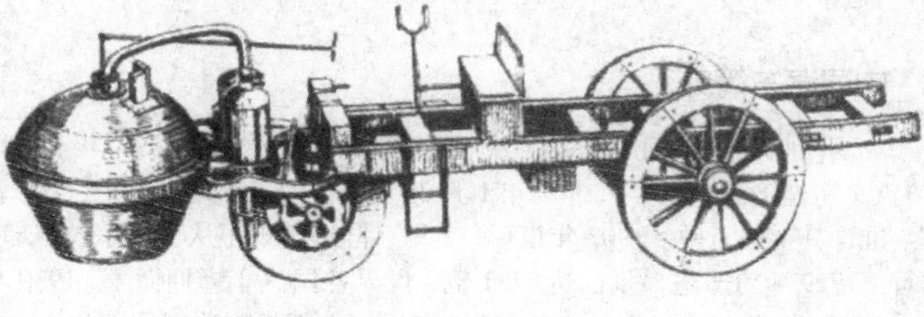

图 1-1　蒸汽汽车

1769 年，法国人 N. J. 居纽(Cugnot)制造了世界上第一辆蒸汽驱动的三轮汽车——“卡布奥雷”，车长 7.32 m，车高 2.2 m，运行速度为 3.5 ~3.9 km/h。因为是使用蒸汽为动力，故得名“汽车”。

1.1.2 第一辆内燃机汽车的诞生

世界上第一辆汽车是由德国人卡尔·弗里特立奇·本茨(Karl Friedrich Benz, 1844—1929)于1885年10月研制成功的，此举奠定了汽车设计基调，即使现在的汽车也跳不出这个框。他于1886年1月29日向德国专利局申请汽车发明的专利，同年的11月2日专利局正式批准发布(专利号：37435)。因此，1886年1月29日被公认为是世界汽车的诞生日，本茨的专利证书也成为了世界上第一张汽车专利证书。

其实，在本茨之前还有一些人在研制汽车发动机和汽车，法国报刊早在1863年就报道过雷诺(Louis Renault)发明的汽车，车速不到8 km/h，但它还是从巴黎到乔维里波达来回跑了18 km。1884年，法国人戴波梯维尔运用内燃机作为动力源，制造了一辆装有单缸内燃机的三轮汽车和一辆装有两缸内燃机的四轮汽车。

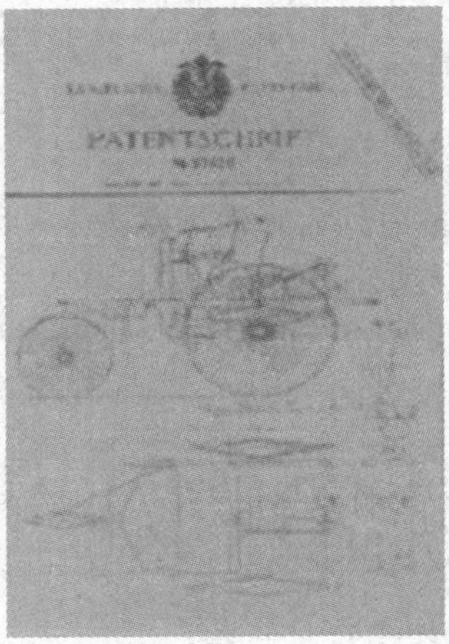

图1-2 世界上第一张汽车专利证书

图1-3 世界上第一辆汽车

1.1.3 中国汽车简史

1901年，匈牙利人李恩时(Leinz)从香港将两辆创立于1897年的奥斯莫比尔(Oldsmobile)汽车运至上海公租界。1902年1月30日，上海工部局经例会讨论，决定颁予其“临时牌照”，准许其上路行驶。1903年以后，上海已陆续出现了从事汽车或零部件销售、汽车出租的洋行。1929年汽车进口量已达8781辆，世界各国汽车蜂拥而入，1930年中国汽车保有量为38484辆，却没有一辆国产汽车，不少有识之士都想制造中国的汽车，可是限于当时的情况，都没能实现。

1928年，张学良在东北易帜后，要化兵为工，在辽宁迫击炮厂成立了民用工业制造处，后改称为辽宁民生工厂，试制汽车。中国人当时还没有生产汽车的经验，于是聘请了美国人为总工程师。1929年3月，民生工厂引进了一辆美国“瑞雷号”汽车进行装配实验，并以该车为样板，于1931年试制成功了一辆名为“民生牌”75型汽车，民生牌汽车为长头，棕色，采用六缸水冷汽油发动机，65马力，前后轮距4.7 m，前后四轮为单胎，最高车速为40 km/h。自行设计的缓冲式后轴也有自己的特点，水箱分为四部，即使一部损坏，汽车仍可照常行驶。

它开辟了中国人试制汽车的先河，可惜第二辆汽车还没制造出来，“九一八”事件爆发，东北三省被日本占领，民生汽车也随之夭折。

图1－4　收藏于北京汽车博物馆的“民生牌”75型汽车复制模型

新中国的汽车工业，与共和国共命运，经过半个世纪的努力，发生了天翻地覆的变化。从一个曾经是“只有卡车没有轿车”、“只有公车没有私车”、“只有计划没有市场”的汽车工业，终于形成了一个种类比较齐全、生产能力不断增长、产品水平日益提高的汽车工业体系。回顾中国汽车工业60余年走过的路程，一步一个脚印，处处印证着各个历史时期的时代特色，经历了从无到有、从小到大，创建、成长和全面发展三个历史阶段。

1. 创建阶段(1953—1965年)

1953年7月15日在长春打下了第一根桩，从而拉开了新中国汽车工业筹建工作的帷幕。国产第一辆汽车于1956年7月13日驶下总装配生产线。这是由长春一汽生产的“解放牌”载货汽车(图1－5)，结束了中国不能制造汽车的历史，圆了中国人自己生产国产汽车之梦。

1958年以后，中国汽车工业出现了新的情况，由于国家实行企业下放，各省市纷纷利用汽车配件厂和修理厂仿制和拼装汽车，形成了中国汽车工业发展史上第一次“热潮”，形成了一批汽车制造厂、汽车制配厂和改装车厂，汽车制造厂由当初(1953年)的1家发展为16家(1960年)，维修改装车厂由16家发展为28家。其中，南京、上海、北京和济南的4个较有基础的汽车制配厂，经过技术改造成为继一汽之后第一批地方汽车制造厂，发展汽车品种，相应建立了专业化生产模式的总成和零部件配套厂。

2. 成长阶段(1966—1980年)

1964年，国家确定在三线建设以生产越野汽车为主的第二汽车制造厂，二汽是我国汽车工业第二个生产基地，与一汽不同，二汽是依靠我国自己的力量创建起来的工厂(由国内自行设计、自己提供装备)，采取了“包建”(专业对口老厂包建新厂、小厂包建大厂)和“聚宝”(国内的先进成果移植到二汽)的方法，同时在湖北省内外安排新建、扩建26个重点协作配套厂。一个崭新的大型汽车制造厂在湖北省十堰市兴建和投产，当时主要生产中型载货汽车和越野汽车。

图1－5　解放 CA－10

与此同时，四川和陕西汽车制造厂和与陕汽生产配套的陕西汽车齿轮厂，分别在重庆市大足县和陕西省宝鸡市(现已迁至西安)兴建、投产，主要生产重型载货汽车和越野汽车。

在此期间，一汽、南汽、上汽、北汽和济汽5个老厂分别承担了包建和支援三线汽车厂(二汽、川汽、陕汽和陕齿)的建设任务，其自身投入技术改造扩大生产能力。地方发展汽车工业，几乎全部仿制国产车型重复生产。据粗略统计，解放牌车型20多家，北京130车型20多家，跃进车型近20家，北京越野车近10家。改装零产件品种增多，厂家增加到2100家。

3. 全面发展阶段(1981—至今)

从20世纪80年代中期开始，针对汽车业“缺重少轻，轿车几乎空白”的不利局面，我国确定建立“三大”(上海、一汽、二汽)、“三小”(天津、北京、广州)轿车生产基地，并正式将轿车项目列为国家重点支持项目，中国汽车工业开始了战略转移。此时，10万一汽人刚刚完成以解放卡车换型为主的“二次创业”，马上进行以上轿车为主要内容的第三次创业，一举建成了3万辆新型红旗轿车和15万辆合资轿车生产基地，轿车成为企业创利的主导产品，一汽因此重新焕发了青春，现在一年汽车产量突破40万辆。

中国轿车工业的“加速”发展，是乘着改革开放的春风前行的。1984年初，中美合资北京吉普汽车有限公司成立，开创了我国合资生产整车的先河。上海大众、一汽大众、神龙公司、上海通用……一个个大型中外合资轿车企业迅速崛起，并成为中国轿车工业的主力军。

4. 中国汽车市场的变迁

1)中国汽车市场的酝酿阶段

1990年，中国汽车年销量约为4.2万辆，中国私人乘用车保有量约为24万辆，汽车家庭普及率约为0.1%；2010年，中国汽车年销量约为1700万辆，其中私人乘用车约为1020万辆，中国私人乘用车保有量约为3000万辆，汽车家庭普及率约为10%。也就是说，中国私人乘用车的家庭普及率，从0.1%到10%，用了20年。

2)中国汽车市场的发展阶段

根据预测，中国将在未来几年将汽车家庭普及率提高到50%左右，私人乘用车的保有量将达到1.5亿左右。国家工信部预计到2020年中国汽车保有量将超过2亿辆。

在此阶段也将会有大量新品牌加入到竞争中来，对中国市场而言，虽然目前已经有50余个主流汽车品牌每年推出数百款新产品，但未来几年显然会有更多品牌加入竞争，由政府主导其中一些品牌的兼并重组，可能展现在我们面前的是各品牌不断变换。

3）中国汽车市场的普及阶段

中国的汽车家庭普及率从50%发展到90%以上的趋势，似乎难以精确预测，因为受到很多不确定性因素的影响。预计这个发展过程会受到很多外部因素的制约，这些外部制约因素包括：能源问题、环境问题、新技术、新消费理念、环保意识、国家调控等，是一个复杂的经济政治文化领域的博弈结果。初步预计当普及率达到50%左右时，国内汽车年产销量的增速应该下降，私人乘用车的年产销量将达到3000万辆左右的规模，也就是说每三年就会贡献近1亿辆的汽车保有量。届时，中国的汽车产业需要依靠出口来消化自身的过剩产能，这样的发展阶段更加需要政府的干预与调控。

在此阶段也将迎来汽车金融消费的高峰期，那时会有更多的车主依靠汽车金融贷款来购买汽车，在此之前，很可能整个产业仍然得满足于每年不足20%的车主靠贷款购车的现状。

这个时候会有更多公司不堪竞争压力被迫退出竞争，到那时中国才真正有可能产生市场自发的兼并重组，一些品牌会破产倒闭，市场份额会进一步集中在少数几个集团品牌手中，整个产业继续向90%的家庭普及率前进。

4）中国汽车市场的饱和阶段

在市场饱和阶段，大量过剩的产能需要依靠出口市场来消化，中国的汽车工业也就完全融入到了世界汽车工业中去。

5. 我国汽车的发展趋势

从汽车销量增长速度来看我国的汽车市场潜力绝对是非常巨大的，特别是乘用车市场在不断地扩大，结合现在的汽车市场情况，分析未来我国汽车工业的发展趋势如下：

1）国内汽车增长快，潜力巨大，乘用车市场仍将继续扩大

我国仍将处于工业化和城镇化同步加速发展的阶段，国内生产总值和居民收入将持续增长，国家也将继续出台有利于扩大内需的各项政策，加之二、三线城市及农村市场的汽车需求增加，预计我国汽车消费市场将进一步扩大。

2）我国将逐步由汽车制造大国向制造强国转变

我国给大家的一个印象是汽车制造大国，近年来具有国际竞争力的国内知名汽车企业逐渐涌现，汽车生产核心技术和新技术逐渐为国内企业所掌握，出口规模逐年扩大，我国已经具备了向汽车制造强国转变的基础。为了实现转变的目标，我国必须首先形成多家规模化、集团化企业，兼并重组势在必行，自主品牌必将成为政府未来大力扶持的对象。随着近期整车及汽车零部件支持政策的陆续颁布，未来行业的发展重点着重体现在加强自主品牌企业技术开发力度；鼓励提高研发能力和技术创新能力；积极开发具有自主知识产权的产品和实施品牌经营战略。未来自主品牌汽车产品所占的市场份额可望逐步扩大，技术实力也会迅速提升，中国的汽车市场将逐步由汽车制造大国向制造强国转变。

3）节能环保、新能源汽车是我国汽车发展主要方向

我国汽车保有量大幅上升，对资源的需求急剧增加，同时造成的空气污染也日益严重。受益于节能环保政策的推出，未来节能环保、新能源汽车及相关零部件行业将是新的投资增长点，也是未来汽车工业的发展方向。

在现有产业结构、能源结构的背景下，鼓励低能耗、小排量汽车的生产和消费已成为汽

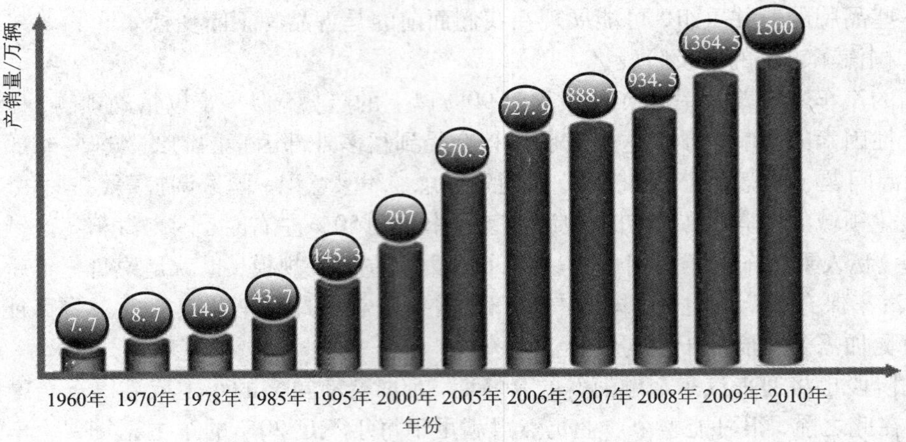

图1－6　汽车销量图

车工业节能减排的有效途径。据工信部汽车工业经济运行情况统计，在节能汽车推广政策的作用下，近几年小排量乘用车销量增长十分迅速。2014 年 1—3 月该类型车型销售达到 326.59万辆，同比增长 5.25%；占乘用车销售市场的 67.07%。

4）产业结构调整将进一步深化

我国汽车产业结构问题突出，未来产业结构的调整将进一步深化。需大力推进跨区域兼并重组，以进一步调整产业组织结构；需提高小排量汽车比例和大力发展节能与新能源汽车，以进一步优化产品结构；需大力提高核心零部件国产化的比例，以进一步促进零部件与整车的协调发展和提升行业整体竞争力；需进一步调整汽车消费城乡二元结构，大力开拓农村汽车市场。

5）汽车产业出口还将进一步扩大

随着我国汽车整车产品质量的提高和出口渠道的多元化，未来我国汽车出口将继续增长，整车出口将成为自主品牌企业新的增长点；2012 年，连续 10 年汽车出口排名第一的奇瑞出口量达 18.48 万辆，同比增长 16.26%。

6. 我国汽车市场在全球地位越来越突出

随着我国汽车产销量的逐年增加，我国汽车工业在全球汽车市场的地位发生实质性变化，跨国公司在中国的产量占其总产量的比例越来越高；中国成为其利润的重要来源地和增长地，对跨国公司在中国的战略决策机制将产生显著影响。跨国公司将会从产品研发开始注入更多的中国元素，未来还将针对中国市场专门开发新型汽车产品。

1.2　汽车配件市场的发展与现状

1.2.1　汽车配件的概念和定义

汽车配件是指用于新车装配的原部件、售后零配件及汽车用品。汽车配件种类繁多，现如今汽车品牌越来越多，汽车类型也越来越多。汽车可以分为乘用车与商用车两种，其中乘用车指的是车辆座位少于九座(含驾驶员位)，以载客为主要目的的车辆。具体来说，乘用车又分为基本乘用车即轿车，MPV 车型，SUV 车型以及其他车型如皮卡等。商用车是指车辆座位大于九座(含驾驶员位)或者以载货为主要目的的车辆。具体又分为：客车、载货车、半挂车、客车非完整车、载货非完整车。随着人们生活水平的提高，人们对汽车的消费也越来越多，汽车配件这个市场变得也越来越大。

汽车零部件的种类名目非常多，一般情况下，载货汽车的零部件总数达到 7000～8000 个，而轿车的零部件总数更多，达到 10000 个以上。在一辆汽车总成本中，零部件成本占 70%～80%。如果从汽车零部件的使用材质、使用用途、结构功能、科技含量等方面来看，大致可以分为以下几类：

(1)零部件按材质分类，可分为金属零部件和非金属零部件。目前，金属零部件所占比例60%～70%，非金属零部件占30%～40%，其中塑料零部件占5%～10%。从发展趋势来看，金属零部件比重逐渐下降，塑料零部件逐渐增加。

(2)按零部件使用用途分类，可分为汽车制造用零部件和汽车维修养护用零部件，例如维修检测诊断设备、喷漆防腐及保养设备、清洗及加油站设备、润滑油与润滑剂等。各自所占比例决定于汽车产量和保有量，以及汽车维修量的多少。从世界总的状况来看，两类零部件的大体比例为 4∶1。

(3)按零部件的性质分类，可分为：①发动系统，包括发动机总成、滤清器、气缸及部件、油封、油泵油嘴、节油器、气门挺柱、油管、连杆总成、曲轴凸轮轴、轴瓦及连杆瓦、气门及部件、油箱、活塞、飞轮齿圈、涨紧轮、皮带、增压器、化油器、三元催化器、燃油喷射装置、起动机及配件、其他发动系统等汽车发动系统配件；②行走系统，包括前桥、后桥、减震系统、悬挂系统、桥壳、半轴、平衡块、缓冲器、轮辋、轮毂、车架总成、汽车轮胎、农用车轮胎、工程机械轮胎及其他行走系统等汽车配件；③车身附件，包括车壳、车门、汽车玻璃、车镜、车牌架、座椅及附件、汽车轴承、扶手、把手、拉手、中网、叶子板、驾驶室及配件、安全气囊、汽车安全带、玻璃升降器、汽车天线、雨刮器、汽车消声器、汽车喇叭、车用密封条、保险杠、行李箱、行李架、挤压件、冲压件、排气管、其他车身附件等汽车配件；④转向系统，包括横拉杆总成、拉杆、拉杆球头、中心拉杆、转向主动臂、转向从动臂、转向器防尘套、转向机总成、转向减振器、转向助力泵、转向器垫片修理包、动力转向油箱、拉杆调节螺栓、转向从动臂衬套、动力转向管、转向节、转向盘、其他转向系统等汽车配件。

(4)从零部件模块化供应的角度来看，汽车零部件可分为“模块→总成→组件→零部件”几个层次，在理论上一般依次称为一级零部件供应商、二级零部件供应商、三级零部件供应商。但由于目前受零部件技术水平及传统生产方式的影响，这种真正意义上的“模块”化生产即使在欧美发达国家也很少见。

(5)按科技含量，汽车主要零部件分类见表 1－1。

表 1-1 主要汽车零部件按科技含量分类表

类别	零部件名称
高科技类	发动机总成、齿型带、V 型泵、排气催化转化器、风扇离合器、空调设备、后视镜、座椅系统、油封、中央接线盒、汽车仪表、汽车铸件、模具、软内饰件、安全气囊特种油品、安全玻璃、燃油喷射装置、自动变速箱总成、制动防抱死系统(ABS)、加速防滑调节装置(ASR)、自动平衡系统、四轮转向、四轮驱动、主动悬架、半主动悬架、全自动空气悬架系统、全球定位导航系统(GPS)
科技类	变速箱总成、保险杠(大型塑料件)、活塞、活塞环、气门、液压挺杆、轴瓦、塑料油箱、机油滤清器、燃油滤清器、离合器、盘式制动器、转向盘、刮水器、门锁、安全带、发电机、起动机、组合开关、分电器、等角速万向节、专用紧固件、灯具、汽车锻件、轴承、音响设备、车载电视、特种带材(轴瓦、散热器用)
一般类	高压油管、散热器、制动软管、转向器、传动轴、后桥齿轮、减振器、钢板、弹簧、轮辋、玻璃升降器、风扇洗涤器、暖风机、点火线圈、火花塞、喇叭、电线束、灯泡、随车工具、蓄电池

1.2.2 中国汽车零部件产业现状

1. 中国汽车零部件现状

中国汽车零部件产业在2010年收益已达1.644万亿人民币，成为全球零部件行业盈利水平最高的国家。至2015年，汽车配件行业总营收已超3万亿人民币，同比增长8.29%，这一增长率远高整车行业的4.73%（表1-2），但是中国汽车零部件产业达到全球最高的盈利水平，并不意味着中国汽车零部件行业拥有了更多的专利和核心技术，其实除了规模以外，汽车零部件与国际先进水平仍有较大差距。德国、美国、日本之所以能够成为汽车强国，除拥有一批强大的整车厂商外，还在于其背后“矗立”着一批强大的零部件公司：德国大众背后有博世、西门子，日本丰田、本田背后有电装和爱信，美国通用背后有德尔福、伟世通等，韩国则是靠摩比斯支撑。近年来，国内汽车零部件产业规模增速较快，但由于产业技术含量不高，并受国外厂商的挤压，深陷“内忧外患”之中，已成为制约中国汽车产业做大做强的主要“短板”之一。2016年是中国“十三五”规划开局之年，也是中国汽车工业的转变之年。作为世界上最大的汽车制造国和汽车消费市场，中国汽车零部件产业的发展直接关系到中国汽车产业的发展，如何利用科技成果和智力资源，调整结构、转型升级、提升核心竞争力，克服困难，突出重围，中国汽车零部件产业任重道远。

表 1-2 近年汽车零部件行业主要经营指标对比(数据来源：国家统计局)

时间	企业/家	营业收入/亿元	同比增长/%	利润/亿元	同比增长/%
2012年	9341	22267	11.97	1523	7.74
2013年	10333	27096	18.15	1886	21.6
2014年	11110	29073	1.06	2149	16.12
2015年	12090	32117	8.29	2464	13.41

2. 中国汽车零部件配套关系现状

1）国外零部件公司涌入我国

世界“6+3”汽车跨国公司已悉数进入我国建立合资公司。

世界已有近30家大的跨国零部件公司，以合资、控股、独资的方式，在中国已建立零部件企业近500家。如德尔福、伟世通、电装、李尔、江森控制、天合、德纳、菲特尔·墨古、法雷奥、大陆、弗雷西亚、采埃孚、纳铁福、奥立托夫、玛格纳、博世、本特勒、海拉、贝洱、爱信精机、矢崎、小糸车灯等。

由于中国的汽车市场规模大、发展潜力更大，外资零部件企业进入中国已成汹涌之势。这些企业对中国本土零部件企业及产品已构成严峻挑战和威胁。

2）国内配套关系的现状

中国汽车零部件企业上万家，但规模以上企业只有1500家左右。在商用货车、客车领域，其配套基本以中资企业配套为主；中高级轿车，则是以合资、独资企业及外购零部件（进口）配套为主。

3）汽车零部件认证制度及管理

（1）美国、欧洲、日本及我国实行认证制度。

美国——自我认证，强制召回，安全认证和环境保护认证。

“自我认证”，即汽车制造商按照联邦汽车法规的要求自己进行检查和验证。美国政府主管部门的任务是缺陷产品强制召回。

欧洲——型式认证、自愿召回，以独立的第三方认证机构进行认证。通过检查企业的生产一致性来确保产品质量。

美国对汽车的管理是推动式的，政府推着企业走（事后检验）；而欧洲则是拉动式的，政府拉着企业走（事前检验）。

欧洲各国的汽车认证依据的是ECE法规、EC指令，主要有E标志认证和e标志认证两类。

日本——独具特色的型式认证。日本的汽车认证制度与欧洲类似，属型式认证。认证体系由《汽车型式指定制度》、《新型汽车申报制度》、《进口汽车特别管理制度》三个认证制度组成。代表日本型式认证制度特点的应该是《型式制定制度》，该制度审查的项目主要有：①汽车是否符合安全基准（车辆的尺寸、质量、车体的强度、各装置的机能、排气量、噪声大小等）；②汽车的均一共同性（生产阶段的质量管理体制）；③汽车成车后的检查体制等。

我国实行的强制认证制度（自愿性认证）与强制召回制度。强制认证（自愿性认证），我国的汽车管理制度为事前检验、市场准入，零部件强制认证结合自愿性认证。国家各部门的分工主要在工作任务：传统的计划经济模式一直延续至今，国家发改委一直对汽车的市场准入进行管理，而汽车零部件的强制认证（自愿性认证）由国家认证认可监督管理委员会归口管理。汽车召回归国家质检总局归口管理。

（2）汽车产品3C强制性认证。

实施强制性产品认证的13类机动车零部件产品目录包括：机动车灯具产品、机动车回复反射器、汽车行驶记录仪、车身反光标志、汽车制动软管、机动车后视镜、机动车喇叭、汽车燃油箱、门锁及门铰链、内饰材料、座椅及头枕等。加上此前已实施强制性认证的汽车安全带、机动车轮胎、汽车安全玻璃和摩托车发动机，现在共有17类机动车用零部件及其总成产品。它们必须通过3C认证、获得3C证书并加施3C标志，才能在中国市场销售、装车。对于生产企业，3C认证是一道门槛。

(3)汽车召回制度。

《缺陷汽车产品召回管理规定》2004年3月15日正式发布，10月1日起开始实施。这是我国以缺陷汽车产品为试点首次实施召回制度。

《缺陷汽车产品召回管理规定》是由国家质量监督检验检疫总局、国家发展和改革委员会、商务部、海关总署联合制定发布。

缺陷汽车产品召回管理规定分为：自愿召回与强制召回。

主要内容是：汽车产品的制造商(进口商)对其生产(进口)的缺陷汽车产品依据规定履行召回义务，并承担消除缺陷的费用和必要的运输费；汽车产品的销售商、租赁商、修理商应当协助制造商履行召回义务。

1.2.3 汽车零部件产业存在的问题

1. 零部件被外资垄断，核心技术缺失，成中国汽车产业软肋

(1)中国汽车零部件产业经过改革开放30多年的快速发展，目前已经能够支撑起年产1800万辆汽车生产配套的规模和满足商用车、中高档乘用车80%以上零部件本土化的配套要求。但中国汽车零部件产品在高端技术领域与世界领先水平的差距并未随着中国汽车工业规模的持续增长而持续缩小，反而有扩张的趋势。

(2)2011年9月7日，第五届中国国际汽车零部件发展高峰论坛在北京开幕，商务部机电司司长张骥在会上披露："近六年来，与中国对外贸易顺差持续增长的情况相反，汽车产品贸易的逆差不降反升，2010年255亿美元，创下历史新高，其中整车逆差240亿美元，零部件产品逆差15亿美元。"产品出口和进口的比价差距更是惊人，比如里程表，进口价格相当于出口价格的41.3倍；再比如车辆坐具、皮革和再生皮革，进口部件价格相当于出口部件价格的26倍；车辆用的速度计，进口价格是出口价格的16.5倍。由此可以看出中外零部件企业的差距。

(3)中国汽车零部件工业缺少自主知识产权的核心技术、关键技术，主要产品仍处于供应链的底端，关键部件的核心技术被外资企业垄断，零部件出口技术附加值低，资源消耗大，缺乏品牌效应，极大地制约了汽车工业的自主创新与自主研发。由于核心技术的缺失，在发动机、变速箱以及底盘技术在内的汽车产业三大关键零部件技术中，我们几乎全面落后于国际先进水平，很多高附加值的关键零部件几乎全靠进口来维持，变速箱、发动机、底盘等关键零部件的进口高达60%。国内高端零部件产品，基本被外资垄断了，目前中国自动变速箱的销量大概有几百万台，中国本土零部件厂提供的不到2万台，中国自主研发的自动变速箱基本上是零。大陆、博世、德尔福、万都、艾德克斯、万利等6家外资企业几乎包揽了国内液压ABS的生产，西门子、德尔福等4家企业EMS的产量占全国EMS产量的80%。传感器、电子芯片等高端核心技术几乎百分之百掌握在外资手里。虽然中国有世界最多的零部件企业，也有大批产品出口海外，但都是轮毂、车轮、转向节等劳动密集型、技术含量低、附加值低的产品，仍处于跨国采购链的低端。

2. 汽车零部件企业研发投入不足

零部件是汽车工业发展的基础，是建设汽车强国的"短板"，中国汽车零部件企业发展的

时间比整车企业要短，整体研发投入严重不足。2007年，全国7000多家企业零部件研发投资共49.7亿元人民币，仅占销售收入的0.66%。2007—2008年，博世零部件研发投入26.1亿英镑，相当于中国的零部件研发投入的7倍。进入中国的国际零部件企业巨头除了博世外，还有电装、德尔福等国际零部件巨头。与之相比，中国零部件企业的投入就更没有可比性了。

3. 零部件产品模仿性高，缺乏创新

（1）中国大部分自主零部件企业仍停留在来图加工、样品测绘阶段，面对整车厂推出的新车型、新品种、新技术、快节奏的高需求，很多自主零部件企业只能疲于应付研发任务，无暇顾及提升自身的基础研发水平与配套能力。

（2）显然，模仿已成为阻碍我国汽车零部件水平提高的一大痼疾。从模仿起步到形成自主创新能力，要经过很长的过程。在面对跨国公司对高端技术的垄断和国内汽车市场对外资高度开放的大环境，很少企业有这样的耐心。由于中国汽车市场需求旺盛，而模仿投入少、见效快，不少企业把模仿作为主要手段，乐此不疲，并且还误认为产品核心技术靠模仿就可以掌握，所以只重视制造设备的引进、更新升级，不重视研发投入，因此出现高端设备生产廉价低端产品的普遍现象。同时也使得我国零部件企业获得国外先进技术的途径越来越窄。

4. 高端人才短缺，整体环境不健全

（1）面对长期以来只能以仿制为主的零部件产业，人才、尤其国际化高端人才的匮乏，已经成为掣肘中国汽车零部件产业发展的主要因素之一。目前科技人才极度短缺，培养体系不健全，零部件企业的技术人才流失严重，行业高素质的人才大都在外资企业。

（2）中国汽车零部件核心技术的掌握必须依靠创新人才，而人才需要培育和发现，需要良好的环境鼓励创新、激励创新、接受失败。技术的问题必须要有懂技术的人来解决，必须有常年的积累，才能渐进式地发展，但是现在的汽车零部件企业中，缺少踏踏实实、耐住寂寞的工程师。另外，中国零部件企业整体环境尚未建立一种宽容失败的学术氛围。

5. 产业规模大，但缺乏规模效应

（1）据不完全统计，国内零部件企业共有2万多家，其中规模以上汽车零部件企业近8000家。2万多家企业的产品占据了国内零部件的80%，销售额却只占20%，并且90%的产品集中在低端。2010年中国汽车零部件产业销售收入为1.644万亿人民币，平均每家产值仅为0.8亿元左右，生产规模小，实力弱，缺乏规模效应。

（2）2010年全球汽车零部件配套供应商百强排名，美国30家、日本28家、德国17家企业，其余25家为法国、韩国、加拿大、瑞典等10个国家所有，而作为全球第一大汽车市场的中国，没有一家汽车零部件企业入围。排名第一的德国博世2010年的销售收入达473亿欧元，占2010年整个中国汽车零部件市场的四分之一以上，我国最大的汽车零部件企业万向集团2010年汽车业务的销售收入仅为33亿美元，距离榜单最后一名的瑞典企业SKF汽车部尚有较大差距。

6. 国产零部件主要用于自主品牌汽车，市场占有率低

外资控制了汽车零部件的绝大部分市场份额，国产零部件销售收入仅占全行业的20%～25%，拥有外资背景的汽车零部件厂商占整个行业的75%以上，在这些外资供应商中，独资企业占55%，中外合资企业占45%，本土零部件主要应用于自主品牌汽车，市场占有率低。在汽车电子和发动机零部件等高科技含量领域，外资市场份额高达90%，其中，汽车的电喷

系统、发动机管理系统、ABS和安全气囊、自动变速器等核心零部件的产量中，外资企业所占比例分别是100%，100%和91%、69%。

7. 国际贸易形势日趋严峻

自中国加入世贸组织以来，汽车零部件开始大量进入国际市场，我国汽车零部件产品尽管在海外物美价廉，但是由于核心竞争力缺失，产品替代性强，因此屡屡被以各种贸易保护主义方式拒之门外，从紧固件到汽车轮胎、轮毂等，中国汽车零部件出口遭遇的贸易摩擦从未间断过。

1.2.4 中国汽车零部件产业发展趋势

近几年整车企业的产品销售收入每年平均增长28.75%，而汽车零部件企业的产品销售收入每年平均增长36.82%，高出行业平均水平，作为中国汽车行业发展的支撑，零部件产业的发展不仅仅是规模数量的攀升，更重要的是产业的升级，以及随之而来的持续发展能力，目前中国汽车零部件产业呈现四大趋势。

1. 中国零部件趋向产业集群

(1)随着近年吉林长春、湖北十堰、安徽芜湖、广东花都、京津冀环渤海经济圈等汽车零部件产业基地的迅速崛起，我国现已基本形成东北、京津、华中、西南、长三角、珠三角等六大零部件的集中区域。目前国内有以汽车零部件为主的各种产业园区1000多个，其中关键的集群区或地带超过100个。

(2) 2010年初，以柳州为龙头，辐射桂林、南宁、玉林的广西零部件产业集群正式启动。以开发新型、新能源汽车与发动机为突破口，培育自主品牌，共同突破产业发展的技术瓶颈，形成新的竞争优势。

(3)“有产业聚集的地区，其市场竞争力一般比没有集聚的区域高，有产业竞争力的区域，肯定有一定程度的产业集聚”，近几年中国汽车零部件产业集群的活跃，正是源于零部件产业整体水平的提升、产业集群的迅速崛起。产业集群的迅速崛起又会刺激零部件产业的发展升级，美国的底特律、日本丰田汽车城等均是大规模汽车产业集群的典型代表。

2. 中国零部件趋向能力提升

(1)陕西汉德公司向印度AMW汽车公司进行车桥技术出口，是中国汽车总成技术的第一次出口。汉德的尝试从一个侧面显示着中国汽车零部件在出口方面的变化，汽车零部件的出口正由单一的产品型开始向资本输出型和技术型转变，由劳动密集型、材料密集型的低端产品开始向附加值高的机电类产品出口转变，出口市场由售后市场进入跨国公司全球供应配套链转变，自主知识产权零部件的出口比例不断增加。

(2)近几年，中国迅速崛起一批创新型零部件企业，如万向集团、陕西法士特、福耀玻璃、信义玻璃、广西玉柴、深圳航盛、浙江银轮、南京奥特佳等，这些企业专业化细分市场，通过持续创新摸索从而掌握了先进产品的核心竞争力。据统计，当前汽车零部件产业已有十几家国家级高新技术企业和超过百家省级高新技术企业。创新能力的提升，尤其是关键零件部件创新能力的提升，使自主品牌汽车零部件拥有新的市场位置。发动机是汽车的“心脏”，国内汽车厂商奇瑞、华晨、上汽推出具有自主知识产权的发动机，成为专业的发动机生产商，广西玉柴更是拥有自主开发和国内外市场参与竞争的战略制高点。

(3)同时，中国零部件尤其是骨干零部件企业正在不断拓展经营领域，搭建符合自己优势的产业链。华晨汽车与上海汽车变速器有限公司合作生产轿车用手动变速器及双离合变速器。整车厂与零部件企业在通用零部件上联合开发，通过建立共同研发平台，提高了中国零部件企业系统化、模块化的配套能力。目前，系统化、模块化供货已经成为国际汽车零部件产业的发展趋势。

3. 中国零部件企业海外收购渐成模式

（1）中国零部件企业面临着高端产品无竞争力、低端产品劳动力成本趋高的双重压力，通过海外并购获得技术以及与汽车集团具有血缘关系的企业将实现快速发展。

（2）中国零部件企业做大做强的根本之策是提高研发及技术水平，进行产业链地位升级，才能有效突破行业瓶颈，实现快速发展。但是目前中国的零部件制造企业落后国际先进水平至少十年，要想在人才及技术缺乏的情况下短期内实现飞跃发展的便捷之路是借助资本的力量。因此，未来有两类企业将实现快速发展：一类是通过海外并购获得技术的企业，如北京太平洋世纪收购美国通用汽车 Nextee 转向系统、潍柴动力收购法国引擎制造商 Moteurs Baudouin 等。另外一类是与汽车集团有血缘关系，借助集团实力实现规模化经营的企业。2009 年出台的汽车产业调整振兴规划也明确表示整车行业将通过兼并重组，使产销规模占市场份额 90% 以上的汽车企业集团整合到 10 家以内，这种趋势将传导给零部件企业，依托大的汽车集团的零部件厂商将实现快速发展。

（3）在国家鼓励"核心零部件自主化"的政策推动下，越来越多的零部件企业把抄底海外视为获得核心技术的最佳路径。

2009 年中国零部件公司圣龙集团以 1599.4 万美元的价格收购了世界 500 强中的博格华纳旗下 SLW 股份有限公司 90% 以上股份。此次收购使圣龙集团获得了 SLW 公司的技术和市场。京西重工以不超过 9000 万美元的价格收购了美国德尔福相关业务的机器设备和知识产权及德尔福的客户和产品供应合同。

2010 年浙江汽车零部件公司、宁波韵升股份有限公司与日本兴电机的四个股东签署了股权转让协议，宁波韵升以近 9200 万元的价格，收购了日本兴电机工业株式会社 79.13% 的股权。

2011 年 4 月，中航工业汽车公司与北京亦庄国际在亦庄开发区举行联合收购耐世特汽车系统公司暨中国区总部落户北京开发区的签字仪式，为耗资 4.2 亿美元、迄今为止中国汽车零部件产业最大的一次海外收购画上句号。此次收购标志着中国汽车零部件企业在关键零部件系统方面拥有了国际领先的核心技术、产品、优质客户、成熟的人才与管理团队。此外，还将帮助中国企业快速融入国际汽车零部件行业主流，并以跨国企业的身份参与全球竞争。

4. 汽车零部件企业兼并重组加速

政府汽车消费鼓励政策的大规模撤出、油价不断上涨等负面因素的叠加，使近年整个汽车市场下行风险增加，销量暂时受阻。全球汽车零部件行业的整合力度远大于整车企业，中国汽车零部件行业，特别是 OE(汽车配件)配套市场，终将会迎来巨大的整合浪潮。

近几年，海外零部件巨头纷纷合资合作抢滩登陆中国，德尔福、威斯卡特、康明斯等诸多外资企业零部件制造商早已在中国建成了数十个生产基地和分公司，如今外资对中国汽车零部件的控制高达 70% ~80%，尤其是日系厂商和韩系厂商的供应链几乎不对中国本土供应商开放，导致了中国零部件供应商失去了与整车企业共同发展的机会。

目前全球排名前四的汽车零部件巨头们要么依附主机厂做配套，比如德尔福附之于通用，借主机厂迅速发展壮大；要么就是独立式系统供应商，以德国博世集团为代表。目前国内A股上市的汽车零部件企业中，以东风科技、一汽富维、启明信息为代表的属于前者；以万向钱潮、宁波华翔、潍柴动力、福耀玻璃为代表的属于后者。

目前中国汽车零部件行业较整车行业更加零散，有超过5000家零部件供应商，自主零部件企业生存状况堪忧。外资在中国零部件市场已经占60%以上的市场份额，在轿车零部件行业占80%以上。中国零部件企业实力弱、研发能力不足，因此中国零部件企业要想在未来国际化市场竞争中占有一席之地，最快捷的方式就是通过兼并重组，形成规模化的零部件企业集团。

1.2.5 中国汽车零部件行业面临转型

随着中国汽车市场成长为全球最重要的市场，全球零部件公司都在加大在中国市场研发的投入，而国内本土零部件企业在加大技术投入的同时，也在加大跨国并购，将国外先进技术引入到国内。

得益于高速发展的社会经济，轿车已迅速走入中国普通家庭，截至2012年中国汽车销量已突破1800万辆，成为全球最大的汽车市场。但与此同时，快速增长的汽车保有量给社会环境带来多方面压力，如油价上涨、环境污染、城市交通拥堵等，都给汽车市场进一步发展带来了挑战。

本章内容小结

汽车配件概论简要介绍了汽车工业和汽车市场的发展，对中国的汽车历史做了回顾，中国汽车工业60年来走过的路程，经历了从无到有、从小到大，创建、成长和全面发展三个历史阶段。

汽车配件是指用于新车装配的原部件、售后零配件及汽车用品。

汽车零部件的种类名目非常多，一般情况，载货汽车的零部件总数达到7000～8000个，而轿车的零部件总数更多，达到10000个以上。在一辆汽车总成本中，零部件成本占70%～80%。汽车配件可从汽车零部件的使用材质、使用用途、结构功能、科技含量等方面来划分。

思考与练习

1. 中国汽车市场经历了哪几个阶段？
2. 何谓汽车配件？汽车配件如何分类？
3. 中国的汽车零部件认证制度有何特点？
4. 现阶段中国汽车零部件产业存在什么问题？

第 2 章　汽车配件相关常识

2.1　安全常识

安全是任何一个企业和个人都必须高度重视的两个字眼。汽车配件中有大量易燃、易爆等危险商品的存在，如发动机机油等油料，在经营的过程中稍有不慎极容易引起燃烧、爆炸等火灾事故发生，而且在搬运大型汽车配件（如发动机总成）时还需要动用各种搬运机械，如果组织稍有不慎很有可能造成工伤事故。因此，汽车配件经营企业必须牢牢树立“安全经营预防为主”的经营方针。下面就对汽车配件经营过程涉及到的安全知识作简单介绍。

2.1.1　消防安全常识

消防安全工作是一项知识性、科学性、社会性很强的工作，涉及各行各业、千家万户，与经济发展、社会稳定和人民群众安居乐业密切相关。只有普及了消防知识，提高全民消防意识，增强全民防范与扑救能力，才能有效地预防和减少火灾的危害。

1. 燃烧应具备的条件

燃烧必须同时具备三个条件，即可燃物、助燃物和着火源，缺少造成燃烧的三个条件的任何一个，都不会发生燃烧。

1）可燃物

是指能够与空气中的氧或其他氧化剂起剧烈化学反应的物质。根据存在形式，可分为：

（1）气体可燃物：指在空气中能发生燃烧的气体，如氢气、煤气、液化天然气；

（2）液体可燃物：指在空气中能发生燃烧的液体，如汽油、柴油和酒精等；

（3）固体可燃物：凡遇明火、热源能在空气（氧化剂）中燃烧的固体物质，都称为可燃固体，如汽车内饰件、塑料件、木材、纸张和沥青等。

2）助燃物

凡能帮助和支持燃烧的物质，即能与可燃物发生反应的物质都称为助燃物（实质上是氧或氧化剂）。助燃物主要有两大类：

（1）空气或氧气。

（2）其他氧化剂，如氯酸钾、高锰酸钾、氯、溴等。

3）着火源（也称点火源）

凡是能引起可燃物与助燃物发生燃烧反应的热能，都被称为着火源。如明火、照明灯、电火花等。

2. 引起火灾的火源

火源是具有一定温度的热能源，在一定的温度条件下，可以引起可燃物质的燃烧，是火灾的发源地，也是引起燃烧和爆炸的直接原因。严格控制好火源就可以有效防止火灾。常见的火源如下。

1）直接火源

（1）明火：日常生活、生产使用的各种明火，如炉火、灯火、焊接火等。

（2）电火花：电气设备、电路由于超负荷运行、短路及静电火花，均可引起可燃物质起火。

（3）雷电，自然界的高压放电，可引起可燃物质燃烧。

2）间接火源

（1）加热引燃起火：靠近火炉或烟道的干柴、木材、木器，紧聚在高温蒸汽管道上的可燃粉尘、纤维；灯泡旁的纸张、衣物等烘烤时间过长；热处理工件堆放在可燃物附近都会引起燃烧。

（2）压缩、化学作用起火：绝缘压缩、化学热反应可引起升温，使可燃物质被加热至燃点。

（3）本身自燃起火：在既无明火又无热源的条件下，如褐煤、麦草、棉花、油菜籽、豆饼和沾有动植物油的棉纱、手套、衣服、木屑、金属屑以及擦拭过设备的油布等，堆积在一起时间过长，本身也会发热，在条件具备时，可能引起自燃；不同性质的物质相遇，有时也会引起自燃，如有的油类物与氧气接触就会发生强烈的氧化作用，引起燃烧。

（4）摩擦与撞击：例如铁器与水泥地撞击，会引起火花，遇到易燃物即可引起火灾。

3. 防火的基本措施与灭火的基本方法

1）防火的基本措施

防火的基本措施在企业设计、生产过程、装置检修等各个环节都应充分考虑，严格执行消防法规。其基本措施有以下四点。

（1）控制可燃物。采用阻燃或者不燃的材料代替易燃或可燃材料，采取局部通风的方法，降低可燃气体、蒸气和粉尘的浓度，对能相互作用发生化学反应的物品分开存放。

（2）隔绝助燃物。使可燃性气体、液体、固体不与空气、氧气、或其他氧化剂等助燃物接触，即使有着火源作用，也因没有助燃物参与而不致发生燃烧。

（3）消除着火源。严格控制明火、电火花，防止静电、雷击引起火灾。

（4）阻止火势蔓延。防止火焰或火星儿等火源窜入有燃烧、爆炸危险的设备、管道及空间，或阻止火焰在设备和管道中扩展，或者把燃烧限制在一定范围而不致向外蔓延。

2）基本的灭火方法

根据物质燃烧原理和人们长期同火灾作斗争 实践经验，灭火的基本方法有四种：

（1）窒息灭火法。

窒息灭火法，是根据着火时需要大量空气这个条件，灭火时采用捂盖的方式，使空气不能进入燃烧区或进入很少。也可用氮气、二氧化碳等不燃气体冲淡燃烧区的空气，使燃烧缺少氧气而熄灭。

在火场上运用窒息方法灭火时，可采用锅盖、石棉毯、湿麻袋、湿棉被、砂土、泡沫等不燃烧或难以燃烧的物品覆盖在燃烧物体上，以隔绝空气使火熄灭。用氮气、二氧化碳等不燃气体灌注在容器、设备内喷洒在燃烧物质周围，冲淡空气中的氧气，使燃烧得不到足够的氧气而熄灭。

(2)抑制灭火法。

抑制灭火法，就是使灭火剂参与燃烧的连锁反应，使燃烧过程中产生的游离基消失，形成稳定分子，从而使燃烧反应停止。目前，采用这种灭火方法主要适用干粉灭火剂，其优点是灭火效率高。但化学灭火剂冷却、渗透作用小，当起火物体表面火焰扑灭后，往往因内部阴燃或余热高温超过可燃物的着火温度而发生复燃。因此，灭火后应采取降温措施，防止发生复燃。

(3)冷却灭火法。

由于可燃物质必须具备一定的温度和足够的热量才能燃烧，灭火时，将水等具有冷却降温和吸热作用的灭火剂直接喷射到燃烧物体上，以降低燃烧物质的温度。当其温度降到燃烧所需要最低温度以下时，火就熄灭了。也可将水喷洒在火源附近的可燃物体上，使其温度降低，防止将火源附近的可燃物质烤着起火。

冷却灭火方法是灭火的重要方法，主要用水来冷却降温。一般物质(如木材、纸张、棉花、布匹、家具、麦草等)起火，都可用水来冷却灭火。

(4)隔离灭火法。

隔离灭火法，是根据发生燃烧必须具备可燃物这个条件，将已着火物体与附近的可燃物隔离或疏散开，从而使燃烧停止。运用隔离灭火方法主要采取以下几种方式：

①灭火时迅速将着火部位周围可燃物移到安全地方；

②将着火物移到没有可燃物质的地方；

③关闭可燃气体、液体管道的阀门，减少和中止可燃物质进入燃烧区域；

④拆除与火源相毗连的易燃建筑，造成阻止火势蔓延的空间地带。

4. 常见消防器材及使用

首先要懂得一些常见消防器材的性能、适用范围以及其使用方法。常见的消防器材主要有：灭火器、消防水泵、消防栓，水带、水枪等，这些常见消防器材的性能和使用方法如下。

1)水

水是消防的主要灭火剂，这是由于水灭火时有显著的冷却和窒息作用。但是水具有导电性，因此对由电气装备引发的火灾不能使用；水能和一些化学危险品产生剧烈的化学反应，对于这类物品的灭火也不能使用。

2)沙土

沙土是一种廉价的灭火物质，它可以隔绝空气，从而使火熄灭。要注意的是，爆炸性物品(如硫酸氨等)不可用沙土扑救。

3)消防水泵和消防供水设备

水泵在灭火作战中用来吸取并输送消防用水。消防供水设备是消防水泵的配套设备，包括水枪、水带和室内消火栓。比较常见的是室内消火栓系统。

4)灭火器

灭火器是一种可由人力移动的轻便灭火器具，它能在其内部压力作用下，将所装的灭火药剂喷出，扑灭火灾。

(1)灭火器的类型。

①清水灭火器，充入的灭火剂主要是清水。

②酸碱灭火器，充入的灭火剂是工业硫酸和碳酸氢钠水溶液。酸碱灭火器的作用原理是利用两种药剂混合后发生化学反应，产生压力使药剂喷出，从而扑灭火灾。

③化学泡沫灭火器，充装有酸性(硫酸铝)和碱性(碳酸氢钠)两种水溶液，两种溶液互不接触，不发生任何化学反应(平时千万不能碰倒泡沫灭火器)。当需要泡沫灭火器时，把灭火器倒立，两种溶液混合在一起，就会产生大量的二氧化碳气体。

④空气泡沫灭火器，充装的灭火剂是空气泡沫液与水混合物。

⑤二氧化碳灭火器，充入的灭火剂是液化的二氧化碳气体。

⑥干粉灭火器，充入的灭火剂是干粉。

⑦卤代烷灭火器：这类灭火器内充装的是卤代烷灭火剂。目前我国生产和使用最广泛的是1211灭火器。1211灭火器利用装在筒内的氮气压力将1211灭火剂喷出灭火，1211是二氟一氯一溴甲烷的代号。

(2)常用灭火器的使用范围。

①清水灭火器，主要适用于纺织品、棉麻、纸张、粮草等一般固体物质的初起火灾，不适于扑救油类、电气、轻重金属、可燃气体的火灾。

②酸碱灭火器，适用于扑救木、棉、麻、毛、纸等一般固体物质火灾，不宜用于油类和忌水、忌酸物质及电气设备的火灾。

③化学泡沫灭火器，适用于扑救液体、可熔融固体燃烧的火灾，如石油制品、油脂等火灾，也适用于固体有机物质燃烧的火灾，如木材、棉织品等物质的火灾；但不能扑救带电设备、可燃气体、轻金属、水溶性可燃易燃液体的火灾。

④二氧化碳灭火器，适用于扑灭电气、精密仪器、电子设备、珍贵文件等火灾. 但不宜用于金属钾、钠、镁等火灾。

⑤干粉灭火器适用于易燃、可燃液体和气体以及带电设备的初起火灾，磷酸铵盐干粉灭火器除可用于上述几类火灾外，还可用于扑救固体物质火灾。但都不适宜扑救轻金属燃烧的火灾。

⑥1211灭火器，适用于扑灭油类、有机溶剂、精密仪器等火灾。

5)自动消防设备

目前常见的自动消防设备有离子烟感火灾探测报警器、紫外火焰光感报警器、光电烟感报警器、温度报警器和自动喷洒灭火装置等。

火灾自动报警系统是由触发器件、火灾报警装置、火灾警报装置以及具有其他辅助功能的装置组成的火灾报警系统。它能够在火灾初期，将燃烧产生的烟雾、热量和光辐射等物理量，通过感温、感烟和感光等火灾探测器变成电信号，传输到火灾报警控制器，并同时显示出火灾发生的部位，记录火灾发生的时间。一般火灾自动报警系统和自动喷水灭火系统、室内消防栓系统、防排烟系统、通风系统、空调系统、防火门、防火卷帘、挡烟垂壁等相关设备联动，自动或手动发出指令、启动相应的灭火装置。

2.1.2　危险商品安全经营常识

危险商品是指具有不同程度的易燃、易爆、有毒、腐蚀，或放射性伤害等危险特性，在受到摩擦、撞击、日晒、雨淋，空气温、湿度变化，接触水源及遇到性能相互抵触的物资等外界因素的影响下，容易引起爆炸、燃烧、中毒或灼伤等事故的商品。

1. 化学危险商品的种类

根据我国国家标准危险货物分类与品名编制规定，化学危险物品分为压缩气体和液化气体、易燃液体、易燃固体、自燃物品和遇湿易燃物品、氧化剂和有机过氧化物、毒害品和腐蚀品七大类。

在生产、储存、经营、运输和使用化学危险物品时，必须按照化学危险物品安全管理制度执行。作为一名汽车配件从业人员，必须掌握化学危险品的存放、运输、使用等方面的知识。

2. 化学危险商品的储存

化学危险物品必须储存在专用仓库，并设专人管理。化学危险物品专用仓库应当符合有关安全、防火规定，并根据物品的种类、性质，设置相应的通风、防爆、泄压、防火、防雷、报警、灭火、防晒、调温、消除静电、防护围堤等安全设施。储存化学危险物品，应当符合下列要求：

(1)化学危险物品应当分类分项存放，堆垛之间的主要通道应当保持安全距离，不得超量储存。

(2)遇火、遇潮容易燃烧、爆炸或产生有毒气体的化学危险物品，不得在露天、潮湿、漏雨和低洼容易积水的地点存放。

(3)受阳光照射容易燃烧、爆炸或产生有毒气体的化学危险物品和桶装、罐装等易燃液体、气体应当在阴凉通风地点存放。

(4)化学性质或防护、灭火方法相互抵触的化学危险物品，不得在同一仓库或同一储存室内存放。

(5)化学危险物品入库前，必须进行检查登记，入库后应当定期检查。储存化学危险物品的仓库内严禁吸烟和使用明火。对进入仓库区内的机动车辆必须采取防火措施。储存化学危险物的仓库，应当根据消防条例，配备消防力量和灭火设施以及通讯、报警装置。

3. 化学危险商品的运输

运输装卸化学危险物品，应当遵守下列规定：

(1)轻拿轻放，防止撞击、拖拉和倾倒；

(2)碰撞、互相接触容易引起燃烧、爆炸或造成其他危险的化学危险物品，以及化学性质或防护、灭火方接互相抵触的化学危险物品，不得违反配装限制和混合装运；

(3)遇热、遇潮容易引起燃烧、爆炸或产生有毒气体的化学危险物品，在装运对应当采取隔热、防潮措施；

(4)货运工具装运化学危险物品时不得客货混装，载客的火车、船舶、飞机机舱不得装运化学危险物品。

4. 化学危险商品的经营

经营化学危险商品，必须遵循化学危险物品经营的许可制度。

经营化学危险物品的企业必须具备下列条件：

(1)有符合安全要求的经营设施;

(2)有熟悉专业的技术人员;

(3)有相应的安全管理制度。

汽车配件从业人员必须加强对化学危险物品的防范意识,并随时注意提醒客户该商品的使用注意事项。

2.2 汽车配件类型

广义的汽车配件指构成汽车整体的各单元及服务于汽车的产品。按照不同的标准可对其进行各种分类。

1. 按照配件的生产来源分类

1)原厂件

从主机厂渠道出来的有厂家标识的零件。主要来自主机厂和4S店,有带品牌厂标的包装,供给汽车生产厂家配套的装车件。现国际上流行的OEM(original equipment manufacture)配套,这些原厂件被分送到整车厂在各地的特约维修服务站,不在市场上零售流通。

2)配套厂件

是指为整车厂配套的厂家生产且直接销售给市场(包括直接销售到市场和通过非正常途径而销售给市场)的备件。

3)副厂件

是指从事专业配套件生产的厂家生产的零件,是非该整车厂OEM配套厂生产的产品(很多是仿冒件)。

4)通用件

是指供不同主机厂且多种车型可以同时使用的备件(如机油、轮胎、各种通用的紧固件等)。

5)进口件

是指从国外直接采购的备件。

2. 按配件的使用性质分类

1)易损件

指在汽车运行中因为自然磨损而失效的零部件,如轴瓦、活塞环、活塞、凸轮轴瓦、缸套、气阀、导管、主销、主销衬套、轮毂、制动鼓、各种油封等。

2)维修件

指汽车运行一定的周期后必须更换的零部件,如各种轴、齿类、各种运动件的紧固件,及在一定使用寿命中必须更换的零件(如一些安装紧固件、转向节、半轴套管等)。

3)消耗件

指在汽车运行中会出现自然老化、失效和到期必须更换的零部件,如各种皮带、胶管、密封垫、电器零件(如火花塞、传感器、继电器、白金、分火头、分电器盖)各种滤芯、轮胎、蓄电池等。

4)基础件

指组成汽车的一些主要总成的基础性结构件。此类零件的价值较高，原则上应该是全寿命零件，但可能会因使用条件而造成损坏，通常应予修复，但也可更换新件，如曲轴、缸体、缸盖、凸轮轴、车架、桥壳、变速器壳等。

5）肇事件

指通常是因为交通肇事而损坏的零部件，如前梁（保险杠）、车身覆盖件、驾驶室、传动轴、水箱（散热器）等。这类零件通常可按2%的在用车数储备。

3. 按照最终用途分类

按照安装在汽车不同部位，日本汽车零部件工业会将零部件分为7类，共130种（表2－1）。

表2－1　日本汽车零部件工业会的《产品出厂动向调查》中列入的主要汽车零部件

零部件分类	主要零部件	数量
发动机	活塞、活塞环、气缸垫、垫圈、气门、燃料泵、电控燃料喷射泵等	29
电气和电子装置	起动机、交流发电机、火花塞、发动机控制装置、制动系统控制装置等	12
照明、仪表等装置	前照灯、速度表、刮水器电动机及其他电动机、各种开头、转向锁、线束等	15
动力传动及操纵装置	离合器从动盘、手动变速器、自动变速器、转向助力装置、等速万向节、传动轴、车轮（钢质、轻合金质）、变速杆等	26
悬架及制动装置	钢板弹簧、减振器、制动装置、制动增力装置、制动软管等	20
车身	车架、燃料箱、车窗、车门手柄及锁、座椅（含弹簧、安全带）等	19
附件	时钟、收音机、CD机、冷暖气装置、车轮罩、修理用涂料等	9

4. 按照配件产品中的科技含量分类

中国汽车技术研究中心对《汽车行业贯彻执行国家产业政策实施办法》中规定的几个主导产品，任选61种零配件，请专家按照产品结构、生产技术、科技含量3类7个指标进行评分，其结果如表2－2所示。

表2－2　配件产品按科技含量分类表

科技含量	零件名称
高科技类（35～50分）	发动机总成、齿形带、消声器、风扇离合器、空调设备、后视镜、座椅、油封、中央接线盒、汽车仪表、汽车铸件、模具、软内饰、特种油品、安全玻璃
科技类（25～35分）	变速器总成、保险杠、活塞、活塞环、气门、挺杆、轴瓦、油箱、空气滤清器、机油滤清器、燃油滤清器、离合器、盘式制动器、转向盘、刮水器、等速万向节、坚固件、灯具、汽车锻件、轴承、音响设备与车载电视、特种带材（轴瓦、散热器用）
一般类（＜25分）	轿车总成、高压油管、散热器、制动软管、转向器、传动轴、后桥齿轮、减振器、钢板弹簧、钢圈、玻璃升降器、风窗洗涤器、暖风机、点火线圈、火花塞喇叭、电线束、灯泡、随车工具、蓄电池

5. 按照汽车配件的重要程度分类

按照汽车配件重要程度可分为关键配件和非关键配件，其中关键配件又分为三类，见表2－3。

表2－3　60种汽车关键配件产品清单

种类	零件名称
第一类(3种)	汽油机电控系统、制动系统的防抱死装置和防滑装置、安全气囊
第二类(22种)	柴油机燃油系统、活塞及活塞环、轴瓦及轴瓦材料、气门及液压挺杆、增压器、滤清器、散热器、膜片离合器、转向机构、万向传动装置、减振器、空调装置、座椅调角器及滑轨、车锁、刮水器、后视镜、玻璃升降器、电动机、组合仪表、灯具、高强度紧固件、专用轴承
第三类(35种)	薄壁缸套、无石棉缸垫、化油器、中央制冷器、风扇离合器、排气管消声器、变速器、弹簧、车轮、推拉软轴、暖风机、组合开头、座椅、安全带、支撑气压弹簧、分电器、点火线圈、火花塞、中央接线盒、电线束、免维护蓄电池、无石棉摩擦材料、粉末冶金件、燃油箱、保险杠、仪表板、成型地毯等内饰件、中央成型管、转向盘、密封橡胶件、传动橡胶件、传动橡胶件、减振器、软管、硬管、门窗密封条

2.3　汽车配件行业术语

汽车产业从1886年这个公认的汽车元年到现在，已过去100多年，汽车科技的发展日新月异，许多的新技术不断运用到汽车行业上，其相关专业术语也不断更新中，现将常用的汽车配件相关术语简述如下。

1. 自动防抱死系统(ABS)

ABS英文“antilock brake system”的缩写，中文译为“自动防抱死系统”。它是一种具有防滑、防锁死等优点的安全刹车控制系统。没有安装ABS系统的汽车，在遇到紧急情况时，来不及分步缓刹，只能一脚踩死。这时车轮容易抱死，加之车辆冲刺惯性，便可能发生侧滑、跑偏、方向不受控制等危险状况。而装有ABS的汽车，当车轮即将到达下一个锁死点时，刹车在一秒内可作用60~120次，相当于不停地刹车、放松，即相似于机械的“点刹”。因此，可以避免在紧急刹车时方向失控及车轮侧滑，使车轮在刹车时不被锁死，轮胎不在一个点上与地面摩擦，加大了摩擦力，使刹车效率达到90%以上。

2. 车载自动诊断系统(OBD)

OBD是英文on－board diagnostics的缩写，中文翻译为“车载自动诊断系统”。这个系统将从发动机的运行状况随时监控汽车是否尾气超标，一旦超标，会马上发出警示。当系统出现故障时，故障(MIL)灯或检查发动机(check engine)警告灯亮，同时动力总成控制模块(PCM)将故障信息存入存储器，通过一定的程序可以将故障码从PCM中读出。根据故障码的提示，维修人员能迅速准确地确定故障的性质和部位。

3. 驱动防滑系统（ASR）

ASR 是驱动防滑系统的简称，其作用是防止汽车起步、加速过程中驱动轮打滑，特别是防止汽车在非对称路面或转弯时驱动轮空转，并将滑移率控制在 10% ~20% 范围内。由于 ASR 多是通过调节驱动轮的驱动力实现控制的，因而又叫驱动力控制系统，简称 TCS，在日本等地还称之为 TRC 或 TRAC。ASR 和 ABS 的工作原理方面有许多共同之处，因而常将两者组合在一起使用，构成具有制动防抱死和驱动轮防滑转控制（ABS/ASR）系统。该系统主要由轮速传感器、ABS/ASR ECU、ABS 执行器、ASR 执行器、副节气门控制步进电机和主、副节气门位置传感器等组成。在汽车起步、加速及运行过程中，ECU 根据轮速传感器输入的信号，判定驱动轮的滑移率超过门限值时，就进入防滑转过程：首先 ECU 通过副节气门步进电机使副节气门开度减小，以减少进气量，使发动机输出转矩减小。ECU 判定需要对驱动轮进行制动介入时，会将信号传送到 ASR 执行器，独立地对驱动轮（一般是后轮）进行控制，以防止驱动轮滑转，并使驱动轮的滑移率保持在规定范围内。

4. 汽车电控单元（ECU）

ECU 是汽车上的计算机控制系统，燃油经济性、ABS 启动的及时性、车上所有电器系统的控制都由 ECU 实现，在现代汽车中，ECU 的先进性，一定程度上标志着产品的年代差别。造型新很重要，但 ECU 的新旧是本质的区别。比如，发动机燃烧的原理都一样，有的发动机省油，有的就费油，这种区别很大程度上取决于 ECU。

5. 涡轮增压（Turbo）

如果在轿车尾部看到 Turbo 或者 T，即表明该车采用的发动机是涡轮增压发动机。涡轮增压器实际上是一种压缩机，通过压缩空气来增加进气量。它是利用发动机排出的废气惯性冲力来推动涡轮室内的涡轮，涡轮又带动同轴的叶轮，叶轮压送由空气滤清器管道送来的空气，使之增压进入气缸。当发动机转速增快，废气排出速度与涡轮转速也同步增快，叶轮就压缩更多的空气进入气缸，空气的压力和密度增大可以燃烧更多的燃料，相应增加燃料量就可以增加发动机的输出功率。

6. 多点电喷（MPI）

汽车发动机的电喷装置一般是由喷油油路、传感器组和电子控制单元三大部分组成的。如果喷射器安装在原来化油器位置上，即整个发动机只有一个汽油喷射点，这就是单点电喷；如果喷射器安装在每个气缸的进气管上，即汽油的喷射是由多个地方（至少每个气缸都有一个喷射点）喷入气缸的，这就是多点电喷。

7. 顶置凸轮轴（OHC）

发动机的凸轮轴安装位置有下置、中置、顶置三种形式。轿车发动机由于转速较快，每分钟转速可达 5000 转以上，为保证进排气效率，都采用进气门和排气门倒挂的形式，即顶置式气门装置，这种装置都适合用凸轮轴的三种安装形式。但是，如果采用下置式或者中置式的凸轮轴，由于气门与凸轮轴的距离较远，需要气门挺杆和挺柱等辅助零件，造成气门传动机件较多，结构复杂，发动机体积大，而且在高速运转下还容易产生噪声，而采用顶置式凸轮轴则可以改变这种现象。所以，现代轿车发动机一般都采用了顶置式凸轮轴，将凸轮轴配置在发动机的上方，缩短了凸轮轴与气门之间的距离，省略了气门的挺杆和挺柱，简化了凸轮轴到气门之间的传动机构，将发动机的结构变得更加紧凑。更重要的是，这种安装方式可以减少整个系统往复运动的质量，提高了传动效率。按凸轮轴数目的多少，可分为单顶置凸轮轴(SOHC)和双顶置凸轮轴(DOHC)两种，由于中高档轿车发动机一般是多气门及V型气缸排列，需采用双凸轮轴分别控制进排气门，因此双顶置凸轮轴被不少名牌发动机所采用。

8. 智能可变气门正时系统(VVT—i)

VVT—i系统是丰田公司的智能可变气门正时系统的英文缩写，最新款的丰田轿车的发动机已普遍安装了VVT—i系统。丰田的VVT—i系统可连续调节气门正时，但不能调节气门升程。它的工作原理是：当发动机由低速向高速转换时，电子计算机就自动地将机油压向进气凸轮轴驱动齿轮内的小涡轮，这样，在压力的作用下，小涡轮就相对于齿轮壳旋转一定的角度，从而使凸轮轴在60°的范围内向前或向后旋转，从而改变进气门开启的时刻，达到连续调节气门正时的目的。

9. 可变气门正时和升程电子控制系统(VTEC)

VTEC全称是Variable Valve Timing and Valve Lift Electronic Control System，是本田汽车公司的专有技术，它能随发动机转速、负荷、水温等运行参数的变化，而适当地调整配气正时和气门升程，使发动机在高、低速下均能达到最高效率。

10. 混合动力汽车(HEV)

HEV是Hybrid Electric Vehicle的缩写，即混合动力汽车。就是在纯电动汽车上加装一套内燃机，其目的是减少汽车的污染，提高纯电动汽车的行驶里程。混合动力汽车有串联式和并联式两种结构形式。

11. 多用途汽车(MPV)

MPV的全称是multi－purpose vehicle，即多用途汽车。它集轿车、旅行车和厢式货车的功能于一身，车内每个座椅都可调整，并有多种组合的方式，例如可将中排座椅靠背翻下即可变为桌台，前排座椅可作180°旋转等。近年来，MPV趋向于小型化，并出现了所谓的S－MPV，S是小(small)的意思。S－MPV车长一般在4.2～4.3 m之间，车身紧凑，一般为(5～7)座。

12. 运动型多用途汽车(SUV)

SUV的全称是sport utility vehicle，中文意思是运动型多用途汽车。现在主要是指那些设计前卫、造型新颖的四轮驱动越野车。SUV一般前悬架是轿车型的独立悬架，后悬架是非独立悬架，离地间隙较大，在一定程度上既有轿车的舒适性又有越野车的越野性能。由于带有MPV式的座椅多组合功能，使车辆既可载人又可载货，适用范围广。

13. 休闲车(RV)

RV的全称是recreational vehicle，即休闲车，是一种适用于娱乐、休闲、旅行的汽车，首先提出RV汽车概念的国家是日本。RV的覆盖范围比较广泛，没有严格的范畴。从广义上讲，除了轿车和跑车外的轻型乘用车，都可归属于RV。MPV及SUV也同属RV。

14. 汽车导航系统(GPS)

GPS是以全球24颗定位人造卫星做基础，向全球各地全天候地提供三维位置、三维速度等信息的一种无线电导航和定位系统。GPS的定位原理是：用户接收卫星发射的信号，从中获取卫星与用户之间的距离、时钟校正和大气校正等参数，通过数据处理确定用户的位置。现在，民用GPS的定位精度可达10 m以内。

15. 电子稳定装置(ESP)

电子稳定装置(electronic stability program，ESP)是由奔驰汽车公司首先应用在它的A级车上的。ESP实际上是一种牵引力控制系统，与其他牵引力控制系统比较，ESP不但控制驱动轮，而且可控制从动轮。如后轮驱动汽车常出现的转向过多情况，此时后轮失控而甩尾，ESP便会刹慢外侧的前轮来稳定车子；在转向过少时，为了校正循迹方向，ESP则会刹慢内后轮，从而校正行驶方向。

16. 车身稳定控制系统(VSC)

这个系统是以ABS为基础发展而成的。该系统主要在大侧向加速度，大侧偏角的极限工况下工作，它利用左右两侧制动力之差产生的横摆力偶矩来防止出现难以控制的侧滑现象，如在弯道行驶中因前轴侧滑而失去路径跟踪能力的驶出现象及后轴侧滑甩尾而失去稳定性的激转现象等危险工况。

17. 废气再循环(EGR)

(废气再循环)发动机控制电脑即ECU根据发动机的转速、负荷(节气门开度)、温度、进气流量、排气温度控制电磁阀适时地打开，进气管真空度经电磁阀进入EGR阀真空膜室，膜片拉杆将EGR阀门打开，排气中的少部分废气经EGR阀进入进气系统，与混合气混合后进入气缸参与燃烧。少部分废气进入气缸参与混合气的燃烧，降低了燃烧时气缸中的温度，因NO_x是在高温富氧的条件下生成的，故抑制了NO_x的生成，从而降低了废气中的NO_x的含量。但是，过度的废气参与再循环，将会影响混合气的着火、性能，从而影响发动机的动力性，特别是在发动机怠速、低速、小负荷及冷机时，再循环的废气会明显地影响发动机性能。所以，当发动机在怠速、低速、小负荷及冷机时，ECU控制废气不参与再循环，避免发动机性能受到影响；当发动机超过一定的转速、负荷及达到一定的温度时，ECU控制少部分废气参与再循环，而且，参与再循环的废气量根据发动机转速、负荷、温度及废气温度的不同而不同，以达到废气中的NO_x最低。

18. 电子制动力分配系统(EBD)

EBD能够根据由于汽车制动时产生轴荷转移的不同，而自动调节前、后轴的制动力分配比例，提高制动效能，并配合ABS提高制动稳定性。汽车在制动时，四只轮胎附着的地面条件往往不一样。比如，有时左前轮和右后轮附着在干燥的水泥地面上，而右前轮和左后轮却附着在水中或泥水中，这种情况会导致在汽车制动时四只轮子与地面的摩擦力不一样，制动时容易造成打滑、倾斜和车辆侧翻事故。EBD用高速计算机在汽车制动的瞬间，分别对四只轮胎附着的不同地面进行感应、计算，得出不同的摩擦力数值，使四只轮胎的制动装置根据不同的情况用不同的方式和力量制动，并在运动中不断高速调整，从而保证车辆的平稳、安全。

19. 自动制动差速器(ABD)

它是制动力系统的一个新产品，它的主要作用是缩短制动距离，和ABS、EBD等配合适用。当紧急制动时，车会向下点头，车的重心前移，而相应地车的后轮所承担的重量就会减少，严重时可以使后轮失去抓地力，这时相当于只有前轮在制动，会造成制动距离过长。而ABD可以有效防止这种情况，它可以通过检测全部车轮的转速发现这一情况，相应地减少后轮制动力，以使其与地面保持有效的摩擦力，同时将前轮制动力加至最大，以达到缩短制动距离的目的。ABD与ABS的区别在于，ABS是保证在紧急制动时车轮不被抱死，以达到安全操控的目的，并不能有效地缩短制动距离。而ABD则是通过EBD在保证车辆不发生侧滑的情况下，允许将制动力加至最大，以有效地缩短制动距离。

20. 加速防滑系统(ASR)

ASR 全称是 acceleration slip regulation，防止车辆尤其是大马力车在起步、再加速时驱动轮打滑现象，以维持车辆行驶方向的稳定性。ASR 与 ABS 的区别在于，ABS 是防止车轮在制动时被抱死而产生侧滑，而 ASR 则是防止汽车在加速时因驱动轮打滑而产生的侧滑，ASR 是在 ABS 的基础上的扩充，两者相辅相成。

21. 牵引力控制系统(TCS)

TCS 又称循迹控制系统。汽车在光滑路面制动时，车轮会打滑，甚至使方向失控。同样，汽车在起步或急加速时，驱动轮也有可能打滑，在冰雪等光滑路面上还会使方向失控而出危险。TCS 就是针对此问题而设计的。TCS 依靠电子传感器探测到从动轮速度低于驱动轮时(这是打滑的特征)，就会发出一个信号，调节点火时间、减小气门开度、减小油门、降档或制动车轮，从而使车轮不再打滑。TCS 可以提高汽车行驶稳定性，提高加速性，提高爬坡能力。原来只在豪华轿车上才安装 TCS，现在许多普通轿车上也会安装。TCS 如果和 ABS 相互配合使用，将进一步增强汽车的安全性能。TCS 和 ABS 可共用车轴上的轮速传感器，并与行车电脑连接，不断监视各轮转速，当在低速发现打滑时，TCS 会立刻通知 ABS 动作来减低此车轮的打滑。若在高速发现打滑时，TCS 立即向行车电脑发出指令，指挥发动机降速或变速器降挡，使打滑车轮不再打滑，防止车辆失控甩尾。

22. 安全气囊(SRS)

安全气囊是现代轿车上引人注目的高技术装置。安装了安全气囊装置的轿车方向盘，平常与普通方向盘没有什么区别，但一旦车前端发生了强烈的碰撞，安全气囊就会瞬间从方向盘内“蹦”出来，垫在方向盘与驾驶者之间，防止驾驶者的头部和胸部撞击到方向盘或仪表板等硬物上。安全气囊面世以来，已经挽救了许多人的生命。研究表明，有气囊装置的轿车发生正面撞车，驾驶者的死亡率，大轿车降低了 30%，中型轿车降低 11%，小型轿车降低 14%。安全气囊主要由传感器、微处理器、气体发生器和气囊等部件组成。传感器和微处理器用以判断撞车程度，传递及发送信号；气体发生器根据信号指示产生点火动作，点燃固态燃料并产生气体向气囊充气，使气囊迅速膨胀，气囊容量在 50 ~ 90 L。同时气囊设有安全阀，当充气过量或囊内压力超过一定值时会自动泄放部分气体，避免将乘客挤压受伤。安全气囊所用的气体多是氮气或一氧化碳。除了驾驶员侧有安全气囊外，有些轿车前排也安装了乘客用的安全气囊(即双安全气囊规格)，乘客用的与驾车者用的相似，只是气囊的体积要大些，所需的气体也多一些而已。另外，有些轿车还在座位侧面靠门一侧安装了侧面安全气囊。

23. 车身主动控制系统(ABC)

ABC 全称 active body control，ABC 系统使汽车对侧倾、俯仰、横摆、跳动和车身高度的控制都能更加迅速、精确。车身的侧倾小，车轮外倾角度变化也小，轮胎就能较好地保持与地面垂直接触，使轮胎对地面的附着力提高，以充分发挥轮胎的驱动制动作用。而 ABC 的出现克服了悬挂设定舒适性和操控性之间的矛盾，最大限度地接近消费者对车辆在这两方面的要求。

24. 轮胎的类型与规格

国际标准的轮胎代号，以毫米为单位表示断面高度和扁平比的百分数，后面加上：轮胎类型代号，轮辋直径(英寸)，负荷指数(许用承载质量代号)，许用车速代号。例如：175/

70R 14 77H 中 175 代表轮胎宽度是 175 mm，70 表示轮胎断面的扁平比是 70%，即断面高度是宽度的 70%，轮辋直径是 14 英寸，负荷指数 77，许用车速是 H 级。

25. 汽车变速器

通过改变传动比，改变发动机曲轴的转矩，适应在起步、加速、行驶以及克服各种道路阻碍等不同行驶条件下对驱动车轮牵引力及车速不同要求的需要。通俗上分为手动变速器（MT），自动变速器（AT），手动/自动变速器，无级式变速器。

26. 预紧式安全带

预紧式安全带的特点是当汽车发生碰撞事故的一瞬间，乘员尚未向前移动时它会首先拉紧织带，立即将乘员紧紧地绑在座椅上，然后锁止织带防止乘员身体前倾，有效保护乘员的安全。预紧式安全带中起主要作用的卷收器与普通安全带不同，除了普通卷收器的收放织带功能外，还具有当车速发生急剧变化时，能够在 0.1 s 左右加强对乘员的约束力，因此它还有控制装置和预拉紧装置。控制装置分有两种：一种是电子式控制装置，另一种是机械式控制装置。预拉紧装置则有多种形式，常见的预拉紧装置是一种爆燃式的，由气体引发剂、气体发生剂、导管、活塞、绳索和驱动轮组成。当汽车受到碰撞时预拉紧装置受到激发后，密封导管内底部的气体引发剂立即自燃，引爆同一密封导管内的气体发生剂，气体发生剂立即产生大量气体膨胀，迫使活塞向上移动拉动绳索，绳索带动驱动轮旋转，驱动轮使卷收器卷筒转动，织带被卷在卷筒上，使织带被回拉。最后，卷收器会紧急锁止织带，固定乘员身体，防止身体前倾避免与方向盘、仪表板和玻璃窗相碰撞。

27. 乘员头颈保护系统（WHIPS）

WHIPS 一般设置于前排座椅。当轿车受到后部撞击时，头颈保护系统会迅速充气膨胀起来，其整个靠背都会随乘坐者一起后倾，乘坐者的整个背部和靠背安稳地贴近在一起，靠背则会后倾以最大限度地降低头部向前甩的力量，座椅的椅背和头枕会向后水平移动，使身体的上部和头部得到轻柔、均衡地支撑与保护，以减轻脊椎以及颈部所承受的冲击力，并防止头部向后甩所带来的伤害。

28. 防眩目后视镜

防眩目后视镜一般安装在车厢内，它由一面特殊镜子和两个光敏二极管及电子控制器组成，电子控制器接收光敏二极管送来的前射光和后射光信号。如果照射灯光照射在车内后视镜上，如后面灯光大于前面灯光，电子控制器将输出一个电压到导电层上。导电层上的这个电压改变镜面电化层颜色，电压越高，电化层颜色越深，此时即使再强的照射光照到后视镜上，经防眩目车内后视镜反射到驾驶员眼睛上则显示暗光，不会耀眼。镜面电化层使反射光根据后方光线的入射强度，自动持续变化以防止眩目。当车辆倒车时，防眩目车内后视镜防眩功能被解除，右外后视镜自动照射地面。

29. 智能空调

智能空调系统能根据外界气候条件，按照预先设定的指标对安装在车内的温度、湿度、空气清洁度传感器所传来的信号进行分析、判断，及时自动打开制冷、加热、去湿及空气净化等功能。在先进的安全汽车中，其空调系统还与其他系统（如驾驶员打瞌睡警报系统）相结合，当发现司机精神不集中、有打瞌睡迹象时，空调能自动散发出使人清醒的香气。

30. 智能轮胎

智能轮胎内装有计算机芯片，或将计算机芯片与胎体相连接，它能自动监控并调节轮胎的行驶温度和气压，使其在不同情况下都能保持最佳的运行状态，既提高了安全系数，又节省了开支。估计若干年后的智能轮胎能探测出路面的潮湿后改变轮胎的花纹，以防打滑。

31. 智能钥匙

采用了智能钥匙，这种智能钥匙能发射出红外线信号，既可打开一个或两个车门、行李箱和燃油加注孔盖，也可以操纵汽车的车窗和天窗，更先进的智能钥匙则像一张信用卡，当司机触到门把手时，中央锁控制系统便开始工作，并发射一种无线查询信号，智能钥匙卡作出正确反应后，车锁便自动打开。只有当中央处理器感知钥匙卡在汽车内时，发动机才会启动。

32. CKD 汽车与 SKD 汽车

CKD 是英文 completely knocked down 的缩写，意思是“完全拆散”。换句话说，CKD 汽车就是进口或引进汽车时，汽车以完全拆散的状态进入，之后再把汽车的全部零、部件组装成整车。我国在引进国外汽车先进技术时，一开始往往采取 CKD 组装方式，将国外先进车型的所有零部件买进来，在同内汽车厂组装成整车。SKD 是英文 semi – knocked down 的缩写，意思是“半散装”。换句话说，SKD 汽车就是指从国外进口汽车总成（如发动机、驾驶室、底盘等），然后在国内汽车厂装配而成的汽车。

SKD 相当于人家将汽车做成“半成品”，进口后简单组装就成整车。

33. 限滑差速器（LSD）

LSD 是英文 limited slip differential 的缩写，LSD 为循迹控制的一环可以确保驱动轮的动力输出，常用于后轮驱动车的后轴差速器上，四轮驱动车的中央差速器及后轴差速器上，LSD 的目的仍在于改善传统差速当驱动轮由于驱动力输出太大或地面太湿滑，或单轮悬空所造成单边驱动轮打滑，而造成另一轮也同时失去驱动力，致使车辆无法脱困或循迹性不好的现象。

LSD 最常用的控制方式是一种叫 VLSD – Viscous LSD 黏性限滑差速器，其作法通常是在差速器中设有黏性耦合金属片，及装有一种遇热很容易膨胀且稳定的油类，当车辆发生驱动轮打滑且左右轮的转速相差大时，将使分别联结于左右驱动轮上的金属片亦产生转速差，此金属片的转速差将会使油产生高温膨胀，如此将会使两轮的转速差受到限制，而将部分原本传到打滑轮的驱动力转移到另一轮，使得原本失去驱动力的轮子重获动力，改善行驶的稳定性及越野性能，此种系统最常用于后轮驱动的高级豪华房车，以及越野四轮传动车。

2.4 汽车零部件的编号规则

2.4.1 汽车零部件相关术语

1. 组

组表示汽车各功能系统的分类。

2. 分组

分组表示功能系统内分系统的分类顺序。

3. 产品

生产企业向用户或市场以商品形式提供的成品。

4. 零部件

零部件包括总成、分总成、子总成、单元体、零件。

5. 总成

由数个零件、数个分总成或它们之间的任意组合而构成一定装配级别或某一功能形式的组合体，具有装配分解特性。

6. 分总成

由两个或多个零件与子总成一起采用装配或焊铆等工序组合而成，对总成有隶属装配级别关系。

7. 子总成

由两个或多个零件经装配工序或组合加工而成，对分总成有隶属级别关系。

8. 单元体

由零部件之间的任意组合而构成具有某一功能特征的功能组合体，通常能在不同环境独立工作。

9. 零件

不采用装配、焊接、铆接等工序制成的单一成品、单个制件。

10. 零件号

指汽车零部件实物的编号，亦包括为了技术、制造、管理需要而虚拟的产品号和管理号。

11. 零部件的更改

指对某一零部件的形状、功能进行更改，更改时存在编制新零部件号、不编制新零部件号的两种情况。更改后的零部件叫新零部件，更改前的零部件叫旧零部件。

12. 互换

某一零部件在更改前、后能独立相互替代。即新零部件可以装配或安装在被替代的旧零部件的位置上，以及在不修改周围环境（总成、整车等）、不需要增加附加的零件、不削弱功能或性能水平的情况下，可以完成被替代的功能。

13. 不互换

某一零部件在更改前、后不能独立相互替代。即新零部件不能装配上，或即使能装配上也不能代替旧零部件使用，必须与其他零部件组装后，方可代替旧零部件使用。试制产品不考虑零部件的互换性。

14. 样车试制

为验证新产品的结构、性能、产品图样及设计文件的正确性等进行的试制。

15. 正式生产

按照定型后的产品图样、设计文件和确定的工艺要求进行的生产。

2.4.2　汽车发动机、车架编号规则

1. 发动机的型号

（1）首部包括系列代号、换代符号和地方企业代号。

（2）中部包括气缸数、气缸布置形式符号、冲程符号（E 代表二冲程，四冲程不标符号）、

缸径符号。

(3)后部包括结构特征符号、用途特征符号。

(4)尾部包括区分符号。

(5)气缸布置形式符号：V—V型；P—平卧型，无符号—多缸直列及单缸。

(6)结构特征符号：无符号—水冷；F—风冷；N—凝气冷却；Z—增压；ZL—增压中冷。

(7)用途特征符号：无符号—通用型及固定动力；T—拖拉机；M—摩托车；G—工程机械；Q—汽车；J—铁路机车；D—发电机组；Y—农用运输车；L—林业机械。

如：EQ6100 - 1 代表二汽生产的六缸、直列、四冲程、缸径 100 mm、水冷汽油机，区分符号 1 表示第一种变型产品，EQ 是二汽。

2. 车架编号

车架编号就是车辆识别代号 VIN，包括 3 部分：

1)世界制造厂识别代码(WMI)

根据 GB/T 16737 规定应包括三位字码，且由制造厂以外的组织预先指定。

(1) 世界制造厂识别代号(world manufacturer identifier，WMI)。

车辆识别代号(VIN)的第一部分，用以标识车辆的制造厂。当此代号被指定给某个车辆制造厂时，就能作为该厂的识别标志，世界制造厂识别代号在与 VIN 代号的其余部分一起使用时，足以保证 30 年之内在世界范围内制造的所有车辆的 VIN 代号具有唯一性。

(2)一般特征要求

WMI 代号由三位字码组成，WMI 代号中应使用下列阿拉伯数字和罗马字母：

1 2 3 4 5 6 7 8 9 0

A B C D E F G H J K L M N P R S T U V W X Y Z

(字母 I、O 及 Q 不能使用)

(3)车辆制造厂应由其所在国的国家机构分配一个或几个 WMI 代号。国内车辆制造厂的 WMI 代号由国家汽车主管部门进行分配，国家汽车主管部门并应将分配的 WMI 代号向 ISO 授权的国际代理机构进行申报并核对。

(4)已经分配给某个车辆制造厂的 WMI 代号，在此代号使用的最后一年之后，国家汽车主管部门至少在 30 年之内不得再分配给另外一个车辆制造厂。

ISO 授权的国际代理机构为美国汽车工程师学会(SAE)。

(5)WMI 代号的指定字码。

① 第一位。

WMI 代号的第一位字码是由国际代理机构分配的、用以标明一个地理区域的一个字母或数字字码，国际代理机构已经根据预期的需要为某一个地理区域分配了几个字码。

例如：1 ~ 5 北美；S ~ Z 欧洲；A ~ H 非洲；J ~ R 亚洲；6 和 7 大洋洲；8，9 和 0 南美等。

② 第二位。

WMI 代号的第二位字码是由国际代理机械分配的、用以标明一个特定地区内的一个国家的一个字母或数字字码，国际代理机构已经根据预期的需要为某一个国家分配了几个字码。WMI 代号应通过第一位和第二位字码的组合保证国家识别标志的唯一性。

③ 第一位及第二位字码的分配。

国际代理机构已经为每一个国家分配了第一位及第二位字码的组合。

例如：10 ~ 19 美国；1A ~ 1Z 美国；2A ~ 2W 加拿大；3A ~ 3W 墨西哥；W0 ~ W9 德国；WA ~ WZ 德国；L0 ~ L9 中国；LA ~ LZ 中国等，

国家汽车主管部门应使用国际代理机构分配的字码组合。

④ 第三位。

a. WMI 代号和第三位字码是由国家机构指定的、用以标明某个特定的制造厂的一个字母或数字字码，WMI 代号应通过第一位、第二位、第三位字码的组合保证制造厂识别标志的唯一性。

b. 国家机构应在此位置上使用数字 9 来识别所有实际年—产量小于 500 辆的制造厂。对于这样的一个制造厂，VIS 的第三、四、五位字码（GB 16735—2004 中所规定的 VIN 代号的第三部分）应由国家机构指定，以便识别特定的制造厂。

2）车辆说明部分（VDS）

由六位字码组成，如果制造厂不用其中的一位或者几位字码位置，应在该位置添入制造厂选定的字母或数字。此部分应能识别车辆的一般特征，其代码及顺序由制造厂决定。

3）车辆指示部分（VIS）

由八位字母组成，其最后四位字码应是数字。如果制造厂选择在此部分标示年份和/或装配厂，建议 VIS 部分的第一位字码表示年份，第二位字码表示装配厂。在标示年份时，有下列规定：

1971—1979 分别依次对应代码 1 ~ 9；

1980—2000 分别依次对应代码 A ~ Y，其中不用 I，O，Q；

2001—2009 分别依次对应代码 1 ~ 9；

2010 对应字母 A，依次类推。

2.4.3　汽车零部件号的编制原则

（1）编制零部件号时，为了识别零部件，应按本标准第 5 条编码规则编制零部件号。

（2）零部件号应对每个零部件具有唯一性。

（3）采用一次的零部件号，不能再用作其他零部件的编号，零部件代号不能重复。

（4）功能、部位、尺寸和技术要求相同的零部件，只能用同一个代号。

（5）零部件代号在同一个整车平台中，应具有通用性、规范性和唯一性。不同车型、结构相似、功能部位相同采用相同的零部件名称和代号。

（6）具有上下、左右、前后对称关系的零部件，其上、左、前件的编号用奇数，下、右、后件的编号用偶数。

2.4.4　汽车零部件号的编号规则

1. 汽车零部件编号的表达式

汽车零部件编号由企业代号、产品代号、组号、分组号、零件顺序号和变更代号等部分组成，表达式如图 2－1 所示。

（1）SQJ——四川汽车工业集团有限公司“四、汽、集”汉语拼音的第一个字母。一般企业内部使用时，允许省略。“SQJ”就可以省略不写。

又如 ZT－指浙江众泰汽车股份公司“众泰”二字的汉语拼音第一个大写字母组成。

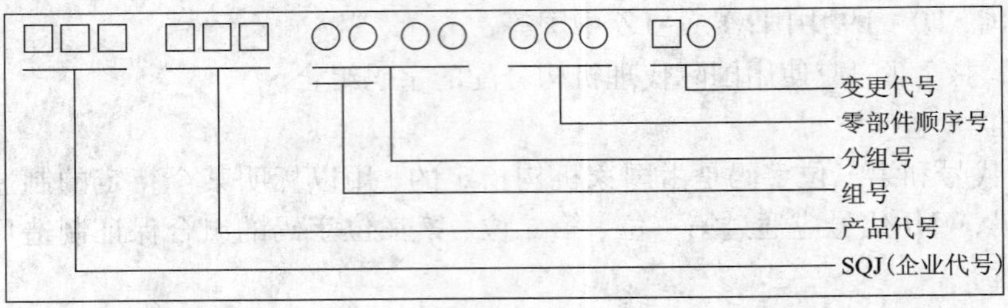

图 2-1　零部件编号表达式

当汽车零部件图样使用涉及知识产权或产品研发过程中需要标注企业名称代号时，可在最前面标注企业名称代号。

(2)产品代号——用三位字母表示，指车型代号。此代号是依据各汽车制造商自订。

(3)组号——用两位阿拉伯数字表示，指汽车各功能系统分类代号。详见附录 A。

(4)分组号——用四位阿拉伯数字表示，表示汽车各功能系统内分系统的代号。详见附录 A。

(5)零部件顺序号——用三位阿拉伯数字表示，表示分组号内的总成、分总成、子总成、单元体或零件的顺序代号。指汽车零部件实物的编号，包括了技术、制造、管理需要而编制的管理号。零部件号大小要反映零部件的结构特征，零部件的结构特征见图 2-2。其表达应符合规则。

①反映主要结构特征的零部件优先编制。首位包含了分组内区域或功能区别等。所有零部件采用系列平台或平台系列型号编号。可供平台内任意系列车型选用的均为系列平台车型代号，反映专用车特征的零部件才采用专用车型代号进行编号；同平台系列车型，车型排序靠前的零部件可供后续车型选用；不同系列平台的可以任意选用。

②总成的末位号为 0，零件的末位号不得为 0。零部件号应从小到大按隶属关系和零部件的焊、铆、组装等工艺过程进行(两位制)编号。

a. 零件号从□□□□×11 开始，当零件数超过“9”时，则可跳过相邻总成号连续编制，被跳过的总成号在编号中不得采用，以后依次类推；如：零件号从□□□□011 开始，当零件数超过 9 时，则跳过□□□□020 总成号，再从□□□□021 开始编制；同样，零件号从□□□□111 开始，当零件数超过“9”时，则跳过□□□□120 总成号，再从 121 开始编制，被跳过的总成号□□□□120 在编号中不得采用。

b. 一个总成内的小总成数超过“9”时，则跳过相邻的总成号连续编制，被跳过的总成号在编号中不得采用，以后依次类推。如：零件号从□□□□110 开始，当总成数超过“9”时，则跳过□□□□200，再从□□□□210 开始编制，以后依次类推。被跳过的□□□□200 总成号在编号中不得采用。

c. 图样的基本代号。

a)编号 0000～0009 表示整车图样代号(表 2-4)。

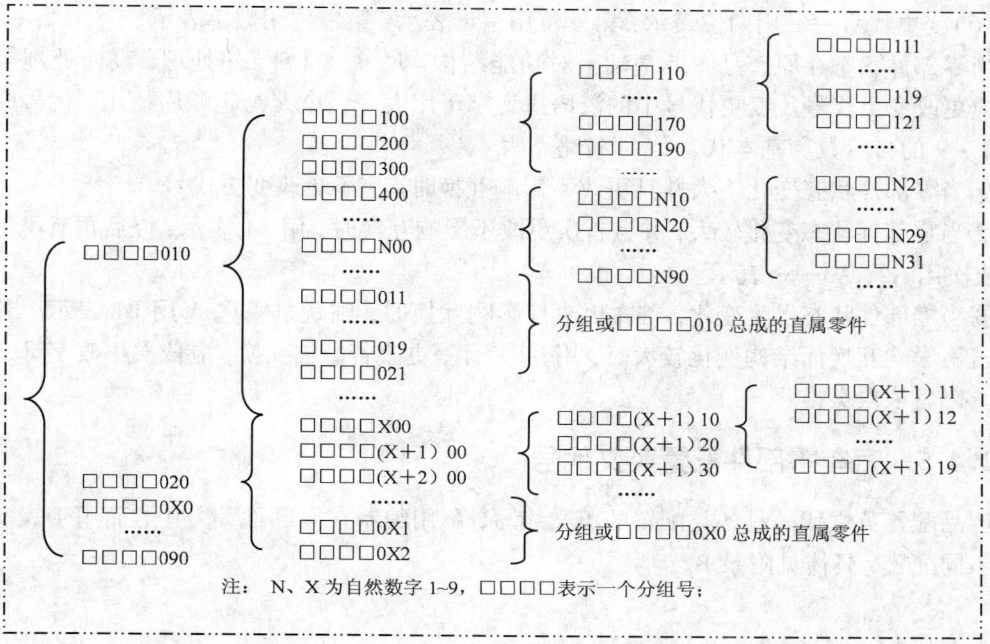

图 2－2　一个分组的零部件关系图

表 2－4　整车图样代号表

序 号	件号	名称	备注
1	0000	整车总图	
2	0001	整车底盘总图	
3	0002	整车布置图	
4	0003	整车车身尺寸控制图	
5	0004	整车电气原理图	

b)编号××××001～××××009 表示系统或零部件图样代号(表 2－5)。

表 2－5　系统或零部件图样代号表

序 号	件号	名称	备注
1	××××001	系统装置图	
2	××××002	系统原理图	
3	××××003	零部件喷漆图	
4	××××004	零部件注胶图	
5	××××005	零部件功能图	

(6)变更代号——用两位表示，第一位用字母表示，第二位用数字表示。

当零部件状态在原产品图纸基础上对功能结构、尺寸、材料、热处理、表面处理等做更改时应更改变更代号。变更代号中的汉语拼音字母用大写，并从 A 起顺序使用，代号中的数字用 1 ~9 的自然数。基本状态“A1”省略不写。

①当零部件状态变化不大并且更改不影响互换时，应不更改变更代号。

②当零部件状态变化较大，并且首次更改不影响互换时，用 A1 表示，以后再有类似的更改，依次用 A2，A3……表示。

③当零部件状态发生变化，首次更改且影响互换时，则跳过字母 A 用 B1 表示。若再次更改若不影响互换而结构变化较大时，用 B2 表示；更改若影响互换，应依次更改字母，用 C1 表示。以后依次类推。

2.4.5 汽车零部件配置英文代号

产品配置英文代号是各类配置的英文缩写，不用编制在零部件编号中，而用于表达车型中的不同配置，具体见附录 B。

2.5 汽车配件目录检索

汽车配件编码的检索查询必须有原厂授权的配件查询资料才能进行。

2.5.1 检索查询注意事项

1. 有关参数

(1)车型、款式、规格。

(2)明确的配件名称。

(3)底盘号。

(4)发动机型号/输出功率/发动机字母标记。

(5)发动机/变速箱规格。

(6)制造厂家代码及生产日期。

(7)选装件，内部装备材料及基本色调。

(8)车体外部颜色。

2. 查找备件号的步骤

(1)需知的最基本参数。

(2)确定零件所在的大类。

(3)确定零件所在的小类。

(4)确定显示备件的图号。

(5)根据备件名称找到插图，确认备件号。

(6)根据车辆参数确定备件号并记录下来。

3. 车辆标牌、发动机、底盘号的位置

(1)车辆标牌：位于发动机舱右围板处或储气室右侧。

(2)发动机号：位于缸体和缸盖结合处的缸体的前端。

(3)车辆识别号(底盘号)：在发动机机舱前端围板处，通过排水槽盖上的小窗口既可看到底盘号。

(4)整车数据不干胶标签：一般贴在行李舱后围板左侧，其上有：生产管理号、车辆识别号、车型代号、车型说明、发动机和变速箱代码、油漆号/内饰代码、选装件号等数据。

各种车型的配件目录都是各厂家根据本厂的配件技术文件编写的。一般来说，在目录的前面都附有使用说明，在查阅之前，一定要仔细阅读。

2.5.2　汽车配件检索方法

汽车配件目录中所列出的零配件首先按汽车的构成分成几个主总成(主组)，每一个主总成又分成若干个半总成(子组)。在主总成和半总成中，大部分的零配件均按它们设计结构上的相互从属关系列序和编号，结构图也是从这个意图出发安排的。

在汽车配件目录中，一般每一总成都有拆解图示，并标明该总成各组成零件的序号(标号)对应表格中给出标号配件的名称、编号、每车用量等。

如果只知道零件名称而不知其零件号，无法订货，就应到配件目录上查零件编号，查找方法是：首先查阅零件主组索引及目录，然后再按目录所示页码查阅子组列表目录，即可查阅到已知零件子组图页号码，再由图页号码查阅零配件列表目录，即可查阅到该零件号码、部位。

本章内容小结

本章主要内容有消防安全常识、汽车配件类型、行业术语、汽车零部件的编号规则、汽车配件目录检索等内容。

消防安全常识介绍了燃烧必须同时具备三个条件，即可燃物、助燃物和着火源，缺少造成燃烧的三个条件的任何一个，都不会发生燃烧。

火源是具有一定温度的热能源，在一定的温度条件下，可以引起可燃物质的燃烧，是火灾的发源地，也是引起燃烧和爆炸的直接原因。严格控制好火源就可以有效防止火灾。

防火的基本措施与灭火的基本方法。

常见的消防器材主要有：灭火器、消防水泵、消防栓、水带、水枪等。

危险商品是指具有不同程度的易燃、易爆、有毒、腐蚀、或放射性伤害等危险特性，在受到摩擦、撞击、日晒、雨淋、空气温、湿度变化，接触水源及遇到性能相互抵触的物资等外界因素的影响下，容易引起爆炸、燃烧、中毒或灼伤等事故的商品。

经营化学危险商品，必须遵循化学危险物品经营的许可制度。

广义的汽车配件指构成汽车整体的各单元及服务于汽车的产品。按照不同的标准可对其进行各种分类。按照配件的生产来源可分为：原厂件、配套厂件、副厂件、通用件、进口件。按配件的使用性质可分为：易损件、维修件、消耗件、基础件、肇事件。还可按最终用途、配件产品中的科技含量、重要程度分类。

常用的汽车配件相关术语介绍。

汽车零部件相关术语：组、分组、产品、零部件、总成、分总成、子总成、单元体等。

发动机的型号编制规则。

车架编号就是车辆识别代号 VIN。

汽车零部件号的编制原则、汽车零部件号的编号规则、汽车零部件配置英文代号介绍。

汽车配件编码的检索查询必须有原厂授权的配件查询资料才能进行。

思考与练习

1. 燃烧必须同时具备的三个条件是什么？
2. 灭火的基本方法有哪些？
3. 灭火器的类型有哪些？举例说明。
4. 汽车配件如何分类？
5. 车辆识别代号 VIN 是什么意思？
6. 汽车零部件号的编制原则是什么？
7. 汽车零部件号的编号规则是什么样的？

第 3 章　汽车结构基础知识

3.1　概述

汽车通常由发动机、底盘、车身和电气设备等部分组成。图 3－1 所示为典型轿车的总体构造。

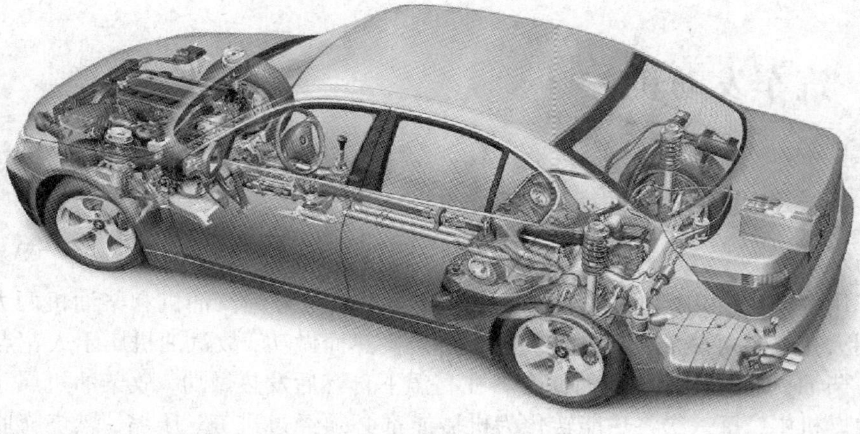

图 3－1　典型轿车的总体构造

发动机是汽车的动力装置，它的作用是使供入其中的燃料燃烧而发出动力。一般汽车都采用往复活塞式内燃机。它由机体、曲柄连杆机构、配气机构、燃料供给系、冷却系、润滑系、点火系（汽油发动机用）和起动系等几部分组成，如图 3－2 所示。

底盘包括传动装置以及行驶与控制装置。传动装置是将发动机输出的动力传给驱动车轮的装置，它包括离合器、变速器、传动轴、驱动桥、主减速器、差速器等部件。行驶与控制装置是将汽车各总成及部件连接成一个整体，起到支承全车并保证汽车正常行驶的装置，包括制动器、转向器、悬架、车轮等部件，如图 3－3 所示。

车身是形成驾驶人和乘客乘坐空间的装置，也是存放行李等物品的工具。因此，要求它既要为驾驶人提供方便的操作条件，又要为乘客提供舒适的环境；既要保护全体乘员的安全，又要保证货物完好无损。也就是说，车身既是保安部件又是承载部件。在现代汽车中，车身又是技术与艺术有机结合的艺术品。轿车车身由本体、内外装饰和车身附件等组成。

图 3-2 发动机

图 3-3 底盘

电气设备是汽车的重要组成部分，它由电源、发动机点火系（汽油机）和起动系、照明和信号装置、空调、仪表和报警系统以及辅助电器等组成。对于高级轿车，更多地采用了现代新技术，尤其是电子技术，如微处理机、中央计算机系统及各种人工智能装置等，从而显著地提高了汽车的性能。

3.2 汽车发动机

3.2.1 发动机工作原理

1. 发动机的分类

按照车用发动机所用燃料划分，常见的汽车发动机可分为汽油机和柴油机两大类。由于汽油机需用火花点燃可燃混合气才能使燃料燃烧发热而做功，故汽油机属于火花点火（点燃）式发动机。柴油机通过压缩气体而使燃料在高温下自燃后发热做功，故柴油机属于压燃式发动机。在内燃机中，每一次将热能转化为机械能都必须经过进气、压缩、燃烧膨胀和排气这样一系列连续过程，称为工作循环。对往复活塞式发动机来说，活塞经过上行、下行两个行程（又称冲程）完成一个工作循环的称为二冲程发动机，而需要四个行程完成一个工作循环的称为四冲程发动机。就目前来说，汽车用发动机都是四冲程发动机，而二冲程发动机在摩托车上应用较多。

2. 四冲程发动机工作原理

往复式发动机活塞在气缸内上下运动，活塞所处的最高位置称为上止点，最低位置称为下止点，上、下止点间的距离称为活塞行程。活塞每走一个行程曲轴转过 180°。活塞从上止点到下止点所扫过的容积称气缸工作容积；各缸工作容积的总和，称为发动机排量。燃烧室是指活塞在上止点时，由活塞顶、气缸壁和气缸盖所组成的空间。气缸总容积是燃烧室容积与工作容积之和。压缩比是气缸总容积与燃烧室容积之比。压缩比对发动机性能影响很大。压缩比大，压缩终了时缸内气体的温度、压力高，燃烧速度快，膨胀做功多，发动机功率大、油耗低。汽油机压缩比通常为 7～11，而柴油机压缩比一般为 16～22，这是柴油机比汽油机省油的主要原因之一。

图3－4所示为四冲程汽油机工作原理的示意图。从图3－4中可以看到：四冲程是由进气冲程、压缩冲程、膨胀冲程和排气冲程组成。在进气冲程中，进气门开，排气门关，活塞从上止点往下止点行进，吸入混合气；压缩冲程中，进、排气门均关闭，活塞由下止点行进到上止点，压缩混合气为做功做准备；在接近压缩上止点时，火花塞产生火花，点燃混合气，膨胀冲程便开始了，气体燃烧产生的巨大推力将活塞从上止点往下推；在接近下止点处排气门打开，活塞上行排出废气，这就是排气冲程。在上止点附近先打开进气门，接着又关闭排气门，就开始了下一循环。

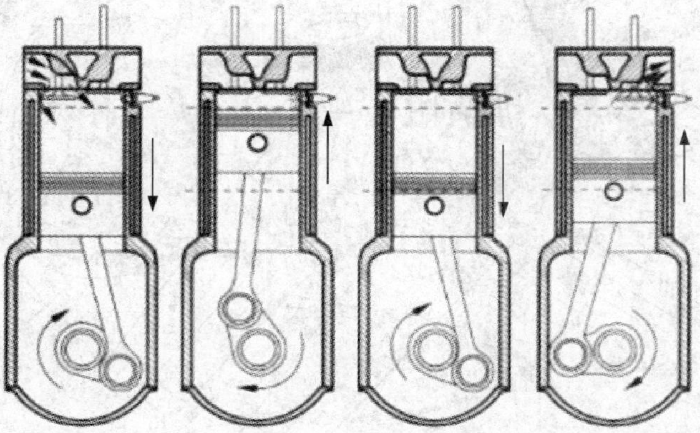
(a)进气　(b)压缩　(c)膨胀　(d)排气

图3－4　四冲程发动机工作原理

四冲程柴油机的工作循环与汽油机类似，所不同的是在进气冲程中柴油机吸入的是新鲜空气，而不是空气与燃料的混合物。在柴油机中，由于柴油不易蒸发，是通过喷油嘴在压缩冲程终了时用高压喷入燃烧室的。此外，柴油自燃温度低，加上柴油机压缩比高，因此不需要用火花塞点火，而是靠自燃着火。

3.2.2 发动机的总体构造

发动机是一部复杂的机器，不同类型或即使同类型发动机，其具体结构也各不相同，但其基本构造都是相似的。通常，汽油机由两大机构五大系统组成，柴油机由两大机构四大系统组成(无点火系)。常见轿车四缸发动机的结构如图3－5所示。

1. 机体组

发动机的机体组包括气缸盖、气缸盖罩盖、气缸体及油底壳等。气缸盖和气缸体的内壁共同组成燃烧室的一部分，是承受高温、高压的机件。机体作为发动机各机构、各系统的装配基体，其本身的许多部分又分别是曲柄连杆机构、燃料供给系、冷却系和润滑系的组成部分。在进行结构分析时，常把机体列为曲柄连杆机构。有的发动机将气缸体分铸成上下两部分，上部称为气缸体，下部称为曲轴箱。

2. 曲柄连杆机构

曲柄连杆机构的主要功用是将可燃混合气燃烧时产生的热能转变为机械能并输出，它由

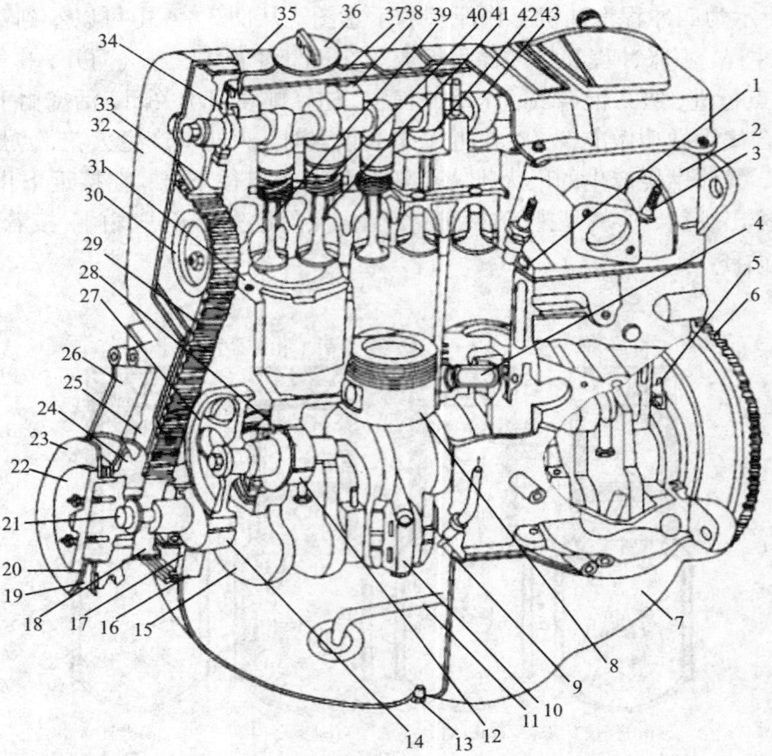

1—气缸垫;2—气缸盖;3—火花塞;4—活塞销;5—曲轴后端封油挡板;6—飞轮齿圈;7—油底壳;8—活塞;9—油标尺;10—连杆总成;11—机油集滤器;12—中间轴轴承;13—放油螺塞;14—曲轴主轴承;15—曲轴;16—曲轴轴承盖;17—曲轴前端封油挡板;18—曲轴正时齿轮;19—空调压缩机带;20—调整垫片;21—正时齿轮拧紧螺栓;22—压紧盖;23—空调压缩机带轮;24—水泵、发电机曲轴带轮;25—正时齿轮下罩盖;26—空调压缩机支架;27—中间轴正时齿轮;28—中间轴;29—正时齿带;30—偏心轮张紧机构;31—气缸体;32—正时齿轮上罩盖;33—凸轮轴正时齿轮;34—凸轮轴前端油封;35—凸轮轴罩盖;36—机油加油口盖;37—凸轮轴机油挡油板;38—凸轮轴轴承盖;39—排气门;40—气门弹簧;41—进气门;42—液力挺杆总成;43—凸轮轴

图 3-5　四缸轿车发动机的结构

活塞连杆组和曲轴飞轮组组成(图 3-6)。

活塞连杆组是发动机内将热能转变为机械能，把活塞的直线运动转变为曲轴的旋转运动的主要机构。

曲轴飞轮组主要由曲轴和飞轮组成。它的功用是承受连杆传来的力，并通过飞轮驱动传动系。同时，曲轴的转动还驱动发电机、水泵、空气压缩机等附属装置。

3. 配气机构

配气机构的功用是按发动机配气定时的要求，准时打开和关闭进、排气门，使新鲜可燃混合气及时充入汽缸，并使燃烧后的废气及时排出。配气机构主要由气门、推杆、挺杆、凸轮轴、摇臂及正时齿轮(或带轮)等组成(图 3-7)。

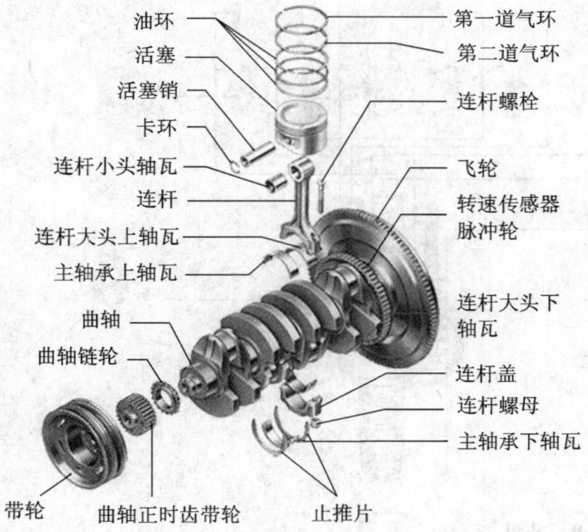

图 3－6　曲柄连杆机构

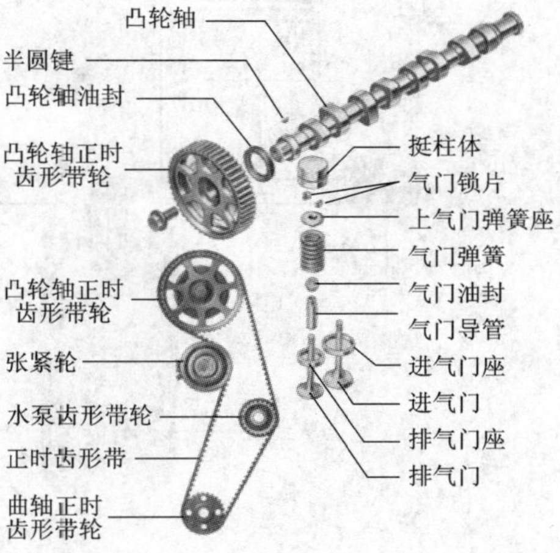

图 3－7　配气机构

4. 燃料供给系

燃料供给系包括汽油箱、汽油泵、汽油滤清器、油管、空气滤清器、传感器、进气歧管、排气歧管、排气消声器等(图 3－8)。其作用是根据发动机各种工况要求，配备具有一定数量和浓度的可燃混合气供入气缸，并将燃烧生成的废气排出发动机。

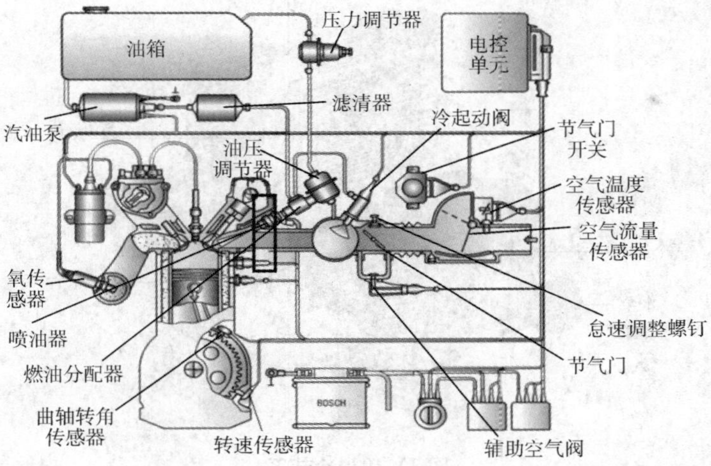

图 3－8　汽油机燃料供给系

5. 点火系

点火系包括电源(蓄电池和发电机)、分电器、点火开关、点火线圈、火花塞等(图 3－9)。其功用是保证按规定时刻及时点燃气缸中被压缩的可燃混合气。

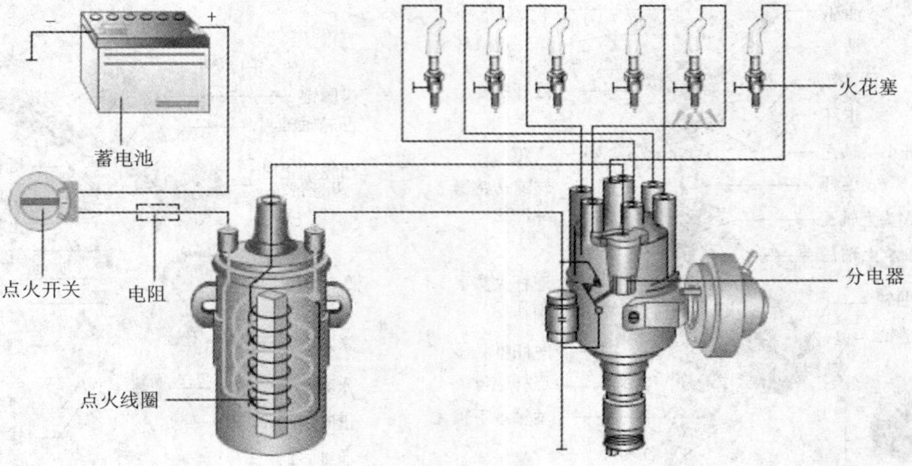

图 3－9　点火系

6. 冷却系

冷却系主要包括冷却液泵、散热器、风扇、节温器、水温表以及气缸体和气缸盖里铸出的水套等(图 3－10)。其功用是散发受热机件的热于大气之中，以使发动机在最适宜的温度下工作。

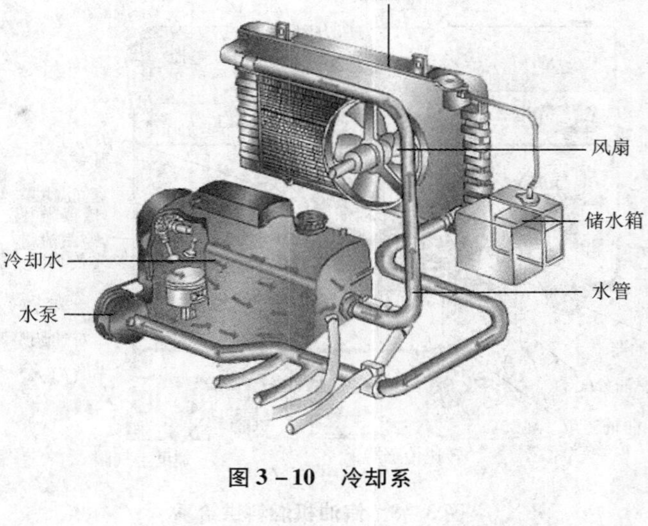

图 3－10　冷却系

7. 润滑系

润滑系包括油底壳、机油集滤器、机油泵、限压阀、润滑油道及油管、油温和油压传感器、油温和油压表、油标尺等(图 3－11)。润滑系的功用是将润滑油不断地供给作相对运动的零件以减少它们之间的摩擦阻力，减轻机件的磨损，并部分地冷却摩擦零件，清洗摩擦表面。

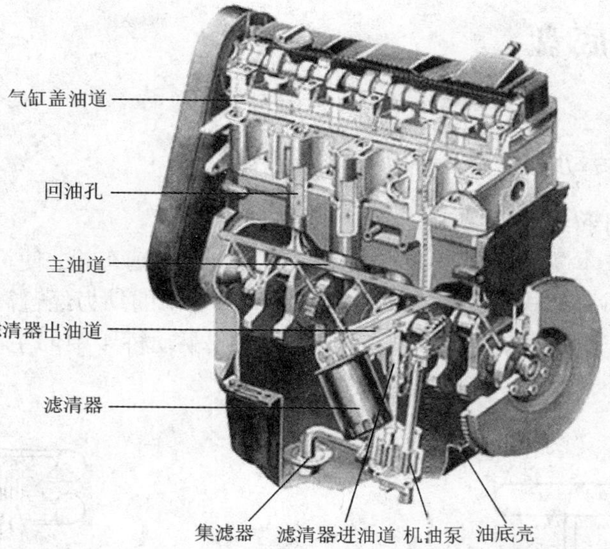

图3－11　润滑系

8. 起动系

起动系的功用是起动发动机。起动系由起动机、起动继电器线圈、蓄电池、点火开关等组成(图3－12)。

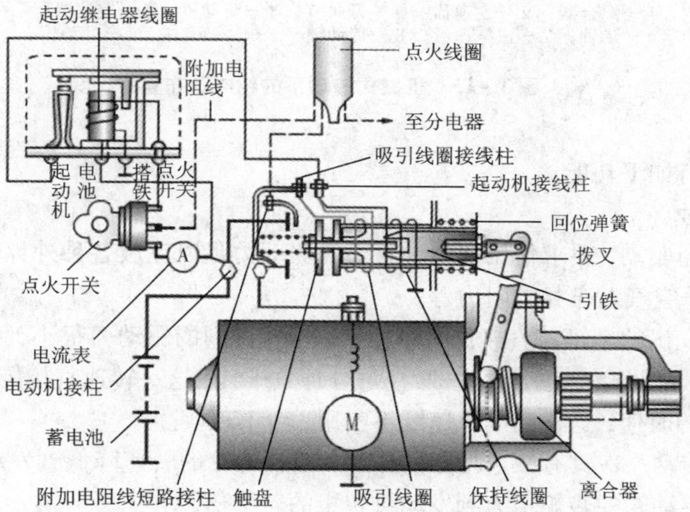

图3－12　起动系

3.3 汽车底盘

3.3.1 汽车传动系

1. 传动系的功用和组成

汽车传动系的基本功用是将发动机发出的动力传给驱动车轮，使汽车行驶。常见的机械式传动系的组成及布置形式如图 3－13 所示，发动机发出的动力经过离合器 1、变速器 2、由万向节 3 和传动轴 8 组成的万向传动装置以及安装在驱动桥 4 中的主减速器 7、差速器 5 和半轴 6 传到驱动轮。

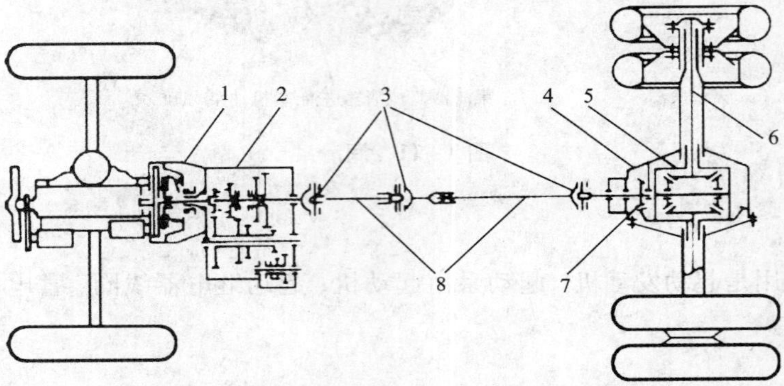

1 —离合器； 2 —变速器； 3 —万向节； 4 —驱动桥； 5 —差速器；
6 —半轴； 7 —主减速器； 8 —传动轴

图 3－13 机械式传动系的组成及布置

传动系应具有如下功能。

1）减速和变速

汽车的起步与驱动，要求作用在驱动轮上的驱动力足以克服各种外界的阻力，如地面对车轮滚动的阻力、空气对车身的阻力等。

汽车发动机发出的转矩若直接传给车轮，车轮所得到的驱动力很小，不足以驱动汽车运动；另一方面，发动机的转速较高，一般在每分钟数千转，这一转速直接传到驱动轮上，汽车将达到几百公里的时速，这样高的车速既不实用，也不现实。

因此，要求传动系应具有减速增矩的作用，使驱动轮的转速降低到发动机转速的若干分之一，相应地使驱动轮的转矩增大到发动机转矩的若干倍。

为了使发动机能保持在有利转速范围内工作，而驱动力和转速又可以在足够大的范围内变化，应当使传动系的传动比能在最大值与最小值之间变化，即传动系应起变速的作用。

因此，在传动系中设置了主减速器 7 和变速器 2 以满足上述要求。

2）实现汽车倒驶

汽车除了前进以外，在某些情况下还需要倒向行驶，而发动机是不能反向旋转的。这就要求传动系能够改变驱动轮的转动方向，以实现汽车的倒向行驶，一般是在变速器中设置一个倒挡来实现这一要求。

3）中断传动

在起动发动机后、汽车行进中换挡以及对汽车进行制动时，要暂时切断动力的传递路线。为满足此要求，在发动机与变速器之间设置一个可由驾驶员控制分离或结合的机构，称为离合器。

另外，在变速器中设置空挡，即各挡位齿轮都处于非传动状态，满足汽车在发动机不停止转动时能较长时间中断动力传递的要求。

4）差速作用

汽车在转弯行驶时，左右驱动车轮在同一时间内滚动的距离不同，若两侧的驱动轮用一根刚性轴驱动，则两轮转动的角速度必然相同。

因而，在汽车转弯时必然产生车轮相对地面滑动的现象，这将使转向困难，汽车的动力消耗增加，传动系内部某些零件和轮胎磨损加剧。

为避免这些情况的出现，在驱动桥内安装了差速器，使左右驱动车轮以不同的角速度旋转。

动力由主减速器先传到差速器，再由差速器分配给左、右半轴，最后传到驱动轮上。

2. 离合器

1）离合器的功用

离合器（图3－14）是汽车传动系中直接与发动机相连接的部件。

内燃机只能在无负荷的情况下起动，所以在汽车起步前必须先将发动机与驱动轮之间的传动路线切断。

另外，汽车在换挡和刹车前也需要切断动力传递。为此，在发动机与变速器之间设有离合器。离合器的功用就是由驾驶员控制，根据需要随时切断和接通发动机传给传动系的动力，从而保证了汽车的平稳起步、换挡平顺，同时还可以防止传动系过载（过载时离合器自动打滑）。

图3－14　离合器

2）离合器的组成

离合器可分为摩擦式离合器、液力耦合器和电磁离合器等。摩擦式离合器有干式和湿式两种，湿式是将摩擦片浸在油中工作，干式是摩擦片在干燥状态下工作。

通常，湿式离合器采用多片型式而成为行星自动变速器的组合元件，轿车常用的单片离合器都是干式离合器。单片摩擦式离合器有采用膜片弹簧和螺旋弹簧两种型式，其工作原理都是相同的，它们均由主动部分、从动部分、压紧机构和操纵机构四部分构成。

3. 变速器

1）变速器的功用

汽车上广泛使用的活塞式发动机，其输出的扭矩和转速变化范围很小，而汽车在行驶中所遇到的复杂的道路条件和使用条件要求汽车的驱动力和车速能在相当大的范围内变化。为此，在汽车的传动系中设置了变速器。

变速器的主要功用是：

（1）在较大的范围内改变汽车的行驶速度和汽车驱动轮上转矩的数值；

（2）在发动机旋转方向不变的前提下，利用倒挡实现汽车倒向行驶；

（3）在发动机不熄火的情况下，利用空挡中断动力传递，可以使驾驶员松开离合器踏板，离开驾驶位置，且便于汽车起动、怠速、换挡和动力输出。

2）变速器的分类

按传动比变化方式的不同，变速器可分为有级式、无级式和综合式三种。

（1）有级式变速器。有级式变速器（图3－15）应用最为广泛，传动方式采用齿轮传动（包括普通齿轮传动和行星齿轮传动）。它具有若干个数值一定的传动比，传动比的变化呈阶梯式或跳跃式。目前，轿车和轻、中型载货汽车装用的有级式变速器多为3～6个前进挡和一个倒挡。

（2）无级式变速器。无级式变速器有电力式和液力式两种，传动部件分别为直流串激电动机和液力变矩器。它的传动比在一定数值范围内可以连续多级变化。

近年来，金属带式无级变速器CVT（图3－16）在中高档轿车中的应用日渐增多。

图3－15　有级式变速器

图3－16　无级式变速器

（3）综合式变速器。

综合变速器是由液力变矩器和齿轮式有级变速器组成的电控液力机械式变速器，其传动比可以在最大值和最小值之间的几个间断的范围内作无级变化。

按操纵方式不同，变速器还可分为强制操纵式变速器、自动操纵式变速器和半自动操纵式变速器三种类型。

在多轴驱动的汽车上，还配有分动器，通过分动器可以将动力分别传到不同的驱动轴上。

4. 万向传动装置

1）功用

在汽车上，万向传动装置主要用于变速器与驱动桥之间、变速器与分动器之间实现变角度的动力传递（图3－17），在转向驱动桥和某些汽车的转向操纵机构中也有应用。

2）组成

万向传动装置一般由万向节和传动轴组成，必要时还可加装中间支承。

5. 驱动桥

1）功用

驱动桥的功用是将万向传动装置传来的发动机动力经减速增矩改变传动方向后，分配给左、右驱动轮，并且允许左、右驱动轮以不同转速旋转。

2）组成

驱动桥（图 3－18）通常由主减速器、差速器、半轴和驱动桥壳组成。主减速器可减速增矩，并可改变发动机转矩的传递方向，以适应汽车的行驶方向。

差速器可保证左、右驱动轮以不同的转速旋转。半轴把转矩从差速器传到驱动轮。桥壳支承汽车的部分质量，承受驱动轮上的各种力及力矩，并起到保护主减速器、差速器和半轴的作用。

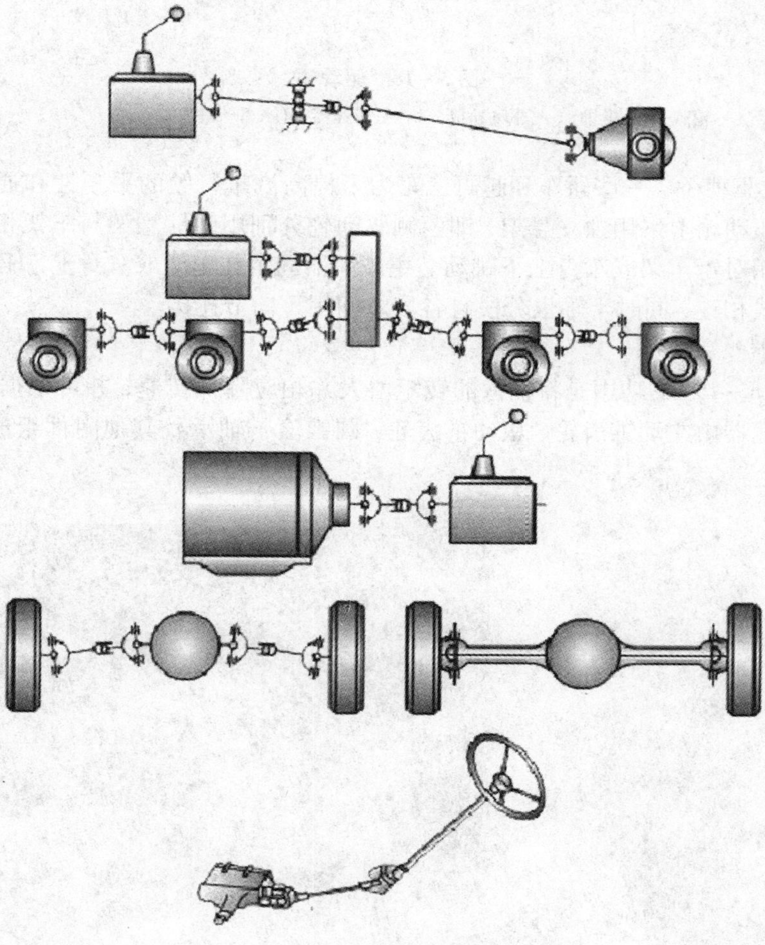

图 3－17　万向传动装置在汽车上的应用

3)分类。

按驱动轮与桥壳的连接关系，驱动桥分非断开式驱动桥和断开式驱动桥两种。

(1)非断开式驱动桥。非断开式驱动桥的整个车桥通过弹性悬架与车架相连，桥壳是刚性整体结构，两根半轴和驱动轮在横向平面内无相对运动。载货汽车多采用非断开式驱动桥。

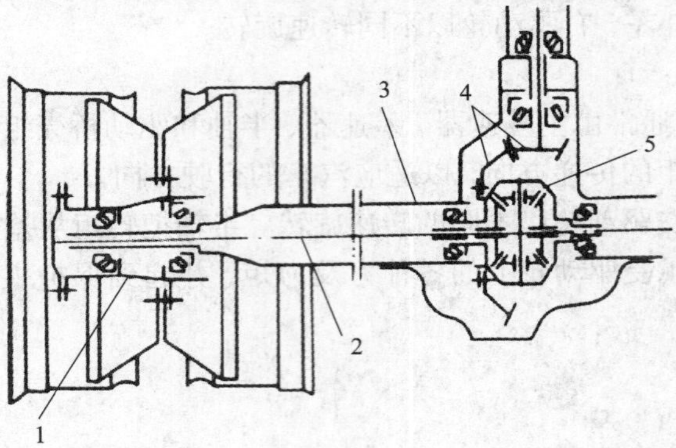

图 3－18　驱动桥

1—轮毂；2—半轴；3—驱动桥壳；4—主减速器齿轮；5—差速器

(2)断开式驱动桥。一些轿车和越野汽车为了提高汽车行驶的平顺性和通过性，在它们的全部或部分驱动轮上采用独立悬架，即两侧驱动轮分别用弹性悬架与车架相连，两驱动轮彼此可独立地相对于车架或车身上下跳动。主减速器固定在车架或车身上，驱动桥壳制成分段并以铰链方式相连，同时半轴也分段且各段之间用万向节连接。

4)主减速器

主减速器(3－19)的功用是将输入的转矩增大并相应降低转速，并可根据需要改变转矩的方向。主减速器由主动锥齿轮、从动锥齿轮、圆锥滚子轴承及其他附件组成，如图 3－20 所示。

图 3－19　主减速器

图 3－20　主减速器组成

5)差速器

汽车直线行驶时，行星齿轮自身不转动，只随行星齿轮轴、差速器保持架、大锥齿轮绕半轴轴线公转，两个半轴齿轮就由行星齿轮带动以同样的转速旋转。

当汽车转弯时，行星齿轮不仅如前述同样地绕半轴轴线公转，而且还通过绕行星齿轮轴本身的自转，使两根半轴有不同的转速。

对于普通差速器（图 3－21)，由于行星齿轮的作用，两根半轴传递着相同的转矩。如果某一侧半轴的阻力消失（如一侧车轮陷于淤泥中)，另一侧半轴也无法传递转矩，车辆便无法开动。

为了改善这一缺陷，又开发出了各种差速自锁装置，保证在一轮打滑情况下，另一轮可实现单轮驱动。这里不再赘述。

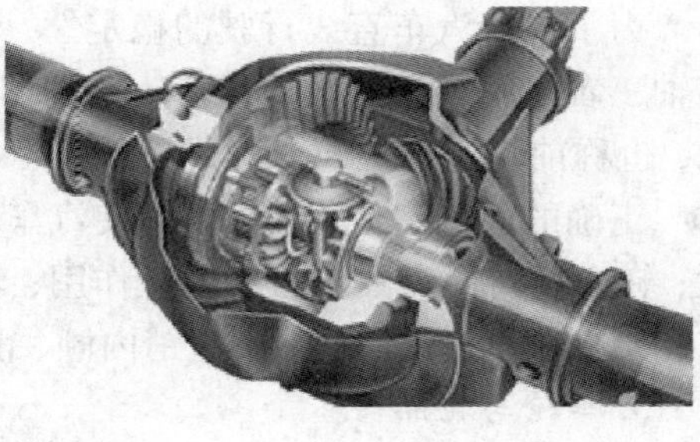

图 3－21　差速器

3.3.2　汽车行驶系

1. 汽车行驶系概述

汽车行驶系由车架、悬架、车轴和车轮组成。车架对汽车并不一定是必需的，只有在非承载式车身结构中需用车架连接并支承车身、发动机和传动系、悬架等零件，承受和传递底盘零件传来的外力，还提供撞车时所需的强度和吸收冲击能量的能力。

2. 车桥

车桥（也称车轴)通过悬架与车架（或承载式车身)相连接，两端安装汽车车轮。车架所受的垂直载荷通过车桥传到车轮；车轮上的滚动阻力、驱动力、制动力和侧向力及其弯矩、转矩又通过车桥传递给悬架和车架，故车桥的作用是传递车架与车轮之间的各向作用力及其所产生的弯矩和转矩。

1)转向桥

转向桥(图 3－22)利用转向节使车轮偏转一定的角度以实现汽车的转向，同时还承受和传递车轮与车架之间的垂直载荷、纵向力和侧向力以及这些力所形成的力矩。转向桥通常位于汽车的前部，因此也常称为前桥。

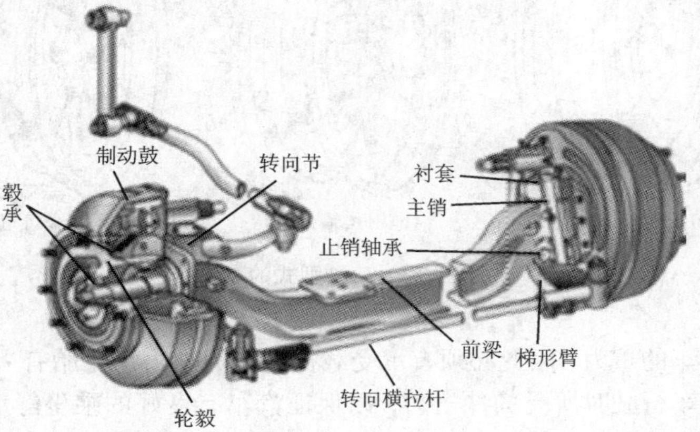

图 3－22　转向桥

前轴由两个前轴拳形件和一根无缝钢管焊接而成。这种结构可用于轻型汽车，而且不需大型锻造设备来制造前轴。主销推力轴承采用球轴承，可使转向操纵轻便。

由转向节上耳油嘴注入的润滑脂，经主销内的轴向和径向油孔进入主销与衬套之间的摩擦表面，使之得到润滑。车轮转角限位螺钉用来限制转向轮最大偏转角。

2）转向轮定位

为了保持汽车直线行驶的稳定性、转向的轻便性和减轻轮胎的磨损，转向轮、转向节和前轴三者之间与车架必须保持一定的相对位置，这种具有一定相对位置的安装称为转向轮定位，也称前轮定位。

正确的前轮定位应做到：可使汽车直线行驶稳定而不摆动；转向时转向盘上的作用力不大；转向后转向盘具有自动回正作用；轮胎与地面间不打滑以减少油耗；延长轮胎使用寿命。前轮定位包括：主销后倾、主销内倾、前轮外倾及前轮前束。

3. 车轮与轮胎

1）车轮

汽车的车轮由轮毂、轮辋以及这两部分的连接件组成。车轮要求坚固、轻便和平衡。现代汽车所使用的车轮主要可分为三种：压制钢盘车轮、钢丝辐条车轮和轻合金铸造车轮（图3－23），其中压制钢盘车轮因易于大量生产，成本较低，刚度适中，轻便、坚固而应用最广泛；后两种车轮成本较高，多为跑车和赛车采用。

车轮安装一般都由4个或5个螺栓固定在轮毂凸缘上，由于车轮是高速旋转件，需要定位，因此螺栓往往制成锥形，使车轮能自动定位。

载货汽车为防止行驶时螺母自行松脱，左轮轮盘固定螺栓用左旋螺纹，右边的则用右旋螺纹。

2）轮胎

汽车轮胎安装在轮辋上，直接与路面接触。轮胎的种类繁多，可按其用途、结构、材料、胎面花纹以及充气压力等区分。

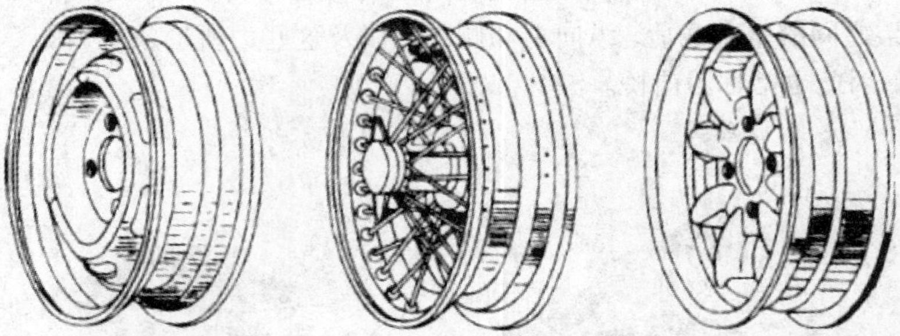

(a)压制钢盘车轮　(b)钢丝辐条车轮　(c)轻合金铸造车轮

图3－23　三种型式的车轮

轮胎承受着汽车的重力，因此必须有承受载荷的能力。由于轮胎有一定的弹性，与汽车悬架共同来缓和汽车行驶时所受的冲击力，以保证汽车有良好的乘坐舒适性和行驶平顺性。轮胎又要传递地面的驱动力、制动力，因此必须与地面有良好的附着性能，这通常靠各种花纹来增强。汽车的充气轮胎按胎体中帘线排列方向不同，可分普通斜交线胎、带束斜交胎和子午线胎等。

在轿车上也有应用无内胎轮胎的，这种轮胎由于消除了内、外胎间的摩擦，工作温度低，适于高速行驶，而且结构简单、质量较小。

按照轮胎气压的大小分为高压轮胎（充气压力 0.5 ~ 0.7 MPa）、低压轮胎（充气压力 0.2 ~ 0.5 MPa）和超低压轮胎（充气压力 <0.2 MPa）。

普通车辆的轮胎多为低压轮胎，载货车随载重的增加，轮胎压力提高。超低压轮胎主要用于坏路或无路条件下行驶。

有的机动性要求很高的越野车装有自动充、放气系统，可根据路面条件调节轮胎气压。

4. 悬架

悬架是车架（或承载式车身）与车桥（或车轮）之间一切传力连接装置的总称。现代汽车尽管有不同结构型式的悬架，但一般都是由弹性元件、减振器和导向装置三部分组成，它们分别起缓冲、减振和导向作用，同时又都起传力作用。

悬架只要具备上述各种功能，在结构上并不是非设置上述三套单独的装置不可。例如，常见的钢板弹簧除起弹性元件的缓冲作用外，多片重叠时又可借片间摩擦起减振作用，同时也可担负起传递各种力和力矩的作用，故可不装减振器和其他导向机构。

悬架有两大类，即非独立悬架和独立悬架（图 3 – 24）。

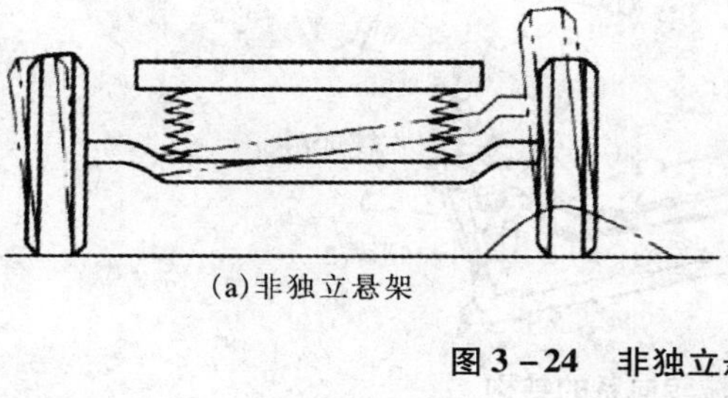

(a) 非独立悬架

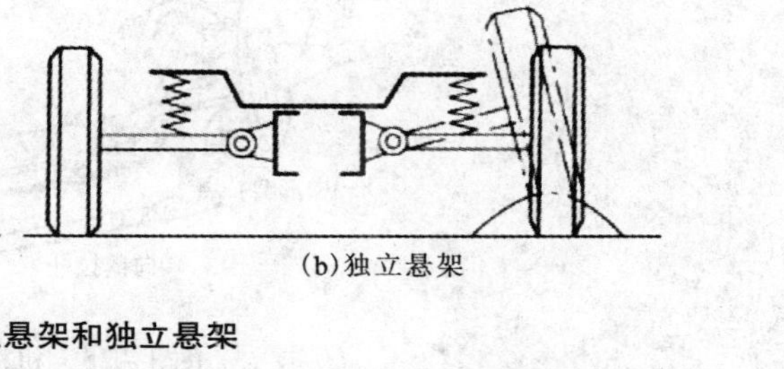

(b) 独立悬架

图 3 – 24 非独立悬架和独立悬架

非独立悬架的特点是由一根整体式车桥连接两侧的车轮，车轮与车桥一起通过弹性元件与车架（或车身）相连。

独立悬架每一侧车轮单独地通过弹性元件与车架（或车身）相连。采用独立悬架时车桥显然是断开的。非独立悬架由于结构简单、成本低、强度高而广泛用于货车和大客车。独立悬架由于提高了汽车的舒适性，并有利于降低汽车重心而在轿车上用得相当普遍。

也有一些车前轮采用独立悬架，后轮采用非独立悬架。独立悬架的结构类型很多，按车轮的振摆型式可分为横摆臂式、纵摆臂式、沿主销移动等几种型式。

汽车上的减振器通常是双向作用筒式减振器，即在伸张和压缩行程中都能起阻尼作用。阻尼大则消除振动快，但却使与之并联的弹簧的作用不能充分发挥，同时过大的阻尼力还可能导致减振器连接零件及车架的损坏。

3.3.3 汽车转向系

1. 转向系的功用

汽车在行驶中，经常需要改变行驶方向。汽车上用来改变汽车行驶方向的机构称为汽车转向系。汽车行驶方向的改变是由驾驶员通过操纵转向系来改变转向轮(一般是前轮)的偏转角度实现的。

转向系不仅可以改变汽车的行驶方向，使其按驾驶员规定的方向行驶，而且还可以克服由于路面侧向干扰力使车轮自行产生的转向，恢复汽车原来的行驶方向。

2. 转向系的组成

汽车转向系根据其转向能源的不同，可以分为机械转向系和动力转向系两大类。

(1)机械转向系以驾驶员的体力作为转向能源，又称为人力转向系。机械转向系(图 3 - 25)一般由三部分组成，即转向操纵机构、转向器和转向传动机构。

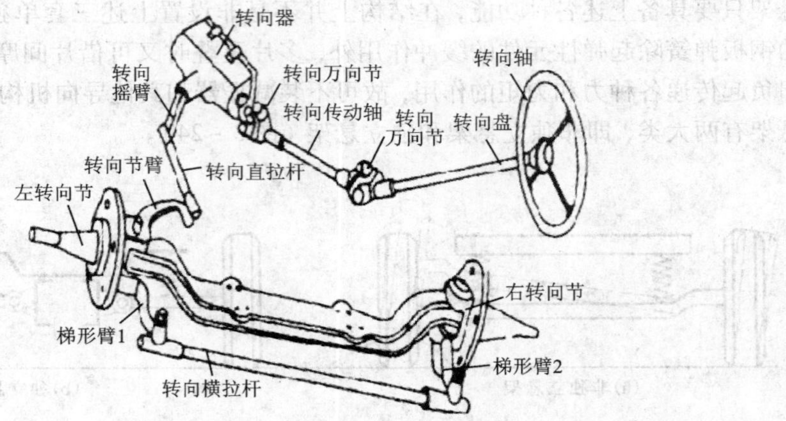

图 3 - 25　机械转向系的结构

驾驶员操纵转向器工作的机构叫做转向操纵机构，包括转向盘、转向轴等机件。转向轴下端的齿轮与齿条构成转向器。转向器是一个减速增矩机构，经转向器放大的力矩传给转向传动机构。

转向直拉杆（齿条）、转向节臂、转向横拉杆等机件构成转向传动机构。当驾驶员向左或向右转动转向盘时，转向轴即通过齿轮带动转向器内的齿条向左或向右移动，并推动转向横拉杆向左或向右移动，使车轮绕着主销轴线向左或向右偏转，从而实现汽车转向。

(2)动力转向系是在机械转向系基础上加设一套转向加力装置而成的，兼用驾驶员体力和发动机动力作为转向能源，并且以发动机动力作为主要能源。

3.3.4 汽车制动系

1. 制动系的功用

目前，汽车的行驶速度不断提高，道路情况越来越复杂，为了在技术上保证汽车的安全行驶，提高汽车的平均行驶车速，以提高运输生产率，在各种汽车上都设有专用的制动机构，使行驶中的汽车减低速度甚至停车或者使已经停下来的汽车保持不动。

2. 制动系的类型

一般汽车应包括两套独立的制动系：行车制动系和驻车制动系。

行车制动系是由驾驶员用脚来操纵的，故又称脚制动系。其功用是使正在行驶中的汽车减速或在最短距离内停车。

驻车制动系是由驾驶员用手操纵的，故又称手制动系或驻车制动系。其功用是使已停在各种路面上的汽车驻留原地不动。

3. 对制动系的要求

为保证汽车能在安全的条件下发挥出高速行驶的能力，制动系必须满足下列要求：应具有足够的制动力，工作可靠；操纵轻便；前后桥上的制动力分配应合理，左右车轮上的制动力应相等；制动应平稳；避免自行制动；散热性好。

4. 制动系的组成

各种制动装置一般由制动器和制动控制机构组成。制动器按其构造分为盘式、蹄式（或鼓式）和带式（或箍式），制动控制机构按其操纵传动方式有机械式、液压式、气压式等。驻车制动装置通常又称手制动器，属于机械式制动系统。这种制动装置作用在变速器后的传动轴上时，称为中央制动式手制动器；若安装在车轮上与车轮制动器一体时，则称为车轮制动式手制动器。

行车制动装置以液压式和气压式应用最广泛，前者多用于轿车和轻型车，后者多用于中型以上的客车和货车。

为了保证制动的可靠性，无论是气压式或液压式多采用双管路制动系统，如前、后轮分开的双管路系统和对角线（左前轮、右后轮一条管线，右前轮、左后轮一条管线）交叉的双管路系统。

目前行车制动装置用的制动器，货车用蹄式的较多，轿车用盘式的较多，特别是轿车的前轮制动器几乎都是盘式的。

这是因为盘式制动器制动效能虽不如蹄式的高，但制动效能的稳定性好，几乎不发生蹄式制动器所具有的自动增力作用，在高速制动和反复制动时也很少发生衰减作用。

此外，制动盘左右两侧制动作用的不平衡现象极少，于是汽车能保持良好的方向稳定性。

目前，这类制动系统又常增加了电子防抱死控制，以增加其行车安全性。

3.4　汽车车身

3.4.1　车身的功用与组成

汽车车身是运送乘客、货物和驾驶员工作的平台，车身应具备使乘客和货物免受尘土、雨雪、振动、噪声、废气侵袭，使驾驶员工作便利的条件。车身上的一些结构措施和设备还应有助于行车安全和减轻交通事故造成的人身伤害。

车身的造型应能保证有效地引导周围的气流，以减少空气阻力和燃料消耗，且有助于提高汽车行驶稳定性和改善发动机冷却条件，保证车身内部通风良好。

汽车车身主要包括：车身壳体、车门、车窗、前后钣制件、车身附件、车身内外装饰件、座椅、通风、暖风、冷风、空调装置等。货车和专用汽车上还包括货箱和其他专用设备。

3.4.2 车身的类型

车身是汽车的基本骨架，也是最大的部件，它决定汽车的基本形状、大小和用途。

车身壳体是一切车身零、部件的安装基础。通常指纵、横梁和支柱等主要承力元件以及与它们相连的钣制件共同组成的刚性空间结构。其分类如下。

1.按结构形式分

(1)骨架式车身。骨架式车身有完整的骨架，车身蒙皮固定在其上。

(2)半骨架式车身。半骨架式车身有部分骨架，如单独的立柱、拱形梁及其他加固件。各骨架可彼此相连或借蒙皮相连。

(3)无骨架式车身。无骨架式车身没有骨架，代替骨架的是各蒙皮板相互连接时所形成的加强肋或板壳。

2.按受力情况分

(1)非承载式车身。非承载式车身的特点是保留车架，车身与车架通过弹簧或橡胶柔性连接。车架的刚度大，它承受发动机及底盘各部件之重力以及它们工作时通过支架传递的力、汽车行驶时由路面通过悬架传来的力。车身承受本身重力与所装载的客货重力以及汽车行驶时所引起的惯性力和空气阻力。

(2)半承载式车身。半承载式车身的特点是保留车架，车身与车架刚性连接，车身除承受非承载式中所述各载荷外，还分担车架的部分载荷。车身对车架有加固作用。

(3)承载式车身。承载式车身的特点是无车架，车身便作为发动机和底盘各总成的安装基础，上述各种载荷均由车身承受。

轿车车身（图3－26）无明显骨架，它是由外部覆盖件和内部扳金件焊接成的一空间结构。轿车车身一般采用承载式或非承载式。

图3－26　轿车车身

3.5　电气设备

电器设备包括电源组(蓄电池、发电机)、发动机点火设备、发动机启动设备、照明和信号装置、仪表、空调、刮水器、音像设备、门窗玻璃电动升降设备等。电子设备包括导航系统、电控燃油喷射及电控点火设备、电控自动变速设备、防抱死制动系统(ABS)、驱动防滑系统(ASR)、车门锁的遥控及自动防盗报警设备等各种人工智能装置。汽车上的电源由蓄电池与发电机并联组成。

发电机工作时间为:发动机工作时,由发动机带动产生电能,向用电设备供电,并向蓄电池充电。

蓄电池工作时间为:发电机电压低或不发电时以及发动机起动时由蓄电池供电。

照明系统的作用是保证汽车在能见度低的情况下安全行驶。汽车上常配有以下照明灯具:前照灯(或大灯)、倒车灯、牌照灯、雾灯、仪表灯、顶灯、开关灯等。

汽车上信号装置的作用是通过声响和灯光向其他车辆的驾驶人和行人发出警告,以引起注意,保证行驶安全。汽车上的信号有:声响信号、灯光信号(转向信号、制动信号、危险警告信号、示廓信号)。

为了使驾驶人能随时了解汽车的行驶情况和发动机的工作情况,以便正确使用汽车,提高行车安全,及时发现和排除可能出现的故障,汽车上都装有多种仪表。

传统的汽车仪表有车速里程表、燃油量表、发动机冷却液温度表、机油压力表、发动机转速表和电流表,使用气压制动的汽车还有气压表。为了更清楚地表示发动机和汽车的工作情况,通常还有各种指示灯配合仪表的工作。常用的有充电指示灯、转向指示灯、发动机故障报警灯、发动机冷却液温度过高警告灯、机油压力过低警告灯、燃油液面过低指示灯、制动气压过低警告灯、手制动器未松警告灯,一些汽车上还有制动蹄片磨损警告灯、空气滤清器堵塞警告灯等。

汽车空调是汽车现代化的标志之一,它可以改善车内驾乘人员的舒适性。现代汽车全功能的空调系统由制冷系统、供暖系统、通风系统、空气净化系统及控制系统组成。

在现代汽车上越来越多地使用各种电子设备,如发动机、变速器、制动系等的电子控制单元,中央计算机系统及各种人工智能装置,大大提高了汽车的性能。

本章内容小结

汽车通常由发动机、底盘、车身和电气设备等部分组成。

发动机是汽车的动力装置,它的作用是使供入其中的燃料燃烧而发出动力。一般汽车都采用往复活塞式内燃机。它由机体、曲柄连杆机构、配气机构、燃料供给系、冷却系、润滑系、点火系(汽油发动机用)和起动系等几部分组成。

底盘包括传动装置以及行驶与控制装置。传动装置是将发动机输出的动力传给驱动车轮的装置,它包括离合器、变速器、传动轴、驱动桥、主减速器、差速器等部件。行驶与控制装置是将汽车各总成及部件连接成一个整体、起到支承全车并保证汽车正常行驶的装置,包括制动器、转向器、悬架、车轮等部件。

车身是形成驾驶人和乘客乘坐空间的装置，也是存放行李等物品的工具。因此，要求它既要为驾驶人提供方便的操作条件，又要为乘客提供舒适的环境；既要保护全体乘员的安全，又要保证货物完好无损。也就是说，车身既是保安部件又是承载部件。在现代汽车中，车身又是技术与艺术有机结合的艺术品。轿车车身由本体、内外装饰和车身附件等组成。

电气设备是汽车的重要组成部分，它由电源、发动机点火系(汽油机)和起动系、照明和信号装置、空调、仪表和报警系统以及辅助电器等组成。对于高级轿车，更多地采用了现代新技术，尤其是电子技术，如微处理机、中央计算机系统及各种人工智能装置等，从而显著地提高了汽车的性能。

思考与练习

1. 汽车发动机是如何分类的?
2. 汽车发动机由哪些部分组成?
3. 汽车传动装置包括哪些部件?
4. 汽车车身包括哪些部件?
5. 汽车车身如何分类?
6. 汽车电气设备由哪些组成部分?

第4章　汽车常见易损件和常用材料

4.1　汽车常见易损件

汽车经长期运行，由于零件间的相互作用、汽车使用和保管所处的环境条件等必然因素，以及零件的隐伤和过载等偶然因素的影响，使零件产生磨损、塑性变形、疲劳损坏和老化变质等损耗，造成零件失去设计制造时规定的性能，汽车技术状况变差，直至不能履行规定的功能。为了恢复汽车技术状况，汽车必须进行维修。在汽车修理工艺中，有换件修理作业，需要用配件更换耗损件。用来更换易耗损件的配件称为常见易损件。

在汽车生产、制造、维修和保险与公估等实际工作中，经常会遇到汽车配件与常见易损件的问题。汽车配件与常见易损件主要分为四类：汽车发动机配件与易损件、汽车底盘配件与易损件、汽车车身配件与易损件、汽车电器和仪表常见易损件。

4.1.1　汽车发动机配件与易损件

1. 发动机配件

汽车发动机是汽车的心脏，是汽车产生动力的装置，它是把某一种形式的能量转化为机械能的机器。一般来说，汽车发动机广泛采用内燃机，近年来也有采用燃料电池作为汽车动力的，随着科技的发展，汽车代用新能源在不断发展，汽车发动机也在不断更新。目前，仍以活塞式内燃机发动机为主导机型，因此，主要介绍活塞式内燃机发动机配件与易损件。

汽车发动机配件主要有：气缸体、油底壳、气缸盖罩、排风装置、通风管；曲轴、连杆、轴承、活塞、活塞环；同步带、同步带护罩、凸轮轴、阀门；机油泵、机油尺、机油滤清器；水泵、水管、水软管及硬管、散热器、法兰盘、补偿罐、导风装置、导流纸板；燃油泵、燃油储备容器；空气滤清器、空气预热板、进气歧管、真空设备；节气门部件、进气系统、燃油分配器；离合器、分离轴承，分离轴；叶轮泵(用于动力转向系统)；发动机紧固件和发动机总成。

2. 发动机易损件

1）气缸体

发动机的气缸体和上曲轴箱通常铸成一体，称为气缸体。气缸是燃料燃烧与气体膨胀的地方，工作时气缸内表面直接与高温高压燃气接触，并且引导活塞在其内部作高速往复直线运动，因此要求气缸不单要有足够的强度和刚度，还必须耐高温、耐磨损、耐腐蚀，同时还要求有较高的加工精度和表面质量，并与活塞良好配合，保证密封性能。

气缸体在使用中的故障为：气缸正常磨损可进行镗磨加大尺寸予以修理和缸孔孔径数次镗削扩大至极限尺寸时，在冬季气缸体因未放尽积水而被冻裂，运行中气缸因缺少冷却液而过热膨胀裂缝漏水，以及在行车事故中被碰撞损坏，已无修理价值，必须更换气缸体。气缸体是汽车维修配件。

2)气缸套

一般发动机总成在出厂时，并无镶入单个气缸套，气缸体的生产是整体铸造。在发动机经数次大修后，缸孔已镗大至极限尺寸，不能再用镗缸的方法来修复。此时，可采取镶装气缸套的方法来延长气缸体的使用寿命。

气缸套的常见耗损：有气缸套孔磨损，经数次镗磨孔径扩大至极限尺寸时，外径压配不当漏水(指湿式缸套)，气缸壁拉伤损伤，或在气缸突发工况下如连杆螺栓松脱被连杆击穿等。气缸套是汽车维修中的必备品，耗量较大，应有一定的储存量。

3)气缸盖

气缸盖安装在气缸体的上面，从上部密封气缸，并构成燃烧室。

气缸盖的常见故障为：由未发现的制造缺陷引起的裂纹，排气门座压配松弛等引起的漏水现象，使用不当和疲劳损坏；因气缸盖紧固螺栓或螺栓拧紧力矩及拧紧顺序未按规范操作，造成气缸盖平整度被破坏而产生翘曲变形。由于气缸盖衬垫密封性不良使气缸盖平面收到废弃的热化学腐蚀，导致泄漏；冬季停车后未放尽积水将导致被冻裂。所以，气缸盖在配件中也属于常备配件，应有一定的储存量。

4)气缸盖罩盖

气缸盖罩盖的耗损主要是翘曲变形值超过极限尺寸，故有一定的消耗量，也应有一定的储存量。

5)气缸盖衬垫

气缸盖衬垫安装在气缸盖与气缸体的结合面之间，其作用是保证气缸盖与气缸体接触面的密封，防止漏水与漏油。

气缸盖衬垫是易耗件，消耗量较大。其故障为：封闭气缸孔边缘部位烧蚀泄漏，水孔边缘热腐蚀缺损。其产生的原因为：

(1)气缸盖紧固螺栓拧紧力矩失准、不均或未按规定顺序拧紧。

(2)制造过程中产生的缺陷，如厚薄度超差大、卷边工艺性不好、平整度被破坏。

(3)漏水造成热化学腐蚀等，使密封失效。气缸垫为一次性使用配件，消耗量很大，通常也作为随车主要维修备用易损件，库房应有较大的储存量。

6)活塞

活塞连杆组由活塞、活塞环、活塞销、连杆和连杆轴瓦组成。在发动机运转过程中，活塞直接与高温气体接触，受热严重，而散热条件又很差。活塞在高温、高压和高速的苛刻条件下工作，会产生变形并加速磨损。

活塞的常见故障为：活塞环槽、活塞裙部和活塞销座孔的正常磨损超过大修标准，在发动机过热破坏正常配缸间隙或断油时，会造成活塞顶部或摩擦面的部分铝合金熔蚀发生拉缸和咬死。在点火提前角太大、磨损后配合间隙过大或发生严重积炭早燃或爆燃等情况下，活塞会被击伤或产生裂纹、脱顶等现象。

7) 活塞环

活塞环具有弹性的开口环，有气环和油环之分。气环的作用是保证气缸与活塞之间的密封性，防止漏气，并且把活塞顶部吸收的大量热量传给气缸壁，由冷却液带走。油环起到布油和刮油的作用。活塞环在高温、高压、高速和润滑极其困难的条件下工作，尤其是第一道环的工作条件最为恶劣，因此，活塞环一直是发动机上使用寿命最短的零件。

活塞环的常见故障为：因活塞拉缸被折断，正常磨损达到大修标准，弹性衰减等造成的气密性破坏漏气、漏油等。在发动机的日常维护过程中，要注意防止在活塞环磨合良好的情况下，盲目换用新环。应换用新环需重新与气缸磨合，工况反而不如原来的好，并且会形成不必要的浪费。

8) 活塞销

活塞销的作用是连接活塞和连杆小头，并把活塞承受的气体压力传递给连杆。活塞销在高温下周期性地承受很大的冲击载荷，其本身又做摆动运动，而且在润滑条件很差的情况下工作。

活塞销的常见故障为：为外径磨损达到大修标准、在较突出的特殊工况条件下，以及制造过程中未检验出来的隐藏裂纹都有可能造成活塞销的折断，将导致气缸、活塞、连杆等零件同时被破坏。

9) 活塞销衬套

活塞销衬套的常见故障为：衬套内孔磨损超过或达到大修标准，因缺油高热烧损及压配间隙过大引起衬套走外圆。活塞、活塞环、活塞销是发动机中的主要易耗件，消耗量大，规格多，是必需的易损配件。

10) 连杆

连杆的作用是连接活塞与曲轴，并把活塞承受的气体压力传给曲轴，使活塞的往复运动变成曲轴的旋转运动。连杆的常见故障为：为受力杆件弯曲和扭曲，大、小头孔座因轴承孔磨损或断油造成的过度磨损而引起的松旷、螺栓孔螺纹损坏等。连杆耗损较少，虽不属易耗件，数量需求会少，但作为汽车维修配件也必须有一定的备件。

11) 曲轴

曲轴的功用是把活塞和连杆传来的气体压力转变为转矩，用以驱动汽车的传动系统、发动机的配气机构和其他辅助装置。曲轴飞轮组主要由曲轴、飞轮和一些附件组成，是发动机的最重要的零件之一。

曲轴的常见故障为：主轴颈和连杆轴颈磨损达到大修标准。曲轴因受力扭曲变形导致同轴度失准，以及在突发工况下或零件本身存在材质缺陷、隐藏裂纹等有可能导致折断故障的发生。曲轴的正常使用寿命在 30 万 km 以上，为维修主要配件，不属于易损件，但仍然有需求。所以曲轴为汽车维修厂的常备配件之一。

12) 连杆轴瓦与曲轴轴承

连杆轴瓦与曲轴轴承均由上、下两片轴瓦对合而成，均承受交变载荷和高速摩擦，因此轴承材料必须具有足够的抗疲劳强度，且应具有摩擦力小、耐磨损和耐腐蚀等特性。

连杆轴瓦与曲轴轴承常见故障为自然磨损。产生的原因有，因断油产生的合金层合金烧死咬轴，因冲击负荷所致合金层部分合金疲劳剥落，因配合间隙过大造成轴承钢衬走外圆及定位唇口变形移位等。连杆轴瓦和曲轴轴承为易耗件，在发动机大修或中修时，必须成组更换新的轴承，应有足够数量的备品。

13）飞轮

飞轮的主要作用是储存做功行程的能量，用于克服进气、压缩和排气行程的阻力和其他阻力，使曲终能均匀地旋转。

飞轮总成的常见故障为：大端工作平面因离合器钢片损坏或磨损后被铆钉凸出的磨损而形成的沟槽，减少了有效摩擦面积，造成离合器工作失效。飞轮齿圈的齿因起动机驱动齿轮的撞击而崩溃或齿面磨损过大；齿圈与飞轮外圈配合松弛等。飞轮是汽车维修配件，也要有一定的备品。

14）气门

气门组包括气门座、气门导管气门弹簧座及锁片等，其主要作用是维持气门的关闭。

气门的工作条件非常恶劣。气门在维修中的常见故障有：自然磨损和胶粘咬死、断裂、腐蚀等。其原因常为：气缸窜油积炭渗入气门杆与导管的间隙中或润滑油积垢后变质所造成。也有因零件本身的材质缺陷使气门盘锥面早期烧蚀而漏气的。气门是易耗件，应有较多数量的备品。

15）气门导管

气门导管的作用是给气门以运动导向，保证气门作直线往复运动，使气门与气门座贴合良好。此外，气门导管还有导热作用。

气门导管在使用中的常见故障为：导管内孔磨损致使配合间隙过大，燃烧废气或润滑油杂质等侵入，形成磨料，使气门杆咬死或内孔拉伤。孔径扩大后，废气或未燃燃料会渗入油底壳，使润滑油变质恶化。气门导管也属易耗件，在发动机大修中，是常需换用的配件，所以要有一定的备品。

16）气门弹簧

气门弹簧的作用在于保证气门关闭时能紧密地与气门座或气门座圈贴合，并克服在气门开启时配气机构所产生的惯性力，使传动件始终受凸轮控制而不相互脱离。气门弹簧多为圆柱形螺旋弹簧。

气门弹簧在使用中的常见故障为：变形、折断、弹性衰减等。其产生原因有：工作疲劳或零件在生产过程中的热处理工艺不当等造成，故气门弹簧的质量要求很高。若一个气门弹簧的工作失效，则会使整个发动机的工况变坏，输出功率急剧下降，故在维修中，必须仔细加以检查。气门弹簧是维修易耗品，应有一定数量的备品，属于常供品种之一。

17）气门座圈

气缸盖上与气门锥面相贴合的部位称为气门座。气门座圈密封带锥面磨损和热腐蚀。它经常处于气门启闭的冲击负荷，及高温废气的腐蚀之中，特别是当气门或座圈封面存在间隙时，更易产生灼热点，并且迅速恶化，以致造成气门或座圈的密封面破坏，轻微的可以修磨恢复，严重的则需换用新品，应有一定的备品。

18）凸轮轴

凸轮轴是气门驱动组中最主要的零件。其作用是驱动和控制各缸气门的开启关闭，使其符合发动机的工作顺序、配气相位及节气门开度的变化规律等要求。

凸轮轴在使用中的常见故障为：主轴颈磨损和凸轮磨损达到大修标准。特别是桃心摩擦面，在高速启闭气门店承受传动机构的压力负荷及惯性力作用下容易磨损。当磨损量超过轮廓曲线偏差值时，将严重影响发动机的配气相位，使发动机工况变坏和动力下降。凸轮轴的正常使用寿命在 30 万 km 以上，是消耗量较少的汽车配件，不属于易损件。根据地区供需情况，可有一定的备品。

19）气门挺杆

气门挺杆式凸轮的从动件，它的作用是将凸轮的推力传给气门推杆或气门。

气门挺杆在使用中的常见故障为：杆部正常磨损，调节气门间隙螺钉螺纹损伤，与凸轮轴凸轮接触的球形工作面磨损等。气门挺杆是易耗件，但与其他品种配件相比消耗量较少，故应有少量的备品。

20）气门推杆

气门推杆在使用中的常见故障为：两端头接触工作面磨损超过大修标准以及由于气门间隙调整不当（过小）而产生弯曲变形。这时，发动机气门机构将发生明显的敲击噪声，严重时会使发动机工况急剧变坏。

21）气门摇臂

气门摇臂的作用是将推杆和凸轮传来的作用力改变方向传给气门使其开启。气门摇臂在使用中的常见故障为：轴承孔磨损和圆弧工作面磨损超过大修标准，气门间隙调节螺栓与螺母或螺钉与螺母、螺孔螺纹的松旷和损坏。其维修配件的耗量较大，故备品数量则应相应地多一些。

22）凸轮轴正时齿轮

凸轮轴正时齿轮在使用中的常见故障为：齿部因受冲击力矩被崩裂、断齿、铁心与胶木或尼龙的压配松动及齿面磨损超过允许值等。正时齿轮是易耗件，在发动机的维修作业中常被更换，故应有较多数量的备品。

23）正时链条（齿形带）

正时链条（同步带）在使用中的常见故障为：链板疲劳、轴销、滚子磨损后伸长，使气门启闭和点火正时失准，发动机有异常响声。在十分松旷的情况下，甚至跳齿传动，迫使发动机工况恶化或熄火。工程塑料制同步带的损坏现象为出现疲劳伸长、齿面磨损等，这时则需予以更换。

24）同步带护罩

同步带护罩也是易损件，应有一定的备品。

25）进、排气歧管总成

进、排气歧管总成的常见故障为：热疲劳裂纹，安装凸轮边缘因螺栓拧紧顺序用力矩不当造成的断裂，或受热疲劳引起的安装平面翘曲变形而破坏的漏气管。进、排气歧管和排气管、消声器、衬垫都是易耗件。

排气管和消声器在高温废气的腐蚀下易破损，接口垫因烧蚀泄漏。进、排气管总成是汽车配件，故消耗量较大，会有较多备品。而歧管总成的需求相对较少，但也应有一定数量的备品。

26）机油泵

机油泵的常见故障为：在使用中因运动件的自然磨损而引起的供油压力不足。造成的原因是运动副磨损使配合间隙增大造成机油的泄漏量加大，或限压阀弹簧弹力疲劳衰减，或调整失准，或因配合间隙增大使油压脉动等影响润滑系的工作质量，有时也因密封衬垫损坏，使空气侵入，负压降低，造成油压下降，甚至失效。机油泵总成属于汽车配件。

27）机油集滤器

机油集滤器的常见故障为：通常为滤网经多次阻塞清洁后变形或破损、浮子泄漏及油管油垢阻塞、清除中变形等。机油集滤器是维修易损件，属于常供备品。

28）机油滤清器

机油滤清器的常见故障为：通常为滤芯被机油杂质污染阻塞，滤清效率下降，阻力增大，造成摩擦零件的急剧磨损和断油磨损，这时必须更换滤芯或进行清洗。此外，滤清器密封衬垫等变形损坏、限压阀因弹簧压力衰减、开启压力失准也能导致润滑效果下降，使发动机的功率变坏等。机油滤清器是易损件，在维修作业中即需更换，故需要量较多，应有较多的备品。

29）油底壳

油底壳也是汽车维修配件，应有一定的备品。

30）汽油泵

汽油泵的常见故障为：泵油失效、渗漏，输油压力下降和供油量不足等，其原因常为，膜片疲劳损伤裂缝，进、出油单向阀工作面磨损导致密封性破坏，摇臂工作面磨损量过大，膜片行程减小。汽油泵总成是汽车维修配件，应有较多的备品。

31）汽油滤清器

在多数情况下，汽油滤清器在使用中的故障为漏气（不密封）、滤芯未及时维护而形成阻塞，漏气使汽油泵工作失效，阻塞则导致汽油供给量不足，滤芯破损则滤清器效果不佳，以致造成供油系统中的主要零件（如汽油泵）频繁发生故障。汽油滤清器是易损件，应常有备品。

32）空气滤清器

由于滤芯被尘土阻塞，滤清效率降低，发动机将因空气的充气量不足而出现汽油泵回火、功率下降等现象。因此，空气滤清器必须按规定进行定期维护，清洁滤芯（油浴式）、更换机油或纸质滤芯。空气滤清器属于消耗件，应多备。

33）散热器

散热器由进水室、出水室和散热器芯三部分构成，在使用中的常见故障为，磕碰划伤、因行车路面的振动导致安装螺钉松动，引起机械损伤而导致漏水；水垢阻塞，散热效率剧降；温度过高、水气膨胀、压力增大，导致水管裂纹漏水；冬季气温过低未注意放尽冷却液而被冻裂等。散热器属于汽车维修配件，消耗量较小，应有一定的备品。

34）节温器

节温器的作用是控制冷却液流动路径，从而调节冷却强度。节温器的常见故障为感温开闭动作失灵问题，由于热疲劳感温性能变坏以及机械损伤等原因尝试更换，故为常备易耗件，应有足够的备品。

35）水泵

水泵的常见故障为：冷却液泄漏。其原因有壳体裂纹、轴承损坏、水封及胶木垫片失效、壳体安装螺栓孔损裂等。用户大多会更换总成，水泵总成是易损件，故水泵总成应有较多的备品。

36）风扇传动带

风扇传动带在使用中的常见故障为：疲劳伸长后传动失效，或因包布脱层而导致的破损和断裂，它是一种多耗的易损件，需求量较大，并为行车中必要备件之一。

37）离合器

离合器位于发动机与变速器之间，是汽车传动系统中直接与发动机相连总成，用来切断和实现发动机对传动系统的动力传递。

离合器总成的常见故障为：工作性能变坏，离合器抖动，发出异响，摩擦片打滑等。主要原因有从动盘摩擦片磨损、钢片裂纹，面片铆钉突出，或面片被油脂污染等。铆钉头凸出更能使压盘结合平面磨成沟槽，使摩擦有效面积减少，摩擦处减薄或损坏，导致自由行程缩小分离不彻底，换挡困难，接合工作粗暴。此外，如分离轴承套筒、分离叉分离杠杆等零件工作面的磨损，故离合器总成在使用中必须定期进行维护，才能保证其经常处于良好的工作状态。

离合器从动盘总成是离合器总成中的一个主要易损零件。离合器从动盘在使用中的常见故障有：波形弹簧钢片损裂，减震弹簧折断或弹性衰减，从动盘毂裂纹，而摩擦片磨损减薄、破裂和烧损为多见。造成这些故障的重要原因是驾驶人操作不当和维护不及时，特别是汽车过载或操作粗暴，常造成从动盘冲击损伤，给发动机也带来很大的阻抗力矩，致使熄火停车，离合器应有较多的备品。

离合器传动操纵机构是易耗零件，有分离叉、踏板拉杆、分离轴承及轴承座，回位弹簧等。其中分离轴承耗量较大，应增大备品的比例。

离合器离合功能按传动方式分为机械传动和液压传动两种。如上述有离合器踏板拉杆及分离叉等直接传动的方式称为机械式。液压传动式由离合器液压主缸、离合器轮缸、离合器软管和推杆等组成，其他传动连接零件如分离叉、分离轴承座及分离轴承、踏板等与机械式的相同。离合器主缸和轮缸的常见损坏现象为活塞、活塞支碗和皮圈磨损以及橡胶老化、双向阀损坏、缸筒磨损等，因此主缸和轮缸总成需要有较多的备品。

4.1.2　底盘配件与易损件

1. 底盘配件

变速器配件有变速器总成；变速齿轮与轴、换挡叉轴；换挡拉杆，换挡拔叉，变速器紧固件。

前轴、差动变速器，转向操纵装置的配件有弹簧装置；转向机构，转向横拉杆；转向盘，转向柱管，壳体，液压油罐及连接件，软管。

后轴的配件有带安装件的后桥体，弹簧装置。

车轮、制动器的配件有钢质辐板式车轮；鼓式制动器、制动托盘、制动轮缸、带制动片的制动蹄、制动拉索；制动主缸、补偿罐、制动液、制动硬管、制动软管、制动助力器用真空软管组；制动助力器；盘式制动器制动钳；制动盘；修理组件。

手操纵或脚踏杠杆装置的配件有换挡操纵装置；阻风门拉索、制动器、离合器踏板、离合器拉索、加速踏板、加速踏板拉索。

2. 底盘易损件

1）变速器

变速器在使用中的常见故障为：齿顶撞击打毛、齿部崩裂、疲劳点蚀、齿厚磨损减薄、齿轮内花键磨损、间隙增大等。这些都能导致换挡时的啮合粗暴或困难，运行晃动而发出异响。其原因除制造上材料质量和加工以及热处理不符合要求标准外，驾驶人操作上的处置不当或不熟练也是引起故障的主要原因之一。变速器的易损零件为各档变速齿轮及操纵机构中的变速叉、变速叉轴等为主，应有一定的备品。

2）传动轴总成

传动轴总成的功用是在轴线相交且相对位置经常变化的两转轴间传递动力。传动轴的常见故障有万向节叉十字轴座孔磨损扩大及配合松动、滑动叉及花键轴的键槽或键齿磨损松动、轴管变形弯曲、凸缘轴裂缝等。其原因有材料疲劳损伤、驾驶人的操作不当、齿轮轮齿冲击损伤。也有因维护不善，如万向节滑动叉应加注润滑脂部分，未按规定进行清洗和加油维护，形成早期磨损，甚至折断造成行车事故。

万向节是实现转轴之间变角度传递动力的部件。万向节在使用中的故障一般表现为十字轴轴颈磨损形成滚针沟槽，轴承钢碗磨损内径扩大，配合间隙超过规定值，发出异响。因未及时加注润滑脂而导致轴颈和轴承碗早期磨损、松旷、甚至造成十字轴滑出、传动轴脱离发生重大行车事故等。

万向节及中间支撑架中的滚动轴承，橡胶垫环等耗量较多，属于易损件，传动轴总成属于配件也应有一定备量。

3）后轴主、从动锥齿轮

后轴主、从动锥齿轮在使用中的故障与变速齿轮有相似之处，在维修更换装配中的调整工作极为重要。即要求差速器壳的加工精度有保证，而且调整（应用垫片）工艺要适当。要保证两者垂直啮合位置正确并有适宜的啮合间隙，同时不允许在缺油或已污染变质的旧油中继续工作。尤其是双曲面齿形的主、从动锥齿轮，更应使用专门配置的准双曲面齿轮油来润滑，否则极易磨损。主、从动锥齿轮属于汽车维修配件。

4）半轴

半轴常见故障为因过载或冲击导致杆部断裂、扭曲，花键磨损后与半轴花键槽配合间隙过大，受充气载荷导致扭曲或断裂，安装螺栓孔因螺栓松旷造成的磨损过大或裂纹等。因而半轴也为常备件。

5）前轴

前轴常见故障为受冲击载荷发生弯曲变形，主销承孔因主销配合间隙过大，而磨损扩大又难以修复时，必须换用新品。前轴总成属于配件，而主销及销套是易损件。

6）转向节

转向节常见故障为主销孔、指轴及轴颈磨损，紧固螺纹损坏，指轴受冲击载荷弯曲变形，产生疲劳裂纹等。如发现有裂纹，必须立即更换，以保证行车安全。指轴变形则影响车轮定位，加速轮胎磨损而且使行车晃动发出胎面噪声，影响行车安全。

转向节主销和衬套易于磨损，损耗量较多，应有较多的备品。转向节主销是配件，衬套是易损件。

7）轮毂易损件

轮毂常见故障为内、外轴承安装孔为主要磨损部位。常因未及时维护或锁紧螺母松动或缺少润滑脂而使轴承早期损坏，车轮晃动导致轴承孔座损伤、松旷，影响汽车正常运行，严重时将造成行车事故，故轮毂轴承是一种多耗易损件，应多备。轮毂是配件，轮毂螺栓及螺母是耗用较多的易损件，在使用中的常见故障多为螺纹破坏缺损，甚至受冲击负载而折断。

8）钢板弹簧及钢板弹簧衬套

钢板弹簧常见故障为材质或热处理质量不好而造成弹性衰减或折断（硬度过高或隐藏裂缝），由于超载和道路条件不好引起的剧烈冲击负荷而造成损伤，以致折断。对钢板弹簧总成的使用维护，如夹紧螺栓应保持扭紧，各片间应涂石墨润滑脂，使总成各叶片既紧密贴合以增加刚度，又能在弹性变形时具有滑移伸长的裕度，应有一定的备品。

钢板弹簧衬套是一种多耗易损配件之一，其常见故障为磨损超值、破裂、压溃。当严重损坏时，行车中会发生金属撞击响声，并加速钢板销的磨损，削弱其抗剪切强度甚至会发生行车事故，应有较多的备品。

9）螺旋弹簧

螺旋弹簧常见故障为断裂、弹性衰减和变形，其原因是过载、冲击应力及疲劳损伤，故也是一种耗量较多的易损配件之一。

10）减振器和减振器胶套

减振器在车辆行驶中伸缩次数频繁，且工作环境恶劣。常见故障为缓冲胶的损坏造成阻尼减振性能衰减，甚至变坏或失效，减振器和减振器胶套属多耗零件，应有较多的备品。

11）转向盘

转向盘常见故障为转向盘外包塑料老化产生裂缝、变形，中央轮毂内孔键槽或花键因工作疲劳或维修拆装损伤，喇叭安装结构的损伤等。出现以上情况时必须更换新品，以保证使用安全。转向盘属于配件。

12）转向器

转向器常见故障为：转向管柱变形偏离中心，齿轮调整失准或磨损，支承轴承损坏，齿轮磨损，间隙增大致转向传动机构中连接零件的损坏变形。转向器总成属于汽车维修配件，要作少量储备。

动力转向装置常见故障为：转向沉重、自由行程过大、转向盘回复性差以及系统有噪声等。其故障原因有动力泵油压不够、转向轴弯曲变形、转向器调整失准、控制阀卡住或失灵，液压系统泄漏或进入空气、动力泵零件磨损，有时控制阀黏结也会使系统出现噪声。

13）纵拉杆和横拉杆

纵拉杆和横拉杆总成的易损件有球销、球销碗、弹簧座、弹簧，防尘罩等，但当纵拉杆、横拉杆接头端部安装球销的空腔孔磨损过大时，必须更换纵拉杆总成和横拉杆接头。因球销安装孔口磨损过大时，球销易于脱出，将造成严重行车事故。纵拉杆和横拉杆因安装位置低，常与地面、泥水沙石接触，球销等零件易于磨损。应有较多的零件和总成（纵拉杆和横拉杆接头）备量。

14）液压制动主缸和轮缸

液压制动主缸和轮缸除正常磨损超标，渗漏油液外，往往因皮碗质量不好或配合尺寸选用不当，以及活塞与缸孔磨损后间隙过大，以致皮碗刃口反向，造成制动失效。故应按规定行驶里程进行维护，清洗和更换磨损零件并补充或更换新鲜制动液，发现皮碗、皮圈橡胶老化膨胀应及时更换。制动主缸和制动泵各自有一个修理包，应有一定的备品。

15）液压制动软管

液压制动软管常因选用长度不当造成故障：过短时造成转向拉应力，使接头疲劳脱落；

过长则易与轮胎胎侧摩擦，造成损伤。另外，由于液压制动软管橡胶老化，内孔孔径膨胀缩小或阻塞，致使制动效率减弱，反应迟钝，甚至失效。液压制动软管是易耗品，应有较多的备品。

16）气压制动软管

与液压制动软管相似，因其工作压力较低，只有在制造质量很差时，才偶然发生脱头及起鼓分层等现象。常见的多属于与轮胎胎面摩擦而磨损（前轮）及橡胶老化膨胀，内径阻塞和油污阻塞等，致使制动失效，故应做定期的维护和检查，方能保证行车的安全。

17）前、后制动片

属使用频繁、工作条件恶劣的易损件。在汽车维护作业及中、大修作业中，均需修磨或更新，故消耗量较高应多备。

18）盘式制动器

轿车前轮多采用的盘式制动器，由于摩擦副敞开于空气中，易受粉尘侵袭，磨损较大，故规定车辆在每行驶 10000 ~ 15000 km 后应进行检查，行驶 25000 km 后应更换摩擦片。摩擦片是易损件。

19）空压机（气压制动系统）

空压机常见故障额排气量下降和排气中的油雾增加，也就是排气压力减小、充气系数降低，同时润滑油的耗量增加。这主要是由于活塞组零件磨损、间隙增大、密封质量变差、气缸窜油增大或因排气阀阀片磨损而形成泄漏等。若连杆轴承磨损配合间隙过大，则也会对此产生影响。

20）离合器拉索、节气门拉索

离合器拉索、节气门拉索均属易耗件，故应有一定备品。

21）汽车发动机及底盘部分

凡是装置滚动轴承和滑动轴承的旋转零件可能产生润滑油或润滑脂外泄的部位，都必须安装油封，防止润滑油、脂的外泄。油封还可以防止尘垢、泥水等的侵入。油封是易损件，而且消耗量很大，故应有较多数量的备品。

22）滚动轴承

滚动轴承安装于汽车旋转零件与摩擦零件之间，如水泵轴与支承壳座；变速器第一、二和中间轴与支承壳座；发电机电枢轴与盖座，转向节指轴与轮毂轴承座之间等。其目的是使滑动轴承改成点（球）线（滚子）的滚动轴承，减少摩擦阻力，提高机械传动效率，并起到零件的支承作用。汽车滚动轴承是受力很大的滚动摩擦零件，汽车滚动轴均是易损件，且通用性也很广。一般在汽车进行二级维护作业时检查或更换，故应有较多的备品。

23）汽车轮胎

汽车轮胎因在车辆载荷下与地面滚动摩擦产生高热，夏季更为严重，其胎面磨耗快，也易受外物割伤或轧伤。如果因轮胎气压过高或夏天行驶等冷却维护失当，则产生爆破，故是消耗量很大的易损件，应多备。内胎的损耗量也较多，应有足够的备量，衬带的消耗量较少，可存少量备品。

4.1.3 车身配件易损件

1. 车身配件

车身配件有：车身总成；地板组，底板绝热；车身前部；保险杠；车轮罩，纵梁，侧围件，加油口，活盖；车顶；空气软管，出风口，通风设备饰板；空气分流装置壳体，蒸发器壳体，蒸发器，鼓风机，脚坑出风口，真空罐，真空罐管组，翼子板，轮罩衬壳；发动机盖；三角皮带盖板；行李箱盖；车门，车门铰链，车门密封件，车门限位器；车门锁，车内操作机构，外车门拉手，车门玻璃升降器，玻璃升降导轨及车门玻璃密封；车窗玻璃及密封件；装饰条，护板条组，车门槛嵌条，散热器格栅，标记字样，车轮罩侧面遮护，下梁扩展件，牌照板；仪表板，仪表板内杂物箱，仪表板箱活盖，收音喇叭饰筐，杂物箱，烟灰缸，车外后视镜，车内后视镜，遮阳板，拉手，三点式安全带；地毯，后杂物架，盖板，车轮罩内护板，消声器，中间托架，换挡操纵机构，盖护；车门内衬护，成型顶棚，车内隔热毡；座椅，靠背。

2. 车身易损件

1）纵梁

纵梁常见损坏故障为纵梁弯曲变形和裂缝，主要原因是汽车过载或受到强大的冲击载荷而损坏，以及在行车事故中发生碰撞变形、损坏等。可视情况存少量备品。

2）蒸发器、蒸发器壳体

常在行车事故中发生碰撞而导致严重弯曲或破裂，此时只能更换，应有少量备品或是需要临时补充进货。鼓风机也属于易损件，应有一定的备品。

3）驾驶室中易损件

驾驶室常见故障为：钣金皮锈蚀；车门碰撞变形；玻璃破碎；玻璃升降器损坏；门锁损坏等。易损件（如玻璃、升降器、门锁、外车门拉手、车门铰链等）应有较多的备品。

4）翼子板及托架、前、后挡泥板

碰撞损坏、振动裂纹、泥水锈蚀，应有较多的备品。

5）保险杠、牌照板、车外后视镜

常因碰撞而损坏，应有较多的备品。

6）装饰条、车门槛嵌条、杂物盒、烟灰缸、杂物箱、立柱饰护板

均属易损件，应有较多的备品。

4.1.4 汽车电气仪表及相关配件与易损件

1. 汽车电气仪表及相关配件

电气装备配件有：交流发电机及零件，交流发电机的连接和紧固件；点火线圈，点火电缆，晶体管点火控制器，火花塞，分电器，转向锁，点火开关，带控制器的 LAMBDA－探测器，爆燃传感器，脉冲传感器；起动机；蓄电池；组合仪表壳体和安装件，数字式钟表，油压开关，温度传感器，温度探测器，温度开关，倒车灯开关，燃油储备显示器，传感器，燃油输送单元，监控灯，冷暖气调节装置。装饰面板，点烟器；前照灯，仪表板上的开关，中央电器设备，继电器，电风扇；卤素雾灯；牌照灯、制动灯，转向灯和尾灯，尾雾灯，插座（用于配有拖车装置的车型）；车内照明灯，行李箱照明，开关（用于手制动监控灯）；喇叭，双音喇叭；转向灯，远光灯，近光灯，远光信号灯，刮水器及雨刮－洗涤操作系统用开关；玻璃洗涤装

置；速度表，驱动轴；电风扇，风扇叶片；蓄电池及发电机电线束，搭铁线；晶体管点火装置用电线束，后电线束，停车、行车灯光开关，后风窗玻璃（用于有雾灯及尾雾灯的车型）转向组合开关，组合壳体用电线束，仪表板线束，连接件，汽车收音机，左前电线束，右前电线束，鼓风机用电线束，电风扇用电线束，自己安装用线束。

2. 汽车电器仪表易损件

1）发电机

车用发电机是在发动机的驱动下，将机械能转化为电能的装置。目前，国内外汽车使用的发电机几乎都是交流发电机。

发电机的损坏现象多为供电不足或失效，其原因来自绕组断路、短路、电枢轴承磨损、机壳及盖损伤等。硅整流发电机的硅管受高峰电压的冲击而击穿损坏也属多见。一般故障可配换损伤零件而修复，但近年来更换总成的情况居多，总成应多备。易损件有轴承和电刷，应有一定的备品。

2）起动机

起动机的常见故障有起动开关触点烧蚀，电磁开关绕组及电枢励磁绕组的断路、短路、整流子磨损、轴承损坏，移动叉行程调整距离失准，驱动齿轮损伤等使起动失效。通常可置换有关零件修复，但用户往往以总成置换，减短维修时间，故总成应多备。易损件有轴承、电刷、电磁开关，也应有一定的备品。

3）蓄电池

蓄电池为易损件，耗量较多，其常见故障有：壳体碰击裂纹、漏液，极板活性物质脱落沉于壳底；隔板微孔为活性物质阻塞，使内组增加；单电池连接铅条脱焊松动，电池室因电解液不足致使极板硫酸铅化为死片等所引起的功能失效或损坏。特别在冬季，发动机冷起动需较大起动功率，如蓄电池输出电流不足，常使发动机起动困难。故蓄电池的消耗往往进入冬季旺销，故应有较多的备品。蓄电池壳、盖也有一定需求，也应有一定的备品。

4）点火线圈

点火线圈就是将蓄电池或发电机输出的低压电转变为高压电的升压变压器，它由初级线圈、次级线圈和铁心等组成。点火线圈的常见故障有：绝缘胶木上盖磕碰破损，高压电流击穿，绝缘破坏，绕组断路或过热烧坏，接线柱接线脱焊，潮气侵入壳内等所致的变压功能失效，故是一种消耗较多的易损件，应有较多备量。

5）有触点分电器

传统点火系统使用有触点分电器，是一个易损件，其常见故障为：点火分配功能变坏、点火时间失准或失效。其原因多为传动轴磨损，配合间隙增大，传动轴旋转晃动，分电胶木盖或分电器绝缘破坏击穿，高压电窜电，断电器（白金副）触点烧蚀，电阻增大，凸轮角磨损，离心块弹簧失效，电容器击穿漏电等。

6）无触点分电器

无触点分电器用点火信号发生器取代传统点火系统断电器中的凸轮，用来判定活塞在气缸中所处的位置，并将非电量的活塞位置信号转变成脉冲电信号输送到点火控制器，从而保证火花塞在恰当的时刻点火。点火信号发生器的类型有磁感应式、霍尔式和光电式三种。

磁感应式点火信号发生器常见故障为：信号感应线圈断路、短路等，导磁转子轴磨损偏摆或定子（感应线圈与导磁铁心组件）移动而使转子与铁心之间的气隙不大。上述故障会使点火信号发生器输出的信号过弱或无信号，进而不能触发电子点火器工作，导致点火系统不点火。霍尔式点火信号发生器的常见故障有内部集成块烧坏、线路断脱或接触不良等，而使点火信号发生器信号过弱或无信号输出。光电式点火信号发生器常见故障为：发光元件、光敏元件弄脏或损坏，内部电路断路或接触不良使点火信号发生器信号过弱或无信号产生，造成发动机不能工作。分电器更换总成较多，所以分电器总成要有较大备量。

7）火花塞

火花塞的功用是将点火线圈或磁电机产生的脉冲高压电引入燃烧室，并在其两个电极之间产生电火花，以点燃可燃混合气。火花塞为消耗量很大的易损零件，因磁电机副在燃烧的混合气中长期工作，易受高温及化学腐蚀，容易被燃烧废气污染，使点火间隙增大或绝缘体裙部损伤、造成短路等而失效，故应有足够的备品。

8）电热塞

电热塞如同火花塞一样，被安装在气缸盖上，专用于柴油发动机。电热塞为柴油发动机易损件，在柴油汽车较多的地区应多置备品。

9）高、低压线

高、低压线均为易损件，其常见故障为绝缘层老化破裂或受硬物划伤漏电或短路。应有较多备品。

10）汽车灯具

汽车灯具（前照灯、制动灯、转向灯、尾灯等）和灯泡都是易损件，有一定的燃点小时使用寿命，而且受行车振动或因发电机电压调节器失控的超电压冲击产生灯丝断路、烧毁等的照明失效。当灯具因外露受到泥水浸渍、锈蚀，使外观和照度变坏时，必须更换，故均有较大的损耗比率，其中尤以灯泡的损坏为多，所以灯泡比灯具的备量更多。

11）灯光继电器、喇叭继电器、电动机继电器、空调继电器、组合继电器等，都是易损件，而且耗量很大，故应予多置备品。

12）温度开关、倒车灯开关、后风窗玻璃转向组合开关等，因使用频繁，是易耗配件，应有较多备品。

13）刮水器是易秏件，应有一定备品，特别是刮水臂及刮片的消耗量更多，应有更多的备量。

14）风扇传动带在高速运转下受到极大的拉伸力、扭曲力、摩擦力，因而损耗较大，为耗量较大的易损件和行车必备配件之一，故应有足够的备品。

15）喇叭常见故障为：触点烧结、触点烧蚀、按钮卡死，继电器触点烧结，喇叭至继电器按钮之间导线绝缘层破损和碰铁引起膜片破裂。上述元件修复不了需更换，故为易损件，因此要有一定的备品。

16）电流表、温度表、机油压力表、燃油表及其传感器耗量较多，故备品的比例也应较大。

4.2　汽车燃油

目前汽车所使用的燃料主要是汽油和柴油。通过石油炼制获得的汽油和柴油，能量密度高，价格低，不易变质，便于运输，因此非常适用于点燃式发动机和压燃式发动机。同时合理使用汽车燃油，可以充分发挥发动机的动力性和经济性，提高汽车的使用经济性。

据统计，我国汽车消耗的汽油量占总产量的80%左右，柴油占10%左右。因此，了解汽车燃油的性能和规格，掌握使用技术和管理知识，对充分发挥汽车使用性能、保证安全运行、节约能源、减少环境污染、降低运输成本都有着重要的意义。

4.2.1 车用汽油

车用汽油是汽车汽油机的燃料，它与空气混合形成的可燃混合气在气缸内燃烧可为汽车提供行驶能量。

根据石油的炼制方法，将在35～200℃范围内，含有适当添加剂的精制石油馏分称为汽油，通常将汽车所用汽油简称为汽油。

1. 汽车用汽油的使用性能及评定指标

汽车用汽油是汽油发动机的主要燃料，是从石油提炼而得到的，由碳、氢元素组成的烃类化合物，其密度小、易挥发，自燃点为450～530℃的液体燃料。汽油性能对于汽油发动机的动力性、经济性、可靠性及排气污染等均有很大的影响。

1）汽油的蒸发性

汽油由液体状态转变为气体状态的性质称为汽油的蒸发性，汽油能否在发动机进气系统中形成良好的可燃混合气，汽油的蒸发性是主要因素。汽油蒸发性越好，汽油就越易气化，就越易形成均匀的混合气，能使发动机在各种使用条件下易起动、加速及正常运转。但蒸发性太好，当在温度较高条件下使用时，在供油管路中易产生气泡而发生气阻，导致发动机不能正常工作。若蒸发性差，则汽油难以完全汽化，容易造成汽油燃烧不完全，排放污染增加，燃油消耗增多，汽车起动、加速性能变差。因此，要求汽油应具有适当的蒸发性。评定汽油蒸发性的指标有馏程和饱和蒸气压。

（1）馏程。

馏程是指在使用产品馏程测定仪上对100 mL油品蒸馏时，从初馏点到终馏点的温度范围。汽油的馏程用初馏点、10%馏出温度、50%馏出温度、90%馏出温度、终馏点（蒸馏结束时的温度）和残留量来表示。通过汽油馏程的温度可大致判断汽油中轻质成分和重质成分的比例及汽油的蒸发性。

初馏点指对100 mL汽油，在规定条件下蒸馏时，当得到第一滴汽油时的温度。

10%馏出温度表示，汽油中所含轻质馏分的多少，对汽油机低温起动的难易程度及高温发生“气阻”有很大的影响。该温度低，发动机易起动，起动时间短，耗油少；该温度过低时，在夏季易产生“气阻”。

50%馏出温度表示汽油的平均蒸发性。此温度低对汽油发动机的加速性能、工作稳定性及起动后迅速升温（暖车）有利。国家标准中规定各牌号汽油50%馏出温度不高于120℃。

90%馏出温度表示汽油中含重质成分的多少，90%馏出温度高，则表明汽油中重馏分含量多。重馏分汽油不易挥发，特别在冬季时，来不及蒸发燃烧的重馏分汽油沿气缸壁流到下曲轴箱，冲掉气缸壁上的润滑油膜，稀释润滑油，加剧气缸、活塞环等零件及其他配合副机械的磨损。同时也造成混合气燃烧不完全，增加尾气排放污染，增加耗油量，使电喷汽油发动机喷嘴易结胶造成堵塞。国家标准中规定各牌号汽油90%馏出温度不高于190℃，终馏点不高于205℃。

残留量是指对100 mL汽油在规定条件下蒸馏后，所得残余物质的体积分数。残留量反映汽油中难于蒸发的重质成分。若残留量过多，使发动机燃烧室内积炭增加，使进气门、喷油器等处结胶严重，进而导致发动机工作不稳定。

(2)饱和蒸气压。

汽油的饱和蒸气压是指在一定的温度下，汽油的液气两相达到平衡状态(液气体积比为1：4)时，汽油蒸气所产生的压强。汽油饱和蒸气压越高，汽油含轻质馏分越多，蒸发性越好，低温下汽油发动机越容易起动，大气压强越低或环境温度越高，汽油饱和蒸气压也随之提高，但饱和蒸气压不能过高，若过高则在储存使用中蒸发损失大，易产生“气阻”，甚至中断供油，影响汽油发动机正常工作。

汽油的馏程和饱和蒸气压都是汽油挥发性的评定项目。但是，馏程主要是限制不高于某温度，以保证其具有良好挥发性，保证发动机正常工作，而饱和蒸气压则限制不大于某值，以防止发动机燃油供给系统产生“气阻”和汽油蒸气排放。

2)汽油的抗爆性

汽油的抗爆性是指汽油发动机燃烧室中燃烧时防止爆燃的能力。

汽油发动机的正常燃烧过程是火花塞产生高能量的电火花，使两电极间的可燃混合气温度急剧升高便被点燃，形成火焰中心。火焰前锋以20～30 m/s的速度迅速向燃烧室远离火花塞的各点传播，使气缸内混合气绝大部分燃烧完毕并释放出热能，称为正常燃烧过程。此时气缸内每度曲轴转角的压力升高率不大于200 kPa，温度上升也很均匀，汽油发动机工作柔和平稳，动力性能得到充分发挥。爆燃则是在正常火焰前锋到达之前，由于火焰前锋的压缩和热辐射作用，温度急剧升高而使混合气自燃着火，形成多个火焰中心，使火焰传播速度高达1000～2000 m/s，燃气压力突然升高使燃烧室壁、活塞顶和汽缸壁产生金属敲击声，并引起发动机振动。这种现象称为“爆燃”，爆燃对发动机工作会产生极其不利的影响。

爆燃使得发动机机件磨损速度增快，热负荷增加，噪声增大，功率下降，油耗上升。影响爆燃的因素中最重要的就是发动机压缩比。一般来说高压缩比的发动机，其热效率也较高，但相对也更容易产生爆燃。抗爆性能好的汽油允许发动机采用较高的压缩比，从而提高动力性和经济性。

评定汽油抗爆性的指标是辛烷值和抗爆指数。辛烷值(或抗爆指数)越高表示汽油的抗爆性越好；反之，汽油抗爆性差。

(1)辛烷值。

辛烷值是表示点燃式发动机燃料抗爆性的一个约定数值。辛烷值在规定条件下的标准发动机试验中，通过和标准燃料进行比较的方法测定，采用和被测定燃料具有相同抗爆性的标准燃料中异辛烷的体积分数表示。

测定辛烷值的标准燃料，由两种抗爆性相差悬殊的烷烃混合而成。一种是异辛烷，其抗爆性很好，规定其辛烷值为100；另一种是正庚烷，其抗爆性极差，规定其辛烷值为0。

它们按不同的体积比例混合，便得到辛烷值为0～100的各种标准燃料。测定时，若被测汽油与某一标准燃料的标准爆燃强度相同，则该标准燃料的异辛烷体积分数即为被测汽油的辛烷值。

测定辛烷值的方法有马达法(MON)和研究法(RON)两种。马达法辛烷值是模拟重负荷高转速工况测得的辛烷值；研究法辛烷值是模拟小负荷低转速工况测得的辛烷值。同种汽油，测定的方法不同，测得的辛烷值也不同，用研究法测定的辛烷值比马达法高 6 ~ 10 个单位。

汽油的辛烷值越高，其抗爆性越好。为提高汽油的辛烷值，目前常用的方法：一是采用先进的汽油炼制工艺，直接生产出抗爆性好的基础油；二是在汽油中调入能够提高抗爆性、改善辛烷值的组分，如调入烷基化油、异构化油和适量的苯、甲苯等；三是加入抗爆添加剂，如添加抗爆性好的含氧化物。

(2)抗爆指数。

由于研究法辛烷值和马达法辛烷值都不能全面反映车辆运行中燃烧的抗爆性能，某些国家引用抗爆指数作为汽油抗爆性的指标，它是指在同一种汽油研究法辛烷值(ROM)和马达法辛烷值(MON)的平均数。即抗爆指数

$$抗爆指数(AKI) = (ROM + MON)/2 \tag{4-1}$$

抗爆指数也叫平均辛烷值，可反映在一般条件下汽油的平均抗爆性。

我国用研究法辛烷值作为汽油抗爆性评定指标，并以此划分汽油牌号。美国从 1970 年开始用抗爆指数代替研究法辛烷值作为抗爆性的评定指标。日本和欧盟等国家都采用研究法辛烷值作为汽油抗爆性的评定指标。

车用无铅汽油按研究法辛烷值分为 90 号、93 号和 97 号三个牌号。

3)汽油的安定性

汽油的化学安定性是指汽油在储存、运输、加注和其他作业时，抵抗氧化性的能力。安定性不好的汽油，在使用过程中受到空气中的氧、环境温度和光等的作用会发生氧化缩合而生成胶质，使汽油颜色变黄便产生黏稠沉淀。化学安定性良好的汽油，即便长期储存，其质量也能保持稳定。因此，为了保证汽油机可靠的工作，要求车用汽油具有良好的化学安定性。

汽油的物理安定性是指汽油在加注、运输、储存等使用过程中保持不被蒸发损失的性能。汽油的物理安定性主要取决于汽油中低沸点烃类的含量，为了改善汽油机的起动性，希望汽油中含低沸点烃类多些，但这些烃类容易蒸发逸散，导致蒸发损耗增加，使汽油的物理安定性变差。

4)腐蚀性

汽油的腐蚀性是指汽油对金属的腐蚀能力。汽油在运输、储存、加注等使用过程中，要与各种金属接触，因汽油具有一定的腐蚀作用，则运输设备、储存容器和发动机的零部件就会受到腐蚀。

汽油成分中的各种烃类都是没有腐蚀性的，引起腐蚀的物质主要是硫、硫化物、有机酸、水溶液酸、碱等，因此减少引起腐蚀的物质能降低汽油腐蚀性。

5)清洁性

清洁性是指在汽油中是否含有机械杂质和水分。机械杂质对发动机零部件的磨损以及正常工作都有严重的影响，它可引起发动机油路和喷嘴堵塞。机械杂质进入燃烧室会使燃烧室沉积物增多，加速气缸、活塞环的磨损。汽油中水分会加速汽油的氧化，并与汽油中的低分子有机酸生成酸性水溶液而腐蚀金属件，低温时易结冰成为冰粒而堵塞油路，影响发动机正常工作。所以，要求汽油有良好的清洁性，应严格控制机械杂质和水分的含量。汽油的清洁性通常用目测法评定，评定时，将试样注入 100 mL 玻璃筒中观察，应当透明，应没有悬浮和沉降的机械杂质和水分。

2. 汽车用汽油的选择与使用

1) 汽油的选择

正确选用汽油牌号不仅可以使得发动机获得更好的动力性、经济性，还能满足更严格的尾气排放法规要求。汽车发动机的结构条件不同，汽车的抗爆性能就不一样，因此汽油的选择主要根据汽车使用说明书的要求，以正常运行条件下发动机不发生爆燃为前提，选择车用汽油的牌号。

按压缩比的高低选择汽油的方法及理念已越来越模糊，因为影响发动机爆燃的因素除压缩比外，还有其他因素。如在电控燃油喷射发动机上，微型计算机控制的电子点火系统可根据燃油的品质及发动机运行工况，自动调节点火提前角，使点火提前角调整为最佳值，从而消除爆燃，使发动机的功率得以充分发挥。

驾驶人还可以根据用油时的感觉，发动机的运行状况，凭经验选出最适应自驾汽车的汽油牌号。通常，加速时发动机有严重的敲缸声，若选用高一牌号汽油时声音消失，则说明原汽油牌号选低了，则应选高一牌号汽油。但在发动机不爆燃的情况下，应尽可能选用低牌号汽油，以提高使用经济性。

2) 汽油使用的注意事项

(1) 燃油的品质直接影响整车的动力性、燃油经济性、排放性及机件的使用寿命。因此，必须按汽车使用说明书规定的牌号选用汽油牌号。如奥迪发动机不容许加注低于 93 号的汽油，否则有可能损坏燃油的供给系统。

(2) 燃油箱要经常装满汽油，尽量减少燃油箱中的空气含量，以减少胶质生成。同时应保持燃油箱盖的通气阀工作良好，按要求定期清洁燃油箱，定期更换汽油滤清器。

(3) 不能使用长期存放后已变质的汽油，否则将导致电喷发动机的喷嘴结胶堵塞。

(4) 加强消防防火安全工作。

4.2.2　车用柴油

与汽油一样，柴油也是从石油中提炼出来的，由碳、氢元素组成的烃类化合物。柴油又可分为轻柴油和重柴油。轻柴油主要用于高速柴油机，重柴油则较多被中、低速柴油机使用。汽车上装配的柴油机属于高速柴油机，所以车用柴油指的是轻柴油，简称为柴油。与汽油相比，轻柴油的黏度大，自燃点低(为 240～400℃)，蒸发性比汽油差。为保证柴油机的正常工作，车用轻柴油应具备良好的燃烧性、良好的低温流动性、适宜黏度和蒸发性、无腐蚀性、不含机械杂质和水分等。

1. 车用柴油的使用性能及评定指标

1) 燃烧性及评定指标

所谓柴油的燃烧性是指柴油的自燃能力。

从柴油喷入燃烧室到燃烧明显开始的时间间隔为着火延迟期，也称为备燃期。如果柴油的着火延迟期长，其燃烧性能就差，喷入燃烧室的柴油积聚量多，一旦着火，就有过量的柴油着火燃烧，使气缸内压力急剧上升，发动机产生强烈的振击现象，把这种现象称为柴油发动机工作粗暴。燃烧性能良好的柴油，其自燃点低；在着火延迟期，燃烧室的局部易于形成高密度的过氧化物，成为着火中心。整个燃烧过程，着火延迟期短，发热均匀，气缸压力升高平缓，柴油机工作柔和平稳。

柴油燃烧性的评定指标是十六烷值。十六烷值高的柴油机，其燃烧性能好，着火延期短，速燃期内压力升高率不过大，柴油机不易产生工作粗暴。十六烷值低的柴油，其燃烧性能差，着火延期长，易产生工作粗暴。

2）雾化和蒸发性及评定指标

为了保证柴油机的动力性和燃油经济性，可燃混合气燃烧过程必须在活塞处于压缩行程上止点附近迅速完成。要求喷油持续时间极为短促，在已定的喷油设备条件下，柴油的雾化和蒸发性将决定柴油在燃烧室内形成混合气的质量和速度。因此，要求柴油有良好的雾化和蒸发性能。蒸发性能可以通过蒸馏试验来确定，需测量出50%，90%和95%的馏出温度。馏出温度越低，则表明材料中的轻质馏分含量越多，蒸发速度越快，柴油机越易起动。馏出温度太低，柴油中轻质馏分含量过多，喷入气缸的柴油蒸发太快，易引起全部柴油迅速燃烧，造成压力剧增，使柴油机产生工作粗暴。

闪点是指在规定条件下，加热油品所逸出的蒸气和空气所组成的混合物与火焰接触时，发生瞬间闪火的最低温度，其单位为℃。柴油的闪点既是表征柴油蒸发性的指标，也是保证柴油安全性的指标。闪点低的柴油中轻质馏分多，蒸发性能好。但闪点过低的柴油中轻质馏分馏过多蒸发过快，造成汽缸内压力突然上升，引起柴油机工作粗暴，而且在使用中不安全。

柴油的密度增大，其黏度也增大，使雾化效果变差，不能形成良好的混合气，使燃烧条件变差，柴油内存在着芳香烃造成排气冒黑烟是柴油的密度高的原因，芳香烃使柴油机产生工作粗暴现象。

闪点限制了柴油蒸发性的上限，馏程限制了柴油蒸发性的下限，通过对柴油的馏程和闪点的限制，可确保柴油具有适当的蒸发性。

3）低温流动性及评定指标

柴油的低温流动性是柴油在低温条件下具有一定的流动状态的性能。低温流动性直接影响柴油在低温条件下能否可靠地供给气缸，能否保证发动机正常工作。评定柴油低温流动性能的指标有凝点、浊点和冷滤点。

（1）凝点。

将柴油装在规定的试管内，冷却到预期的温度，将试管倾斜45°，经过1 min液面不移动，此时的温度便是柴油的凝点。柴油的凝点越低，说明其低温流动性越好。我国的轻柴油按凝点编制编号。

（2）浊点。

浊点是指柴油中开始析出石蜡晶体和失去透明成混浊状时的最高温度，柴油达到浊点后虽然未失去流动性，但易造成燃料供给系统中油路堵塞，使供油量减少或中断供油。

（3）冷滤点。

冷滤点是指在规定的冷却条件下，柴油在1.96 kPa压力下进行抽吸试油，1 min通过缝隙宽度为45 μm金属滤网的柴油体积少于20 mL的最高温度。

由于冷滤点测定的条件近似于使用条件，冷滤点也近似于柴油的实际使用最低温度，因此可作为根据气温选择柴油排号的依据。

4）安定性及评定指标。

柴油的安定性是指柴油在运输、储存和使用过程中保持其外观颜色、组成和使用性能不变的能力。安定性差的柴油容易生成胶状物质，使发动机供油系统堵塞。安定性的评定指标有色度、氧化安定性、实际胶质、10%蒸余物残炭、颜色等。

5)腐蚀性及评定标准

柴油中含有硫、硫化物、水分及酸性物质，对发动机零部件产生腐蚀作用，燃烧后的排放污染严重，而且生成柴油机沉淀物。腐蚀性可用硫含量、硫醇硫含量、酸度、铜片腐蚀试验、水溶性酸或碱等评定指标。测定标准与汽油相同，其中主要测定硫和硫醇硫含量。

2.汽车用柴油的牌号和规格

1)GB 252—2011《普通柴油》

GB 252—2011《普通柴油》是目前执行的最新国家标准，于2011年7月1日开始实施，自实施之日起代替GB 252—2000《轻柴油》。该标准规定了普通柴油的术语和定义、产品分类、技术要求和试验方法、检验规则及标志、包装、运输和贮存、安全。标准适用于拖拉机、内燃机车、工程机械、船舶和发电机组等压燃式发动机和GB 19756中规定的三轮汽车和低速货车所使用的由石油制取的或加有添加剂的普通柴油，该标准于1964年首次发布，分别于1977年、1981年、1987年、1994年和2000年进行5次修订，本次为第6次修订。

GB 252—2011按照凝点的不同将轻柴油分为10号、5号、0号、-10号、-20号、-35号、-50号共七个牌号，牌号的含义为凝点，例如10号表示该种柴油的凝点不低于10℃。各牌号分别适用于风险率为10%的最低气温12℃，8℃，4℃，-5℃，-14℃，-29℃及-44℃以下的地区使用。风险率是由我国气象台根据气温记录分析得出的。风险率10%的最低气温值表示该月中最低气温低于该值的概率为0.1，或者说该月中最低气温高于该值的概率为0.9。向用户销售的符合标准要求的，普通柴油所使用的加油机和容器都应标明下列标志：10号普通柴油、5号普通柴油、0号普通柴油、-10号普通柴油、-20号普通柴油、-35号普通柴油、-50号普通柴油。

2)GB 19147—2013《车用柴油(Ⅳ)》

GB 19147—2013《车用柴油(Ⅳ)》是目前执行的最新国家标准，于2013年2月7日开始实施，自实施之日起代替GB 19147—2009《车用柴油》，该标准适用于压燃式发动机汽车使用的、由石油制取或加有改善使用性能添加剂的车用柴油。不适用于以生物柴油为调和组分的车用柴油。该标准于2003年首次发布，于2009年进行1次修订，本次为第2次修订。

3.车用柴油的合理选用与使用注意事项

1)在气温允许的情况下尽量选用高牌号柴油

基于对柴油机采用高牌号柴油在低温下难以起动的认识，许多柴油车用户认为选用的柴油牌号越低越稳妥，对柴油机的正常工作越有利。其实这是一个认识上的误区。

首先，由于低牌号柴油凝点低，其炼制工艺复杂、生产成本高。因此，其价格也比高牌号柴油贵；其次，由于柴油中凝点越低的成分燃烧性越差，燃烧滞后期越长，越容易发生工作粗暴，反而不利于柴油机的正常工作。

在最低气温允许的情况下尽量选用高牌号柴油，才能做到既经济又实惠。

2)充分考虑季节、气温变化对用油的影响

对于那些季节气温变化较大的地区(如黑龙江、内蒙古、吉林、辽宁、青海、新疆等)，应特别注意季节、气温变化对用油的影响。注意收听当地气象台(站)的天气预报广播，在气温骤变之前，及时改变用油牌号。

3)柴油使用注意事项

(1)同一质量级别、不同牌号的柴油可掺兑使用，以降低高凝点柴油的凝点，充分利用柴油资源。

(2)柴油中不能掺入汽油，因为汽油的发火性能差，掺入汽油会导致发动机起动困难，甚至不能起动。

(3)低温起动时可以采取预热措施，如对进气管、冷却液、润滑油(机油)及蓄电池预热等。也可采用馏分轻、蒸发性好又具有一定十六烷值的低温起动液，以保证发动机的顺利起动。但需注意，只能将低温起动液喷入柴油机的进气总管，而不能将其加入油箱与柴油混用，否则易形成气阻。

(4)柴油加入燃油箱前，要经过沉淀和过滤，沉淀时间不少于48 h，以去除杂质，确保柴油的清洁。以保证柴油机燃料供给系统的精密零件不出故障、延长使用寿命。大量的使用经验表明，使用经过充分过滤、沉淀、净化的柴油，可以使柴油机的故障率大为降低。

(5)柴油在运输、保管、使用中，应注意消防安全。

4.3 发动机机油

发动机机油是指发动机润滑油，它具有润滑、冷却、清净、密封和防蚀的作用。发动机机油是由基础油与不同种类、起不同作用的添加剂配制而成的。不同的添加剂使得机油具有不同方面的性能，以满足发动机的使用要求。发动机的结构和生产时期不同，对机油的使用要求也不同，随着技术的发展，机油的质量不断提高，品种在不断增加，随之发动机的性能也在提高，机油质量直接关系到发动机的性能及使用寿命。

4.3.1 发动机机油的性能特点

1. 黏度和黏温性

黏度即指机油的稀稠程度，黏度大，润滑性、密封性和缓冲性较好，但冷却、洗涤效果较差，发动机低温起动性也受影响，黏度小，则结果刚好相反。

黏温性是指机油的黏度随着温度的变化而变化的特性，温度升高，黏度减小，温度降低，黏度增大。黏温性好的机油，其黏度受温度变化的影响小，能保证发动机在大温差范围内工作时具有良好的润滑性。黏温性用黏温指数表示。黏温指数是指机油黏度随温度变化的程度，与标准油比较所得的相对值。黏度指数越高，表示机油的黏温性能越好。

为使发动机得到良好的润滑，要求机油具有合适的黏度和良好的黏温特性。

2. 洁净分散性

洁净分散性是指机油在工作中抵抗因机油氧化而生成积炭、漆膜和油泥等沉积物的能力，或清除这些沉积物的能力。通常在机油中加入洁净分散添加剂，使其具有洁净分散性可以吸附机油中的固体污染颗粒，减少机油的沉淀物和漆膜的形成，将低温油泥分散于油中，以便在机油循环过程中通过机油滤清器将其滤掉，同时还兼有洗涤、抗氧化及防腐作用，这样就能很好地保证润滑油路的畅通及发动机部件的正常工作。

3. 抗泡沫性

抗泡沫性是指机油在使用过程中，抵抗机油生成泡沫的能力。在机油中加抗泡沫添加剂，使其具有抗泡沫性。这是因为发动机机油，由于快速循环和飞溅而产生泡沫，若泡沫太多或不能迅速消除，则将造成摩擦表面供油不足，以致破坏正常的润滑。

4. 抗氧化性

抗氧化性是指机油抵抗大气或氧气的氧化作用，而保持性质的能力。机油经常在高温条件下工作，与空气接触，若机油的抗氧性化不好，则机油会和氧发生反应，产生酸性物质、沉积物、并导致机油变质。酸性物质会腐蚀金属；沉积物会黏附在气缸壁、活塞、活塞环槽等部位，影响发动机正常工作；机油变质会失去润滑功能。因此，通常在机油中加入抗氧化添加剂，使其具有良好的抗氧化性。

5. 抗磨性

抗磨性是指机油保持在运动部件间的油膜，防止金属对金属直接相接触的能力。发动机中的凸轮挺杆副，凸轮摇臂副，气门杆导管副，及活塞环缸筒副等表面负荷大，滑移速度快，速度变化频繁，磨损和疲劳损伤较严重，因此在机油中加入抗磨添加剂，如油性剂、减摩剂、极压添加剂，能增加吸附油膜的强度，减小摩擦因数，使之具有良好的抗磨性，延长运动部件的使用寿命。

4.3.2　发动机机油的规格

在发动机机油分类中，世界各国广泛采用美国石油学会(API)的使用性能分类法和美国汽车工程师学会(SAE)的黏度分类法。下面以美国石油学会的机油规格为例，介绍机油规格的各代号所表示的意义。

API——美国石油学会简称(即 American Petroleum Institute 的缩写)。

SF——机油质量标号，是指适用于1980年以后生产研制的汽油机。

SAE——美国汽车工程师学会简称(即 Society of Automotive Engineers 的缩写)。

15W/40——机油黏度级号，是指适用于 -15 ~40℃的温度范围。

1. API 质量标号。

(1)S 系列包括 SA，SB，SC，SD，SE，SF，SG，SH，SI，SJ 等级别。API S 系列常用汽油机机油的使用范围和油品性能见表4-1。

表4-1　API　S 系列常用汽油机机油的使用范围和油品性能

标号	美国石油学会 API 油品使用范围介绍	美国材料试验学会(ASTM)油品性能介绍
SA	用于运行条件非常温和的老式发动机，除汽车制造厂特别推荐外，已不再使用	除降凝剂及抗泡剂外，不含其他类型的添加剂
SB	用于运行条件非常温和的老式汽油机，除汽车制造厂特别推荐外，已不再使用	具有一定程度的抗氧化性和抗磨性
SC	用于1964—1967年型汽车的发动机	具有防止沉淀物和抗锈蚀的功能
SD	用于1968—1971年型小轿车和部分货车的发动机，如国产的解放，东风等汽油机	具有抗低温油泥和抗锈蚀的功能
SE	用于1972年以后和某些1971年型小轿车和货车的汽油机，如桑塔纳，标致、夏利及早期的丰田日产等轿车	具有高温抗氧化性和防止低温油泥及锈蚀的性能

续表 4－1

标号	美国石油学会 API 油品使用范围介绍	美国材料试验学会(ASTM)油品性能介绍
SF	用于汽车制造厂推荐的维护方法运行的 1980 年以后的小轿车和货车的汽油机，如奥迪、切诺基等车型	具有抗油泥、抗漆膜、抗锈蚀、抗磨损和抗高温增稠的性能
SG	适用于所有国产和进口新型 6 缸以上的，宝马、美洲虎、凯迪拉克、雷克萨斯、林肯等高级轿车，同时可满足各类汽油发动机的中型客车使用	有比 SF 级更好的高温抗氧清洁性和抗磨性
SH	适用于林肯、凯迪拉克、奔驰、宝马、本田等最新型的进口轿车	有比 SG 级更好的高温抗氧清洁性和抗磨性

(2) C 系列(柴油机系列)分为 CA，CB，CC，CD，CE 等级别，API C 系列柴油机机油的使用范围和油品性能见表 4－2。

表 4－2　API C 系列柴油机机油的使用范围和油品性能

标号	美国石油学会(API)油品使用范围介绍	美国材料学会(ASTM)油品性能介绍
CA	供轻负荷柴油机使用，除汽车制造厂特别推荐外，已不再使用	用于汽油机和以低硫燃料运行的非增压柴油机
CB	供中负荷柴油机使用，有时也可用于运行条件温和的汽油机	用于汽油机和非增压柴油机
CC	供中负荷柴油机和汽油机使用，用于中到重负荷下运行的低增压柴油机，包括一些重负荷汽油机	具有抗低温油泥和抗锈蚀的性能，并且有适应低增压柴油机需要的性能
CD	供重负荷柴油机使用，用于高速、大功率增压柴油机	具有适应中增压柴油机需要的使用性能
CE	供重负荷增压中冷柴油机使用，用于需要非常有效地控制磨损及沉积物的新型高速大功率增压中冷柴油机	具有适应重负荷增压中冷柴油机需要的使用性能。

2. SAE 黏度级号

SAE 黏度分级标准，把机油分为高温黏度级号和低温黏度级号，级号末尾带 W 的为低温黏度级号，W 为 WINTER(冬季)的缩写。

1)单级油

只能满足低温或高温一种黏度级要求的机油，称为单级油，冬用发动机机油分为 0W，

5W，10W，15W，20W和25W六个级别，字母W前的数字越小，表示机油低温流动性越好，夏用发动机机油分为20，30，40和50四个级别，数值越大，表示高温下的最低黏度越好。

2）多级油

既能满足低温时的黏度级要求，又能满足高温时的黏度级要求的机油，称为多级油。多级油牌号标记为5W/20，10W/30，15W/40和20W/40等，这种机油可以适应一定温度变化的区域，可在某一地区范围冬夏通用。

各汽车生产厂家，对发动机机油都有严格的要求标准，例如对于桑塔纳轿车，上海大众汽车公司向用户提供了四种多级油：环境温度在－10～30℃时，使用SAE 20W/50或20W/40；在－20～30℃时，使用SAE 15W/50或15W/40或10W/30；在－25～15℃时，使用SAE 10W/40或10W/30；在－30～10℃时，使用SAE 5W/30或5W/20。

3. 使用机油注意事项

（1）严格按照汽车使用说明书中的规定，选用与该型汽车相适应的机油。汽油机机油和柴油机机油，原则上应区别使用，只有在汽车制造厂有代用说明或标明是汽油机和柴油机的通用油时，才可代用或在标明的级别范围内使用。

（2）应尽量使用多级油。多级油的优越性是其黏度随温度变化小，温度范围宽、通用性好，特别是在寒区短途行驶、低温起动较多，使得其优越性更为明显。

（3）保持曲轴箱有适当的油量。

油量过少，会引起机件烧蚀加速机油变质；油量过多机油会从气缸活塞的间隙中窜进燃烧室是燃烧室内积炭增多，油量一般以本机机油尺测量的为准。

（4）按汽车使用说明书推荐或该车型规定的换油里程换油。换油时要放净旧机油，同时还应更换滤芯。

4.4　齿轮油与润滑油

4.4.1　齿轮油

齿轮油以精制润滑油为基础，通过加入抗氧化剂、防腐蚀剂、防锈剂、消泡剂和抗磨剂等多种添加剂配制而成。齿轮油用于各种齿轮传动装置的润滑，如汽车机械变速器、驱动桥齿轮和传动机构等，以防止齿面磨损、擦伤、烧结等，加强摩擦表面的散热，防止机件发生腐蚀和锈蚀，延长其使用寿命，提高传动效率，降低摩擦功耗。

1. 齿轮油的性能特点

汽车齿轮油应具有优良的极压抗磨性、热氧化安定性、防锈性、防腐蚀性和剪切安定性；在使用中不产生泡沫，具有良好的低温流动性等，以满足汽车传动齿轮在各种工况下的润滑要求。

1）极压抗磨性

极压抗磨性是指齿面在极高压或高温润滑条件下，其中的极压抗磨剂能在齿面上与金属发生化学反应生成反应膜，防止擦伤和磨损等的能力；特别是准双曲面齿轮齿面负荷在2000 MPa以上时，要求齿轮油有特别好的极压抗磨性，这就要求在齿轮油中加入极压添加剂，在高压、高速、高温的苛刻工作条件下，能在齿面上与金属发生化学反应生成反应膜，以有效防止在高负荷条件下的齿面擦伤及咬合。

2）热氧化安定性

热氧化安定性是指抵抗高温条件下氧化作用的能力。齿轮油与在空气中的氧接触氧化后，会出现黏度升高、酸值增加、颜色加深、产生沉淀和胶质的现象，影响齿轮油使用寿命等的程度。良好的热氧化安定性，可以提高汽车齿轮油高温工作条件下抵抗氧化变质的能力，延长使用周期。

3）防锈、防腐蚀性

在车辆齿轮传动装置的工作条件下，齿轮油防止齿轮、轴承等机件腐蚀和生锈的能力，称为防锈、防腐蚀性。良好的防锈、防腐蚀性可以在金属表面形成保护膜，从而防止腐蚀性物质侵蚀金属材料。

4）剪切安定性

剪切安定性是指汽车齿轮油在齿轮啮合运动中会受到强烈的机械剪切作用，使齿轮油中添加的高分子化合物（黏度指数改进剂和某些降凝剂）分子链被剪断变成低分子化合物，从而使齿轮油黏度下降的程度。

5）抗泡性

齿轮油应具有良好的抗泡性，以保证在齿轮剧烈搅拌过程中产生的泡沫少并易于消失。

6）低温流动性

齿轮油在低温下应能保持必要的流动性，以保证轴承和齿轮等零件的润滑。若齿轮油在低温下有蜡析出，黏度急剧上升，就不能确保有效的润滑。为使齿轮油能适应冬季低温条件下的使用要求，齿轮油中应加入倾点降低剂，以改善其低温流动性。

7）适宜的黏度和良好的黏温特性

汽车齿轮油的工作温度变化很大，冬季冷起动时温度可在0℃以下，要求汽车齿轮油的黏度不超过150 Pa. S；当正常工作时，其工作温度可在100℃以上，只是要求齿轮油的黏度不能太小。因此，要求齿轮油要有良好的黏温特性。

2. 齿轮油的规格

目前国际上采用美国汽车工程师学会（SAE）和美国石油学会（API）的分类标准。例如：

API GL——4 SAE 80W。

API——美国石油学会简称。

GL－4——齿轮油质量标号，是指适用于双曲面齿轮传动的润滑。

SAE——美国汽车工程师学会简称。

80W——齿轮油黏度级号，是指使用于－26℃以上的温度范围。

（1）API质量标号根据齿轮负载能力，分为GL－1，GL－2，GL－3，GL－4，GL－5和GL－6六个等级，见表4－3。

表4-3　汽车齿轮油API分类

API类别	应用类型	齿轮传动类型	添加剂
GL-1	低压、低滑动速度的和缓工作条件	螺旋锥齿轮和蜗杆减速器及某些手动齿轮变速器	抗氧、防锈、抗起泡和降凝剂。无极压剂和摩擦改进剂
GL-2	GL-1不能充分满足的负荷、温度和滑动速度的工作条件	蜗轮-蜗杆主减速器	抗磨剂以及少量极压剂
GL-3	中等滑动速度和负荷，高于GL-2而低于GL-4的要求	螺旋锥齿轮主减速器和手动齿轮变速器	少量极压剂
GL-4	高速小转矩和低速大转矩的工作条件	轿车和其他汽车的准双曲面齿轮主减速器	较多的极压剂
GL-5	高速冲击负荷、高速小转矩和低速大转矩工作条件	轿车和其他汽车的准双曲面齿轮主减速器	多量极压剂
GL-6	用于抗擦伤性能要求比GL-5更高的使用条件，如高偏置双曲面齿轮	轿车和其他汽车高偏置双曲面齿轮主减速器（偏置量大于5 cm或接近大齿圈的25%）	大量极压剂

我国汽车齿轮油按使用性能分为3类，即普通齿轮油、中负荷车辆齿轮油和重负荷车辆齿轮油，分别相当于API-GL-3，API-GL-4和API-GL-5。

（2）SAE黏度标号分为70W，75W，80W，85W，90，140，250七个标号，见表4-4，其中带W字母的为冬季用油，多级齿轮油如SAE 80W/90，表示其低温黏度符合SAE 80W的要求，高温黏度符合SAE 90的要求，该油可以在某一地区全年通用，也可根据当地温度选用。

表4-4　SAE齿轮油黏度分类

黏度标号	适用的最低温度/℃	运动黏度（100℃）/（$m^2 \cdot s^{-1}$）	
		最大	最小
70W	-55	4.1	
75W	-40	4.1	
80W	-26	7.0	
85W	-12	11.0	
90		13.5	
140		24.0	<24.0
250		41.0	<41.0

3.选用齿轮油注意事项

（1）根据季节选择齿轮油的标号（黏度级），对照当地冬季最低气温适当选用。标号为75W，80W，85W的齿轮油分别适用于最低气温为-40℃，-26℃，-12℃的地区。

(2)根据齿轮类型和工况选择齿轮油(使用性能级别)。对于一般工作条件下的螺旋锥齿轮主减速器(驱动桥)、变速器和转向器，可选用普通车辆齿轮油；主减速器是准双曲面齿轮的，必须根据工作条件选用中负荷车辆齿轮油或重荷车辆齿轮油，绝不能用普通齿轮油代替准双曲面齿轮油。馏分型双曲面齿轮油的颜色一般为黄绿色到深绿色及深棕红色，其他齿轮油一般为深黑色，使用时注意区别。

(3)加油量应适当。油量过多，不仅增加搅油阻力和燃油消耗，而且极有可能使齿轮油经后桥壳混入制动鼓而造成制动失灵；油量过少，会使润滑不良、温度过高，加速齿轮磨损。齿轮油一般应加到与齿轮箱加油口下缘平齐。

4)按规定期限换油，一般换油期为30000～48000 km。

4.4.2 润滑脂

润滑脂实际上是一种稠化了的润滑油，是将稠化剂分散于液态润滑剂中所形成的一种稳定的固体或半固体产品。润滑脂具有润滑、密封和保护的作用，而绝大多数润滑脂用于润滑，称为减摩润滑脂。汽车上不宜施加液体润滑油的部位，如轮毂轴承、各拉杆球节、发电机轴承、水泵轴承、离合器轴承和传动轴花键等，这些部位均使用润滑脂。

1. 润滑脂应有的性能特点

为确保汽车及工程机械的可靠润滑，车用润滑脂应具有适当的稠度、良好的高低温性能、极压性能、抗磨性能，以及良好的抗水、防腐、防锈和安定性。

1)稠度

稠度是指润滑脂的浓稠程度，表征润滑脂在所润滑部位上的保持能力和密封性能。润滑脂的稠度不同，其所适用的机械转速、负荷和环境温度等工作条件也不同。因此，稠度是润滑脂的一个重要性能指标。适当的稠度可使润滑脂容易加注并保持在摩擦面上，以保持持久的润滑作用。

稠度可用锥入度表示。锥入度是指润滑脂在规定的负荷、时间和温度的条件下，锥体刺入试料的深度，其单位以0.1 mm表示。锥入度值越大，稠度越小，反之，稠度越大。润滑脂的稠度等级用锥入度的大小划分见表4－5。润滑脂的稠度分为9个等级：000，00，0，1，2，3，4，5，6。级别越靠后，表示稠度越大，润滑脂越硬。

表4－5 按锥入度划分的润滑脂度稠等级

稠度等级	000	00	0	1	2	3	4	5	6
工作锥入度(25℃)/(0.1 mm)	445～475	400～430	355～385	310～340	265～295	220～250	175～205	130～160	85～115
状态	液态	几乎液态	极软	非常软	软	中	硬	非常硬	极硬

2)耐热性

润滑脂应具有很强的附着能力，要求在温度升高时也不变软、不易流失、不失去润滑作用。润滑脂的耐热性可用滴点、蒸发损失和漏失量等指标评定，滴点是指润滑脂在规定的试验条件下加热，从仪器的脂杯中滴下第一滴液体时的温度，滴点越高，其耐热性越好。

3）抗磨性和抗水性

要求润滑脂具有良好的抗磨性和抗水性。不会在遇水后稠度下降甚至乳化而流失。

4）良好的防锈性、防腐性

防锈性、防腐性是指润滑脂抵抗与其相接触的金属被腐蚀和生锈的能力。防锈性差的润滑脂，被水污染后，容易使与其接触的金属生锈、腐蚀；润滑脂中本身如果含有过量游离酸、游离碱或活性硫化物，或因氧化产生的有机酸都可能腐蚀金属。为提高润滑脂的氧化安定性，防止在空气中氧化，通常在润滑脂中加入抗氧剂。

5）适当的胶体安定性

胶体安定性是指润滑脂使用中和储存时避免胶体分解，防止液态润滑油被析出的能力。胶体安定性主要取决于润滑脂的组成和加工工艺，并与外界条件有一定关系。通常，基础油的黏度越小，稠化剂含量越少，稠化剂的稠化能力越低，基础油就越容易析出；温度升高，基础油黏度变小，分子运动加快，基础油易从结构骨架中析出；压力增大，润滑脂结构骨架遭到压缩，基础油也易析出。但是，润滑脂如果工作时不能分离出部分油来，就不能起到润滑作用。因此，理想的润滑脂，需要有适当的胶体安定性。

2. 润滑脂的种类

润滑脂有钙基润滑脂、钠基润滑脂、钙钠基润滑脂、通用锂基润滑脂，汽车通用锂基润滑脂、极压锂基润滑脂和石墨钙剂润滑脂等，其特性和适用范围见表4－6。

表4－6　润滑脂的特性和适用范围

品种	特性	适用范围
钙基润滑脂	抗水性好、耐热性差、使用寿命短	使用范围为－10～60℃
钠基润滑脂	耐热性好、抗水性差、有较好的极压抗磨性能	适用于－10～110℃温度范围内的中等负荷、不接触水的润滑部位
钙钠基润滑脂	抗水性、耐热性介于钙基润滑脂和钠基润滑脂之间	适用于不太潮湿条件下的滚动轴承的润滑如底盘、轮毂等处的轴承
石墨钙基润滑脂	具有良好的抗水性和抗碾压性能	适用于工作温度不超过60℃的重负荷、低转速和粗糙的机械润滑，可用于汽车钢板弹簧、起重机齿轮转盘等承压部位
通用锂基润滑脂	具有良好的耐热性、抗水性、防锈性、机械安定性和氧化安定性	适用于－20～120℃温度范围内各种机械设备的滚动和滑动轴承及其他摩擦部位的润滑，是一种长使用寿命通用润滑脂
汽车通用锂基润滑脂	良好的机械安定性、胶体安定性、防锈性、氧化安定性、抗水性	适用于－30～120℃温度范围内汽车轮毂轴承、水泵和发电机等摩擦部位润滑。国产和进口车型普遍推荐使用
极压锂基润滑脂	有较高的极压抗磨性	适用于－20～120℃温度范围内高负荷机械设备的齿轮和轴承的润滑。部分高性能国产和进口车型推荐使用

3. 润滑脂使用注意事项

(1)推荐使用锂基润滑脂。锂基润滑脂滴点高，使用温度范围广，并具有良好的低温性、抗磨性、抗水性、抗腐蚀性和热氧化安定性，是目前最常用的一种多效能润滑脂。

(2)不同种类的润滑脂不能混用，新、旧润滑脂也不能混用。即使是同类的润滑脂，也不可新、旧混用，这是因为旧润滑脂含有大量的有机酸和杂质，会加速新润滑脂的氧化。换润滑脂时，必须将旧润滑脂清洗干净，才能加入新润滑脂。

(3)用量适当。更换轮毂轴承润滑脂时，只需在轴承的滚珠(或滚柱)之间塞满润滑脂，而轮毂内腔采用“空毂润滑”，即在轮毂内腔仅仅涂上一层润滑脂，这样易于散热，既可降低润滑脂的工作温度，又可节约润滑脂用量。

4)合理选用润滑脂

(1)与水直接接触的部位，如冷却液泵轴承和底盘轴承等，不能用钠基等水溶性稠化剂润滑脂，应使用钙钠基脂或锂基脂。

(2)在高转速及恶劣条件下工作的部位，如离合器分离轴承、传动轴中间轴承、传动轴十字轴滚针轴承等，可用黏附性好，稠度低一些的钙基润滑脂和钙钠基润滑脂。

(3)高温部位，如变速器输入轴承，不能用钙基润滑脂，应使用钠基润滑脂或钙钠基润滑脂。

(4)轮毂轴承应使用长寿命的锂基润滑脂或二硫化钼锂基润滑脂，以减少轮毂拆装次数，降低维护成本。

(5)石墨钙基润滑脂则适用于钢板弹簧、起重机齿轮转盘，绞车齿轮等重负荷低转速和粗糙的机械润滑。

4.5 汽车工作液

4.5.1 制动液

制动液是指汽车液压制动系统中传递制动压力使车轮制动的工作介质。用于液压制动系统和液压离合器操纵系统的能量传递，制动液的质量直接关系着行车安全。

1. 制动液的性能要求

对汽车制动液的使用性能要求是：黏温性好，凝固点低，低温流动性好；沸点高，高温下不产生气阻；使用过程中品质变化小，并不引起金属件和橡胶件的腐蚀和变质。

1）高温抗气阻性

现代汽车的行驶速度很快，相应地，汽车制动液的工作温度范围也很宽。汽车在平路上行驶时，制动液的温度一般在100～130℃。而行驶于多坡道山间道路(如湖南、湖北、四川等地)的汽车，由于其制动频繁，制动液温度可高达150℃以上。如使用沸点低的制动液，在高温时会由于制动液的蒸发而产生气阻，即使踩下制动踏板也不能使制动液压力上升，容易引发制动系统失灵，导致恶性事故发生。另外，制动液在遇潮吸水后会使其沸点下降，因而引发气阻现象。

因此，高温抗气阻性是对制动液使用性能的主要要求之一。为了保证行车安全，要求制动液具有良好的高温抗气阻性，即具有高沸点、低挥发性，高温时不易产生气阻。评定汽车制动液高温抗气阻性的指标是干平衡回流沸点、湿平衡回流沸点和蒸发性。

(1)干平衡回流沸点与气阻温度。

干平衡回流沸点简称平衡回流沸点，也称干沸点，是指在一个单位大气压下，60 mL 制动液在容量为 100 mL，并装有回流冷凝器的圆底烧瓶中，在规定回流速度下的沸腾温度(经压力校正)。平衡回流沸点越高，制动液在使用时越安全可靠。在制动液规格中对平衡回流沸点做了规定。

气阻温度是指制动液在温度升高时蒸发汽化，导致气阻，使汽车制动液压系统开始失去制动能力的温度。气阻温度越高，制动液在使用时就越安全可靠。一般来说，平衡回流沸点高的制动液，其气阻温度也高。

(2)湿平衡回流沸点。

湿平衡回流沸点也称湿沸点，当制动液含有(3.5 ±0.5)% 的水时，所测定的平衡回流沸点，称为湿平衡回流沸点。这一性能指标是考虑到汽车在使用中，制动液不可避免地会吸入一部分水分，吸有水分的制动液的平衡回流沸点和气阻温度都会降低，这就会影响制动液的使用性能。当制动液含水 2.0% 时，其平衡回流沸点可由 193℃ 下降到 150℃。因此，制动液在使用和储存时要注意避免吸水。

2）蒸发性

制动液的蒸发性是表征制动液在一定温度条件下蒸发损失大小的指标，该指标对于制动液的润滑性能、使用寿命和保证制动液在较高温度条件下使用时，制动系统正常、可靠工作都具有重要意义，是制动液的一项重要高温性能指标。

(1)黏度。

制动液必须有合适的高、低温黏度，其高温(100℃)运动黏度不低于 1.5 mm^2/s，否则将起不到润滑作用，而且密封性差，容易出现渗漏；而低温(－40℃)运动黏度不应大于 1800 mm^2/s，否则在严寒地区使用时，由于流动性差会影响安全。

(2)氧化安定性和防腐性。

为防止制动液对制动系统部件产生腐蚀作用，制动液必须用抗氧剂、防锈剂和多种抗腐蚀添加剂，有效地控制制动液的酸值和提高其抗腐蚀、防锈蚀的能力。而氧化安定性直接关系到制动液的使用寿命，因此制动液的规格中规定制动液在规定条件进行 70℃、168 h 的氧化试验，以测定制动液的氧化安定性。

(3)橡胶溶胀性。

制动主缸及轮缸的橡胶皮碗和密封件，如果与制动液产生溶胀，就会导致皮碗的形状、尺寸和机械强度发生变化，而不能有效地密封，甚至出现翻碗，使液压系统失效，因此，制动液对橡胶皮碗等橡胶部件的侵蚀作用应尽量小。在制动液规格中。要求橡胶皮碗在制动液中分别进行 70℃、120 h 和 120℃、70 h 的橡胶溶胀试验。

(4)溶水性。

当制动液中存在游离的水分时，在低温下可能结冰，高温时会汽化而导致制动故障。因此，要求制动液能够把外来的少量水分完全溶解吸收，且不分层、产生沉淀或显著改变原来的性质。

2. 制动液的分类、品种和牌号

1)国外制动液的规格标准

美国 DOT(department of transportation)标准，美国联邦政府运输部 DOT 在 1968 年以 SAET70b 为基础，制定了联邦机动车辆安全标准 FMVSS(federal motor vehicle safety standards)。1972 年美国对此标准进行了大幅度修改，制定了列 FMVSSNo. 116，DOT3，DOT4，DOT5 标准。其 2004 年标准将制动液分为 DOT3(醇醚型)、DOT4/超级 DOT4(酯型)、DOT5(硅酮型)和 DOT5.1(硼酸酯型)四类。

常用的进口制动液有 DOT3 和 DOT4，它们属于非矿物油系，是由以聚二醇为基础和乙二醇及乙二醇衍生物为主的醇醚型合成制动液，再加润滑剂、稀释剂、防锈剂和橡胶抑制剂等调和而成，是各国汽车使用最普遍的制动液。DOT3、DOT4 制动液性能指标见表 4-7。

表 4-7　DOT3、DOT4 制动液性能指标

	工作情况	DOT3	DOT4
沸点/℃ (平衡环流沸点)	干	>205℃	>230℃
	湿	>140℃	>155℃

2)国内的制动液

目前国内的制动液按原料的不同分为合成型、醇型和矿物型三种。合成型制动液有 4603，4603-1 和 4604 等牌号，4603 和 4603-1 适用于各类载货汽车的制动系统，4604 适用于高级轿车和各种汽车的制动系统。醇型制动液以乙醇和丁醇及蓖麻油为原料，其抗阻性和低温流动性达不到要求，行车安全性差，已被淘汰。矿物型制动液有良好的润滑性、无腐蚀性，但对天然橡胶有溶胀作用。

为同汽车工业的发展相适应，我国相继颁布了一系列汽车制动液国家标准，并在不断发展和演变之中。目前，我国现行的汽车制动液国家标准为 GB 12981—2012《机动车辆制动液》，汽车制动液行业标准为 QC/T 670—2000《汽车合成制动液》。目前，我国汽车制动液分为 HZY3，HZY4，HZY5，HZY6，V-3，V-4 六个规格(级别)。我国汽车制动液规格与国外汽车制动液规格的对应关系见表 4-8。

表 4-8　我国汽车制动液规格与国外汽车制动液规格的对应关系

序号	质量标准	质量级别				
		醇醚型	硼酸酯型	硼酸酯型	硅酮型	硼酸酯型
1	美国 FMVSS No. 116	DOT3	DOT4/超级 DOT4	DOT5.1	DOT5	—
2	国际标准化组织 ISO 4925	Class3	Class4	Class5.1	—	Class6
3	日本 JIS K 2233	BF-3	BF-4	BF-5	—	BF-6
4	美国 SAE J 系列	J1703	J1704	—	J1705	—
5	中国 GB 12981—2012	HZY3	HZY4	HZY5	—	HZY6
6	中国行业标准 QC/T 670—2000	V-3	V-4	—	—	—

3. 制动液的选用

正确选择和使用汽车制动液是确保制动系统可靠工作、确保行车安全的重要环节。汽车的技术性能不同、类型不同，其制动系统对制动液产品质量等级的要求也不同。为确保制动液产品能够充分满足汽车制动系统的要求，汽车用户应按照车辆使用说明书的规定或推荐意见选择制动液产品。使用汽车制动液时，应遵循以下原则：

(1)优先选用进口名牌制动液。根据汽车使用说明书中的规定选用制动液，普通汽车可使用 DOT3 型号的制动液，比较高级的车型可使用 DOT4 型号的制动液。

(2)合理选用国产制动液。使用国产制动液时，合成制动液适用于高速重负荷和制动频繁的轿车和货车；醇型制动液只能用于车速较低、负荷不大的老旧车型，矿物型制动液可在各种汽车上使用，但制动系统必须更换耐油橡胶件。

(3)所选用的制动液产品类型应与汽车制造商规定的制动液产品类型相同。

4. 注意事项

(1)各种制动液绝对不能混用，否则会因分层而失去制动作用。

(2)保持清洁，不允许杂质混入制动系统。

(3)注意防潮，防止水分混入和吸收，水分会使沸点降低。存放制动液的容器应当密封，更换下来和装在未密封容器内的制动液不允许继续使用。

(4)定期更换。制动液应每 1～2 年进行更换一次，以防制动液吸湿后影响制动性能。

(5)山区下坡连续使用制动或在高温地区长期频繁制动，制动液温度可达 150～170℃，已超过一般合成制动液的潮湿沸点，因此要注意检查制动液温度，以防因气阻发生交通事故。

(6)防止矿物油混入使用醇型和合成型制动液的制动系统。使用矿物油制动液时，制动系统应换用耐油橡胶件。使用醇型制动液前，应先检查是否有沉淀，若有沉淀，则应过滤后再使用。

4.5.2　冷却液

冷却液是指汽车发动机冷却系统中用于循环带走高温零件热量的冷却介质。长效冷却液一般都具有防冻、防锈、防沸腾和防水垢等性能，常用的冷却液为水与乙二醇、水与酒精、水与甘油按一定比例混合而成。多数冷却液为乙二醇－水型。为保证发动机正常工作和延长发动机的使用寿命，应正确使用发动机冷却液。目前，我国市场上销售最多的是壳牌、美孚牌和 TCL 牌冷却液。

1. 冷却液的性能要求

(1)冷却液对发动机的冷却和传热应无不良影响。

(2)冷却液的冰点应低于最低环境温度。

(3)冷却液的沸点一般要大于 105℃。冷却液沸点高可保证汽车在满载、高负荷、高速、高温条件下能正常行车，散热器(俗称水箱)不会产生“开锅”现象。

(4)对冷却系统的金属无腐蚀作用，且不会产生沉淀物，对橡胶件的影响应尽可能小。

(5)要求具有较小的低温黏度且无毒，起泡性小，沸点合适，蒸发损失小。

2. 冷却液的种类

(1)发动机冷却液是有基础液、防腐剂、消泡剂、染料和水组成。各种冷却液组分的物理化学性质见表 4－9。

表 4-9 各种防冻液组分的物理化学性质

项目	水	甲醇	乙醇	甘油	乙二醇	双甘醇	丙二醇
相对分子质量	18.016	32.04	46.07	92.09	62.07	106.12	76.09
相对密度(20/20℃)	1.0	1.7924	0.7905	1.2636	1.1155	1.1184	1.0381
比热容/($J \cdot g^{-1} \cdot K^{-1}$)	4.1742	2.51	2.43	2.41	2.40	2.31	2.51
冰点/℃(纯物质)	0	-97.7	-117.3	17.0	-13.3	-8.3	-60
冰点/℃(50%水溶液)	—	-44.5	-30.6	-22.0	-33.6	-26.1	-33.0
沸点/℃	100	64.5	78.4	290.0	197.3	244.8	187.2
20℃蒸气压/kPa	2.3322	12.8	5.87	4.6×10^{-3}	0.016	0.001	0.024
20℃黏度/mPa·s	1.01	0.59	1.19	1499	20.9	35.7	60.5

3. 冷却液使用注意事项

(1)根据气温选配冷却液，冰点至少应低于最低气温5℃。

(2)按照汽车使用说明书的要求选用发动机冷却液。

(3)不同厂家、不同类型、不同牌号的发动机冷却液不能混用，以免起化学反应、沉淀或生成气泡，降低使用效果。

(4)使用冷却液时，散热器温度比用水作冷却液温度高10℃以上是正常的。这是因为冷却液冷却沸点高，而且温度稍高有利于提高发动机的热效率，节省燃料，所以不要人为地降低发动机温度。

(5)冷却液(乙二醇)有一定毒性，对人的皮肤和内脏有刺激作用，使用中严禁用嘴吸，手接触后要及时清洗；若溅入眼睛，则更应及时用清水冲洗，必要时到医院做处理。

(6)合理使用冷却液，冷却液使用期限较长，长效冷却液可使用两年之久。冷却液呈碱性，pH 为7.5~11.0，若 pH 低于7.0或高于11.0，则应及时进行更换。加注冷却液前，应将冷却液完全放掉并用清水彻底清洗冷却系统。若冷却系统水垢过多，则可使用专用的散热器清洗剂进行清洗。加注冷却液要适量，一般加到冷却系统总容量的95%即可，以免升温后冷却液膨胀溢出。若选用的是浓缩液，则应按产品说明书规定的比例加清洁水进行稀释。

4.5.3 自动变速器油

自动变速器油主要用于自动变速器，它由精制的矿物油或合成油加入各种添加剂而合成。添加剂中有黏度指数改进剂、摩擦调整剂、抗氧化剂、清净分散剂、防锈剂、橡胶膨润剂和消泡剂等，而且还加入着色剂，使油液具有特定的颜色以便与其他油液相区别。自动变速器油是性能要求最高的润滑油之一，它必须满足动力传递、液压控制、润滑和冷却等各方面的要求。

1. 性能要求

自动变速器油除具有齿轮润滑油的性能外，还应具有液压油的黏度、黏温特性和适合湿式离合器的摩擦特性。

1)适宜的黏度和黏温特性

自动变速器油(ATF)的使用温度范围很宽，一般为-40~170℃。从传动效率考虑、黏度低有利，但黏度太低，又会导致液压控制系统及伺服机构及油泵处产生油液泄漏，因此，ATF 必须要有适当的黏度和黏温特性。各汽车公司规定的 ATF 高温(100℃)运动黏度为 7.0～8.5 mm^2/s。为确保良好的低温起动性能，避免离合器摩擦片烧损，一般要求低温黏度不大于：-18℃，1400 mPa·s；-23℃，4000 mPa·s；-29℃，23000 mPa·s；-40℃，55000 mPa·s。

2)好的热氧化安定性

由于自动变速器，在工况变化频繁时(ATF)主体温度可能超过150℃，离合器片表面温度可高达390℃左右，所以要求 ATF 有良好的热氧化安定性和薄层油高温热安定性，否则油类氧化生成的酸或过氧化物会对轴承、离合器摩擦片和橡胶密封件产生腐蚀。

3)良好的润滑性和摩擦特性

为确保变速行星齿轮、轴承、止推垫圈和油泵的使用寿命，ATF 必须有良好的润滑性；而摩擦特性对换挡感觉、响声和离合片的耐久性有重要影响。自动变速器因离合器摩擦片材质及变速机构的结构不同，对 ATF 的摩擦特性有不同的要求。

4)优良的抗泡沫性

泡沫对液力传动系统危害极大，泡沫会使变矩器传递功率下降，而且泡沫的可压缩性会导致液压系统压力波动和压力下降，甚至使供油中断，致使离合片打滑、烧损。为防止泡沫的产生，油中可加入抗泡沫添加剂，以降低油品表面张力，使气泡迅速从油中溢出。

5)对橡胶密封材料有良好的适应性

不会导致密封材料产生过大的膨胀、收缩和硬化，否则会引起漏油，导致重大故障。

2. 自动变速器油的规格

主要以美国通用公司的 DEXRONⅡ-E 和福特公司的 MERCON 这两种规格为代表，也有其他规格，如有些欧洲和日本的制造厂家近年来也制定了新规格。例如捷达轿车使用的自动变速器油规格为 VWATF，日本的规格为 original ATF，用以代替 DEXRONⅡ-E 和 MERCON。各类车型一定要按制造厂家推荐的规格选用相应的自动变速器油。

3. 使用注意事项

1)应注意避免自动变速器长时间重载低速行驶，以免油温上升，加速油的氧化变质，形成沉积物和积炭，阻塞细小的通孔和油液循环管路，导致自动变速器过热损坏。

2)注意经常检查油位，方法是使车辆停放在本平地面上，发动机怠速运转，油温在正常范围内(80～85℃)，此时油位应在自动变速器油标尺上的热态油位。油位过高或过低，都将使自动变速器出故障。

3)注意按照车辆使用说明书的规定更换自动变速器油和过滤器(或清洗滤网)，同时拆洗自动变速器油底壳。换油时府将油底壳和油路(特别是变矩器)清洗干净，按需要量加入新油。

4)不同牌号、不同品种的自动变速器油不能混用，同牌号不同厂家生产的也不宜混用。

4.5.4　汽车液压油

自卸汽车、汽车起重机、铲车、挖掘机等各种专用车辆及工程机械上的液压系统使用液压油作为工作介质。在其液压系统中，油液的流速很低，但工作压力却很高，属于静压传动范畴。静压传动系统工作的可靠性和使用寿命，在很大程度上取决于液压油的性能和正确使用。

1. 汽车液压油的性能

汽车液压油的性能应具有良好的不可压缩性、流动性、抗磨性、抗泡沫性和析气性、化学安定性等。

1）抗磨性

在液压系统中，液压泵和大功率的液压马达是主要运动部件。在起动和停车时往往可能处于边界润滑状态。在这种情况下，若液压油的润滑性不良，抗磨性差，则会发生黏着磨损、磨料磨损和疲劳磨损，造成液压泵和液压马达性能降低，寿命缩短，系统出现故障。因此，在抗磨、低温液压油中常常添加一定量的抗磨和极压添加剂，以提高油品的抗磨性和抗极压性能，满足润滑要求。

2）抗泡沫性和析气性

为可靠传递动力和运动，要求液压油应具有并保持良好的不可压缩性。通常情况下，液压油在外力作用下是不容易改变其体积的，即液压油是不可压缩的。但空气混入后会影响其不可压缩性。

液压油的压缩性随液压系统压力的升高而增大。当油类含有气泡时尤为显著，液压油的压缩性将导致系统压力不足和传动反应迟缓，严重时会产生噪声、振动、气蚀甚至损伤设备。要求液压油应具有良好的消泡性和析气性。近年来发展起来的非硅抗泡剂，不仅能消除液压油的表面泡沫，而且对油中小气泡的上升和释放影响很小。因此，非硅抗泡剂的使用日渐广泛。

3）化学安定性

液压油的安定性是保证液压系统长期、安全、稳定运行的一个极为重要的因素。一般液压油的工作温度为55～65℃，油泵转速和压力增加可使油温升到80℃左右，由于工程车辆液压系统的油箱容量较小，油在系统内的循环率高，油温可超过100℃，加上高速流动的油液中空气和水分离困难，将加速油的氧化变质，因此要求油液必须具有较好的热稳定性、氧化安定性、水解稳定性和抗乳化性。

2. 液压油的分类和产品。

现行国家标准 GB/T 3141—1994《工业液体润滑剂 ISO 黏度分类》等效采用国际标准 ISO 的分类，对液压油的黏度等级做出了明确的规定。

GB/T 3141—1994 按照液压油 40℃运动黏度的中间点黏度数值，将液压油划分为 20 个黏度等级（中间点运动黏度范围为 2～3200 mm^2/s），常用的 10～150 各级中间点运动黏度及运动黏度范围详见表 4－10。

表 4－10　液压油的黏度分类（摘自 GB/T 3141－1994）

ISO 黏度等级	中间点运动黏度 /（$mm^2 \cdot s^{-1}$）	运动黏度范围（40℃）/（$mm^2 \cdot s^{-1}$）	
		最小	最大
10	10	9.0	11.0
15	15	13.5	16.5
22	22	19.8	24.2
32	32	28.8	35.2
46	46	41.4	50.6
68	68	61.2	74.8
100	100	90.0	110
150	150	135	165

液压油按使用性能分类也是根据 ISO 6743/4—2001 标准来划分的，其中汽车常用的有 HM，HV 和 HS 三种。我国等效采用了这个标准，这三种液压油的符号、组成和特性见表 4－11。表中抗磨液压油（HM）是汽车液压系统广泛使用的液压油。液压系统对液压油质量的要求取决于系统的压力、体积流率和温度等运行条件。

表 4－11　液压油的符号、组成和特性

应用场合	符号	组成和特性
液压系统	HM	HL 型油，改善其抗磨性（HL 系 ISO 分类代号，称为机床通用液压油）
	HV	HM 型油，改善其黏温特性
	HS	无特定抗燃性要求的合成液

3. 液压油的选用

汽车应用液压油的部位，有传动、转向、悬架、自动倾卸和自动举升等机构。选用液压油时应考虑液压系统的工作条件（包括油泵的类型、工作压力、转速和系统内的油温，各部件材质液压系统工作时间和工作特点等）和液压系统的工作环境（包括工作环境温度、变化情况及有无特殊情况等）。对于影响汽车行车安全的系统（如制动、转向系统等）应按汽车制造厂规定的油品选用。液压转向助力器一般采用 HV 低温抗磨液压油或 ATF；汽车减振器采用性能属于 HV 类的专用汽车减振器油。目前国内外汽车采用的减振器油有矿油型和硅油型两种。

选择液压油的黏度牌号时，应以保证液压系统在低温环境下能工作且灵敏可靠，在高温环境下能保持容积效率与机械效率之间的最佳平衡为考虑原则。

多数汽车制造厂推荐汽车转向助力器使用 HV 型油。最低气温在－10℃以上的地区可以全年使用 N46 号油；最低气温在－20℃以上的地区可以全年使用 N32 号油；最低气温在－35℃以上的地区可以全年使用 N22 号油。

自动倾卸机构和工程车辆液压系统的额定压强都在 10～32 MPa 范围以内，一般采用柱塞泵或齿轮泵。由于汽车倾卸机构的工作时间短，间歇时间长，其工作温度与环境温度相差不大，所以选用时一般应主要考虑低温泵送性。除冬季最低气温在－35℃以上的严寒地区以外，全年都可使用 N22 号低温液压油。如果使用抗磨液压油，最低气温在－35℃以上的地区，全年可使用 N15 号油；最低气温在－10℃以上的地区可全年使用 N32 号油。工程车辆的液压系统持续工作时间长，且液压系统的油压高，且多在低速、大转矩工况下工作，在夏季油液的工作温度可使用 HM N46 号油；最低气温在－10℃以下的地区，冬季必须换用 HM N15 号或 HM N22 号油。

本章内容小结

汽车配件与常见易损件主要分为四类：汽车发动机配件与易损件、汽车底盘配件与易损件、汽车车身配件与易损件、汽车电器和仪表常见易损件。

汽车发动机配件主要有：气缸体、油底壳、气缸盖罩；曲轴、连杆、轴承、活塞、同步带、阀门；机油泵、机油滤清器；水泵、散热器；燃油泵、空气滤清器；节气门部件、进气系统、燃油分配器；离合器、叶轮泵、发动机紧固件和发动机总成。

变速器配件有变速器总成；变速齿轮与轴、换挡叉轴；换挡拉杆，换挡拔叉，变速器紧固件。前轴、差动变速器、车轮、制动器等。

车身配件有：车身总成、发动机盖、行李箱盖、车门、车窗玻璃及密封件、座椅等。

电气装备配件有：交流发电机及零件、点火线圈、火花塞、分电器、起动机、蓄电池等。

目前汽车所使用的燃料主要是汽油和柴油。通过石油炼制获得的汽油和柴油，能量密度高，价格低，不易变质，便于运输，因此非常适用于点燃式发动机和压燃式发动机。同时合理使用汽车燃油，可以充分发挥发动机的动力性和经济性，提高汽车的使用经济性。

发动机机油是指发动机润滑油，它具有润滑、冷却、清净、密封和防蚀的作用。发动机机油是由基础油与不同种类、起不同作用的添加剂配制而成的。不同的添加剂使得机油具有不同方面的性能，以满足发动机的使用要求。

齿轮油以精制润滑油为基础，通过加入抗氧化剂、防腐蚀剂、防锈剂、消泡剂和抗磨剂等多种添加剂配制而成。齿轮油用于各种齿轮传动装置的润滑，如汽车机械变速器、驱动桥齿轮和传动机构等，以防止齿面磨损、擦伤、烧结等，加强摩擦表面的散热，防止机件发生腐蚀和锈蚀，延长其使用寿命，提高传动效率，降低摩擦功耗。

润滑脂实际上是一种稠化了的润滑油，是将稠化剂分散于液态润滑剂中所形成的一种稳定的固体或半固体产品。润滑脂具有润滑、密封和保护的作用，而绝大多数润滑脂用于润滑，称为减摩润滑脂。汽车上不宜施加液体润滑油的部位，如轮毂轴承、各拉杆球节、发电机轴承、水泵轴承、离合器轴承和传动轴花键等，均使用润滑脂。

汽车工作液包括制动液、冷却液、自动变速器油、液压油。

制动液是指汽车液压制动系统中传递制动压力使车轮制动的工作介质。

冷却液是指汽车发动机冷却系统中用于循环带走高温零件热量的冷却介质。长效冷却液一般都具有防冻、防锈、防沸腾和防水垢等性能，常用的冷却液为水与乙二醇、水与酒精、水与甘油按一定比例混合而成。

自动变速器油主要用于自动变速器，它由精制的矿物油或合成油加入各种添加剂而合成。添加剂中有黏度指数改进剂、摩擦调整剂、抗氧化剂、清净分散剂、防锈剂、橡胶膨润剂和消泡剂等，而且还加入着色剂，使油液具有特定的颜色以便与其他油液相区别。自动变速器油是性能要求最高的润滑油之一，它必须满足动力传递、液压控制、润滑和冷却等各方面的要求。

自卸汽车、汽车起重机、铲车、挖掘机等各种专用车辆及工程机械上的液压系统使用液压油作为工作介质。在其液压系统中，油液的流速很低，但工作压力却很高，属于静压传动范畴。静压传动系统工作的可靠性和使用寿命，在很大程度上取决于液压油的性能和正确使用。

汽车液压油的性能应具有良好的不可压缩性、流动性、抗磨性、抗泡沫性和析气性、化学安定性等。

思考与练习

1. 试述车辆上常见的发动机配件与易损件、底盘配件与易损件、车身配件与易损件、电气仪表及相关配件与易损件各有哪些？

2. 车用汽油的主要使用性能指标有哪些？

3. 车用汽油抗爆性的评价指标有哪些？

4. 车用汽油蒸发性的评价指标有哪些？

5. 车用汽油的选择一般应遵循哪些原则？

6. 为了保证柴油发动机正常工作，满足排放要求，对车用柴油的性能要求有哪些？

7. 车用柴油雾化和蒸发性的评价指标有哪些？

8. 车用柴油低温流动性的评价指标有哪些？

9. 车用柴油的选用主要遵循哪些原则？

10. 如何选用车用汽油、柴油？

11. 发动机润滑油的主要作用有哪些？

12. 如何选用发动机机油？

13. 车辆齿轮油的主要使用性能指标有哪些？

14. 如何选用车辆齿轮油？

15. 如何选用制动液？使用中应注意哪些问题？

16. 车辆齿轮油的主要使用性能指标有哪些？

17. SAE 是如何对车辆齿轮油的黏度进行分类的？

18. API 是如何对车辆齿轮油的使用性能进行分类的？

19. 如何选用车辆齿轮油？

20. 简述汽车通用锂基润滑脂的使用性能和使用范围。

21. 汽车制动液的主要使用性能有哪些？

22. 车用发动机冷却液的作用有哪些？

23. 车用发动机冷却液应具备哪些性能？

24. 对自动变速器油有哪些性能要求？

25. 对汽车液压油有哪些性能要求？

26. 如何正确选择和使用自动变速器油？

27. 如何正确选择和使用汽车液压油？

第5章　汽车配件市场调查与预测

汽车配件的最终用户主要为汽车维修服务企业或车主，其营销前景与用户的需求密切相关。用户的需求主要包括配件种类和配件数量的需求，如何获得用户对配件的需求信息成为配件营销及市场配置的重点，而市场调查是了解用户需求的一种重要手段，在此基础上进行的配件市场预测也是配件营销策划与实施的前提和关键。因此，汽车配件市场调查与预测显得至关重要。

5.1　配件市场调查

5.1.1　调查的概念

市场调查就是以商品的购买者(个人或团体)和市场营销的组合各要素为对象，运用科学的方法，搜集、记录、整理和分析所有情报和信息资料，从而掌握市场的现状及其未来发展趋势的一种企业经营活动。市场调查的目的既可能是通过了解市场供求发展变化的历史和现状，为市场预测准备可用资料，也可能是为了总结经验，或者是为寻找目标市场而进行市场细分的调查研究。

5.1.2　市场调查的内容

市场调查的内容比较广泛，主要有市场需求调查、市场环境调查、企业竞争情况调查、汽车配件企业营销组合要素调查、企业经营政策执行情况及售后服务水平调查等。

1. 汽车配件市场需求调查

汽车配件主要供给汽车维修服务企业或车主，因此，决定汽车配件需求量和需求种类的因素主要包括汽车各车型市场保有量、汽车故障率、交通肇事情况、消费者情况(消费水平、消费结构及消费行为等)。

1)汽车各车型市场保有量

汽车各车型市场保有量直接影响着配件需求量和需求种类。保有量越多，对配件的需求量越大；车型差异以及用户消费水平及偏好的差异，将导致用户对配件的需求种类存在较大的差异。据公安部交管局统计，截至2015年底，全国机动车保有量达2.79亿辆，其中汽车1.72亿辆；机动车驾驶人3.27亿人，其中汽车驾驶人超过2.8亿人。全国有40个城市的汽车保有量超过百万辆，其中，北京、成都、深圳、上海、重庆、天津、苏州、郑州、杭州、广州、西安 11 个城市汽车保有量超过 200 万辆，如图 5 -1 所示。2015 年，小型载客汽车达 1.36亿辆，其中，以个人名义登记的小型载客汽车(私家车)达到 1.24 亿辆，占小型载客汽车的 91.53%。与 2014 年相比，私家车增加 1876 万辆，增长 17.77%。我国近五年私家车保有量情况如图 5 -2 所示。全国平均每百户家庭拥有 31 辆私家车，北京、成都、深圳等大城市每百户家庭拥有私家车超过 60 辆。巨大的汽车保有量为配件的销售创造了条件。汽车配件需求种类与汽车各车型的市场保有量关系密切，其中，汽车各车型的市场保有量又与各车型的销量息息相关。根据中汽协公布的 2002 年至 2015 年 9 月的销售数据进行累积统计，并且不考虑报废因素，截至 2015 年 9 月，我国乘用车车型保有量排名如表 5 -1 所示。其中，每款车包含其新旧款、两厢和三厢销量总和，名称变更车型则按两款车型来计。从表 5 -1 可以看出：德系大众汽车有六款车型进入了我国乘用车保有量的前十强，因此，大众汽车的配件需求量大，由此形成了数量众多、密集程度较高的大众汽车配件经销店，使大众汽车服务优势得以体现，汽车维护与修理十分方便，从而进一步的促进大众汽车的销售，提高市场占有率，形成了良性循环。

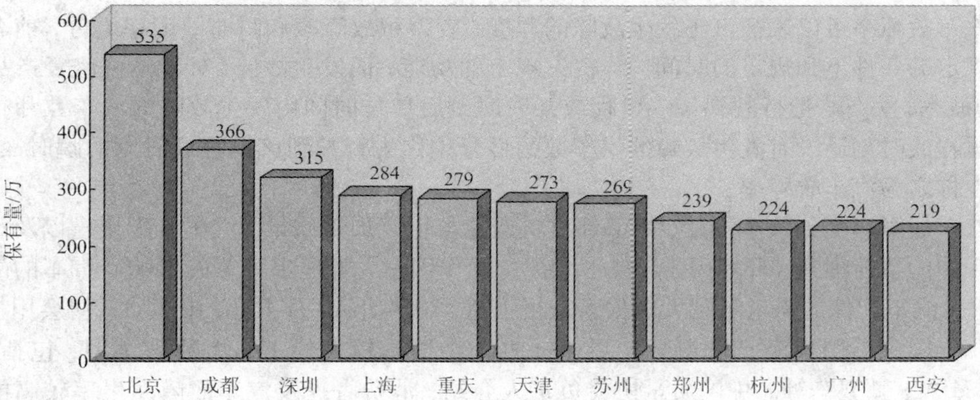

图 5 -1　汽车保有量超过 200 万的城市

表 5 -1　中国乘用车车型保有量 TOP10

车型	桑塔纳	捷达	凯越	五菱宏光	朗逸
保有量/辆	2934499	2828211	2530380	2216063	1948118
排名	1	2	3	4	5
车型	福克斯	帕萨特	夏利	宝来	速腾
保有量/辆	1932278	1925992	1777500	1733226	1489345
排名	6	7	8	9	10

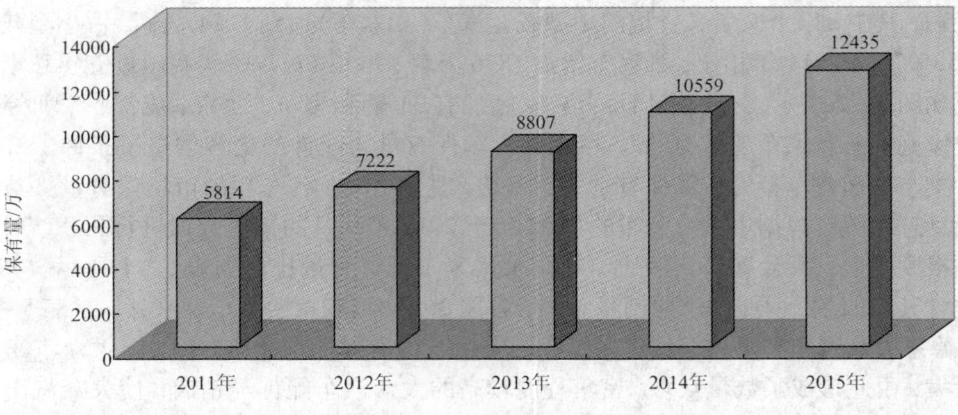

图 5－2　近五年私家车保有量情况

2）汽车故障率

汽车故障率可以表征汽车发生故障的程度，有累积故障率和瞬时故障率之分，前者指产品在规定的条件下和规定的时间内，丧失规定的功能，而发生故障（对于不可修复产品称失效）的概率；另外，把行驶到某一里程或某一时刻后单位时间内发生故障的汽车数和行驶到这一里程或时刻还没有发生故障的汽车数的百分比称为行驶到该里程或时刻的瞬时故障率，习惯上称之为汽车故障率。

汽车故障率受到汽车设计、零部件材料选择与生产加工质量、汽车装配质量以及汽车使用过程中的负荷因素、环境因素、技术维护与操作因素、管理水平等的影响。汽车的故障率越高，对汽车配件的需求量越大。据新京报报道，2014 年 10 月 4 日，中国质量协会用户委员会发布全国汽车用户满意度测评，测评针对今年销量较大的 153 个品牌车型，包括轿车、SUV、MPV、微型车等。中国质量协会负责人介绍，消费者提及汽车故障发生率较高的十大问题是："燃油消耗过高"、"挡位不准、入挡困难（手动挡）"、"加速反应迟缓、无力"、"风噪声大"、"内饰异味重"、"发动机有杂音"、"行驶中轮胎噪声大"、"变速器有异常噪声（手动挡）"、"刹车有异响"和"空调开启后，发动机无力"。其中，汽车噪声、异响问题已占到十大故障的一半。因此，涉及这些故障的零部件的需求量也较大。另外，根据汽车配件的使用性质不同，各配件的磨损情况与寿命存在着明显的差异，消耗件（如各种皮带、胶管、密封垫、电器件、滤芯、轮胎、蓄电池等）必须定期更换；易损件（轴承、缸套、气阀、制动鼓、离合器摩擦片、活塞等）需要随时更换，维修件（如各种轴、齿类零件等）在汽车运行一定周期后，也需要更换；而曲轴、缸体、桥壳、变速器壳等基础件属于全寿命零件，在特殊环境使用时仍有可能提前损坏，但对这类配件的需求量不大。综上所述，消耗件、易损件和维修件的需求量相对较大，而基础件的需求量相对较少。

3）交通肇事情况

交通肇事是影响汽车配件需求量和需求种类的一个重要因素。随着汽车保有量的增加，道路交通越来越拥挤，许多驾驶员由于不遵守交通规则，出现大量的违规驾驶，从而导致道路交通事故频繁，不仅影响了正常的交通秩序，也使人身财产安全受到了重大的损害。在交通事故中，保险杠、车灯、后视镜、车门板、翼子板、行李箱盖、引擎盖、水箱等肇事件最易损坏，随交通肇事率的增加，这些肇事件的需求量也相应增大。虽然交通事故的随机性较强，但总体看来，肇事率也存在一定的规律，如重大节日和复杂路况的肇事率明显增加，因此，汽车配件商应该认真分析总结肇事的规律性，并适当安排一定库存的肇事件。

4）消费者情况

消费者情况也在一定程度上影响汽车配件的需求量与需求种类。因此，作为汽车配件经销商，应该了解所在地区的居民消费水平、消费结构及消费行为。消费水平调查主要调查一定时期消费的配件和服务所达到的规模与水平，若消费水平高，配件消费的定位自然有所提高。消费结构决定了消费者的消费取向，消费结构调查主要调查人们在消费过程中所消费的各种不同类型的消费资料（包括劳务）的比例关系。消费行为调查主要了解消费者的爱好、习惯、使用条件、购买方式、购买人群、购买量、购买动机、购买时间等。

最近几年，我国经济发展很快，人民生活水平得到了明显的提高，因而对生活质量的要求也越来越高，而汽车作为一种交通工具，能有效地提高人们的生活质量。但根据我国消费者的习惯，多数人愿意在已经购房的基础上，如果拥有闲置资金，会考虑购买汽车，并且我国消费水平相对较低，从而导致我国汽车消费需求明显滞后于其他发达国家。另外，从国外汽车消费信贷发展来看，汽车消费信贷已经成为汽车购买的主要方式之一。在美国、德国、日本等发达国家，汽车消费信贷业务所占比例较高，而我国消费者大多不习惯于超前消费，因而影响了汽车的需求量，进而影响汽车配件的需求量。

我国众多消费者认为德系车安全性能好，纷纷选择购买德系车，德系的大众、奥迪、宝马、奔驰等的销量巨大。在德系车中，更多人愿意选择合资车，性价比较高。近年来中国品牌发展比较迅速，凭借自身不懈努力正在慢慢缩小与外资品牌的差距。中国品牌新出的产品也越来越符合国内消费者的需求，技术比合资品牌落后不多，外形比合资更漂亮，质量也经受住了考验。中国品牌在产品线的规划、品牌的战略上逐步明确，精心经营已经获得市场认可的车型，像哈弗 H6、奇瑞瑞虎、宝骏 730、长安逸动、吉利帝豪、吉利博瑞等，从产品力、售后维修保养等多个层面去维护，打造出精品车型。最重要的是，中国品牌车型的价格比合资车便宜，配置比同级别的合资车型更丰富，性价比更高。因此，越来越多的消费者愿意接受中国品牌，从而使中国品牌对应的整车和配件销售量急剧上升。

2. 汽车配件市场环境调查

市场环境调查是汽车配件市场调查的一个重要环节，主要包括政策法律环境调查、经济环境调查、科技环境调查以及地区汽车保有量增长情况调查等。

1）政策法律环境调查

政策法律环境是汽车配件经销企业的市场环境之一，对企业的发展具有重大的影响，这些政策法律引导着企业的发展方向，规范企业之间的竞争，保护企业和消费者的利益。因此，在进行市场环境调查时，必须对所在国家或地区的政策法律环境进行详细调查。例如，为了进一步减少污染以及改善欧洲市场上汽车燃油经济性，欧洲环境署在 2014 年 4 月 24 日宣布了针对欧洲汽车工业的最新的二氧化碳排放法规，以此来控制二氧化碳的平均排放量。随着国家对汽车安全法规标准的日渐重视，涉及汽车车轮方面的相关标准越来越多，并日趋严格。2013 年，全国汽车标准化技术委员会共发布了 5 项新的行业标准，分别为乘用车辐板式车轮在轮毂上的安装尺寸、商用车平面安装车轮固定螺母、商用车平面安装固定螺母试验方法、汽车车轮轻裘缓带座强度试验与汽车车轮平衡块。至此，国家正式颁布的涉及汽车车轮的行业性标准已经有18项，包括尺寸检验方法和性能要求及试验方法两大类。我国环保部2015年发布《关于加快推动生活方式绿色化的实施意见》(以下简称《意见》)，首次明确将推动建立并严格执行机动车环境保护召回制度。《意见》提出，依法推动建立并严格执行机动车环境保护召回制度，生产、进口企业获知机动车排放大气污染物超过标准，属于设计、生产缺陷或者不符合规定的环境保护耐久性要求的，应当召回。这是环保部首次明确提出建立机动车环保召回制度，并明确生产、进口企业负责召回。《意见》还规定，在用机动车经维修或者采用污染控制技术后，大气污染物排放仍不符合国家在用机动车排放标准的，应当强制报废。同时表示要严格对报废机动车回收拆解企业的环境监管。推动采取财政、税收、政府采购等措施推广应用节能环保型和新能源机动车。这一系列的政策法律法规直接影响着汽车配件的设计、生产与供应，因此，汽车配件生产企业与经销商需要熟知国家或地区关于汽车行业的相关政策法规，并做到与时俱进，才能更好地开展配件生产与经销业务。

2)经济环境调查

是指构成企业生存和发展的社会经济状况和国家经济政策，是影响消费者购买能力和支出模式的因素，也是制约企业生产和发展的重要因素，它包括收入的变化，消费者支出模式的变化等。通过经济环境调查，配件生产企业或经销商能够了解国家或地区的经济状况，进一步了解对汽车配件的需求量，从而安排生产和销售的配件种类和数量等。

3)科技环境调查

科学技术直接影响人类的命运，并持续改善着人类的生活方式。任何一种新技术的出现都可能会引出新的行业和产品，为企业带来发展的机会；也可能使采用旧技术的行业和产品衰落下去，给企业的生存带来威胁。因此，企业只有及时采用新技术、不断开发新产品并相应调整经营结构和营销方案，才能使企业长久保持兴旺发达。科技环境调查要素主要包括：第一，基础科学研究、应用科学研究的最新动态；第二，最新的科技发明和科技水平状况；第三，新技术能够给企业经营带来的商机和新的利润增长点；第四，新技术的应用可能产生的新产品和新行业，会给哪些产业和产品带来影响；第五，科学技术转换为科技成果的情况，企业自身的科技开发能力；第六，新技术、新工艺、新材料、新发明、新产品的开发、推广和应用状况，科研经费投入、科研人员的水平、开发的进度、先进程度；第七，新科技对企业经营或消费者购买行为带来地影响。科学技术环境的调研对象主要有政府机构、科学研究机构、大学科研开发部门、有关教授、专利发明者等。可采用案头调研、访问调研、观察调研法等获取信息。

美国镜泰公司在2016年CES消费电子展上公开最新车用视觉增强技术，并搭载于凯迪拉克CT6和XT5车型。据镜泰工程副总裁Neil Boehm介绍，凯迪拉克CT6和XT5搭载多项镜泰独家技术，包括XT5所采用的自动防眩外饰镜，该车镜带有盲区告警功能；以及镜泰HomeLink车载互联系统等。而全新的“全屏幕车镜”FDM(Full Display Mirror)技术则是初次亮相，凯迪拉克CT6和XT5成为首批搭载的量产车型。FDM采用LCD屏幕，通过实时全景视频流改善司机后向视野。此外，镜泰HomeLink系统、无框车镜设计、新摩托车视觉技术和航空用可遮光窗玻璃等技术也齐聚2016年CES上。由此可见，镜泰公司的视觉增强技术将给传统的视觉技术带来巨大的挑战，随着该技术的逐渐推广，将极大地影响传统视觉配件的需求量。

总之，对科技环境的综合调查，有助于汽车配件生产企业或经销商了解该行业的新技术，在此基础上，不断地进行技术创新，淘汰落后技术，按照客户的需求，给客户供给最满意的配件产品。

4）地区汽车保有量增长情况调查

汽车保有量是汽车配件供给的重要依据，并且汽车保有量随经济发展、人口数量增加和城市化进程的加快而不断增加。作为汽车配件经销商，需要对本地区的汽车保有量及保有量增长情况进行详细调查，根据汽车保有量的变化情况，合理地调整配件供给，防止配件资源短缺或过剩。

针对汽车保有量迅速增长的情况，汽车配件经销商应在掌握配件市场需求量的基础上，结合目前所需配件的供给量，合理确定汽车配件的补给量和补给的配件类型，从而使汽车配件的供给既满足客户需求，又不至于导致配件资源过剩。

3. 汽车配件企业竞争情况调查

市场竞争是市场经济的基本特征。在市场经济条件下，企业从各自的利益出发，为取得较好的产销条件、获得更多的市场资源而竞争。通过竞争，实现企业的优胜劣汰，进而实现生产要素的优化配置。市场竞争的方式可以有多种多样，例如，有产品质量竞争、广告营销竞争、价格竞争、产品式样竞争等。

企业竞争情况调查是汽车配件企业的经常性调查活动，主要是对企业竞争对手的调查研究。企业竞争者分为现实竞争者和潜在竞争者。调查中要了解：竞争对手或潜在竞争对手的基本情况及其对市场的控制能力，消费者对主要竞争产品的认可程度，配件市场容量以及竞争对手在目标人群中占有的市场份额，市场竞争程度，与企业是直接竞争还是间接竞争，竞争对手的销售能力和市场计划，竞争者对经销渠道的控制程度和方法，竞争对手所售配件和服务的优劣势，消费者还有哪些要求尚未在竞争产品上体现出来，市场竞争的焦点和机会等。

4. 汽车配件企业营销组合要素调查

营销组合调查是汽车经营企业的周期性调查项目，由产品、定价、销售渠道和促销方式四个方面组成，该四个方面是开展营销的工具和手段，可以整合到营销计划中以争取目标市场的特定反应。

1）产品调查

汽车配件产品调查主要包括产品实体调查、产品销售服务能力调查、品牌形象调查、产品生命周期调查等。产品实体调查是对产品本身各种性能的好坏程度做出调查，包括产品规格、产品类型、产品功能、产品质量、产品原材料及产品外观等的调查。产品销售服务能力调查主要包括销售能力调查和市场供应能力调查，包括供货渠道、售后服务的质量、维修设备的先进程度、技术水平、资金使用情况、人员素质等。品牌形象调查主要包括公众知名度、行业知名度、目标受众知名度等的调查。生命周期的调查在产品不同生命周期所调查的内容也不同，如在投入期调查的主要内容是消费者购买此种产品的动机，对价格的承受力，需求程度和优势所在等。

2）产品定价调查

在汽车配件产品定价时，需要考虑许多因素，如配件产品的成本（如原材料成本、生产加工成本、管理成本、销售成本等）、市场竞争情况、消费者对价格的承受能力、企业盈利情况等。因此，配件产品价格调查的内容主要包括：配件产品成本调查，目标市场不同消费者对配件产品的价值定位和对产品价格的承受能力，竞争对手的定价及销售量，价格变动对配件产品需求量的影响程度，是否存在替代产品，现有定价的盈利情况及盈利水平在同类企业中所居位置。

3）销售渠道调查

销售渠道调查是市场调查中的重要环节，主要统计全部市场不同销售渠道的比例或销售量，更详细的则可分析个别产品各销售渠道的利润率水平。销售渠道调查涉及的内容较多，常见的有：配件销售有哪些常见的销售渠道，各渠道之间的竞争如何，各渠道的渗透率、利润率及经营效率怎么样？现有销售渠道能否满足配件销售的需要，哪种销售渠道更适合本地区汽车配件的销售？销售渠道是否通畅，如不通畅，阻塞的原因是什么？当地市场是否存在此种配件的经销商，若存在，他们在市场上所占的份额有多少？渠道环节中的商品库存是否合理，能否满足随时供应市场的需要，有无积压和脱销现象？分销渠道中的每一个环节对配件销售提供哪些支持，能否为销售提供技术服务或开展推销活动？市场上是否存在经销某种或某类配件的权威性机构，若存在，他们促销的商品目前在市场上所占的份额是多少？市场上经营本产品的主要中间商，对经销本商品有何要求？客户最喜欢通过什么渠道购买产品，以及未来将趋向通过何种渠道购买？产品到达顾客手中每一环节的折扣有多大？

4）促销方式调查

促销就是营销者向消费者传递有关本企业及产品的各种信息，说服或吸引消费者购买其产品，以达到扩大销售量的目的。促销调查的内容主要包括广告宣传、公关活动、现场演示、优惠活动、网络营销等，企业可根据实际情况及市场、产品等因素选择一种或多种促销手段的组合。

5. 企业经营政策执行情况及售后服务水平调查

企业经营政策执行情况调查主要调查企业在产品、服务、价格、市场定位、广告宣传等方面的执行情况，包括用户反映、实施效果、改进意见等；售后服务能力调查主要包括配件维修能力调查、服务质量调查、与顾客维系方式的调查、顾客评价的调查、企业管理水平与管理能力调查等。

5.1.3 汽车配件市场调查的步骤

汽车配件市场调查需按一定的步骤进行，其基本步骤主要包括制定市场调查计划、实际调查和编写调查报告三大部分。

1. 制定市场调查计划

在制定市场调查计划时，主要有以下几方面的工作内容：

（1）收集分析情况，明确调查主题；

（2）确定调查对象和调查范围；

（3）确定调查的具体方法；

（4）设计调查表格；

（5）编制调查计划；

（6）培训调查人员。

2. 实际调查

在实际调查中应及时发现问题，寻找原因，仔细分析调查资料，在调查过程中务必保证市场调查的绝对客观。

3. 编写调查报告

调查报告要求内容扼要，重点突出，文字简练和中肯，分析客观。调查报告的基本结构一般包括题目、目录、概要、正文、结论和建议、附件等。

5.1.4 市场调查的方法

市场调查的方法根据调查资料的来源不同，分为直接调查和间接调查两大类。前者是通过实际市场调查，对企业及顾客的询问调查得到的信息资料，称为第一手资料；后者是通过收集一些公开的出版物、报纸、杂志、电视、网络、有关行业提供的统计资料，了解有关产品及市场信息，称为第二手资料，这些资料有助于了解整个市场的宏观信息。

1. 直接调查法

直接调查法通常采用访谈法、观察法和实验法3种。

1)访谈法

调查人员与被调查人员面对面接触，通过有目的的谈话取得所需资料。访谈法的回答率较高，可通过调查人员的解释和启发来帮助被调查者完成调查任务，可与任何形式的问卷结合使用，具有较强的灵活性。但访谈法的调查成本较高，人力和物力耗费较大，访问者对被访问者的倾向性影响较大，因此，对调查人员的素质要求较高，另外，此方法还常常因受到一些单位和家庭的拒绝而无法完成。访谈法广泛适用于教育调查、求职、咨询等，既有事实的调查，也有意见的征询，更多用于个性、个别化研究。

2)电话调查法

通过给被调查者打电话的方式来征求被调查者对所调查内容的意见。电话调查法能迅速获得所需信息，节省调查费用和调查时间，覆盖面广，经常调查到一些不易见面的被调查者，灵活性强。但电话交谈时间短促，很难全面提问，被调查者有可能不愿意回答私人问题，无法针对被调查者的性格特点控制其情绪，调查的深度有限，成本比邮寄调查高。该方法适用于较长时期的连续性调查，如售后跟踪调查、满意度评价调查。

3)小组讨论调查法

调查人员组织与主题有关的针对所调查问题的讨论。该方法主题鲜明，针对性强，可以较深层次地了解顾客的真实想法。小组讨论调查法的主观性强，样本少，不易形成数量化资料，它适用于收集探索性资料。

4)邮寄调查法

将设计好的询问表寄给被调查人员，由被调查人员根据调查表的要求填妥后寄还调查人员。该方法询问对象比较广泛，调查成本较低，被调查者有充分的答卷时间，可让被调查者以匿名的方式回答一些个人隐私问题。但邮寄调查法的问卷回收率较低，时间较长，无法判断被调查者的性格特征和其回答的可靠程度，要求被调查者应具有一定的文字理解和表达能力，对文化程度较低的人不适用。邮寄调查法适合于产品喜好、企业形象类的调查，另外，该方法也适用于一些资金短缺而时效性要求不高的调查。

5)问卷调查法

问卷调查法也称为“书面调查法”或“填表法”，它是用书面形式间接搜集研究材料的一种调查手段。通过向调查者发出简明扼要的征询单(表)，请示填写对有关问题的意见和建议来间接获得材料和信息的一种方法。问卷调查法能突破时空限制，在广阔范围内，对众多调查对象同时进行调查，调查结果便于进行定量分析和研究，问卷以匿名的形式，消除了被调查者的顾虑，同时，该方法在一定程度上节省了人力、时间和经费。但问卷调查法只能获得书面的社会信息，而不能了解到生动、具体的社会情况，并且缺乏弹性，很难做深入的定性调查，同时，被调查者是认真填写还是随便敷衍、是自己填写还是代写等问题难以确定，问卷真实性不易保证，甚至可能导致问卷有效率过低。从被调查的内容看，问卷调查法适用于对现实问题的调查；从被调查的样本看，该法适用于较大样本的调查；从调查的过程看，该方法适用于较短时期的调查；从被调查对象所在的地域看，在城市中比在农村中适用，在大城市比在小城市适用；从被调查对象的文化程度看，适用于初中以上文化程度的对象。

6）日记调查法

日记调查法是对进行连续调查的固定样本单位，发给其登记簿，由被调查人员逐日逐项进行记录，并由调查人员定期加以整理汇总的方法。该方法能如实反映被调查单位的经济活动情况，所搜集的资料比较系统可靠，便于对不同时期不同单位的情况进行对比分析。但该方法的调查持续时间长，样本代表性有限，它适用于收集事实类资料。

7）计算机网络调查

计算机网络调查是指调查人员将所要询问的问题输入网络中，请求网络作答。该方法调查范围广，调查成本低，时效性强。但该方法准确率低，针对性差，它适用于针对配件喜好、企业形象类的大范围调查，另外，该方法也适用于一些资金短缺且时效性要求较高的调查。

8）神秘顾客拜访法

神秘顾客拜访法是指调查人员聘请观察人员以顾客的身份对被调查人员进行访问。该方法比较直接，并且概括性强，被调查人员处于自然状态，调查内容真实。但该方法和观察人员的能力有关，本身说服力有限，无法了解内在信息，样本代表性差。神秘顾客拜访法适用于了解企业的实际业务流程等描述性资料。

9）直接观察法

直接观察法是指调查人员或观察人员对工作或业务流程进行观察，并做好记录的一种调查方法。该方法真实、直接，但无法了解内在信息，并且受调查人员的工作素质影响。直接观察法适用于收集销售实务、操作程序、购买习惯、确定价格等问题的资料。

10）仪器观察法

常见的仪器观察法有实际痕迹测量法和行为记录法两种。前者指通过被调查人员某种行为留下的实际痕迹来观察调查情况，实际痕迹测量法真实直接，但对观察人员的综合素质要求较高，适用于收集因果类资料。后者指将录音机、录像机、照相机等电子仪器装在现场，如实记录被调查对象的行为，行为记录法也真实直接，但投入较大，灵活性差，无法确认被调查人员的真实感受，适用于收集事实、意见类资料。

11）实验法

由调查人员根据调查的要求，用实验的方式，把调查的对象控制在特定的环境条件下，对其进行观察以获得相应的信息。控制对象可以是产品的价格、品质、包装等，在可控制的条件下观察市场现象，揭示在自然条件下不易发生的市场规律，这种方法主要用于市场销售实验和消费者使用实验。

2. 间接调查法

间接调查法又称为文案调查法，是市场调查执行人员在充分了解企业实行市场调查目的之后，搜集企业内部既有档案资料及企业外部各种相关的资料，加以整理及融合之后，以归纳或演绎等方法予以分析，进而提供相关市场调查报告及市场营销建议。间接调查法要求更多的专业知识、实践经验和技巧。这是项艰辛的工作，要求有耐性、创造性和持久性。

与直接调查法相比，间接调查法有以下几个特点：

(1)间接调查法是收集已经加工过的文案，而不是对原始资料的搜集。

(2)间接调查法以收集文献性信息为主，具体表现为收集各种文献资料。在我国，目前仍主要以收集印刷型文献资料为主。当代印刷型文献资料又有许多新的特点，即数量急剧增加，分布十分广泛，内容重复交叉，质量良莠不齐等。

(3)间接调查所收集的资料包括动态和静态两个方面，尤其偏重于从动态角度，收集各种反映调查对象变化的历史与现实资料。

(4)资料收集工作不受时空限制。

间接调查法节省人力、物力和财力，用时少，工作难度低，但历史资料很难准确反映目前情况，并且该方法对调查人员要求高，需具备扎实的理论知识和专业技能。间接调查法多用于探索性调查，为调查方案设计提供依据，并配合第一手资料进行综合分析与研究。

5.2 汽车配件市场预测

5.2.1 市场预测的概念

市场预测就是运用科学的方法，对影响市场供求变化的诸多因素进行调查研究，分析和预见其发展趋势，掌握市场供求变化的规律，为经营决策提供可靠的依据。预测为决策服务，是为了提高管理的科学水平，减少决策的盲目性，我们需要通过预测来把握经济发展或者未来市场变化的有关动态，减少未来的不确定性，降低决策可能遇到的风险，使决策目标得以顺利实现。因此，市场预测在企业经营计划管理中发挥着巨大的作用，首先，市场预测是企业经营决策的前提条件；其次，市场预测是企业制定经营计划的重要依据，企业在制定经营计划时，除了依据国家计划外，必须根据市场需求，调整其市场经营计划，这就要求企业进行市场预测；最后，市场预测有助于提高企业的竞争能力，增强企业的应变能力。

对未来的先知是人类渴望的，所以预测很早就有，包括“前知 500 年后知 500 年”的神话，因此预测落了一个不光彩的前身叫“占卜”。

企业如果能做到某种程度的先知先觉，对企业经营的益处不言而喻，当然做到完全的先知先觉是不可能的。虽然企业对未来不可把握，但是人类的认识、思维的进步使人们发现“规律”的重要性，古人很早就有“辨道、顺道”的说法，“道”就是规律，随着历史经验的积累和科技的进步，人类认识自然的能力大大增强。作为企业，发现、认识和利用市场的、顾客的、技术的、企业发展的“规律”对企业的经营必定产生积极的效果。

5.2.2 市场预测应遵循的原则

在市场预测中，为了保证预测的客观性和准确性，需要遵循一定的原则，这些原则主要包括相关性原则、惯性原则、类推性原则以及概率推定原则。

1. 相关性原则

世界上各种事物之间都存在着直接或间接的联系。基于相关性原则的市场预测关注事物(类别)之间的关联性，当了解到(或假设)已知的某个事物发生变化，再推知另一个事物的变化趋势。因此，当人们知道影响市场需求量的某一个因素发生变化时，就可以预测出需求量的增减。如汽油和柴油的价格急剧上涨，将使燃油经济性差的汽车的需求量降低；车辆“碰瓷”现象的频繁曝光使行车记录仪的需求量有所增加。一元线性回归和多元线性回归中的因果关系法，就是根据这一原则建立起来的。

最典型的相关有正相关和负相关，从思路上来讲，不完全是数据相关，更多的是“定性”的。正相关是事物之间的“促进”，例如，“居民平均收入”与“每百户居民汽车拥有量”。负相关则是指事物之间相互“制约”，一种事物发展导致另一种事物受到限制，例如，“汽车驾驶时间”和“操作失误率”。

2. 惯性原则

任何事物发展都具有一定惯性，即在一定时间、一定条件下保持原来的趋势和状态，这也是大多数传统预测方法的理论基础，如“线性回归”、“趋势外推”等。在分析时，要求预测目标的历史发展数据所显示的变化趋势具有一定的规律性，并注意分析预测目标历史演变规律发生作用的客观条件，在未来预测期内是否发生变化。

3. 类推原则

类推原则是指许多事物相互之间在发展变化上常有类似之处，利用预测对象与其他事物的发展变化在时间上的前后不同，但在表现上有类似之处的特点，人们有可能根据已知事物的基本类似的结构和发展模式，通过类推的方法对后发展事物的前景作出预测。这种类似性具体表现在事物之间结构、模式、性质和发展趋势等方面的接近。市场经济活动有自己的模式，竞争往往导致买方市场，垄断形成卖方市场；供过于求，价格下跌，供不应求，价格上涨。通过观察某种现象(征兆)，就能以此预测未来的变化情况。

4. 概率推断原则

我们不可能完全把握未来，但根据经验和历史，很多时候能大致预估一个事物发生的大致概率，根据这种可能性，采取对应措施。扑克、象棋游戏和企业博弈型决策都在不自觉地使用这个原则。有时可以通过抽样设计和调查等科学方法来确定某种情况发生的可能性。

5.2.3 汽车配件市场预测的内容

1. 市场占有率预测

市场占有率预测是指在一定市场范围内，对本企业的商品销售量或销售额占市场销售总量或销售总额的比例的变动趋势预测，它表征了企业对市场的控制能力，也是企业产品市场竞争能力的综合表现。市场占有率的预测包括企业绝对市场占有率的预测与相对市场占有率的预测。企业不仅应该预测本身产品的市场占有率及其变化趋势，还应该对同类产品、替代产品的市场占有状况及其变化趋势进行预测。

2. 产品销售预测

销售计划的中心任务之一就是销售预测，无论企业的规模大小、销售人员的多少，销售预测影响到包括计划、预算和销售额确定在内的销售管理的各方面工作。销售预测是指在未来特定时间内，对全部产品或特定产品的销售数量与销售金额的估计，它是在充分考虑未来各种影响因素的基础上，结合本企业的销售实绩，通过一定的分析方法提出切实可行的销售目标。

3. 市场需求预测

市场需求预测主要预测本地区汽车配件的需求量以及潜在需求量。在预测时，需明确预测的是哪种汽车配件在哪个地区及哪段具体时期的需求量，并且需在一定的营销环境和营销方案的作用下进行预测。在实施预测时，需综合考虑影响配件需求的各种因素，使预测结果更加准确，从而使汽车配件企业制定出的经营管理计划更加合理。

4. 市场环境预测

市场环境预测是在市场环境调研的基础上，运用因果性原理和定性与定量分析相结合的方法，预测国际国内的社会、经济、政治、法律、政策、文化、人口、科技、自然等环境因素的变化对特定的市场或企业的生产经营活动带来的影响(包括威胁和机会)，并寻找适应环境的对策。通过市场环境预测，企业可以很好地掌握市场规律，寻求机遇，迎接挑战。

5. 新产品发展及商品资源预测

新技术与新材料的运用将导致汽车配件领域出现新产品，配件企业应对新产品的发展方向、产品结构变化及新产品引入市场后对市场的影响等进行分析预测，从而对是否引进新产品、何时引进、引进多少、引进渠道等进行合理的决策，使企业能适时抢占先机。商品资源预测是对进入市场的商品资源总量及其构成和各种具体商品市场可供量的变化趋势的预测。通过商品资源预测，便于企业分析了解未来市场的供求状况，可以预见本企业同类产品竞争对手供货趋向，以便做出正确的经营决策。另外，商品资源预测同市场需求预测结合起来，可以预见未来市场需求矛盾的变化趋向。只有在摸清商品资源的基础上，预测出各种产品的发展前景，才能结合市场需求的变化，较精确地预测市场供求关系的发展趋势，作出正确的经营决策。

6. 市场购买力预测

市场购买力也影响着配件产品的需求，购买力的预测需建立在市场调查的基础上，主要针对现有和潜在购买力水平、消费倾向、消费结构、消费心理的变化进行分析预测。

7. 商品生命周期预测

商品生命周期是指商品在市场上的销售历程和持续时间，即商品在市场上经历试销、增销、饱和、减销直至退出市场的全部过程。任何配件产品都有一定的生命周期，配件产品生命周期预测就是对配件产品进入市场直至退出市场的全过程中所处不同阶段的发展变化前景做出估计。配件企业经营人员应对购买力水平、配件产品本身的特点、消费心理与消费习惯、配件产品供求与竞争状况、科技发展、配件产品成本与定价等影响配件产品生命周期的因素进行分析，从而预测相应配件产品处于寿命周期的哪个阶段，而后采取相应的经营管理策略。

8. 价格变动趋势预测

配件产品价格随着市场变化而不断变化，与供求关系、市场竞争、产品性能以及产品处于寿命周期的哪个阶段等因素密切相关。企业通过预测价格变动趋势，适时调整经营管理计划，有助于提高企业的经营效益。

9. 市场供给与库存预测

市场供给预测是指对一定时期和一定范围的市场供应量、供应结构、供应变动因素等进行分析预测。由于市场供给的大小能够反映市场供应能力的大小，因而，市场供给预测是决定市场供求状态的重要变量。库存量直接影响着配件企业的经营效益，库存过多，将导致经营成本增加，库存过少，不能满足市场的需求。因此，库存需根据市场需求进行预测，并适当安排一定量的安全库存。

10. 市场竞争格局预测

市场竞争格局预测是对产品的同类企业的竞争状况进行预测分析，包括对产品产量的分布格局，产品销售量的分布格局，产品行销区域格局，以及产品质量、成本、价格、品牌知名度和满意度、新产品开发、市场开拓等要素构成的竞争格局及其变化态势进行分析、评估和预测。市场竞争格局预测可以从行业的角度进行，也可以从企业的角度进行。

11. 市场行情预测

市场行情预测是对整个配件市场或某类配件的市场形势和运行状态进行预测分析，揭示市场的景气状态是处于扩张阶段还是处于紧缩或疲软阶段；或揭示某类市场是否具有周期波动规律，以及当前和未来周期波动的走向；或揭示某种配件因供求变动而导致价格是上涨、还是下降等。市场行情预测的目的在于掌握市场周期波动的规律，判别市场的景气状态和走势，分析价格水平的变动趋向，为企业经营决策提供依据。

12. 经营效果预测

企业经营有多种经营方案，每种经营方案有自身的规避风险能力和获利能力，经营效果预测可针对各方案的经营效果进行预测，从而确定最优的经营方案。

5.2.4 市场预测的一般步骤

市场预测活动有一定的程序，它由若干互相关联并相互牵制的预测活动所构成，预测中的前一项作业往往给后一项作业以很大的影响。预测应该遵循相应的程序和步骤，从而使预测工作有条不紊地进行，市场预测的过程大致包含明确目的和确定目标、搜集资料、选择预测方法、分析修正、编写报告。

1. 明确目的和确定目标

明确目的，是开展市场预测工作的第一步，因为预测的目的不同，预测的内容和项目、所需要的资料和所运用的方法都会有所不同。在预测目的明确的基础上，确定预测项目，编制预测计划，确定预测要达到的目标和要求。

2. 搜集资料

进行市场预测必须占有充分的资料，从而为市场预测提供进行分析、判断的可靠依据。在市场预测计划的指导下，调查和搜集预测有关资料是进行市场预测的重要一环，也是预测的基础性工作。搜集资料时需注意其可靠性，特别要注意时间序列，更要分析历史上产生的偶然的特殊因素。

3. 选择预测方法

根据预测的目标以及各种预测方法的适用条件和性能，选择出合适的预测方法，有时可以运用多种预测方法来预测同一目标。预测方法的选用是否恰当，将直接影响到预测的精确性和可靠性。运用预测方法的核心是建立描述、概括研究对象特征和变化规律的模型，根据模型进行计算或者处理，即可得到预测结果。

4. 分析修正

分析判断是对调查搜集的资料进行综合分析，并通过判断、推理，使感性认识上升为理性认识，从事物的现象深入到事物的本质，从而预计市场未来的发展变化趋势。在分析评判的基础上，通常还要根据最新信息对原预测结果进行评估和修正。

5. 编写报告

预测报告应该概括预测研究的主要活动过程，包括预测目标、预测对象及有关因素的分析结论、主要资料和数据，预测方法的选择和模型的建立，以及对预测结论的评估、分析和修正等。

5.2.5 市场预测方法

市场预测方法可分为定性预测法和定量预测法两大类。

1. 定性预测法

1）定性预测法概述

定性预测法又称判断分析预测法，它是指预测者通过市场调查掌握有关资料，依靠个人实践经验、知识和分析能力，对市场未来变化的趋势、性质作出判断，再以判断为依据作出量的测算。定性预测法的应用，主要取决于预测者掌握的实际资料、个人经验、知识和分析判断能力。

在市场预测中，定性预测法被广泛采用，其原因在于以下几个方面：第一，定性预测通常比定量预测操作简单且成本低；第二，由于定性预测的资料收集等大部分来源于消费现场，可以了解到消费者的动机及感觉；第三，定性预测法常常是定量预测法的前提，对于市场调研者或决策者来说，常常把这两种预测方法综合使用，从而能更透彻地了解消费者的要求。定性预测法虽有许多优点，但也存在一些不足：第一，定性预测法只能预测一些简单的事件，对一些技术要求较高的决策事件无法提供准确的预测；第二，定性预测法的主观性较强，常常因个人主观的错误而带来整个预测结果的偏差；第三，由于个人之间的意见有时偏差较大，因而一般不易得出综合意见。

2）常见的定性预测法

（1）专家会议法。

邀请相关方面的专家，通过会议的形式，对某个事件、管理、决策、生产、产品、技术及其发展前景等进行评价。在专家们分析判断的基础上，综合专家们的意见，对配件生产或经销企业或配件产品的市场需求及其变动趋势作出量的预测。专家会议法有助于专家们交换意见，通过互相启发，可以弥补个人意见的不足；通过内外信息的交流与反馈，产生“思维共振”，进而将产生的创造性思维活动集中于预测对象，在较短时间内得到富有成效的创造性成果，为决策提供预测依据。但是，专家会议也有不足之处：由于参加会议的专家人数有限而影响代表性；有时会议易受个别权威专家的左右，形成意见一边倒的现象；部分专家可能不愿发表与多数人不同的意见或不愿当场修改原来发表过的意见，或具有特殊的心理状态等。

(2)德尔菲法。

德尔菲法是由企业外具有专长的市场专家作市场预测。首先确定预测课题，然后再请一组专家(10～50人)背靠背地对需要预测的问题提出意见，主持人将各人意见综合整理后再反馈给每个人，使他们有机会比较一下他人的不同意见，并发表自己的看法，再寄给主持人。主持人综合整理后再次反馈给每个人，如此重复4～5次后，一般可得出比较一致的意见。这种做法可以使每位专家充分发表自己的意见，免受权威人士左右，并且该方法具有多次反馈性、收敛性、匿名性的特征。但该方法主要是靠主观判断，倘若专家选得不合适，预测结果就很难保证准确；另外，意见反馈多次，导致时间比较长，并且引起专家反感。

(3)厂长(经理)意见法。

由企业厂长(经理)召集计划、销售、财务等部门负责人，广泛交换意见，对市场前景做出预测。然后由厂长(经理)将意见汇总，进行分析处理，得出预测结果。该方法集中了各部门负责人的经验和智慧，解决问题较快，简单、省时、省费用，但每个人作出判断的情报往往带有片面性。因此，实际运用中应尽量与其他方法结合起来，以提高预测的准确性。

(4)销售人员意见法

征求本企业推销人员和销售部门业务人员的意见，然后汇总成为整个企业的预测结果。用该方法得出的预测值比较接近实际，因为企业推销员一般分管一定的区域，对该区域的经济发展情况和需求情况较熟悉，销售部门人员始终在销售第一线，最接近消费者和用户，对商品是否畅销、滞销以及商品品种、规格、式样等的需求都比较了解，并且能直接听取消费者意见，在分析综合的基础上作出预测。有时是由每个销售人员单独作出这些预测，有时则与销售经理共同讨论而作出这些预测。预测结果逐级汇总，最后得出企业的销售预测结果。

(5)类比预测法

类比预测法是根据一事物与另一事物在发展变化方面的相似性，借助其中某个事物的已知变化来推测另一事物的未知变化水平的预测方法。类比对象间共有的属性越多，则类比结论的可靠性越大。使用类比预测法既可作定性分析，也可作定量分析。

2. 定量预测法

定量预测法是根据比较完备的历史和现状统计资料，运用数学方法对资料进行科学的分析、处理，找出预测目标与其他因素的规律性联系，对事物的发展变化进行量化推断的预测方法。该方法有两大特点：第一，依靠历史资料数据，重视数据作用和定量分析；第二，建立一定的数学模型，作为定量预测的工具。定量预测法偏重于数量方面的分析，重视预测对象的变化程度，能作出变化程度在数量上的准确描述，它以历史统计数据和客观实际资料作为预测的依据，运用数学方法进行处理分析，受主观因素的影响较少。另外，定量预测法还能利用现代化的计算方法，来进行大量的计算工作和数据处理。但定量预测法比较机械，不易灵活掌握，对信息资料质量要求较高。

常用的定量预测法有时间序列分析预测法、因果分析预测法等。

1)时间序列分析预测法

时间序列分析预测法是一种历史资料延伸预测，也称历史引伸预测法，它是以时间数列所能反映的社会经济现象的发展过程和规律性，进行引伸外推，预测其发展趋势的方法。时间序列又称动态序列，它是将某个经济变量的观察值，按时间先后顺序排列所形成的数列，时间可以是周、月、季度或年等。例如，要预测某种汽车配件的销售趋势，可以将该配件过去的销售量按时间先后顺序排列，从而形成了时间序列数列，通过分析这个数列，找出其变化的规律性，并假定未来市场发展仍按此趋势进行。常用的时间序列分析预测法有：算术平均法、加权平均法、移动平均法、指数平滑法等。

(1)算术平均法。

算术平均法是通过一组已知的统计资料或观察值求取平均数来进行预测的方法。其计算公式为：

$$Y'_{n+1} = \frac{\sum_{i=1}^{n} Y_i}{n} = \frac{Y_1 + Y_2 + \cdots + Y_n}{n} \tag{5-1}$$

式中：Y'_{n+1}—— 第 $n+1$ 期的预测值；

Y_i—— 第 i 期的实际观察值；

n—— 时间序列总期数。

运用算术平均法进行预测时，时间序列数据方差越小，算术平均数作为预测值的代表性越好。但运用该方法时，所有观察值不论新旧，在预测中一律同等对待，这不符合市场发展的实际情况。

(2) 加权平均法。

根据观察值重要性不同，分别给予相应的权重，即对影响大的近期观察值给予较大的权重，对影响小的远期观察值给予较小的权重，再计算加权平均数作为建立预测模型的方法。

$$Y'_{n+1} = \frac{\sum_{i=1}^{n} w_i Y_i}{\sum_{i=1}^{n} w_i} = \frac{w_1 Y_1 + w_2 Y_2 + \cdots + w_n Y_n}{w_1 + w_2 + \cdots + w_n} \tag{5-2}$$

式中：Y'_{n+1}—— 第 $n+1$ 期的预测值；

Y_i—— 第 i 期的实际观察值；

n—— 时间序列总期数；

w_i—— 第 i 期的实际观察值的权重。

加权平均法考虑了观察值的重要性，根据离预测期的远近，选择了不同的权重，预测准确性比算术平均法高。但加权平均法对于趋势变动明显的时间序列，无论怎样的加大权重，加权平均值都跟不上实际值的变动，不能作为预测值。

(3) 移动平均法。

移动平均法是根据时间序列，逐项推移，依次计算包含一定项数的序时平均数，以此进行预测的方法。移动平均法包括一次移动平均法、加权移动平均法和二次移动平均法。

① 一次移动平均法。

一次移动平均法是收集一组观察值，计算这组观察值的均值，利用这一均值作为下一期的预测值。

在移动平均值的计算中包括的过去观察值的实际个数，必须一开始就明确规定。每出现一个新观察值，就要从移动平均中减去一个最早观察值，再加上一个最新观察值，计算移动平均值，这一新的移动平均值就作为下一期的预测值。

设时间序列为 Y_1，Y_2，…，移动平均法可以表示为

$$Y'_{n+1} = \frac{1}{N}\sum_{i=n-N+1}^{n} Y_i = \frac{Y_n + Y_n - 1 + \cdots + Y_n - N + 1}{N} \qquad (5-3)$$

式中：Y'_{n+1}—— 下一期预测值；

N—— 计算移动平均值的跨越期；

Y_i—— 第 i 期的实际观察值。

一次移动平均法计算量少，能较好地进行预测，但该方法也受到一些限制：计算移动平均值必须具有 N 个过去的观察值，当需要预测大量的数值时，就必须储存大量数据；N 个过去观察值的权重都相等，而实际上往往是最新观察值对预测的作用更大，应具有更大权重。

② 加权移动平均法。

加权移动平均法是对市场现象观察值按距离预测期的远近给予不同的权重，并按其加权计算出移动平均值。加权移动平均法可以表示为

$$Y'_{n+1} = \sum_{i=n-N+1}^{n} \frac{w_i Y_i}{w_i} = \frac{w_n Y_n + w_{n-1} Y_{n-1} + \cdots + w_{n-N+1} Y_{n-N+1}}{w_n + w_{n-1} + \cdots + w_{n-N+1}} \qquad (5-4)$$

式中：Y'_{n+1}—— 第 $n+1$ 期的预测值；

N—— 计算加权移动平均值的跨越期；

n—— 时间序列总期数；

Y_i—— 第 i 期的实际观察值；

w_i—— 第 i 期的实际观察值的权重。

③ 二次移动平均法。

二次移动平均法是对一次移动平均值再进行第二次移动平均，再以一次移动平均值和二次移动平均值为基础建立预测模型，计算预测值的方法。

运用一次移动平均法求得的移动平均值，存在滞后偏差。特别是在时间序列数据呈现线性趋势时，移动平均值总是落后于观察值的变化。二次移动平均法，正是要纠正这一滞后偏差，建立预测目标的线性时间关系数学模型，求得预测值。二次移动平均预测法适用于有明显趋势变动的市场现象时间序列的预测，同时它还保留了一次移动平均法的优点。二次移动平均值的计算如下：

$$M_n^{(1)} = \frac{Y_n + Y_{n-1} + \cdots + Y_{n-N+1}}{N}$$

$$M_n^{(2)} = \frac{M_n^{(1)} + M_{n-1}^{(1)} + \cdots + M_{n-N+1}^{(1)}}{N} \qquad (5-5)$$

式中：$M_n^{(1)}$—— 第 n 期的一次移动平均值；

$M_n^{(2)}$—— 第 n 期的二次移动平均值；

N—— 计算移动平均值的跨越期。

二次移动平均法的预测模型：

$$Y_{n+T} = a_t + b_t T$$

$$a_t = 2M_t^{(1)} - M_t^{(2)}$$

$$b_t = \frac{2}{N-1}(M_t^{(1)} - M_t^{(2)}) \qquad (5-6)$$

式中：T—— 未来预测的期数；

a_t—— 截距，即第 t 期现象的基础水平；

b_t—— 斜率，即第 t 期现象的单位时间变化量。

二次移动平均法与一次移动平均法相比，大大减少了滞后偏差，使预测准确性提高，该方法适用于短期预测，并且时间序列数据呈现线性趋势变化的预测，在实践中应用较多。

(4) 指数平滑法

指数平滑法是在移动平均法基础上发展起来的一种时间序列分析预测法，它是通过计算指数平滑值，配合一定的时间序列预测模型对现象的未来进行预测，其原理是任一期的指数平滑值都是本期实际观察值与前一期指数平滑值的加权平均。据平滑次数不同，指数平滑法分为一次指数平滑法、二次指数平滑法和三次指数平滑法等。

已知时间序列为：$Y_1, Y_2, \cdots, Y_n$，n 为时间序列总期数，一次指数平滑法的基本公式为：

$$S_t^{(1)} = \alpha Y_t + (1-\alpha)S_{t-1}^{(1)},\ (t = 1, 2, 3, \cdots, n)$$

$$Y'_{t+1} = S_t^{(1)} \tag{5-7}$$

式中：$S_t^{(1)}$—— 第 t 期的平滑值，上标(1) 表示一次指数平滑；

$S_{t-1}^{(1)}$—— 第 $t-1$ 期的平滑值；

α—— 平滑系数，取值在 0 ~ 1；

Y'_{t+1}—— 第 $t+1$ 期的预测值。

二次指数平滑法是对一次指数平滑值作再一次指数平滑的方法，它不能单独的进行预测，必须与一次指数平滑法配合，建立预测的数学模型，然后运用数学模型确定预测值。三次指数平滑法是二次指数平滑法基础上的再平滑。

2) 因果分析预测法

因果分析预测法是从事物变化的因果关系出发，对某种事物的未来发展做出预测的方法。这类预测方法，在市场预测中常用的方法有回归分析法和经济计量法。

(1) 回归分析法。

当预测目标变量(称因变量) 由于一种或几种影响因素变量(称自变量) 的变化而发生变化，根据某一个自变量或几个自变量的变动，来解释推测因变量变动的方向和程度，常用回归分析法建立数学模型。

回归分析预测法是指在分析市场现象的自变量和因变量之间相关关系的基础上，建立变量之间的回归方程，将回归方程作为预测模型，根据自变量在预测期的数量变化，预测因变量在预测期的变化结果的方法。回归分析中，当研究的因果关系只涉及因变量和一个自变量时，叫做一元回归分析；当研究的因果关系涉及因变量和两个或两个以上自变量时，叫做多元回归分析。另外，依据描述自变量与因变量之间因果关系的函数表达式是线性的还是非线性的，分为线性回归分析和非线性回归分析，线性回归分析是最基本的方法，也是市场预测中的一种重要预测方法。

① 一元线性回归。

设 x 为自变量，y 为因变量，x 与 y 之间存在着线性相关关系，x 与 y 的 n 对观察值为：$(x_1, y_1), (x_2, y_2), \cdots, (x_n, y_n)$，由此可建立一元线性回归方程：

$$\hat{y} = a + bx \tag{5-8}$$

用上式可近似描述 y 与 x 之间的相关关系。可以证明，当 $b>0$ 时，x 与 y 为线性正相关；

当 $b < 0$ 时，x 与 y 为线性负相关。

② 多元线性回归。

设因变量为 y，自变量为 x_1，x_2，……，x_n，有 n 组观察值。假设各个自变量与因变量的关系是线性关系，则可以建立多元线性回归方程：

$$\hat{y} = b_0 + b_1 x_1 + b_2 x_2 + \cdots\cdots + b_m x_m \quad (5-9)$$

用上式可近似描述因变量 y 与自变量 x_1，x_2，……，x_n 之间的相关关系。

(2) 经济计量法。

在市场经济条件下，市场作为社会经济活动的基本场所，它一方面是企业营销活动的环境，另一方面也将社会经济系统视为其环境。这种市场现象间的系统关系，使市场变量间的某些因果关系不能只研究自变量对因变量的影响，而忽视因变量对自变量的逆向影响或各种自变量之间的相互影响。

经济计量法，是在以经济理论和事实为依据的定性分析基础上，利用数理统计方法建立一组联立方程式，来描述预测目标与相关变量之间经济行为结构的动态变化关系。这组联立方程式称为经济计量模型。它是比较先进、能取得较好预测结果的一种预测方法。

本章内容小结

市场调查就是以商品的购买者(个人或团体)和市场营销的组合各要素为对象，运用科学的方法，搜集、记录、整理和分析所有情报和信息资料，从而掌握市场的现状及其未来发展趋势的一种企业经营活动。

市场调查的内容主要有市场需求调查、市场环境调查、企业竞争情况调查、汽车配件企业营销组合要素调查、企业经营政策执行情况及售后服务水平调查等。

市场预测就是运用科学的方法，对影响市场供求变化的诸多因素进行调查研究，分析和预见其发展趋势，掌握市场供求变化的规律，为经营决策提供可靠的依据。

市场预测在企业经营计划管理中发挥着巨大的作用，市场预测是企业经营决策的前提条件；市场预测是企业制定经营计划的重要依据，企业在制定经营计划时，除了依据国家计划外，必须根据市场需求，调整其市场经营计划，这就要求企业进行市场预测；市场预测有助于提高企业的竞争能力，增强企业的应变能力。

市场预测主要包括相关性原则、惯性原则、类推性原则以及概率推定原则。

汽车配件市场预测主要包括市场占有率预测、产品销售预测、市场需求预测、市场环境预测、新产品发展及商品资源预测、市场购买力预测、商品生命周期预测、价格变动趋势预测、市场供给与库存预测、市场竞争格局预测、市场行情预测、经营效果预测等内容。

市场预测方法可分为定性预测法和定量预测法两大类。

定性预测法又称判断分析预测法，它是指预测者通过市场调查掌握有关资料，依靠个人实践经验、知识和分析能力，对市场未来变化的趋势、性质做作判断，再以判断为依据做出量的测算。

常见的定性预测法有专家会议法、德尔菲法、厂长(经理)意见法、销售人员意见法、类比预测法。

定量预测法是根据比较完备的历史和现状统计资料，运用数学方法对资料进行科学地分析、处理，找出预测目标与其他因素的规律性联系，对事物的发展变化进行量化推断的预测方法。常用的定量预测法有时间序列分析预测法、因果分析预测法等。

思考与练习

1. 简述汽车配件市场调查的内容。

2. 市场调查的常用方法有哪些?

3. 什么是定性预测法和定量预测法?两者各自的优缺点是什么?

4. 简述市场预测的一般步骤。

5. 对所在城市的某型汽车前保险杠的销售状况进行市场调查，并运用加权移动平均法预测下个月该前保险杠的销售量。

第6章　汽车配件目标市场营销与策略

6.1　汽车配件目标市场营销

6.1.1　汽车配件市场细分

汽车配件市场细分，是在调查研究的基础上，根据用户的需求以及不同的购买行为与购买习惯等差异，把市场划分成若干有意义的用户群。每个用户群都可以说是一个细分市场。在各个不同的细分市场之间，用户的需求存在比较明显的区别；而在每个细分市场之内，用户需求的差别就比较细微。企业根据本身的条件，选择适当的细分市场为目标，拟定自己最优的经营方案和策略。

1. 汽车配件市场细分的作用

(1) 有利于企业分析市场状况。通过汽车配件市场细分，认识每个细分市场上的需求潜力，发现那些需求尚未得到满足的用户。

(2) 有利于企业制定经营方案和调整销售计划。汽车配件市场细分后，企业就可以针对不同用户的需求，制定不同的经营方案，适当调整销售计划，采取有效措施，适应各细分市场的需要。

(3) 有利于企业根据细分市场的特点，几种使用人力、物力等资源，避免分散力量。运用各种经营方法，经营适销对路的汽车配件，从而取得最大的经济效益。

(4) 有利于研究市场的潜在需求，给经营寻找机会以便开拓新市场。

2. 汽车配件市场细分的标准

市场细分没有统一的标准，不同的商品、不同的环境，需要应用不同的标准。企业应根据自身的实际情况，确定适应自身需求的标准，汽车配件市场细分大体上有以下划分标准。

(1) 按车型比例划分，哪些地区什么样的车型比例大，就重点提供这一类车型的配件。

(2) 按用户购买力大小划分，把用户划分为大用户、中用户和小用户市场，对不同种类的用户采取相应的供货策略。

(3) 按地理特点划分，可分为平原地区的用户群和山区的用户群。在分析了解这两个不同地理特点的条件下，分析出汽车在此两种情况下，各自易损坏什么样的配件。一般情况下，在山区运行的汽车易损制动器的片、鼓，变速器的1、2或3挡齿轮，差速器的锥齿轮，以及后半轴等配件。这样，就可以重点向山区提供这类配件。有的偏远地区距铁路线很远，以长途汽车运输为主，每辆车都需要加装一只副油箱，这样，在同类车型拥有量相同的情况下，其汽油箱的实际消耗量就比以短途运输为主的地区增加一倍。

(4) 按经济发达程度划分，可划分为经济发达地区、经济比较发达地区和经济欠发达地区。可以从经济发达程度确定其客、货车拥有量，客货运量及周转量，从而确定目标市场。例如，凡客货车拥有量大、客货运量及周转量大的地区，其汽车配件需求量就大。

(5) 按对配件价格的反映程度划分，有的用户着重要求配件质量；有的用户主要看中配件的价格。那么，对看中质量的用户，配件销售人员应着重介绍配件性能、质量状况；对看中配件价格的用户，着重介绍配件价格。

6.1.2　汽车配件市场营销策略

细分市场的营销策略包括无差异性策略、差异性营销策略和集中性营销策略。

1. 无差异性营销策略

当企业面对的是同质市场或同质性较强的异质市场时，便可以采用这一策略开展市场营销活动。从实际情况看，这一策略对拥有广泛需求，能够大量生产、大量销售的产品基本上都是适用的。因此，不仅是同质市场，即便是异质市场(现实或潜在的)，只要具备上述条件，实行这种策略也基本上是合理的。这种策略的基本特点是：企业不进行市场细分，将某一产品的整体市场作为自己的一个大的目标市场；营销活动只注意市场需求的共同点，而不顾及其存在的差异性；企业只推出一种类型的标准化产品，设计和运用一种市场营销组合方案，试图以此吸引尽可能多的购买者，为整个市场服务。

需要指出的是，在某一产品的整体市场上常常会有若干个实行无差异性营销策略的相互竞争的企业，它们为了使自己的产品能够在市场上建立起特定的形象，取得竞争优势，扩大产品销售，往往在实行该种营销策略的同时实施产品差异化策略，力求使自己的产品与竞争者的产品有所区别，但并不意味它们的目标市场不同，也不表明它们从根本上改变了实施的目标市场营销策略。

1) 无差异性营销策略的主要优点

(1) 采用这种策略的企业一般可以设立大规模的单一产品生产线、广泛和大众化的销售渠道，通过大量的广告和统一的宣传等开展强有力的促销活动，因而往往能够在消费者或用户的心目中树立起“超级产品”的形象。

(2) 大批量生产、储运和销售，可以降低单位产品的成本，无差异的广告宣传等促销活动可以节省促销费用，不做市场细分也会相应地减少市场调研、产品开发、制订多种市场营销组合方案等方面所要耗费的人力、物力和财力资源，而这种经济性也正是该种策略立论的主要基础。

2) 无差异性营销策略的局限性

(1) 由于消费需求不断变化，一种产品长期为所有消费者或用户接受的情况越来越少，许多过去的同质市场已经转变为异质市场或正在向异质市场转化，因此在现代社会经济条件下这种策略的适用范围越来越小。

(2) 当同行业中的多个企业都采用这种策略时，必然造成某一产品整体市场上的竞争日趋激烈，而在较小的市场部分上消费者的特殊需求又得不到满足，这对生产经营者和消费者来说都是不利的。

(3) 由于许多同质市场都是潜在的异质市场，因此一些企业在试图运用该策略吸引尽可能多的顾客时，常常在竞争中为另一些想方设法为整体市场中得不到满足的顾客提供适合他们需要的产品的企业所胜过，从而使自己的竞争努力受挫，处于被动的境地。

鉴于以上原因，不少过去长期实行无差异性营销策略的企业，都随着环境的变化被迫转而采用了其他的目标市场营销策略。

2. 差异性营销策略

差异性营销策略，这是企业面对异质市场时可以选择的一种目标市场营销策略。这种策略的基本特点是：企业在对异质市场进行细分的基础上，从产品的整体市场中选择多个乃至全部细分市场为自己的目标市场，并根据每个目标市场的需要分别制定相应的市场营销组合方案，提供特定的产品，在多个市场部分上有针对性地开展营销活动。

1) 差异性营销策略的优点

(1) 由于企业针对各个细分市场的要求实行了产品和市场营销组合的多样化策略，因而以较好地满足一种产品整体市场中各个消费者的不同需要，提高企业的适应能力和竞争能力，扩大产品销售。

(2) 如果企业在数个细分市场上都取得了较好的营销效果，就能树立起良好的企业形象，大大提高消费者或用户对该企业及其产品的信赖程度、接受速度和购买频率，从而形成较大的优势。

鉴于以上原因，现在有相当多的企业都采用了这种目标市场营销策略，并取得了成功。

2) 差异性营销策略的局限性

(1) 由于运用这种策略的企业业进入的市场部分较多，而且针对各个细分市场的需要实行了产品和市场营销组合的多样化策略，因此就使企业的业务范围较宽，业务内容较为繁杂，业务量较大，生产经营费用较高，力量的使用较为分散，管理的难度较大，因此，有些企业在采用这一策略的时候，采取了只对产品的整体市场进行细分或少进入一些细分市场的做法，以便缓解上述问题的出现，避免对企业产生的不利影响。

(2) 这种策略的基本特点，决定了对它的采用要受到企业资源能力的很大限制，因此实行这种策略的多为资源雄厚、物质技术力量强、专业人才较多、经营管理基础好的大企业。

3. 集中性营销策略

集中性营销策略，这也是企业面对异质市场时可以选择的一种目标市场营销策略。这种策略与前两种策略有较大的不同，它不是面向产品的整体市场，也不足把力量分散地使用于若干细分市场，而是集中力量进入一个细分市场或是对该细分市场进一步细分后同时进入其中几个更小的市场部分，为目标市场开发一种理想的产品，实行高度专业化的生产和营销，集中力量为之服务。实行这种策略的企业，希望的不是在产品的整体市场或较多的细分市场上拥有较小的份额，而是力求在一个较小或少数几个更小的细分市场上取得较高的甚至支配地位的市场占有率和竞争优势。

1) 集中性营销策略的优点

(1) 由于企业集中力量于一个细分市场或其中几个更小的市场部分上，因而便于深入了解目标市场的需求情况，开展具有针对性的营销工作，易于迅速占领市场并得到优势，提高自己的目标市场的知名度。

(2) 由于企业的目标市场范围较小，集中使用力量，实行了生产和营销等方面的专业化，可以减少投资和资金占用，降低生产成本和经营费用，加快资金周转，提高投资收益率，取得较好的经营效益。

这种策略主要适用于小企业。小企业由于资源力量有限，因而无力在产品整体市场或整个细分市场上与大企业抗衡，但在大企业未予注意和不愿顾及的某个细分市场上全力以赴，易于取得成功。寻找市场缝隙，实行集中性营销，为自己创造成长的小气候，可以说是小企业变劣势为优势的一种明智的选择。

2）集中性营销策略的局限性

集中性营销策略的局限性主要是实行这种策略的企业要承担较大的潜在风险。由于企业选定的目标市场范围窄小，业务单一，因而市场需求一旦发生较大的变化或遇到强有力的竞争对手侵入，企业往往会因回旋余地小而陷入困境。因此，采用这种策略的企业必须密切注意目标市场的需求动向及其他营销环境因素的变化，制定适当的应急措施；其次是自身的力量一旦有了增强，就要寻找机会，适当地扩大目标市场的范围或实行多角化经营。

以上可供企业选择的三种目标场营销策略，企业在决定采取何种策略时，应全面考虑企业的资源条件、经营管理能力、产品的性质、产品所处的市场生命周期阶段、市场的性质、市场的供求状况和发展趋势、竞争对手的实力及其采取的目标市场营销策略等多方面的主客观条件下的因素，然后权衡利弊方可作出抉择。此外，企业的目标市场营销策略应保持相对稳定，但随着上述各种条件和影响因素的变化，企业也应适时地加以必要的调整。

6.2　汽车配件营销组合策略

6.2.1　汽车配件产品策略

1. 汽车配件产品的概念

1）产品的概念

按照 GB/T 19000—2008 系列标准，产品定义是：活动或过程的结果或者活动或过程本身。该定义给出的产品概念，既可以是有形的，如各种实物；也可以是无形的，如服务、软件等；还可以是有形与无形的组合，如实施一个由计算机控制的某种产品的生产过程。这是现代社会对产品概念的完整理解。

对汽车配件产品来讲，用户需要的是汽车配件能够满足自己运输或交通的需求，以及满足自己心理和精神上的需求，如身份、地位、舒适等，尤其是那些轿车用户更是如此。此外，汽车配件产品的用户还希望生产厂家能够提供优质的售后服务，如配件充裕、维修网点多、上门服务、“三包”（即包修、包退、包换）等。

由此可见，现代市场营销中产品的概念，是一个包含多层次内容的整体概念，而不单是指某种具体的、有形的东西。一般来说，汽车配件产品也同样存在着实质产品、形式产品、期望产品、延伸产品和潜在产品的概念。

实质产品是核心。企业必须要在实质产品上下工夫，不断开发出适合顾客需求的新品种，并提高产品质量，这样才能更好地满足用户的需求。在抓实质产品的同时，也要抓好形式产品和其他扩增产品。形式产品与实质产品的外观质量紧密联系在一起，与企业的整体形象也紧密联系在一起，是顾客购买商品前和购买商品时首先获得的印象，对激发顾客购买欲望具有促进作用。

2）产品的质量

产品质量是产品的生命，是竞争力的源泉。优良的质量对企业赢得信誉、树立形象、满足需求、占领市场和增加收益，都具有决定性意义。因此，国内外的成功企业，都毫不例外地重视自己产品的质量，并不断设法提高产品质量。

汽车配件产品的标准化、通用化、系列化，不仅是产品质量的重要内容，也是企业经营策略的重要内容之一，是提高产品水平和竞争能力的重要措施。就汽车配件工业企业来讲，产品质量的技术标准决策的内容主要有两个：一是贯彻执行国家（国际）标准、机械工业及汽车配件工业的行业标准（部颁标准），以及企业内部制定的质量标准。总之，有标准规定的要执行标准规定，没有标准规定的，企业也要做好企业的标准工作；二是企业要结合其经营战略，做好企业产品型谱的标准工作，力求有一个符合企业经营战略、布局合理的产品型谱（车型系列）。总之，只有搞好产品的标准化，才能在市场上货流畅通。

2. 汽车配件产品组合策略

产品组合是指企业提供给市场的全部产品线和产品项目的组合或结构，可以简单地理解为企业全部的业务经营范围。其中，产品线是指在某种特征上相互关联或相似的一组产品，属产品大类，通常可以按照产品结构、生产技术条件、产品功能等变数进行划分；产品项目是指产品目录中列出的每一个明确的产品单位，一种型号、品种、尺寸、外观等的产品就是一个产品项目。企业为了充分满足不同细分市场的需求，有效发挥企业优势达成经营目标，必须设计一个优化的产品组合。

对于汽车配件企业，生产企业和经销企业由于经营模式、市场性质、获取利润的途径不同，其产品组合的类型和策略也有所不同。

1）汽车配件生产企业的产品组合策略

不同的生产规模、研发能力、生产工艺、市场性质的汽车配件企业，其产品组合的类型有较大的差别，但全世界没有一家公司宣称生产所有汽车配件，每家公司只是选择最具优势的产品组合。

（1）汽车配件生产企业的产品组合类型。

① 按产品在汽车中的功能大类组合。较大的汽车配件企业尤其是汽车配件系统供应商，它们的产品组合立足于整车的大系统部件，选择企业具有市场和研发优势的产品，比如发动机、变速器、底盘系统、热系统、电气系统等，以满足整车企业模块化采购的需求。

该组合方式适合具有研发能力、实力雄厚的大型汽车配件制造企业。

② 按产品专业化组合这类企业专业生产汽车某一系统、部件或组件，有一条或几条柔性化生产线，可以生产和组装不同车型的同一品种的产品，比如车桥公司、轮胎公司、传动轴公司、变速器公司，它们一般都会提供不同吨位和车型的商用车部件，或是不同排量和车型的轿车部件，甚至有的企业同时提供商用车和轿车的同类产品。

米其林轮胎公司是世界第一大汽车轮胎供应商，轮胎的生产已有百年历史，是全球轮胎业的领导者，创造了世界轮胎历史上近2/3的技术发明，公司为轿车、客车、载货汽车等众多车型提供轮胎产品。该公司仅轿车轮胎就按档次和使用性能，即从入门级轿车到顶级高性能轿车、从舒适型轿车到运动型轿车两个纬度进行不同的产品组合，来适应轿车多元化和个性化的需求，见图 6 –1。该公司的产品组合就是按照轮胎所配套的车型进行组合的。

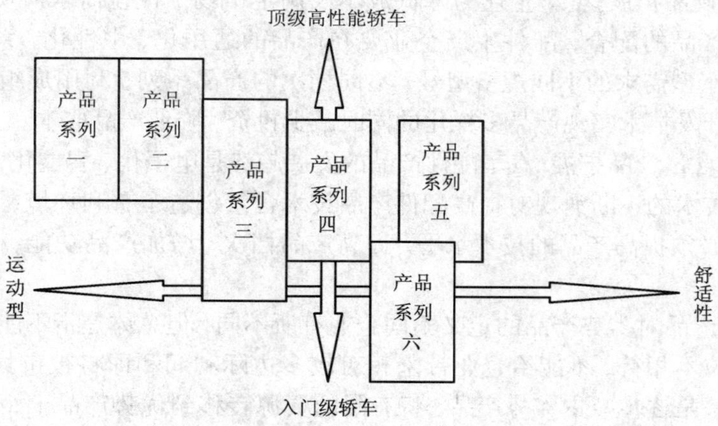

图 6 –1　米其林轮胎产品定位图

这类组合适合具有专业研发生产技术的企业，企业一般都有较强的生产和供货能力，可以为多家整车企业配套同类产品。

③ 按产品的生产工艺组合。这类企业具有某一种或几种专业的生产工艺和技术，可以生产同种工艺的不同规格型号的配件，比如铸造类、锻压类、冲压类、机械加工类等。这类公司规模大小不一，通常不供应大系统部件，最多是部件和组合件，属于三级或四级配件供应商。

对于铸造类的企业，其关键技术和装备是铸造工艺和铸造设备，比如铸造造型线、挤压线等，还有金相组织的检测仪器。汽车用的主要铸造产品有气缸体、气缸盖、曲轴、凸轮轴、进/排气歧管、变速器壳、桥壳、减速器壳、转向机壳、前后轮毂，具备了铸造条件的企业这些产品均可以生产。

对于锻压类企业，关键技术和装备是模具技术和各种吨位的锻压设备，具备了制模技术和必要的锻压设备，企业可以生产出各种形状的锻压产品，如曲轴、连杆、前轴、齿轮、臂类、叉类、轴类产品的毛坯件。

对于冲压类企业，关键技术是模具的制造技术，以及各种吨位和尺寸的冲压设备。汽车的车身、底盘、油箱、散热片等都是冲压件，生产这类产品对模具的设计和制造具有较高的要求，当然模具也可以采用委托生产的方式。

机械加工类企业一般是进行材料再加工，比如曲轴、凸轮轴等运动件都需要有较高精度的运动面和接合面的加工，这类企业要投资大量的机械加工设备和检测设备，对于批量生产的往往建有流水生产线。这类企业的产品组合形式有专门生产某一种零件的，也有生产某几个关键零件，再组装成部件的。江浙一带很多来图和来料加工的企业就属于这类企业，一般属于第三和第四层次的供应商。

(2) 汽车配件生产企业的产品组合策略。

① 向集成化产品扩展。众所周知，汽车配件的集成化程度越高，利润水平和盈利空间越大。因此，对于汽车配件生产企业而言，产品的扩展要立足现有产品，零件产品生产企业向部

件产品扩展，部件产品生产企业向模块和系统产品扩展，同时，企业自身也晋级高一级的供应商行列。

② 向系列化产品扩展。整车企业为降低成本及满足市场个性化需求所实施的平台战略，需要系列化配件产品的配合，配件生产企业要在产品的通用化、中性化、系列化上做文章，开发出满足不同车型需求的不同规格型号、不同档次的产品系列，利用成组技术、柔性化生产技术、模块化开发技术实现产品多样化的同时减少投资，降低产品成本。

③ 向高技术含量产品扩展。汽车配件产品的发展趋势是电子化、智能化、环保化。

新知识、新技术的不断涌现对提高配件产品技术含量创造了有利环境，配件企业要跟上整车的发展速度必须提高产品的技术水平，提高产品档次，增加产品功能，提高自动化程度和智能化水平。

④ 收缩劣势产品对劣势产品的定义不同企业有所不同，但总体是指不能充分发挥企业优势、与企业的定位不相符、不能给企业带来相对较多边际利润和即将被市场淘汰的产品。缩减产品的途径：一是逐步减少劣势产品，将有限的资源转移到优势产品上，但要保证售后服务的需求；二是将劳动密集型和材料密集型的低技术含量产品向下一级供应商转移，企业自己制造关键零件，再进行部件集成。

2）汽车配件经销企业的产品组合策略

汽车配件经销企业所经营的产品种类繁多，为了方便客户选购，凸显企业的经营特色，经销企业要对经营的产品品种组合作出必要的选择。

（1）汽车配件经销企业的产品组合类型。

① 按产品品牌组合。这类企业主要按照生产企业的品牌组合经销产品的种类，这类组合有几种方式，第一种是专营某一汽车品牌的配件，汽车4s店、汽车专营店一般只销售一种品牌的零配件，有些配件批发企业也作单一品牌，比如某品牌的产品代理商。第二种是几种关联品牌的经营，比如原产地关联性，同时经营上海—大众、一汽—大众品牌的汽车配件，这两种品牌的标准都出自德国大众，而且部分配件还具有通用性和互换性。第三种是非相关性多品牌经营，企业选择经营产品的品牌是出于利润、销售量或树立公司形象等目的，其销售的产品品牌之间没有内在联系。

按品牌组合经销产品的策略品牌优势明显，目标消费群体明确，适用于保有量较大的整车品牌的配件经营，对于品牌知名度高、销量较大的配件也可以采用这类组合。

② 按产品大类组合。这类企业经销产品的选择是按照产品在汽车上的功能模块进行组合，比如，专业经营发动机配件、汽车制动系统配件、减振系统配件等。这类企业可能经营一种或几种产品大类的不同品牌的配件，其优势是专业化程度比较高，还可以对部分系统部件进行个性化改造。

某汽车贸易公司专业经营各种型号汽车水泵、散热器、冷却风扇、节温器、冷却液等产品，可见该公司主要经营的是汽车冷却系统的产品。

这类组合专业性强，企业既可面向售后配件市场，也可面向整车配套市场，并可以从销售功能向安装、改装功能延伸。一般技术含量高、专业性较强的零配件适合采用这种组合进行经销。

③ 按产品用途组合。这类企业经营的汽车配件产品具有相同的用途，产品组合一般是选择同种用途不同品牌、不同档次的产品。比如汽车音响类产品、汽车美容类产品、汽车润滑油

产品等，产品组合融合了不同品牌的同类产品，便于客户在不同产品品牌、档次、价位上作出选择。一般通用性强、选择性较大的产品较适合选用这种组合进行经销。

④ 综合性汽车配件组合。这类企业的规模比较大，经营的产品种类繁多，一般企业拥有自己的连锁企业。这类企业有两种类型：第一种是企业经营的产品都用自己的中间商品牌，部分产品是企业自己生产的，部分产品是委托其他企业生产的，但贴上自己的企业品牌。这种企业一般规模较大，拥有庞大的销售网络，品牌知名度高，商业信誉好，可以同时获取生产利润和销售利润。第二种是企业经营不同品牌的配件，产品来自不同的生产厂家，也有经销企业自己生产的产品，产品一般标有生产企业的品牌。这种企业经营产品种类繁多，经营重点在配件的销售环节。综合性汽车配件经销企业一般比较重视形象和信誉，经营的产品大多质量可靠，门面布置规范，类似于汽车零配件超市，部分企业还兼有快递服务。

蓝霸汽配超市连锁有限公司代理美国NAPA汽车配件，其位于上海东方汽配城的样板旨就是一家集汽配、工具、用品、检测设备销售和快修服务于一体的综合性服务企业，店面类似于超市的布置形式。店内经营的品种繁多，但均采用NAPA自己的中间商品牌。

采用这种组合的汽车配件经销企业，要求规模较大、品牌知名度高，具有丰富的连锁经营管理经验，有较大的销售网络。

（2）汽车配件经销企业的产品组合策略。

① 纵向一体化扩展。汽车配件经销企业在经营产品的同时，可以选择一些制造门槛低、销量较大的配件自己投资生产，形成前店后厂式的经营模式，由产品经销向产品生产延伸。也可以通过零件采购，自己组装成部件，实现部件的生产。这种纵向一体化的形式可以提高企业的多元化水平，降低经营风险。对于经销配件数量多、批量大的经销企业，可从生产投资不大、技术要求不高的产品入手，组织产品生产，增加产品组合，实现产品线的扩展。

② 增加服务性业务。汽车配件一般都需要进行售后服务，有些产品的售后服务是由厂家承担的，还有一部分是由经销商承担的，配件经销商可以提供一些增值服务，从经营产品到为消费者提供全方位的服务。比如很多零配件经销企业还提供安装、改装业务，以满足消费者的个性化需求。

③ 突出主营业务，淘汰劣势产品。经销产品要重点突出，定位准确，以关键配件为立足点，在此基础上按客户需求扩大产品的配套能力，为客户全方位提供相关产品；对于一些非主营产品，可缩减产品项目，降低库存，没必要大而全，如客户确有需要，可以通过店店联盟的形式达到产品的丰富和完善。

④ 连锁化经营。创立中间商品牌，通过收购、联营、合作等方式实现连锁化经营，可以迅速扩大企业规模，达到向其他区域的市场扩张的目的。连锁经营可以大大降低采购成本、物流成本和管理成本，但前提是企业要具有规范化的管理和较高的品牌知名度。

3. 汽车配件的产品生命周期

1）产品生命周期概述

产品的生命周期是指产品从试制成功投入市场开始，到被市场淘汰退出市场为止所经历的全部时间过程。产品的生命周期不是产品的自然生命或使用寿命，其生命周期的长短受消费者需求变化、产品更新换代速度等多种市场因素影响。典型的产品生命周期可分为四个阶段：导入期、成长期、成熟期和衰退期。各阶段的销售额和利润的变化见图6－2。

作为构成整车的一部分，汽车配件的生命周期往往与配套车型密切相关。汽车配件与整

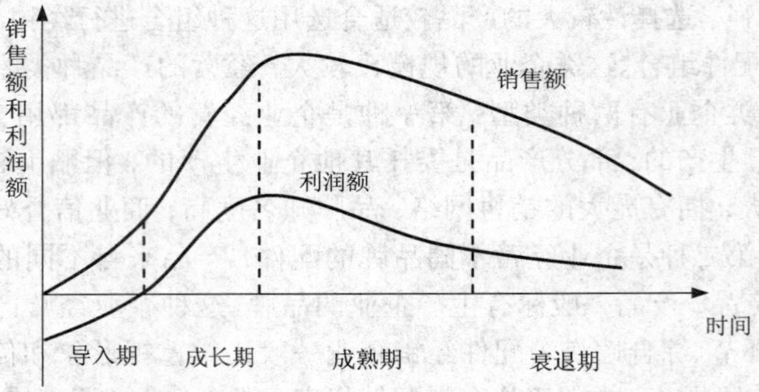

图 6－2　产品生命周期示意图

车的配套关系有两种情况：一种情况是配件属于定制化产品，它只用于某一车型，只与这一车型相关；另一种情况是配件与多种车型相关，并不依附于某一车型，这类产品通常可以独立面对市场进行多点销售。无论哪种情况，整车产品的生命周期都直接影响配件的生命周期，正所谓皮之不存毛将焉附。因此，汽车配件的生命周期必须结合整车的生命周期进行研究。

2）汽车配件生命周期与整车生命周期之间的关系

汽车配件是构成整车的一部分，其生命周期与整车生命周期密切相关，但因为汽车配件市场又有其独立性，由此，汽车配件生命周期与整车生命周期又存在一定的差异，他们之间存在以下三种关系。

（1）配件生命周期长于整车生命周期。

新车型推出的速度不断加快，使汽车的生命周期越来越短，而新车型的改变仅仅是局部的变化，新技术的应用也是逐步更替的过程，因此，新车型上大部分的配件没有发生本质性变化。比如百余年的汽车历史，汽油发动机只经历了几次重大变革，但整车的车型已经数不清经历了多少次的演变。一般而言，大部分的汽车配件产品的生命周期都长于整车。比如，装在富康轿车上的1.6排量的发动机同时还装在1.6排量的爱丽舍轿车和1.6排量的标致307轿车上，现在还在为1.6排量的自主品牌风神轿车配套，富康轿车在2009年已经退市，但此款发动机还有着更长的生命周期。

这并不能说配件企业可以高枕无忧了，随着科学技术的发展，汽车配件的发展日新月异，原来生产化油器的企业随着电喷技术的推广被迫转型，卡式音响设备已被VCD和DVD所取代。汽车配件生产企业，要密切关注汽车消费市场的需求变化，紧跟整车技术进步的步伐，实现与整车企业的同步设计、同步生产，甚至要超前于整车的发展。

（2）配件生命周期等于或小于整车生命周期。

与整车的改型换代密切相关的部件，如车身覆盖件、内饰件等外型件，属于为某种车型定制生产的产品，它们可以随着一种车型的停产而结束生命周期，也可能由于车型的改款而改变原来的配件产品。整车企业为了迎合市场求新求变的需求，一款车型一般3～5年就要进行一次改款，为了让消费者直观地感受到车型的变化，车身的外形一般都会有一定程度的变化，原有的部分车身覆盖件就必须重新设计生产，这些部件的生命周期比车型的寿命还短。比如，雅阁轿车从1999年在国内上市至今，几乎每一两年就进行一次改款，每次新款雅阁的外形都会有一定的变化。

(3) 配件生命周期不受整车生命周期的影响。

通用的标准件、不作为汽车标准配置的配件、非装车配件的生命周期与车型寿命的关系不是太大，比如车用标准件、汽车工具、汽车润滑油、GPS等，这些产品受消费者的需求变化和专项技术进步的影响较大，其生命周期与所在行业的发展密切相关，受整车生命周期的影响不大。

3) 汽车配件生命周期的市场策略。

不同的汽车配件在不同生命周期具有不同的特点，营销策略也有所不同。对汽车配件企业而言，要准确制定汽车配件各生命周期的策略，让新产品尽快被消费者接受，缩短汽车配件的导入期，延长产品的成长期和成熟期，准确判断产品的淘汰期，可以为企业争取更多的经济利益。

(1) 导入期的市场特点与营销策略

本阶段的特点：汽车配件产品刚刚上市，企业花费了大量的研发费用，用户对产品尚未了解或者不完全了解，产品的配套车型少，生产批量小，成本高，利润很少甚至是负数。企业要尽量缩短这个阶段，尽早进入成长期。刚刚上市的汽车配件有两类：第一类是为整车的新产品上市而研发的配套产品；第二类是独立于整车的非配套配件产品。

① 整车配套产品。整车配套产品与整车同步上市，市场策略要与整车同步进行，但不能被整车的宣传淹没，配件企业可以与整车企业共同宣传，互相借势，但也要有自己独立的宣传方式。广告宣传的主要对象一方面是整车企业，重点宣传产品对整车的获利能力、性能提升的重要贡献，引起其他整车企业的兴趣；另一方面对消费者宣传的关键是该零件新技术的先进性，以及能给消费者带来的主要利益。价格策略要根据其技术含量而定，对于有专利技术、技术壁垒高、为高端车型配套的产品，可采取高定价策略；对于技术壁垒低、为普通车型配套的产品，市场容量大，可采取中低定价策略，以便取得较大的订货批量。

② 非配套配件产品。上市时间不受整车产品的约束，可以独立上市。此类产品要重点对消费者进行宣传。首先让消费者接受和认识新产品，并成为汽车的改装件和非标配件，经过一段时间的市场培育，引起整车配套市场的关注，进而成为整车的标准配置产品。比如GPS、倒车雷达等产品。

(2) 成长期的市场特点与营销策略。

本阶段的特点：汽车配件产品销量急速增加，生产质量趋于稳定，生产批量增加，成本下降，开始给企业带来利润，产品知名度增加，市场规模扩大，规模效应显现，竞争者逐步加入。

① 整车配套产品。市场策略的重点是扩大整车配套市场的范围，争取更多整车企业的配套，价格可以适当降低，产品质量要继续提升。对消费者的宣传重点是此类技术将成为整车选择的必备配置，是整车先进性的重要体现，运用拉引策略来促进整车配套市场的扩大。

② 非配套配件产品。市场策略是通过消费市场一定范围的应用，继续扩大产品的影响，适当调低价格，逐步树立自己的品牌；对整车配套市场要主动进攻，争取成为一些时尚车型和高端车型的整车配套产品。

(3) 成熟期的市场特点与营销策略。

本阶段的特点：汽车配件产品销量和产量达到最大，成本大幅下降，给企业带来丰厚利润，但竞争十分激烈。

① 整车配套产品。市场策略的重点是增加产品的系列化，拓宽产品的使用范围，从高档车型向中档车型或普通车型推广，大幅度降低产品价格，争取更大的市场份额。同时大举进军零配件市场，满足配件更换和汽车改装的需要。同时要进行产品的改良和创新，增加新的功能，提高产品质量，并在此基础上进行新产品的开发。

② 非配套配件产品。市场策略是改进产品，增加产品新的功能，增加产品的款式，为消费者提供更多个性化的选择；降低产品价格，分档次进行定价；改进销售渠道，提升渠道的扩张能力；采取有吸引力的促销组合，通过广告、销售促进扩大产品的销量。

(4) 衰退期的市场特点与营销策略。

本阶段的特点：产品销量明显下降，用户已对产品失去兴趣，新的可替代产品已经上市，或是限制性的法规出台，使部分产品被限制生产或明令淘汰。有步骤地收缩市场将市场逐渐收缩，集中到最有利的细分市场，将销售费用降到最低点，增加眼前利润，减少不必要的支出。转移产品的市场将淘汰和退市的产品转移到相对落后的地区销售，或将产品的生产工艺及生产设备转移给其他的地区，可以延长产品的生命周期。比如，北京地区已宣布禁止未达到国Ⅳ标准的汽车销售，那么所有排放未达到国Ⅳ标准的发动机就会面临淘汰，企业必须转产新的产品，原有产品可以向在北京地区以外销售的整车厂提供，也可以向排放要求较低的其他发展中国家出口。

产品退出市场时要保证产品的售后服务，因为整车产品的使用寿命一般都在15年以上，不能因为配件产品的淘汰影响售后服务，一般有两种途径：一是保留原来产品的小部分生产能力，供售后服务使用；二是替代产品可以完全代替老产品，使整车的售后服务不受影响。

产品生命周期理论带给我们的另一个启示是，由于产品都是有生命周期的，被淘汰是必然趋势，只是时间长短而已。为了保持企业长期稳定的获利能力，企业的产品组合要充分考虑不同产品生命期的产品组合，使得新老产品能够顺利更替，保证企业具有旺盛的生命力。

4. 汽车配件产品的售后服务

1) 工作宗旨和方针的确立

由于企业都是期望通过售后服务工作来取悦客户，取信社会。因此，所有企业都无一例外地加重了售后服务宣传，并追求其宣传效果。通常都对自己的售后服务工作冠以醒目、响亮的广告言。

中国东风汽车公司的售后服务工作正式起始于1980年，并当即由公司领导集团集体讨论确定了东风汽车公司的售后服务宗旨、方针和目标。

东风汽车公司提出的售后服务宗旨是：质量第一、信誉第一、用户第一(简称“三个第一”)。其售后服务工作方针是：热情、周到、方便、及时(简称“八字方针”)。售后服务工作的目标是“哪里有东风汽车，哪里就有东风配件的售后服务”和“东风汽车公司对东风汽车从用户开始使用到报废，负责到底”。

日本各大汽车公司共同提出“用户是上帝”的口号。

日本丰田公司提出“车到山前必有路，有路就有丰田车”的口号。

美国福特汽车公司提出“质量第一”的口号。

德国奔驰公司提出“用户至上”的口号。

美国康明斯公司提出公司售后服务工作永恒的主题是：让用户以最低的成本享受到最佳

的服务；让经销代理商得到最多的取得效益的机会；让康明斯公司得到最稳定的市场。

尽管提法、说法不一，却都可以清楚地看到用户是被放在第一位的，占有了用户就占有了市场，而产品质量都是公司活跃于市场的根本和基础。

因此法国雷诺公司提出“售后服务”是雷诺公司“开发市场、占有市场、保住市场、保住用户的最得力的工具和武器”的口号。

2）汽车配件产品的保证

（1）组织售后服务网络。汽车是大生产的产品，动辄以日产千辆计，很难设想靠汽车生产厂自身的力量，能够圆满完成“售后服务”的诸多工作内容。通常的做法，是在社会上组织一个十分庞大的服务网络，这个网络代表生产厂家完成为用户的全部技术服务工作。

国外汽车生产企业的售后服务网络是和汽车经销网络结合在一起的，既经销汽车、汽车配件，又提供技术服务。通常由三个层次组成：汽车分配商、汽车代理商、汽车维修点。其中，汽车分配商往往是国际性的，同时兼营多国、多企业的产品，并进行汽车产品的批发和改装。其中，代理商往往是专一销售某个厂家或某类产品的代理，具有专业性和排他性。维修点，是分配商和代理商专门建立或委托建立的，处于车辆聚集区或处于高速路边的小维修专点。欧洲各汽车厂往往在自己国家就分布4000～6000个维修点。通常，汽车生产厂的地区经理部在自己辖区统管着20～40个分配商，而每一个分配商将管辖20个左右代理商，每个代理商将直接联络400个左右的直接用户。

汽车生产厂家十分关注售后服务网络的成败，它不会平白就丢失一个代理商，或听任一个代理商的倒闭，因为一个代理商的失去，将意味着失去400个用户。

在“售后服务”的工作圈内，有着这样一条不成文的工作经验，在受理用户的“售后服务”要求时，汽车制造厂本身永远不要把自己推到第一线直接面对用户。固然这是一种工作技巧，但考虑到汽车产品的大量化、大众化，只有靠建立覆盖面最广大，服务功能最强、最完善的网络，才可能花最小的精力，最迅速地满足用户的要求，圆满地实现服务。同时，考虑到用户“苦情”的复杂性、真实性和合理性，往往处于“第三者”立场上的“售后服务”网点能够秉公做出容易为用户接受的“调解”。

（2）提供充足的汽车配件供应。由于国内企业生产工艺水平和配套零件（电器、轴承、橡胶等零件）的技术水平与国外先进企业仍有差距，因而汽车配件供应显得格外重要。而且，几十年来，国家早已制订了汽车配件的“低价值”原则，以及汽车不以经济寿命为使用期，而把能否修理作为寿命考核的原则，过于强调和追求“社会效益”目标，使企业敞开了大门，把企业的图纸、技术资料几乎拱手相送，给了全社会，企业则几乎不能在汽车配件上得到什么效益。而国外汽车厂家十分重视配件的供应，它除了能最大限度地满足用户的需要，解除其后顾之忧外，配件供应还是汽车生产企业取得效益的最主要来源。例如，国外大汽车厂家的利润有1/4～1/3来自于配件经营，日本日柴公司的整体利润中，配件最高曾达到过3/4的份额。然而，国际型的汽车企业一般都把配件经营置于十分重要的位置。而中国几个最大的汽车企业，曾经其配件经营额仅为企业经营额的1/35～1/30。

但是中国汽车界人士已经认识到并提出：配件供应是“售后服务”工作的“脊梁”，这表明它的重要性正在被企业界所认识和接受。

汽车配件供应必须考虑的几个条件。

① 图纸、技术。从法律的角度看，图纸、技术属于工业产权和知识产权的范畴。国际型企

业，十分注重对它们的控制。因为知识产权、工业产权最终体现的是本企业的效益。从售后服务的角度出发，配件有两个作用，一方面，配件是汽车赖以维持运转的“粮草”，汽车要行驶（车轮要转动），除了消耗燃料之外，还存在易损件和消耗件的更换，以及汽车配件的正常磨损后的更换等，以维持汽车良好的技术性能。另一方面，汽车生产企业要以配件让利供应的形式，支持自己售后服务网络开展备品经营，以取得效益，维持服务站（企业）的运转。

② 实行配件的专控。唯有实行配件的专控，才能保证备品的两个作用的圆满实现。“专控”可以保证备品的“量”、“质”和“价格”。

用“专控”约束量的发展，其实质是科学的布点和根据在用车的需求，安排生产能力和生产计划。发展生产能力，可以在生产企业内部培育，也可以在社会上择优选取有生产基础、有投入实力或原来已具备某些零件大生产传统的企业配套定点，但首先要取得在法律公证下的技术转让，及配件厂家对计划生产、统一销售的承诺。

“质”的专控就是质量的控制，严格实行采购件的质量鉴定（通常称货源鉴定），鉴定通不过，不发给生产许可证，也不发给采购订单。

对“价格”的专控，只能建立在上述“专控”的基础之上，或是“量”、“质”专控的必然结果。无论国内、国外对配件供应商（配件生产企业）的供货都采取价格的双轨制。因为从配件用途来区分，一是主机的装机零件，二是主机的配件。通常，配件价格都高于装机配件，因为配件的包装、防锈要求更高。国际汽车公司常以配件占领市场，以配件巩固市场，在市场开拓期，配件常被作为牺牲品，而在市场巩固后，配件常可以收回效益。零配件厂家没有理由不服从于主机厂家开拓市场、巩固市场的大局，主机厂家也没有理由不兼顾配件厂家的效益。

③ 配件需求的科学预测。一辆汽车由几千种、上万个零件组合装配而成，汽车在使用中，总会发生配件的损坏，因此，都会有配件的需求。

通常按配件的使用性质把汽车配件分成以下几类。

消耗件：在汽车运行中，一些零件自然老化、失效和到期必须更换的，如各种传送带、胶管、密封垫、电器零件（火花塞、传感器、继电器、白金、分火头、分电器盖）、滤芯、轮胎、蓄电池等。

易损件：在汽车运行中，一些零件会因自然磨损而失效，如曲轴瓦、活塞环、活塞、凸轮轴瓦、缸套、气阀、导管、主销、主销衬套、轮毂、制动鼓、各种油封、销及套等。

维修零件：在汽车一定的运行周期，必须更换的零件。如各种轴、齿轮，各类运动件的紧固件，以及在一定使用寿命中必须更换的零件（如一些保安紧固件、万向节、半轴套管等）。

基础件：基础件通常是组成汽车配件的一些主要总成零件，价值较高，原则上它们应当是全寿命零件，但可能会因使用条件问题而造成损坏，通常应予以修复，但也可以更换新件。如曲轴、气缸体、气缸盖、凸轮轴、车架、桥壳、变速器壳等。

肇事件：汽车肇事通常会损坏零件，如前梁、车身覆盖件、驾驶室、传动轴、散热器等。这类零件通常按0.2%存用车数储备。

每一类零件的消耗量（供应量）的测算，从两个方面进行：一方面是考虑每一地区在用车数、汽车行驶平均里程、本地区使用特点（本地区零件的特殊消耗）等，对比较多地区的资料的综合取平均数，可以得出某种车型的某种零件100车的年消耗量，按此量和全社会该车型的在用车数安排年生产量计划。

④ 实际供应量。零件消耗量测算需要考虑的另一方面是，配件部门的某种零件的实际供

应量。大量积累每年的该种零件的市场需求量，取每三年的值相加除以 3，得到年当量平均值，取所有当量平均值的总平均值，即为比较准确的年预测需求。由于资料越积越多，资料反映了历年的不同需求，综合考虑后的预测将会比较准确。这种预测需要积累 10 年左右的资料。东风汽车公司曾对襄樊市（现襄阳市）第一汽车运输公司在用近 400 辆东风 EQ1090 型汽车配件，从新车开始，连续统计了近 6 年的营运和 800 种主要配件消耗情况，进行了东风 EQ1090 汽车主要配件的消耗测算，这一测算结果又经全国主要行政大区的技术服务中心协助在各自本地区收集的实际消耗资料进行了补充，经过综合，编写了正式的备品消耗值。东风汽车公司将其作为配件年生产、经营计划的主要依据，售后服务网络各技术服务站也将其作为配件经营的主要依据。

6.2.2　汽车配件定价策略

价格是影响企业营销活动最活跃的因素。企业在充分考虑了各种定价的影响因素后，采用适当方法所确定的价格，还只是产品的基本价格。实际营销过程中，企业还应围绕基本价格，根据不同情况，采取灵活多变的价格策略，以使企业能更有效地实现企业的营销目标。

1. 定价方法

企业在确定了定价目标，掌握了有关影响因素的资料后，就应开始对其产品进行具体定价了。一般认为，基本定价方法有三种：成本导向定价法、需求导向定价法和竞争导向定价法。

1）成本导向定价法。

成本导向定价法就是以产品的成本为中心定价的方法。这一类定价法有许多具体形式，这里介绍两种常见形式。

（1）成本加成定价法。

按产品成本加上一定比例的毛利定出产品的销售价格，这是成本导向定价法的基本形式。计算公式为：

$$P = A_C(1 + a) \tag{6-1}$$

式中：P—— 单位产品价格；

A_C—— 单位产品分摊的成本；

a—— 加成率。

（2）目标利润定价法

这是根据企业所要实现的目标利润来定价的一种方法。一般可运用“盈亏平衡图” 给产品定价。“盈亏平衡图” 是一种反映总收益、总成本和总利润随着产销量的不同而变化的关系图，如图 6 – 3 所示。其解析公式如下：

$$R_s = (P - A_{C_V})Q - C_f \tag{6-2}$$

式中：R_s—— 总利润或总亏损；

P—— 单位产品价格；

Q—— 销售量；

C_f—— 固定成本总额；

A_{C_V}—— 单位产品可变成本。

显然，如果企业总的目标利润为 R_s，则单位产品的价格为

$$P = A_{C_V} + (R_s + C_f)/Q \tag{6-3}$$

在采用这种方法定价时，企业首先应明确统计期内所要实现的目标利润 R_s，然后再根据售量的预测，确定出统计期的产品成本 A_{C_V}，以及统计期内应回收的固定成本总额 C_f，从而完成定价工作。

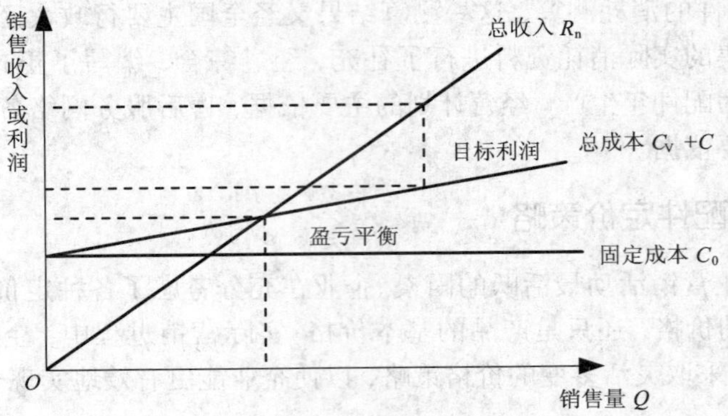

图 6-3　盈亏平衡图(量本利分析图)

成本导向定价方法反映了基本的价格原理，即只有当产品的平均价格水平高于总成本时，企业才能进行有效的再生产。优点是：简便、使用；将本求利，一般不会诱发价格竞争。缺点是：定价过程脱离市场，“闭门造车”，所定价格要么高于市场可接受的价格，面临滞销风险；要么低于市场可接受价格，面临市场抢购和机会损失风险；定价过程使得企业获得利润，企业缺乏技术革新、主动控制和降低成本的动力和压力。需要指出的是，成本加成定价法有时会被认为是生产观念指导下的产物。但是由于其具有简单易行，能有效抑制价格竞争的显著优点，至今在很多企业仍然得到广泛的应用。

2）需求导向定价法

需求导向定价法是企业通过广泛的市场调研，首先对企业的产品确定一个市场可以接受，并使企业获得较大利润，具有一定竞争力的价格作为目标价格。在此价格条件下，预测产品的市场销售量，据此推算出目标成本，然后在产品设计和生产过程中，做好成本控制，使得产品成本在目标成本之内，从而保证新产品具有较强的价格竞争力，所定价格能为市场所接受。这就是说，价格要定在成本之前，是价格决定成本。福特曾说过：“我的政策是降低价格，我们从不认为成本是固定不变的。所以，一个方法是先定一个很低的价格，使所有的人不得不发挥最高效率，以创造出更多的利润，我们就用这种强迫的方法发现了更多制造和销售汽车配件的办法，这比任何无压力的调查研究有用得多。”

采用需求导向定价法，要做好以下两项关键的工作：

(1) 找到比较准确的顾客感受价值。所谓“顾客感受价值”，是指买方根据自己的经验、标准或观念对产品的认同价值。例如，顾客在看了产品后，营销者向顾客询问“您认为这一产品值多少钱”或者“此产品的售价为 ×× 元，您认为值这个价吗”。用户对这些问题的回答，反应的即是顾客感受价值。

在运用顾客感受价值定价时，如果所定价格高于用户的感受价值，产品就可能无人问津，企业销量就会减少；而若所定价格低于用户的感受价值，又会使企业损失获得更多盈利的机会。所以营销者要尽量将产品的价格定在与大多数用户感受价值相近的水平上，这样才可以获得定价的成功。要做到这一点，企业在定价前必须认真做好营销调研工作，对顾客的感受价值做出比较准确的估计。

（2）准确预测不同价格下的销售量。运用量本利分析公式，根据预测的各种销量，测算各种价格相应的利润，以最大总利润对应的价格作为产品的定价，相应的需求量作为该种产品的生产量。这个过程如表6－1所示。

表6－1　需求导向定价法的基本过程

序号	价格	销售量	变动成本 C_V	固定成本 C_f	利润	
1	P_1	Q_1			R_1	
2	P_2	Q_2			R_2	
…					…	max
k	P_k	Q_k			R_k	
…					…	
n	P_n	Q_n			R_n	

注：$R_k = \max[R_1, R_2, \cdots, R_k, \cdots, R_n]$，所定价格 $P = P_k$。

需要说明的是，感受价值并非总是与产品的实际价值相一致。实际上，卖方可运用各种营销策略和手段去影响买方的感受，使之形成对卖方有利的价值观念。所以，感受价值定价法如果运用得当，会给企业带来额外好处。例如，汽车配件生产企业可以生产质量优异、性能独特、内饰豪华的汽车配件，以此来增加用户的感受价值，提高产品身价，从而带动本企业产品在用户心目中的地位。

需求导向定价法的优点有：考虑了市场需求对产品价格的接受程度；对企业有降低成本的压力和动力。因为顾客的感受价值一定，显然产品成本越低，实现的利润就越大。但同时也应该看到，需求导向定价法也有一些缺点：如定价过程复杂，特别是各种价格下的市场需求量，难以做到准确估计；由于技术等各种因素的限制，不一定总是能将产品成本降到用户的感受价值之下，所以此方法不一定总是具有可行性等。可以看出，需求导向定价法与成本导向定价法的优缺点刚好相反。

3）竞争导向定价法

竞争导向定价法是企业依据竞争产品的品质和价格来确定本企业产品价格的一种方法。其特点是：只要竞争产品的价格不变，即使本企业的产品成本或需求发生变化，价格也不变；反之亦然。这种方法定价简便易行，所定价格竞争力强，但价格比较僵死，有时企业获利也较小。

竞争导向定价法比较适合市场竞争激烈的产品。营销者在运用这一方法时，应当强化用户的感受，使用户相信本企业产品的价格比竞争对手更符合用户的利益。在当今竞争激烈的国际汽车配件市场上，不少汽车配件公司便采用此法。例如，日产汽车配件公司部分产品的定价，就是先充分研究丰田汽车配件公司相似产品的价格，然后再给自己的产品制定一个合适的价格。如果丰田相关产品的价格调整了，日产公司通常也要作出相应地反应。

在使用竞争导向定价法时，企业不仅应了解竞争者的价格水平，还应了解竞争者所能提供的产品及质量。这可从以下几个方面去做：获得竞争者的价目表；派人员去比较用户对价格的态度，如询问购买者的感受价值和对每一个竞争者提供的产品质量感觉如何；购买竞争者提供的产品并与本企业产品进行比较，有必要的话可以将竞争者的产品拆开来研究等。一旦企业知道了竞争者的价格和提供的产品，就可以用这些信息作为自己制定价格的一个出发点。若企业提供的产品与一个主要竞争者的产品类似，则企业应将自己的价格定得接近于竞争者，否则会失去销售额；若企业提供的产品不如竞争者，则企业的定价就应低于竞争者的定价；若企业提供的产品比竞争者的好，则企业定价就可以比竞争者的高。

竞争导向定价法常见的具体方法有两种：① 随行就市定价法。按行业近似产品的平均价格定价，是同质产品惯用的定价方法，也比较适合产品的成本难以估计，企业打算与竞争者和平共处，对购买者和竞争者的反应难以估计等场合。② 投标定价法。采取公开的或行业的相关渠道发布采购信息，邀请供应商在规定的时间内投标（该过程称招标）。有意参加招标的各供应商，各自保密地填写招标书内容，在规定的截止日前将填写的招标书交给招标人（该过程称投标）。然后招标人根据各供应商填报的价格，并参考其他条件（供应商的产品质量、服务、交货期等）进行评议（评标），确定最终中标情况，宣布招标结果（结标）。事实上，投标者的报价就是在进行竞争性报价。

值得强调的是，企业在使用竞争导向定价法时，必须考虑竞争者可能针对企业的价格所作出的反应。从根本上来说，企业使用竞争导向定价法是为了利用价格来为本企业的产品适当定位，同竞争者抗争。

2. 汽车配件定价程序

1）确定定价目标

汽车配件企业要想确定出合理的价格，制定出有效的价格策略，在定价前，需要对目标市场进行深入研究，主要有以下几个方面：

（1）目标市场的需求状况。

（2）与产品定价有关的内外部环境。

（3）产品在目标市场中的定位情况。

2）估计产品的销售潜量

产品销售潜量的估算，关系到新产品市场开发和老产品市场拓展的能力。估算方法如下：

（1）定预期价格。在决定产品价格之前，初步确定产品的各种可能预期价格，这种预期价格应既能为用户接受，又能为企业带来满意利润。预期销售价格的确定，除应认真征求用户的意见外，还应重视经验丰富的中间商的反应。预期价格确定后，应通过小批量的试销了解用户对这一价格的反应。

（2）估计不同价格下的供给量与销售量。对不同价格下的供需量进行认真分析，计算各种售价的均衡点，确定产品的需求曲线。此外，还要分析、确定产品的需求弹性、供给弹性。企业可以通过市场调查、统计分析等手段达到上述目的，但要注意分清供给、需求的变动是否是由价格变动引起的。

3）分析产品成本

分析产品成本，预测成本变化趋势。

4）分析竞争对手

既要分析现实的竞争对手，又要分析潜在的竞争对手；既要将竞争对手的产品价格与本企业产品的价格相比，又要将竞争对手的产品质量、性能、服务水准、信誉与本企业的进行对比。

5）预测市场占有率

在估计了不同价格下的供需量及分析了竞争对手之后，企业就可以初步预测出在不同价格水平下，企业的产品在市场上所能占到的市场份额。

6）选择定价方法

企业在明确了自己的定价目标，并分析和研究了产品的供求状况、产品成本及竞争对手的具体情况的基础上，就可以根据自己掌握的这些信息，选择定价方法。

7）考虑与其他营销组合因素的配合

主要包括：

（1）产品策略。要考虑到产品线、产品品种、品牌商标等综合产品因素。

（2）分销策略。要考虑到不同的分销渠道、不同的中间商的具体情况、具体要求。

（3）促销策略。要考虑促销费用对价格的影响，并尽可能地考虑到在具体的营销活动中可能出现的资金要求。

8）确定产品价格

适当调整产品价格，在不同时期、不同的细分市场上，运用灵活的价格策略和技巧，对基础价格进行适当调整，并及时反馈与价格有关的市场信息，同时对企业的价格体系进行控制。

3. 汽车配件定价策略

1）新产品定价策略

（1）高价策略。

高价策略即为新产品定一个较高的上市价格，以期在短期内获取高额利润，尽快收回投资。采用高价策略有下列前提条件：新产品生产能力有限，高价有利于控制市场需求量；产品成本较高，暂时难以立即降低价格，且索取高价存在好处；新产品较难仿制，竞争性小，需求价格弹性相对不高；高价不会使用户产生牟取暴利的感觉；产品的用途、质量、性能或款式等产品要素，与高价相符合。

采用高价策略有利有弊。好处是：利用了新产品上市时用户求新、好奇的心理，以及竞争和替代品都很少的有利时机，通过高价在短时间内收回投资；企业获得高额利润后，更能提高企业的竞争实力，进而可有效地抑制竞争者；为以后的降价留下利润空间。弊端在于：如果没有特殊的技术、资源等优势，高价格高利润会引来大量竞争对手，使高价格难以维持太久；当新产品尚未在用户心中树立起相应的声誉时，高价格不利于市场开拓，甚至会引起公众的反感。

（2）低价策略。

低价策略即为新产品定一个较低的上市价格，以期吸引大量用户，赢得较高的市场占有率。采用低价策略有一定的前提条件：新产品的价格需求弹性高；企业具有规模效应；新产品的潜在需求量大。

这种策略的利弊与高价策略刚好相反，是一种着眼于企业长期发展的策略。但在利用这种策略进入国际市场时，应注意不要让进口国指控为倾销，否则有可能遭到倾销指控。另外，还要注意不要引发市场价格大战。

比较现实的做法是：各自在被分割和相对垄断的市场上，采取中价策略，把竞争的重点放在汽车配件的质量性能、品种和服务上。

对于企业来说，到底采取高价还是低价策略，应综合考虑各种因素的影响(表6－2)。

表6－2　定价因素

制约因素	高价	低价	制约因素	高价	低价
1. 促销手段	很多	很少	10. 商品用途	多	单一
2. 产品特性	特殊性	便利品	11. 售后服务	多	少
3. 生产方式	预定	标准化	12. 产品生命周期	短	长
4. 市场规模	小	大	13. 需求价格弹性	小	大
5. 技术变迁性	创新速度快	相对稳定	14. 生产周期	长	短
6. 生产要素	技术密集	劳动密集	15. 商品差异化	大	小
7. 市场占有率	低	高	16. 产品信誉	优良	一般
8. 市场开发程度	导入	成长	17. 质量	优	一般
9. 投资回收期	短	长	18. 供给量	小	大

2）产品组合定价策略

对大型企业来说，其产品并不只有一个品种，而是某些产品的组合，这就需要企业制定一系列的产品价格，使产品组合取得整体的最大利润。这种情况的定价工作一般比较复杂，因为不同的产品，其需求量、成本和竞争程度等情况是不相同的。

产品组合定价策略有以下几种形式：

（1）产品线定价策略。

在同一产品线中，各个产品项目是有着非常密切的关系和相似性的，企业可以利用这些相似性来制定同一条产品线中不同产品项目的价格，以提高整条产品线的盈利。如企业同一产品线内有A，B，C三种产品，分别定价为A(高价)，B(中价)，C(低价)三种价格，则用户自然会把这三种价格的产品分为不同的三个“档次”，并按习惯去购买自己期望的那一档次的产品。

运用这一价格策略，能形成本企业的价格差异和价格等级，使企业各类产品定位鲜明，且能服务于各种消费能力层次的用户，并能使用户确信本企业是按质论“档”定价，给市场一个“公平合理”的定价印象。这一策略比较适合广大用户对企业，而不是对某个具体产品的信念较好的情况下采用。

企业在采用产品线定价策略时，首先必须对产品线上推出的各个产品项目之间的特色、顾客对不同特色的评估以及对竞争对手的同类产品的价格等方面的因素进行全面考虑；其次，应以某一产品项目为基点定出基准价；然后，围绕这一基准价定出整个产品线的价格，使产品项目之间存在的差异能通过价格差鲜明地体现出来。

(2) 选择品及非必需附带产品的定价策略。

企业在提供汽车配件产品的同时，还可提供一些与汽车配件相关的非必需产品，如汽车配件收录机、暖风装置、车用电话等。一般而言，非必需附带品应另行计价，以让用户感到“合情合理”。

非必需附带产品的定价，可以适当定高价。如汽车配件厂商的销售展厅内摆放的通常都是有利于显示产品高贵品质的产品，在强烈的环境感染下，用户常常会忽视这些选择品的性价比。

(3) 必需附带产品定价策略。

必需附带产品又称连带产品，指必须与主机产品一同使用的产品，或主机产品在使用过程中必需的产品。一般来说，企业可以把汽车配件产品价格定得低些，而将附带产品如汽车配件的价格定得高些，这种定价策略既有利于提高主绑产品价格的竞争性，而又不至于过分牺牲企业的利润。这是一种在国际汽车配件市场营销中比较流行的策略。我国有些轿车公司便在执行这一策略。

(4) 产品群定价策略。

为了促进产品组合中所有产品项目的销售，企业有时将有相关关系的产品组成一个产品群成套销售。用户有时可能并无意购买整套产品，但企业通过配套销售，使用户感到比单独购买便宜、方便，从而带动了整个产品群中某些不太畅销产品的销售。使用这一策略时，要注意搭配合理，避免硬性搭配(硬性搭配的销售行为是不合法的)。

3) 心理定价策略

(1) 声望定价策略

声望定价策略指利用用户仰慕名牌产品或企业声望的心理来定价的策略，往往把价格定得较高。这种方法尤其适用于成本、质量不易鉴别的产品。因为用户在不容易区分不同产品的成本、质量的情况下，往往以品牌及价格来决定取舍。此外，一些“炫耀”性产品也适合保持较高的价格水平，如“凯迪拉克”汽车配件。但需要说明的是，名牌车在各种产品档次中都存在，所以并不一定都适合定高价，如福特“T”型车、大众公司的“甲壳虫”、“高尔夫”等汽车配件，其知名度之高，显然属于名牌汽车配件，但它们都是以经济实惠而著名，都不属于高档车。因而企业对名牌产品进行价格定价时，应酌情考虑，而不能一概定高价。

(2) 尾数定价策略。

指利用用户对数字认识上的某种心理，在价格的尾数上做文章。例如，企业故意将产品的定价定出个尾数，让用户感到企业的定价比较公平合理；又如，将尾数定为“9”，以满足人们企盼长久的心理，将尾数定为“8”，以迎合用户“恭喜发财”的心理等。

4) 地区定价策略

企业要决定卖给不同地区客户的产品，是否要实行不同的价格，实行差别定价。概括地看，地区定价策略有以下几种。

(1) 统一定价。

统一定价是对全国各地的客户，实行相同的价格，客户不管去哪家经销商购买，产品的价格都是一样的。执行这种策略，有利于吸引各地的客户，规范市场和企业的营销管理。这种定价策略又可以分为两种情况，一种情况是用户自己去经销商处提车，并自付提车后的有关运输费用；或者收取合理的交付费用后，由厂家或经销商负责将商品车交付到用户家里，即免费送货。另一种情况是厂家或经销商负责免费将商品车交付到用户家里，属免费送货。

(2) 基点定价。

企业选定某些城市作为基点，在这些基点城市实行统一的价格，客户或经销商在各个基点城市就近提货。如在制造厂商设在全国的地区分销中心或地区中转仓库提货，客户负担出库后至其家里的运送费用。

(3) 分区定价。

分区定价是将全国市场划分为几个市场销售区，各区之间的价格不一，但在区内实行统一定价。这种定价方法的主要缺点是价格不同的两个相邻区域，处于区域边界的用户对相同的商品，却要付出不同的价款，且容易出现“串货”或商品的“倒卖”现象。

(4) 产地定价。

产地定价是按产地的价格销售，经销商或用户负责从产地到目的地的运输，负担相应的运费及相关风险费用。这种定价策略目前已经不大采用，除非在销售较为旺盛时，部分非合同销售才可能出现这种情况。

5) 折扣定价策略。

折扣定价是应用较为广泛的定价策略。主要有以下几种类型。

(1) 功能折扣。

功能折扣又作贸易折扣，即厂商对功能不同的经销商给予不同折扣的定价策略，以促使他们执行各自的营销功能(推销、储存、服务等)。

(2) 现金折扣。

现金折扣即给予立即付清货款的客户或经销商的一种折扣。其折扣直接与客户或经销商的货款支付情况挂钩，当场立即付清时得到的折扣最多，而在超过一定付款期后付清货款，不仅得不到折扣，反而还可能要交付一定的滞纳金。

(3) 数量折扣。

数量折扣即与客户或经销商的购买数量挂钩的一种折扣策略，数量越多，享受的折扣越大。我国很多汽车配件企业均采取了这种策略。

(4) 季节折扣。

季节折扣即与时间有关的折扣，这种折扣多发生在销售淡季。客户或经销商在淡季购买时，可以得到季节性优惠，而这种优惠在销售旺季是没有的。

(5) 价格折让。

当客户或经销商为厂商带来其他价值时，厂商为回报这种价值而给予客户或经销商的一种利益实惠，即折让。如客户采取“以旧换新”方式购买新车时，客户只要付清新车价格与旧车价格间的差价，这就是以旧换新折让。又如，经销商配合厂商进行了促销活动，厂商在与经销商清算货款时则给予一定折扣，这种折扣就是促销折让。

6) 降价与提价策略

(1) 降价策略。

企业采用降价策略往往会造成同行的不满和报复，引发价格竞争。但当企业处于下列几种状况时，仍应采用降价策略：产品严重积压，运用各种营销手段(价格策略除外)，仍难以打开销路；价格竞争形势严峻，市场占有率下降；企业的产品成本比对手低，但销路不畅，只有通过降价来提高市场占有率；有时，有些实力雄厚的企业为了进一步提高市场占有率，也采用降价策略，一旦达到目的，价格就会上升。

采用直接降价策略，可以刺激用户的购买欲，提高产品销售量，但如果降价时机选择不好，降价方式不适当，宣传不够，也会产生不良影响。一般来说，降价时购买者可能的理解有：该产品可能被淘汰；产品有缺陷；产品已经停产，零配件供应将会有困难；降价还会持续，特别是小幅连续降价时，最易引起购买者持币待购；企业遇到了财务困难等。因此，降价策略必须谨慎使用。

间接降价（又作变相降价），可以缓解价格竞争，避免误导购买者，促进产品销售，是常用的降价方式。常见的间接降价方式有：

① 增加价外费用支出和服务项目。在欧、美、日等国家地区，此种方法被大量采用，如对购买者提供低息贷款；赠送车辆保险；免费送货上门；增加质量保修内容，延长保修期限等。国内的汽车配件企业也大量采用这种方法，如某汽车配件公司在国内率先对其产品行驶1000 km后实行免费维护。

② 赠送礼品和礼品券。

③ 举办产品展销，展销期间价格优惠。如，开展"销售优惠月"活动，优惠月内价格优惠。这种短期的降价活动有很强的促销作用。

④ 提高产品质量，改进产品性能，提高产品附加值。在西方，企业对竞争者降价竞销，常采用的对策有：保持原价；维持原价，同时改进质量或增加服务项目；降价；提价，同时推出新品牌，以围攻对手的降价产品；推出更廉价的产品进行反击。

⑤ 给予各种价格折扣。

（2）提价策略

提价常常会引起购买者、经销商的不满，但成功的提价会为企业带来可观的利润。企业提价通常由于：产品在市场上严重供不应求；通货膨胀使企业的各项成本上升，企业被迫提价以维持利润水平。

产品提价通常会抑制需求，但有时会使用户将提价理解为：此产品为走俏产品，市场很快会脱销；该产品有新功能或特殊价值；可能还要涨价，迟买不如早买。所以，如果提价时机好、促销广告宣传有力，提价有时反而会激发增强购买欲望，增加产销量。但要注意，提价时一定要注意不能引起客户反感。有时，在需要提价的情况下，企业为了不招致客户的注意和反感，会采用间接提价的策略，例如：在签订大宗合同时，规定价格调整条款，即对价格不作最后限价，规定在一定时期内（一般为交货时），可以按当时价格与供求行情对价格进行调整。

6.2.3　汽车配件销售渠道

1. 汽车配件销售的特征

汽车配件销售与一般商品相比较，有以下特征：

（1）较强的专业技术性。现代汽车配件是融合了多种高新技术的集合体，其每一个配件都具有严格的型号、规格、工况标准。要在不同型号汽车的成千上万个配件品种中为顾客精确、快速地查找出所需的配件，就必须有高度专业化的工作人员，并由计算机管理系统作为保障。从业人员既要掌握商品营销知识，又要掌握汽车专业知识、汽车配件材料知识、机械识图知识，学会识别各种汽车的车型、规格、性能、用途以及配件的商品检验内容。

(2) 经营品种多样化。一辆汽车在整个运行周期中，约有3000种配件存在损坏和更换的可能，所以经营某一种车型的配件都要涉及许多品种和规格。即使同一品种规格的配件，国内也有许多厂在生产，其质量、价格差别也很大，甚至还存在假冒伪劣产品，要为用户推荐货真价实的配件，也不是一件很容易的事。

(3) 经营必须有相当数量的库存支持。由于汽车配件品种多样化以及汽车故障发生的随机性，经营者要将大部分资金用于库存储备和商品在途资金储备。

(4) 经营必须有服务相配套。汽车是许多高新技术和常规技术的载体，不同于一般生活用品，汽车配件经营必须有配套的服务相支撑，特别是技术服务至关重要。

(5) 配件销售的季节性。一年四季给汽车配件销售市场带来不同季节的需求。在春雨绵绵的季节里，为适应车辆在雨季行驶，车上的雨布、各种风窗玻璃、车窗升降器、电气刮水器、刮水管及片、挡泥板、驾驶室等部件就需要得特别多。在热浪滚滚的夏季和早秋季节，因为气温高，发动机机件磨损大，火花塞、白金(断电触点)、气缸垫、进排气门、风扇带及冷却系统部件等的需求特别多。在寒风凛冽的冬季，气温低，发动机难起动，需要的蓄电池、预热塞、起动机齿轮、飞轮齿环、防冻液、百叶窗、各种密封件等配件的需求的需求就增多。

由此可见，自然规律给汽车配件市场带来非常明显的季节性需求趋势。调查资料显示，这种趋势所带来的销售额，占总销售额的30%～40%。

(6) 汽车配件销售的地域性。我国国土辽阔，有山地、高原、平原等不同地形及乡村、城镇等不同行政区域，并且不少地区海拔高度悬殊。这种地理环境，也给汽车配件销售市场带来地域性的不同需求。在城镇，特别是大、中城市，因人口稠密、物资较多、运输繁忙，汽车起动和停车次数较频繁，机件磨损较大，其所需起动、离合、制动、电气设备等部件的数量较多；一般大城市的公共汽车公司、运输公司的车辆，所需离合器摩擦片、离合器分离杠杆、前后制动片、起动机齿轮、飞轮齿环等部件也较多。在山地高原，因山路多、弯道急、坡度大、颠簸频繁，汽车钢板弹簧就容易折断或失去弹性，减振器部件也易坏，变速扭件、传动部件易损坏，需要更换总成件也较多。由此可见，地理环境给汽车配件销售市场带来的影响是比较明显的。

2. 分销渠道的类型

1) 经销中间商

汽车配件的经销中间商为批发商、零售商和其他再售商等。他们承担着商品流通职能，是汽车配件流通的主体。

从当今汽车配件市场发展趋势看，批发商和零售商的经营职能互相融合，形成批发兼零售的形式。

2) 代理中间商

代理中间商专门介绍客户或与客户磋商交易合同，但并不拥有商品的持有权。例如，代理人可以到各地去寻找零售商，根据取得订货单的多少获得佣金，但代理商本人并不购买商品，而由制造商直接向零售商发货。

代理中间商具有信息灵、联系面广、生产企业控制力强、专业性强等特点。但是，也有灵活性差、委托者担负经营风险和资金风险等缺陷，而且，在现阶段要寻找到符合要求的代理商很困难。于是就产生了代理制的过渡形式 —— 特约经销商。这种方式适用于远距离销售，在制造商影响力较弱，而产品又具有一定市场的地区最为事宜。

3）超市连锁

超市连锁是新兴的汽车配件销售渠道。由于相对不成熟的汽车售后市场限制了中国汽车工业的发展和普及。缺乏统一的售后服务市场标准，汽车配件流通的环节过多，不透明的黑箱效应损害了消费者的利益。经营者不规范的经营行为所带来的假冒伪劣产品的泛滥，维修行业维修质量的低下，影响了汽车潜在用户的购车热情。而欧美等发达国家，成熟的售后服务市场的形成，为其汽车工业的发展打下了基础，并促进了配件行业的发展。

超市连锁，无疑是发展我国汽车行业可以采用的一种模式，而先进的具有中国特色的汽车配件城的出现，又为中国汽车配件行业的发展开拓了新的思路。

如今，汽车配件市场规模化的潮流，使中国各地出现了一个又一个的汽车配件城。汽车配件城在形式上，将以前分散的汽车配件经销商聚集在一起，进行交易，使汽车配件市场向标准化经营迈进了一步。其资源相对集中，为进行有组织地配送、培训等“一条龙”服务奠定了物质基础。另外，还可以利用其网络优势和信息优势，有利于采用电子商务手段作为汽配城的神经中枢系统，从而有效地将他们联系起来。电子商务可以提升汽配城的经营水准，进一步扩大汽配城的区域效应，更可有效地配置资源，使汽配城在原有功能基础上，成为全国范围内的地区性的配送中心和服务中心，更好地为商家、为客户提供便利的标准化服务。

3. 汽车配件的销售方式

1）零售

相对整车而言，汽车配件的零售形式要丰富得多。从零售店经营的产品品种数目看，有三种零售形式：

（1）专营店，也叫专卖店。这种配件销售店专门经营某一种汽车公司或某一种车型的汽车配件。国外多数汽车公司的配件都实行专卖。专卖店要么属于汽车公司，要么同汽车公司（或其他经销站、代理商）具有合同关系。

（2）混合店。这种配件销售店，一般直接从各生产厂家或汽车公司进货，经营品种涉及各个汽车厂家各种车型的配件。

（3）超级市场。这种市场不仅规模大、品种全、价格合理、知名度高，而且还从事批发业务，这类市场的辐射力很强，容易形成以超级市场为中心的经营网络。例如上海汽车工业配件总汇，堪称国内一流的汽车配件经销店。

从零售店的集中程度看，有两种零售形式：① 分散式。这类汽车配件零售店一般分散在各个地方，周围可能只此一家汽车配件经销店。② 汽车配件一条街。这种一条街在我国许多城市都存在，一般位于较有影响的配件批发商附近，或在汽车贸易公司、汽车企业销售机构附近的地区。

从零售店的综合程度来看，多数零售店只是经营汽车配件或摩托车配件以及相关五金工业品，但也有综合性很强的大型零售店，有些类似于超级市场。这类大型店提供的服务不仅是经营各类汽车配件，还向客户提供加油、娱乐等多种服务。

2）门市连锁店

从零售店的经营权看，一般零售店都是独立的，但有一类叫做“连锁店”。这类汽车配件经销店一般同汽车配件主渠道 —— 汽车公司连锁，由汽车公司对其进行规划、管理、技术指导、提供信息，并优惠供应配件。连锁店可以挂汽车公司的牌子，但必须只向汽车公司进货。

一个较大的汽车配件销售企业往往在一个地区设立几个门市部，或跨地区、跨城市设立门市部。在有多个门市部时，相互间的分工至关重要。有的按车型分工，如经营解放、东风或桑塔纳、捷达、奥迪配件等；有的各个门市部实行综合经营，不分车型；也有的二者兼有，即以综合经营为基础，各自又有一两个特色车型。

（1）门市销售的柜组分工方式。在一个门市部内部，各柜组的经营分工，一般有两种方式，一是按品种系列分柜组，二是按车型分柜组。

① 按品种系列分柜组。经营的所有配件，不分车型，而是按部、系、品名分柜组经营，如经营发动机系配件的柜组，称为发动机柜组；经营通用工具及通用电器的柜组，称为通用柜组；经营化油器等配件的，称为化杂件柜组等。

这种柜组分工方式的优点是：比较适合专业化分工的要求。因为汽车配件的系统是按照配件在一部整车的几个构成部分来划分的，如发动机系统、离合变速系统、传动轮轴系统等比较能够结合商品的本质特点。如金属机械配件归为一类，电器产品归为一类，这种划分方式有利于经营人员深入了解商品的性能特点、材质、工艺等商品知识。汽车配件品种繁多，对于营业员来说，学会本人经营的那部分配件品种的商品知识，比学会某一车型全部配件的商品知识要容易得多，这样能较快地掌握所经营品种的品名、质量、价格及通用互换常识。尤其在进口维修配件的经营中，由于车型繁杂，而每种车型的保有量又不太大，因此按品种系列分柜组比较好。再就是某些配件的通用互换性，哪些品种可以与国产车型的配件通用，往往需要用户提供，有的则需要从实物的对比中得出结论。如果不按品种系列，而按车型经营，遇到上述情况，就有许多不便。

② 按车型分柜组。按不同车型分柜组，如分成桑塔纳、富康、捷达、奥迪、东风、解放柜组等。每个柜组经营一个或两个车型的全部品种。

改革开放以来，由于在一些专业运输单位及厂矿企业实行了承保责任制，每一个承包单位拥有的车型种类不多。中小型企业及个体用户，大多也只拥有一种或几种车型。所以目前的汽车配件用户，以中小型用户为主。这些中小型用户的配件采购计划，往往是按车型划分，所以一份采购单，只要在一个柜组便可全部备齐，无须分别到若干个柜台开票，而只集中到一个柜组的 1 ~ 2 个柜台，便可解决全部需求。

另外，按车型分工还可与整车厂编印的配件样本目录相一致，当向汽车配件厂提出要货时，经营企业可以很便利地编制按车型划分的进货计划。

按车型分柜组，也有利于进行经济核算，便于管理。若孤立地经营不同车型的部分品种，难以考核经济效益。按车型分工经营，根据社会车型保有量统计数据，把进货、销量库存、资金占用、费用、资金周转几项经济指标落实到柜组，在此基础上实行利润包干形式的经济责任制，有利于企业管理的规范化。

但这种方法也有缺点，那就是每个柜组经营品种繁多，对营业员的要求高，营业员需要熟悉所经营车型每种商品的性能、特点、材质、价格及产地等情况，这不是一件很容易的事，而且当一种配件可以通用几个车型时，往往容易造成重复进货、重复经营。

两种柜组分工方式各有利弊，可根据具体条件决定。

（2）门市橱窗陈列和柜台货架摆放。对汽车配件门市部来讲，陈列商品十分重要。通过陈列摆样品，可以加深顾客对配件的了解，以便选购。尤其对一些新产品和通用产品，更能通过样品陈列起到极大的宣传作用。

门市的商品陈列，包括橱窗商品陈列、柜台货架商品陈列、架顶陈列、壁挂陈列和平地陈列等。

橱窗商品陈列，是利用商店临街的橱窗专门展示样品，是商业广告的一种主要形式。橱窗陈列商品一定有代表性，体现出企业的特色，如主营汽车配件轮胎的商店，不仅要将不同规格不同形状的轮胎巧妙地摆出来，同时又要美观大方，引人注目。

柜台、货架商品陈列，也叫做商品摆布，它具有既陈列又销售、更换频繁的特点。柜台、货架陈列是营业员的经常性工作，也是商店中最主要的陈列汽车配件中的小件商品，如火花塞、皮碗、修理包、各类油封等，适合此类陈列方式。

架顶陈列是在货架的顶部陈列商品，特点是占用上部空间位置，架顶商品陈列的视野范围较高，顾客容易观看，这种方式一般适合相关产品，如润滑油、美容清洗剂等商品的陈列。

壁挂陈列一般是在墙壁上设置悬挂陈列架来陈列商品，适用于质量较轻的配件，如轮辋、传动带等。

平地陈列是将体积大而笨重的、无法摆上货架或柜台的商品，在营业场地的地面上陈列，如蓄电池、发动机总成、离合器总成等。

商品陈列的注意事项：

① 易于顾客辨认，满足顾客要求。要将商品摆得成行成列、整齐、有条理，多而不乱，易于辨认。

② 库有柜有、明码标价。陈列的商品要明码标价，有货有价。商品随销随补，不断档、不空架，把所有待销售的商品展示在顾客面前。

③ 定位定量摆放。摆放商品要定位定量，不要随便移动，以利于营业员取放、盘点，提高工作效率。

④ 分类、分等摆放。应按商品的品种、系列、质量等级等有规律地摆放，以使用户挑选。

⑤ 连带商品摆放。把使用上有联系的商品，摆放在一起陈列，这样能引起顾客的联想，具有销售上的连带效应。

6.2.4　汽车配件促销策略

市场以变化为特征，尤其在市场竞争日趋激烈和市场疲软之时，促销手段是否得力，对企业长期稳定地发展和能否渡过难关有着重要意义。企业的促销能力是企业市场营销能力的重要组成部分。

1. 促销与促销组合的概念及作用

1）促销与促销组合的概念

所谓促销，是指企业营销部门通过一定的方式，将企业的产品信息及购买途径传递给目标用户，从而激发用户的购买兴趣，强化购买欲望，甚至创造需求，从而促进企业产品销售的一系列活动。促销的实质是传播与沟通信息，其目的是要促进销售，提高企业的市场占有率及增加企业的收益。为了沟通市场信息，企业可以采取两种方式：一是单向沟通，即要么是由“卖方 — 买方”的沟通，如广告、陈列、说明书、宣传报道等；要么是由“买方 — 卖方”的沟通，如用户意见书、评议等。二是双向沟通，如上门推销、现场销售等方式，即是买卖双方相互沟通信息和意见的形式。

现代市场营销将上述促销方式归纳为四种类型：人员推销、广告、营业推广和公共关系，这四种方式的运用搭配称为促销组合。促销组合策略就是对这四种促销方式组合搭配和如何运用的决策。对汽车配件市场营销而言，促销手段还应包括一种重要的促销方式，即销售技术服务（含售后服务）。可以说，在现代的汽车配件市场上，没有销售技术服务，尤其是没有售后服务，企业就没有市场；服务不能满足用户要求，企业也将失去市场，这一促销方式对汽车配件产品销售而言，具有更为重要的意义。所以，汽车配件产品的促销组合即是以上四种方式和技术服务的组合与搭配，相应的决策即为汽车配件产品的促销组合策略。

2）促销组合的作用

促销活动对企业的生产经营意义重大，是企业市场营销的重要内容，促销的作用不仅对不知名的产品和新产品意义深远，而且对名牌产品同样重要，"酒香不怕巷子深"的观念已经越来越不能适应现代市场竞争的需要，是应当摒弃的落后观念。在现代社会中，促销活动至少有以下重要作用：

（1）提供商业信息。通过促销宣传，可以使用户知道企业生产经营什么产品，有什么特点，到什么地方购买，购买的条件是什么等，从而引起顾客注意，激发并强化其购买欲望，为实现和扩大销售作好舆论准备。

（2）突出产品特点，提高竞争能力。促销活动通过宣传企业的产品特点，提高产品和企业的知名度，加深顾客的了解和喜爱，增强信任感，也就提高了企业和产品的竞争力。

（3）强化企业的形象，巩固市场地位。恰当的促销活动可以树立良好的企业形象和商品形象，能使顾客对企业及其产品产生好感，从而培养和提高用户的忠诚度，形成稳定的用户群，进而不断巩固和扩大市场占有率。

（4）刺激需求，影响用户的购买倾向，开拓市场。这种作用尤其对企业新产品推向市场，效果更为明显一些。企业通过促销活动诱导需求，有利于新产品打入市场和建立声誉。促销也有利于培育潜在需要，为企业持久地挖掘潜在市场提供了可能性。

总之，促销的作用就是花钱买市场。但企业在促销组合决策时，应有针对性地选择好各种促销方式的搭配，兼顾促销效果与促销成本的关系。

2. 促销组合策略

促销组合策略实质上就是对促销预算如何在各种方式之间进行合理分配的决策。企业在作这些决策时，除了要考虑各种方式的特点与效果外，还要考虑如下因素：

（1）产品的种类和市场类型。汽车配件产品的种类繁多，因此所采取的促销方式和策略应根据市场的不同而灵活变化。例如：重型汽车配件因使用上的相对集中，市场也比较集中，因而人员推销对促进重型汽车配件的销售，效果较好；而轻型、微型汽车配件由于市场分散，所以广告对促进这类汽车配件销售的效果就更好。总之，市场比较集中的汽车配件产品，人员推销的效果最好，营业推广和广告次之。反之，市场的需求越分散，广告效果越好。

（2）促销的思路企业促销活动的思路有"推动"与"拉引"之别。所谓"推动"就是以中间商为主要促销对象，将产品推向销售渠道，进而推向用户；"拉引"则是以最终用户为主要促销对象，引起并强化购买者的兴趣和欲望，吸引用户购买。显然，在"推动"思路指导下，企业便会采用人员推销方式向中间商促销，而"拉引"则会广泛采用广告等策略，以吸引最终用户。

（3）产品生命周期的阶段。当产品处于导入期时，需要进行广泛的宣传，以提高其知名度，因而广告的效果最佳，营业推广也有相当作用。当产品处于成长期时，广告和公共关系仍需加强，营业推广则可相对减少。产品进入成熟期时，应增加营业推广，削弱广告，因为此时大多数用户已经了解这一产品，在此阶段应大力进行人员推销，以便与竞争对手争夺客户。产品进入衰退期时，某些营业推广措施仍可适当保持，广告则可以停止。

总之，企业在充分了解各种促销方式的特点，并考虑影响汽车配件促销方式各种因素的前提下，才能做出最佳的促销组合决策。

本章内容小结

汽车配件市场细分，是在调查研究的基础上，根据用户的需求以及不同的购买行为与购买习惯等各种差异，把市场划分成若干有意义的用户群。

市场细分没有统一的标准，不同的商品、不同的环境，需要应用不同的标准。企业应根据自身的实际情况，确定适应自身需要的标准，汽车配件市场细分大体上有以下划分标准。

按车型比例划分、按用户购买力大小划分、按地理特点划分、按经济发达程度划分、按对配件价格的反映程度划分。细分市场的营销策略包括无差异性策略、差异性营销策略和集中性营销策略。

一般来说，汽车配件产品也同样存在着实质产品、形式产品、期望产品、延伸产品和潜在产品的概念。

汽车配件产品的标准化、通用化、系列化，不仅是产品质量的重要内容，也是企业经营策略的重要内容之一，是提高产品水平和竞争能力的重要措施。

汽车配件生产企业的产品组合策略包括：向集成化产品扩展、向系列化产品扩展、向高技术含量产品扩展、收缩劣势产品。

汽车配件经销企业的产品组合策略包括：纵向一体化扩展、增加服务性业务、突出主营业务、连锁化经营等。

汽车配件生命周期的市场策略：

不同的汽车配件在不同生命周期具有不同的特点，营销策略也有所不同。对汽车配件企业而言，要准确制定汽车配件各生命周期的策略，让新产品尽快被消费者接受，缩短汽车配件的导入期，延长产品的成长期和成熟期，准确判断产品的淘汰期，可以为企业争取更多的经济利益。

导入期的市场特点与营销策略：

本阶段的特点：汽车配件产品刚刚上市，企业花费了大量的研发费用，用户对产品尚未了解或者不完全了解，产品的配套车型少，生产批量小，成本高，利润很少甚至是负数。企业要尽量缩短这个阶段，尽早进入成长期。

成长期的市场特点与营销策略：

本阶段的特点：汽车配件产品销量急速增加，生产质量趋于稳定，生产批量增加，成本下降，开始给企业带来利润，产品知名度增加，市场规模扩大，规模效应显现，竞争者逐步加入。

成熟期的市场特点与营销策略：

本阶段的特点：汽车配件产品销量和产量达到最大，成本大幅下降，给企业带来丰厚利润，但竞争十分激烈。

衰退期的市场特点与营销策略：

本阶段的特点：产品销量明显下降，用户已对产品失去兴趣，新的可替代产品已经上市，或是限制性的法规出台，使部分产品被限制生产或明令淘汰。

成本导向定价法就是以产品的成本为中心定价的方法。这一类定价法有许多具体形式，主要介绍成本加成定价法与目标利润定价法。

需求导向定价法是企业通过广泛的市场调研，首先对企业的产品确定一个市场可以接受，并使企业获得较大利润，具有一定竞争力的价格作为目标价格。采用需求导向定价法，要做好以下两项关键的工作：一是找到比较准确的顾客感受价值。二是准确预测不同价格下的销售量。

竞争导向定价法是企业依据竞争产品的品质和价格来确定本企业产品价格的一种方法。其特点是：只要竞争产品的价格不变，即使本企业的产品成本或需求发生变化，价格也不变；反之亦然。这种方法定价也简便易行，所定价格竞争力强，但价格比较僵死，有时企业获利也较小。

汽车配件新产品定价策略有高价策略、低价策略、产品组合定价策略。

产品组合定价策略有以下几种形式：产品线定价策略、选择品及非必需附带产品的定价策略、必需附带产品定价策略、产品群定价策略。

心理定价策略包括声望定价策略、尾数定价策略。

地区定价策略有：统一定价、基点定价、分区定价、产地定价。

折扣定价策略是应用较为广泛的定价策略。主要的类型有：功能折扣、现金折扣、数量折扣、季节折扣、价格折让。

思考与练习

1. 汽车配件市场的作用是什么？
2. 如何进行汽车配件市场细分？
3. 汽车配件营销策略有哪些？
4. 汽车配件产品组合策略有哪些？
5. 汽车配件生命周期的市场特点和营销策略是什么？
6. 汽车配件供应必须考虑哪些条件？
7. 按产品线定价和折扣定价应采取哪些策略？
8. 新产品定价主要采取哪些策略？
9. 何谓统一定价、基点定价、分区定价和产地定价？
10. 汽车配件的主要定价方法有哪些？
11. 汽车配件销售有何特征?常见销售方式有哪些？
12. 分销渠道有哪些主要类型？
13. 如何进行汽车配件促销？

第7章　汽车配件订货管理

汽车配件的库存直接影响着配件管理的成本和配件的销售，配件的库存量过大，将导致库存成本增加，从而减少了配件企业经营的利润，反之，如果企业出现了断货，顾客会立即转向竞争者，因此，保证合理的库存量对提高配件企业的经营效益至关重要，而订货管理直接影响着配件企业的库存状况，做好库存管理，需要根据配件企业的库存状况及销售状况做好订货管理。

7.1　汽车配件订货管理基本知识

7.1.1　Just in time(JIT) 理论

JIT 即准时制生产方式（just in time，JIT），又称作无库存生产方式（stockless production），零库存（zero inventories），一个流（one - piece flow）或者超级市场生产方式（supermarket production），它是日本丰田汽车公司在20世纪60年代实行的一种生产方式，其基本思想是“只在需要的时候，按需要的量，生产所需的产品”，也就是追求一种无库存，或库存达到最小的生产系统。JIT 理论应用到汽车配件供应方面，就是所谓的卖一买一理论。丰田汽车公司从汽车配件生产厂商购进需要的零件，以要求的数量将要求的零件提供给世界各地的分销商，经营丰田汽车零件的分销商从 JIT 零件供应体系中得到的最大好处是增大了供应，缩短了交货期，更减少了库存量。经营丰田汽车配件的经销商也得益于 JIT 理论，使其库存减少，收入增加。

7.1.2　影响零件流通级别的因素

（1）车辆投放市场的使用周期。车辆使用寿命有限，前一两年故障率较低，而车辆运行到寿命周期的中间阶段时，故障率逐渐升高，零件损坏和报废的速度加快。

（2）制造、设计上的问题。如转动件（曲轴、车轮轮圈等）设计制造上存在明显的质量偏心，以致出现动不平衡，将导致转动件的损坏。摩擦件的材料选择不合适，将加剧磨损，最终提前损坏。

（3）使用不合理。本来某种汽车设计用于寒冷地区，如果把它用于热带地区，会出现故障。在广东地区，一年四季的温度较高，节温器不需使用，但是在东北地区由于冬天过冷，需节温器进行散热调节。另外，汽车驾驶时的操作不合理也将导致零部件的提前损坏。

(4) 燃油、机油选择不当或油质有问题，也会影响零件的寿命，如机油黏度过小，则不易形成油膜，对运动件的润滑效果不好。

(5) 道路状况。汽车行驶在好的路面上，车辆振动小，各结构件的变形及疲劳损坏小。相反，若行驶在凹凸不平的公路上，将导致结构受到的振动和冲击较大，影响零件的使用寿命。

(6) 季节性。冬天到来之前，点火、起动系统配件要准备充足；夏季来临前，空调系统及相应的散热配件要多储备。

7.1.3 存货管理

1. 存货管理的目的

通过确定合适的进货批量和进货时间使存货总成本最低，从而避免商品过季，消除恶性库存，保证良性运转，降低经营成本，提高商品周转率，确保有相应的陈列和库存量，并将商品变成先进先出，从而创造利润。

2. 存货失调的后果

(1) 造成机会损失，增加资金利息负担。

(2) 增加商品日常管理和仓储等费用。

(3) 减少销售与创造毛利的机会。

(4) 商品品质变化、过时。

(5) 增加处理存货的困扰。

(6) 对品牌形象有负面影响。

存货失调不但让企业增加各种各样的费用，还会由于时间关系失去商品价值，增加企业的经营成本。

7.1.4 汽车配件订货管理的概念及作用

汽车配件订货管理是指汽车配件经销商通过各种订单类型的合理搭配，以最低的订货成本使客户满意和资本占用的最佳平衡。汽车配件订货管理是库存管理的核心内容。它主要解决订货时间、订货种类、订货数量、订货方式等问题。汽车配件订货管理主要有以下几方面的作用：

(1) 解决了订货时间问题。既不造成过多配件库存，又不会因配件库存不足，造成销售损失，降低客户满意度。

(2) 保证了库存管理的实施。正确订购配件，保持一个平衡、灵活的库存系统。

(3) 保证客户满意度。良好的库存状态，可以保证配件供货率；灵活的订单形式，有利于快速补充库存范围；紧密的订单跟踪，方便兑现客户承诺。

(4) 扩大市场占有率。先进的订货管理可以增加客户忠诚度，扩大市场影响，挖掘维修深度，提高单车产值。

(5) 据统计，40% 的利润被消耗在不正确的运输方式上，因此，订货管理可以降低采购成本，提高利润率。正确的订货时机和订货数量，可以实现库存成本和订货成本的优化，库存订单往往会得到更多的采购折扣。同时，时间与人力的节约，也就降低了经营运作成本。

(6) 降低库房管理成本。节省库存空间，节省人力支出，提高进出库效率。

(7) 提高资金使用效率及计划性。进行订货管理可以在理论上实现零库存经营；规律的订货行为，有计划地进行工作；合理安排资金，提高库房周转率，避免因资金储备不足造成对正常业务的不良影响。

(8) 避免不必要的库存损失。合理的订货频率，可以保证库存配件的有效使用周期；科学的订货数量，可以避免过量库存配件；紧密的特殊订单跟踪，可以减少死库存的产生。

(9) 提高到货速度。合理计划订货，提高了汽车配件仓库的供货率，紧密的订单跟踪，方便及时调整供货方式。

(10) 降低汽车配件仓库工作强度。规律的订单，有利于合理安排工作强度，最小包装订货，避免了重新包装，同时，合理安排运输车辆，降低运输成本。

7.2　汽车配件订货程序

7.2.1　汽车配件订货流程

图7－1所示为某公司汽车配件订货流程。根据配件用途将汽车配件订货分为库存补充件、客户订购件和维修厂急需件订货三类。

7.2.2　库存补充件订货程序

1. 订货准备

在订货之前，应做好如下准备：

(1) 掌握每个零件品种6个月的平均需求数量。

(2) 掌握客户预订(*B/O*)品种、数量。

(3) 掌握现有库存品种、数量。

(4) 掌握未到货品种、数量。

(5) 掌握有动态零件品种、数量。

2. 订货量计算

丰田汽车公司推荐的订货计算公式如下：

$$S_{OQ} = M_{ad} \times (L/T + O/C + S/S) - (O/H + O/O) + B/O \qquad (7-1)$$

式中：S_{OQ}——订货数；

M_{ad}——月均需求，指6个月内平均月需求，也可采用加权平均；

L/T——到货期，从配件订货到搬入仓库为止的月数；

O/C——订货周期，以月为单位，每月订货一次即为1，每月订货两次为0.5；

S/S——安全库存月数，约为订货周期加到货期月数的70%，标准公式为：

安全库存月数 =（订货周期 + 到货期月数）× 系数

O/H——在库数，指订货时的现有库存数量；

O/O——在途数，指已订货尚未到货的配件数；

B/O——客户预订数，指无库存、客户预订的配件数。

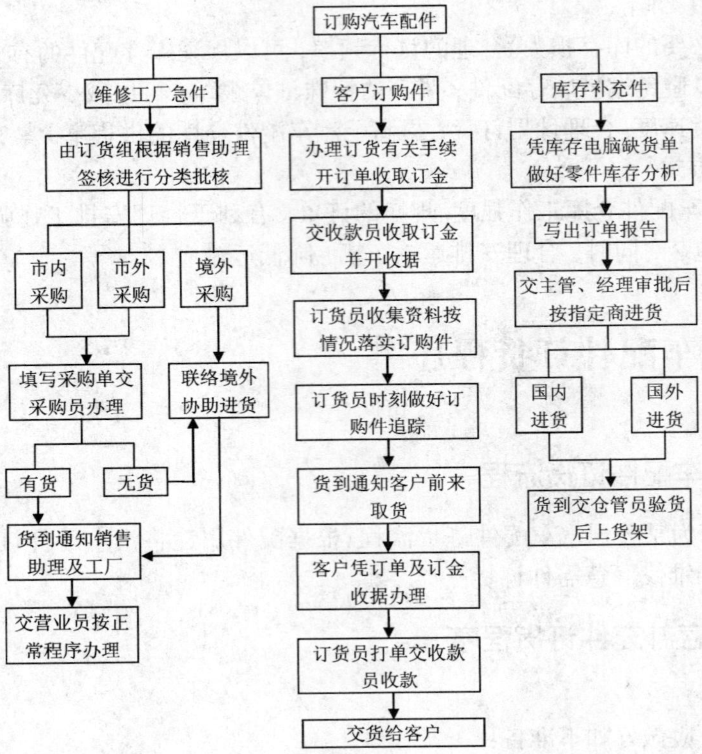

图 7－1　某公司汽车配件订货工作流程

每个月根据配件实际库存量、半年内销售量及安全库存量等信息，由计算机根据式(7－1)计算出一份配件订货数量，再根据实际情况进行适当调整，形成订货合同初稿明细表如表 7－1 所示。

表 7－1　订货合同初稿明细表

配件编号	配件名称	车型／发动机型号	参考订量／只	安全量／只	单价／元	现存量／只	平均月销量／只
22401－40V05	火花塞	Y31/VG30(S)	340	345	126.00	5	45
92130－G5701	雪种杯	C22/Z20(S)	1	2	5440.00	1	0.33
82342－G5103	窗扣	C22/Z20(S)	1	9	674.00	8	1.67
…	…	…	…	…	…	…	…

3. 向多家供货商发出询价单

根据订货合同初稿明细表，经订货部门主管审查并调整订货数量后，填写询价单。深圳×××汽车服务有限公司向深圳、广州、香港等地多家供货商同时发出询价单，其询价单格式如表 7－2 所示。

表7－2　询价单

公司名称：__________　编号：__________　日　期：__________
联系电话：__________　FAX：__________　总页数：__________

项目	数量	零件编号	零件名称	单价	金额

订货人：__________　联系电话：__________　FAX：__________

深圳×××汽车服务有限公司

4. 根据反馈报价单确定最后正式订货单

根据各供货商反馈回来的报价单，对比它们的报价和产品质量，选择性价比高的配件，并根据价格因素、市场因素、库存情况及客户需求量进一步调整订货数量后向其中一家发出正式订货单。

7.2.3　即购即销（急需）配件订货程序

1. 填写缺件报购通知单或配件请购单

修理部或客户所需配件如果库存缺货，由营业部开出“缺件报购通知单”（表7－3）或“配件请购单”（表7－4）交订货部门。

表7－3　缺件报购通知单

单位：深圳市检察院			工卡	46911
车牌号	B・B027	车型：RZH114	发动机型号	1Y

报购单号：981200534　2004年2月29日

配件名称	规格	配件编号	数量	备注
链条	双排	92600－G5700	1	公务车
凸轮齿轮	$Z=36$	11828－V6501	1	公务车
曲轴齿轮	$Z=18$	99810－14C26	1	公务车

表7－4　配件请购单

深圳×××汽车服务有限公司

配件请购单

款接员		订件人		日期：2004年12月28日		
工作卡号	4F056	底盘号码	VQ20			
车牌号码	B－F9945	车身编号	JNICAUA32110064484			
序号	零件编号	名称	数量	报价	期限	订件
1	BO552－5F700	左前门锁马达	1	750	2004年12月31日	√
零件部签收		12月29日1时5分	经办人	12月29日2时10分		
备注		第一次到货签收		月　日　时　分		
		第二次到货签收		月　日　时　分		
		第三次到货签收		月　日　时　分		
		全部到货签收		月　日　时　分		

零件部经办人：＿＿＿＿＿　修理工：＿＿＿＿＿　报购员：＿＿＿＿＿

2. 询价与报价

如果所在地区为深圳，订货部门可以先通过电话、电子邮件或传真与深圳市场联系，如果没有，再与邻近的广州市场联系，仍然没有的话，则与香港或国外有关公司联系，询问价格和供货时间。总之，订货的原则是先近后远，先国内后国外。供应商较近，有利于提高供货效率，节省送货时间，减少由于库存量大导致的资金积压，同时，降低企业的库存管理成本。

3. 签订急需配件订购合同并收取订金

配件订货的最终服务对象是客户，因此，得到反馈信息后，应将价格和供货时间及时向客户通报，由客户确认价格和供货时间，并签订订购合同和缴纳订金后，才能正式下订单。

4. 跟踪并及时提货交货

订单发出后要注意跟踪询问，时刻掌握供货动态，货到后需进行检验，核查所到配件与所定配件在型号和数量上是否相符，并查看配件是否有质量问题，若无质量问题，及时通知客户前来取货，并协助客户查货和办理配件的交接手续。

7.3　汽车配件采购业务

采购是流通企业的第一个工作环节。从社会再生产的角度看，就是商品从生产领域进入流通领域，是价值生产阶段开始转变为价值实现阶段；从企业经营的角度看，采购就是为了销售这个目的向生产企业（或其代理商、批发商）取得资源。因此，采购还不是经营的目的，销售并获得利润才是目的；从资金运动的角度看，采购就是货币资金转化为商品资金，是企业的流动资金（指银行存款、现金等）转化为库存资金，开始了流通企业的资金周转过程。

7.3.1　采购业务的意义

采购是企业经营活动的关键环节，意义重大。

（1）只有质优价廉、适销对路的商品源源不断地进入经销企业，才有可能提高为用户服务的质量，满足消费者的需要。

（2）搞好进货是搞好销售的前提和保证，只有进得好，才能销得快，才有可能提高企业经济效益。

（3）只有把商品采购组织好，把适销商品购进到经营企业，才能促使生产企业发展生产。

由此可见，商品购进是直接关系到生产企业能否得到发展，消费者需求能否得到满足，企业经营状况能否改善的关键问题。

7.3.2　采购的原则和方式

1. 汽车配件采购的原则

1）汽车配件采购管理原则

（1）勤进快销原则。勤进快销是加速资金周转，避免商品积压，提高经济效益的重要条件。勤进快销，就是采购次数要适当多一些，批量要少一些，进货间隔期要适当缩短。要在采购适销对路的前提下，选择能使采购费用、保管费用最省的采购批量和采购时间，以降低成本，降低商品价格，使顾客能买到价廉物美的商品。勤进快销还要随时掌握市场行情，密切注意销售去向，勤进、少进、进全、进对，以勤进促快销，以快销促勤进，不断适应消费需要，调整更新商品结构，力求加速商品周转。在销售上，供应要及时，方式要多样，方法要灵活，服务要周到，坚持薄利多销。

（2）以销定进原则。以销定进的原则，是按照销售状况决定进货。订货量是一个动态的数据，根据销售状态的变化（季节性变化、促销活动变化、供货厂商生产状况变化、客观环境变化等），决定订货量的多少，才能使商品适销对路，供应及时，库存合理。

（3）以进促销原则。以进促销原则是与以销定进相联系的，单纯的讲以销定进，进总是处于被动局面。因此，扩大进货来源，积极组织适销商品，能主动地促进企业扩大销售，通过少量进货试销，刺激消费，促进销售。

（4）储存保销。销售企业要保持一定的合理库存，以保证商品流通连续不断。

2）汽车配件采购的原则

采购的原则除了要求购进的商品适销对路外，就是要保质、保量。生产企业实行质量三包(包修、包退、包换)，经营企业要设专职检验部门或人员，负责购进商品的检验工作，把住商品质量关。除此之外，购进还应遵循以下原则：

(1) 积极合理地组织货源，保证商品适合用户的需要，坚持数量、质量、规格、型号、价格全面考虑的购进原则。

(2) 购进商品必须贯彻按质论价的政策，优质优价，不抬价、不压价，合理确定商品的采购价格；坚持按需进货、以销定进；坚持“钱出去、货进来，钱货两清”的原则。

(3) 购进的商品必须加强质量的监督和检查，防止假冒伪劣商品进入企业，流入市场。在商品收购工作中，不能只重数量而忽视质量，只强调工厂“三包”而忽视产品质量的检查，对不符合质量标准的商品应拒绝收购。

(4) 购进的商品必须有产品合格证及商标。实行生产认证制的产品，购进时必须附有生产许可证、产品技术标准和使用说明。

(5) 购进的商品必须有完整的内、外包装，外包装必须有厂名、厂址、产品名称、规格型号、数量、出厂日期等标志。

(6) 要求供货单位按合同规定按时发货，以防应季不到或过季到货，造成商品缺货或积压。

3) 具体贯彻采购原则，搞好采购，还要从实际出发，并灵活掌握

(1) 掌握不同种类汽车配件的供求规律。对于供求平衡，货源正常的汽车配件，适销什么，就购进什么，快销就勤进，多销就多进，少销就少进；对于货源时断时续，供不应求的汽车配件，根据市场需要开辟进货来源，随时了解供货情况，随供随进；对于扩大推销而销量却不大的汽车配件，应当少进多销，在保持品种齐全和必备库存求前提下，随进随销。

(2) 掌握汽车配件销售的季节性特点。

(3) 掌握汽车配件供应地点。当地进货，要少进勤进，外地进货，适当多进，适当储备。

(4) 掌握汽车配件的市场寿命周期。新商品要通过试销打开销路，进货从少到多。

2. 汽车配件采购的方式

汽车配件销售企业在组织进货时，要根据企业的类型、各类汽车配件的进货渠道以及汽车配件的不同特点，合理安排组织进货。一般有以下四种类型：

1) 集中进货。企业设置专门机构或专门采购人员统一进货，然后分配给各销售部(组、分公司) 销售。集中进货可以避免人力、物力的分散。还可加大进货量，受到供货方重视，并可根据批量差价，降低进货价格，也可节省其他进货费用。

2) 分散进货。由企业内部的配件销售部(组、分公司) 自设进货人员，在核定的资金范围内自行采购。

3) 集中进货与分散进货相结合。一般是外埠采购及其他非固定进货关系的一次性采购，办法是由各销售部(组、分公司) 提出采购计划，由业务部门汇总审核后集中采购。

4) 联购合销。由几个配件零售企业联合派出人员，统一向生产企业或批发企业进货，然后由这些零售企业分销。此类型多适合小型零售企业之间或中型零售企业代小型零售企业联合组织进货。这样能够相互协作，节省人力，凑零为整拆整分销，并有利于组织运输，降低进货费用。

上述几种进货方式各有所长，企业应根据实际情况扬长避短，选择自己的进货方式。

7.3.3　对采购人员的基本要求

采购业务是商品流通过程中的第一道环节，会直接影响企业的整个经营活动和各项经济指标的完成，而采购员是第一道环节的主要执行人。

1. 采购员的岗位职责

(1) 负责编制进货计划。

(2) 负责按车型、品种的需求量计划，积极组织订购优质、价格适宜的产品，保证销售需求。

(3) 负责组织开展商品的代销、试销业务，开拓新产品市场。

(4) 负责改善库存结构，积极处理库存超储积压商品。

(5) 负责开展工贸联营、联销工作。

(6) 负责日常急需商品的催调合同或组织临时进货，满足市场需求，并根据市场变化及库存结构情况，对订货合同进行调整。

(7) 认真搞好资金定额管理，在保证进货需求的前提下，最大限度地压缩资金占用，加速资金周转。

(8) 认真执行费用开支规定，在保证工作需求的前提下，努力节省进货费用。进货时，一方面要考虑适销对路，另一方面也要考虑运输路线、运费价格等。

(9) 经常主动地深入营业门市部和仓库了解产品质量状况，走访客户了解市场需求。

(10) 认真执行工商、税务、物价、计量等方面的法令、法规，遵守企业规章制度。

(11) 入库验收工作时，采购员要协同计划员、库管员做好配件的第二次检验工作、对配件的质量、品牌、规格价格等问题作合理的解释，并负责配件质量、数量的异常处理，及时做好退货及退换。

2. 采购员的基本素质

(1) 要有一定的政策、法律知识水平和政治觉悟。采购员要懂得国家、地区和企业在采购环节的相关法律、法规和规定，使采购工作在国家政策允许的范围内进行。采购人员要按规定进货，不进人情货，更不能在进货中为谋取回扣、礼物等私利，而购进质次价高的商品。

(2) 要具备必要的专业知识。采购员不仅要熟知所经营商品的标准名称、规格、型号、性能、商标、包装等知识，还要懂得商品的结构、使用原理、安装部位、使用寿命及通用互换性等知识，以便使进货准确无误。采购员不仅需要精通进货业务的各个环节，而且还要知道商品在进、销、存以及运输、检验、入库保管等各业务环节的过程以及相互间的关系。

(3) 要善于进行市场调查和分类整理有关资料。调查的内容主要包括：本地区车型及其保有量、道路情况、各种车辆零部件的消耗情况、主要用户进货渠道和对配件的需求情况；竞争对手的进货及销售情况。另外还要十分了解配件生产厂家的产品质量、价格和促销策略等。要定期对上述资料进行分类、整理，为正确进行市场预测、科学进货提供依据。

(4) 要有对市场进行正确预测的能力。汽车及配件市场的发展受国民经济诸多因素的影响，并随宏观经济发展形势的波动而波动。但汽车配件市场的运行也有一定的规律性，采购人员可利用收集的各种信息和资料进行分析研究，预测出一定时期内当地汽车配件市场形势，从而提高进货的准确性，减少盲目性。

(5) 能编好进货计划。包括年度、季度或月进货计划，以及补充进货计划和临时要货计划等。在编制进货计划时，要注意考虑如下因素：对本地区汽车配件市场形势的预测结果；本单位销售计划；商品库存和在途，以及已签订过合同的货源情况；用户购买意向；本地区、本企业上年同期的销售业绩。进货计划中，配件类别必须划细，要有详细的品种。进货数量和进货时间要均衡，使配件供应既及时，又不积压或中断，合理地占用资金。

(6) 能根据市场情况，及时修订订货合同。在商品流通中，常常会遇到难以预料的情况，这就要求采购员能根据变化的情况，及时修订订货合同。当然，在修订合同时，必须按照合同法办事，取得对方的理解和支持。

(7) 要有一定的社交能力和择优能力。采购员工作本身决定他要同许多企业、各种人打交道，要求具有一定的社会交际能力，要学会在各种场合、各种不同情况下，协调好各方面的关系，签订好自己所需要的商品合同，注销暂不需要的商品合同或修改某些合同条款，要尽最大努力争取供货方在价格、付款方式、运费等方面的优惠。此外，全国汽车配件生产企业多、产品品种繁杂，假冒伪劣产品防不胜防。要选择好自己进货计划中所需要的产品，就必须依靠自己的择优能力进货，对进货厂家的产品质量和标识要十分了解，要选择名牌、优质价宜的产品。

(8) 要善于动脑筋、有吃苦耐劳的精神。采购员不仅要善于动脑筋，摸清生产和销售市场的商情，而且要随时根据市场销售情况，组织货源，在竞争中要以快取胜。进货员常年处于紧张工作状态，为使企业获得最好的经济效益而奔波，需要有吃苦耐劳的精神。

7.3.4 进货渠道

市场上常见的配件(汽车用品如油料、辅料不在其列)一般有以下几个来源。

原厂件：俗称 OEM 零件，使用整车生产厂家的原厂商标，质量好、服务体系完善、价格高，一般由原厂售后服务部门进行区域调配，也对外销售。国内的汽车生产厂家强烈建议自己的特约维修站采用原厂件，以保证车辆的正常运行。

配套厂外销件：作为整车生产厂家的零部件配套厂也可在整车生产厂家许可的情况下，对外销售配套件，但不允许使用整车生产厂家的OEM标识和品牌，这些零部件均采用配套厂自己的品牌。其质量与原厂零部件没什么区别，价格相对原厂件来说会低一些。

许可生产件：经整车生产厂家许可，生产和销售汽车零配件，配件质量必须经过整车生产厂家的认证，价格较原厂件和配套厂外销件便宜。

其他来源的零件：由某些厂家采用原厂零部件图纸或实物，自行生产的零配件，俗称“副厂件”，一般价格低廉，质量也参差不齐。随着技术的进步和工艺的改进，其整体质量到今天已大为改观，而且很多都不再是“三无”产品。

另外，拆车件和翻新件在国内也逐渐兴起，主要集中在高档车的贵重零件上，但质量上还存在一定的风险，价格比较混乱，经营中一定要小心谨慎。

虽然市场上的汽车配件存在上述几个来源，但我国汽车配件行业存在着比较明显的垄断现象，想要打破这种垄断现象有一定的难度，但国家已经在制定相关法律或采取相关措施来打破配件的渠道垄断。据中国汽车报网报道，国家发改委在调查和广泛征求意见的基础上，研究起草了《关于汽车业的反垄断指南》(征求意见稿)(以下简称《反垄断指南》)，现已结束征求意见。《反垄断指南》指出，不得限制双标件生产和同质件流通，旨在打破配件渠道垄断。自2014年以来，国家一直致力于打破汽车配件垄断，交通部等十部委发布《关于促进汽车

维修业转型升级 提升服务质量的指导意见》(简称《指导意见》)，剑指配件渠道垄断。

汽车配件销售行业的进货除一些小公司外，大都从汽车配件生产厂家进货，在进货渠道的选择上，应立足于以优质名牌配件为主的进货渠道，因为优质品牌企业的配件质量有保证，并且这些优质企业更加注重技术创新。墨西哥《金融家报》2016年5月18日报道，据墨西哥汽车配件产业协会(INA)的数据，北美地区销售的汽车中，四分之一的汽车使用了在墨西哥的汽车配件厂生产的配件。NEMAK，RASSINI，METALSA 和 KUO 集团是墨西哥最重要的四家汽车配件生产企业，拥有571项专利，向全球20多家汽车组装厂提供配件，每年销售额在60亿美元。四家企业每年用于技术创新和研发的投资达4.5亿美元，相当于收入的2%。墨西哥最大的汽车配件生产企业NEMAK全球排第51位，在全球11个国家注册280项专利，拥有11个品牌。ROSSINI拥有11个专利，目前还有6项正在申请中。虽然优质品牌配件的质量过硬，但是由于消费者的需求存在一定的差异，因而配件经销企业也可进一些非名牌厂家的产品，以满足不同层次顾客的需求。但必须注意，绝对不能向那些没有进行工商注册、生产"三无"及假冒伪劣产品的厂家订货和采购。

7.3.5　进货业务的程序

汽车配件销售企业购进业务的程序，主要是按照进货业务计划安排组织进货，有时也要组织计划外进货或临时进货，以应付市场的新情况和补充进货业务计划的不足。一般程序如下。

1. 制定经营配件目录

汽车配件商店经营配件的目录，包括"经营配件目录"和"必备配件目录"两种，是配件种类构成的进一步具体化和规范化，是汽车配件商店业务经营活动的一项重要内容，更是进货业务的前提。

经营配件目录，就是企业根据经营范围制定的应该经营的全部进货计划，由营业组提出，它是在市场变化、货源情况、销售动态等方面做了充分调查和集体研究的基础上，参考计划期初库存量及各种变化因素，在资金占用合理的情况下，定期提出的。进货计划有年度、半年、季度和月计划四种，一般以季度为主。

2. 编制进货计划

编制进货计划要以市场需求量、企业库存量为主要依据，并结合企业资金状况和目前配件价格状况进行综合分析，在此基础上制订进货计划。如某类配件在未来一段时间存在着明显的降价趋势，但目前企业又需要此类配件，则可小批量采购，只需满足需求即可，等配件价格降低之后，再增加采购量以补充库存。随着国家反垄断措施的逐步实施，配件市场竞争日益激烈，配件价格不断变化，总体而言，价格有下滑的趋势，因此，采购人员应密切关注配件的市场动态，编制合理的进货计划。

3. 坚持看样选购

采购员要按批准的进货计划坚持看样选购，选购适销对路的配件，做到"人无我有，人有我全，人全我优，优中求特"，保证进货质量。应切实避免只看目录、货单，不看样品，"隔山买牛"，致使出现货单不一致的现象。

4. 合理组织外地进货

组织外地进货时，除要严格执行进货计划外，还应注意掌握以下两点要求：

（1）要贯彻“五进、四不进、三坚持”的原则。“五进”就是所进配件要符合“优、廉、新、缺、特”。“四不进”是指凡属下列情况之一者，均不符合进货要求：一是进货成本加上费用、税金后，价格高于本地零售价的不进；二是倒流的配件不进；三是搭配配件及质次、价高或滞销而大量积压的配件不进；四是本地批发企业同时向同地大批量购进的配件不进。“三坚持”就是坚持看样选购，坚持签订购销合同，坚持验收后支付货款的原则。

（2）要提高外采效益。外采费用开支大，要注意出差费用的节约，注意工作效益。

5. 坚持合同制度，签订进货合同

在与配件供货商进行交易行为时，应当与供货商签订书面合同，合同应当明确各方的权利与义务，包括购进配件的品种、质量、规格、数量、时间、地点、结算方式、结账期、合同解除条件、违约责任、合同争议解决方式及各方共同约定的其他条款。必须严格按照合同约定的结算方式、时间及地点与供货商进行货款结算，规范履约行为，严格履行合同。对合同条款有争议的，应按照合同目的、交易习惯及诚实信用原则，确定其条款的真实含义。所有合同格式条款要符合规定，严格遵守《中华人民共和国合同法》。

应当本着合作发展的原则，致力于与配件供货商建立长期稳定、互利互惠的合作关系，主动向供货商反馈市场需求变化和配件商品供求信息，加强综合分析研究，引导配件供货商适应市场发展趋势，以期达到双赢的长期目标。

6. 及时提货，认真验收

配件送到的及时性直接影响着企业的日常经营，配件送达之后，采购人员要及时组织提货，减少不必要的中间环节，使配件尽快地到达客户的手中，提高客户的满意度。提货时要核对配件的类型、规格和数量，并严格检查配件的质量，对与合同不符的配件及存在质量问题的配件不予接收。

7.4 汽车配件鉴别与验收

7.4.1 配件质量管理的重要性

在一些地方的汽车销售、汽车配件生产经营活动中，存在着生产、销售、使用假冒伪劣汽车配件以及虚假宣传、商业贿赂和欺诈消费者的现象。这些行为扰乱了汽车市场秩序，侵害了消费者合法权益。

据人民日报报道，中国质量万里行促进会对北京、天津、上海、重庆等12个省区市部分企业的汽车售后服务专项调查发现，近半数厂家使用假冒伪劣配件，近四成的消费者曾遭遇过隐形消费或强制消费，汽配市场呼唤正品。为此，国家质检总局2014年开展了“贯彻落实汽车三包规定 提升汽车售后服务质量”专项活动，联合包括交通部在内的十部委印发《关于促进汽车维修业转型升级，提升服务质量的指导意见》，明确了汽配、汽修行业升级的急切需求。据悉，全国有116家汽车生产者备案公开了三包信息，其中备案公开车型信息5735个，销售网点信息37010个。国家质检总局2015年初对这些备案信息进行了拉网式调查，对发现的13类违规问题进行了集中整改，提高了备案公开三包信息的有效性。2015年中国正品汽配质量万里行活动将走遍全国八大汽配生产基地，覆盖32个省市自治区，以期整肃汽配行业，规范汽车配件和汽车维修行业的市场秩序，提高汽车配件质量和维修服务质量，促进企业生产正品配件、经营正品配件、选用正品产品。

由上可知，为了规范配件市场，打击制造、销售假冒伪劣配件的不法行为，维护消费者的合法利益，必须对配件质量进行管理，而配件的鉴别与验收至关重要。

7.4.2　配件鉴别和验收的方法

随着汽车品牌和车型的增加，汽车配件的品种和规格也越来越复杂，仅一种车型的配件品种就不下数千种，汽车维修企业和配件经营企业一般没有完备的检测手段，但只要熟悉汽车结构以及制造工艺和材质等方面的知识，正确运用检验标准，凭借积累的经验和一些简单的检测方法，也能识别配件的优劣。

配件鉴别的方法很多，常用的方法是“五看”、“四法”。

1. 五看

1）看商标和包装

看商标标识是否齐全。正宗产品的外包装质量好，包装盒上字迹清晰，套印色彩鲜明。包装盒、袋上，应标有产品名称、规格型号、数量、注册商标、厂名、厂址及电话号码等，有的厂家还在配件上打出自己的标记。查看商标时，需重点查看防伪标记，因为防伪标记制作需一定的技术和资金投入。

2）看包装

汽车零配件互换性很强，精度很高，为了能较长时间存放不变质，不锈蚀，需在产品出厂前用低度酸性油脂涂抹。正规的生产厂商，要求包装盒无酸性物质，不产生化学反应，有的采用硬型透明塑料抽真空包装。考究的包装能提高产品的附加值和身价，并且包装上大都采用防伪标记，常用的有激光、条码、暗印等，鉴别时需特别留意。

3）看文件资料

一些重要部件如发电机、分电器、喷油泵等，一般配有使用说明书、合格证和检验员章，以指导用户正确使用维护。选购时应仔细认清，以防买了假冒伪劣产品。如果交易量相当大，还必须查询技术鉴定资料，进口配件还要查询海关进口报关资料，国家规定，进口商品应配有中文说明，一些假冒进口配件一般没有中文说明，且包装上的外文，有的文法不通，甚至写错单词，一看便能分别真伪。

4）看表面处理

所谓表面处理，即电镀工艺、油漆工艺、电焊工艺、高频热处理工艺。汽车配件的表面处理是配件生产的后道工艺，它涉及到很多现代科学技术。国际和国内的名牌大厂在利用先进工艺上投入的资金是很大的，特别对表面处理更加重视，投入资金巨大。一些制造假冒伪劣产品的小工厂或小作坊则是采取低投入掠夺式的短期经营行为，很少在产品的表面处理上投入技术和资金，而且也没有这样的资金投入能力。

(1) 油漆工艺。

现在一般都采用电浸漆、静电喷漆，有的还采用真空手段和高等级静电漆房喷漆。采用先进工艺生产时，零部件表面细腻、有光泽、色质鲜明；采用陈旧落后工艺生产时，零部件表面则色彩暗淡、无光亮，表面有气泡和“拖鼻涕”现象，用手抚摸有砂粒感。

(2) 镀锌技术和电镀技术。

一般铸铁件、铸钢件、冷热板材冲压件等大都采用表面镀锌。镀锌工艺的好坏直接影响着配件表面的一致性，镀锌工艺好，则表面一致性好，且批量之间一致性也没有变化，有持续稳定性。电镀的其他方面，如镀黑、镀黄等，大工厂在镀前处理的除锈酸洗工艺比较严格，清酸比较彻底，这些工艺要看其是否有泛底现象。镀钼、镀铬、镀镍可看其镀层、镀量和镀面是否均匀，以此来分辨真伪优劣。

(3) 电焊工艺。

在汽车配件中，减振器、钢圈、前后桥、大梁、车身等均有电焊焊接工序。汽车厂及专业化程度很高的配套厂，它们的电焊工艺技术大都采用自动化焊接，能定量、定温、定速，有的还使用低温焊接法等先进工艺。产品焊缝整齐、厚度均匀，表面无波纹、直线性好，即使是点焊，焊点、焊距也很规则，手工操作也无法做到。

(4) 高频热处理工艺。

汽车配件产品经过精加工以后才能进行高频淬火处理，因此淬火后各种颜色都原封不动地留在产品上。如汽车万向节内、外球笼经淬火后，就有明显的黑色、青色、黄色和白色，其中白色面是受摩擦面，也是硬度最高的面。目测时，凡是全黑色和无色的，肯定不是高频淬火。工厂要配备一套高频淬火成套设备，其中包括硬度、金相分析测试仪器和仪表的配套，它的难度高，投入资金多，还要具备供、输、变电设备条件，供电电源在3万V以上。小工厂、手工作坊是不具备这些设备条件的。

5) 看非使用面的表面伤痕

表面伤痕是在中间工艺环节，由于产品相互碰撞留下的。优质的产品是靠先进科学的管理和先进的工艺技术制造出来的。生产一个零件要经过几十道甚至上百道工序，而每道工序都要配备工艺装备，其中包括工序运输装备和工序安放的工位器具。高质量的产品由很高的工艺装备系数作保障，所以高水平工厂的产品不可能在中间工艺过程中互相碰撞的。以此推断，凡在产品不接触面留下伤痕的产品，肯定是小厂、小作坊生产的劣质品。

如前所述，由于配件生产厂的具体情况不同，产品质量和信誉度差异很大，因此在验收方法上，要区别不同情况妥善对待，大致有以下几种方法可供选择：

(1) 技术装备、技术理念、管理水平、产品声誉一贯好的，可以实行免验。

(2) 技术装备落后，技术理念薄弱，不重视改进产品质量，管理混乱，产品质量很差的，则应加强验收，每批验收，不合格的坚决不收购。

(3) 介于上述(1)，(2) 类之间的工厂或产品，可采取抽样验收的方法，随时了解掌握制造质量动态，根据工厂的技术措施情况，决定验收的批量和次数，并随时将用户的使用情况向工厂反馈，帮助他们重视改进和提高产品质量。

2. 四法

四法包括检视法、测量法、比较法和探测法。

1) 检视法

(1) 表面硬度是否达标。

配件表面硬度都有规定的要求，在征得厂家同意后，可用钢锯条的断茬去试划(注意试划时不要划伤工作面)。划时打滑无划痕的，说明硬度高；划后稍有划痕的说明硬度较高；划后有明显划痕的说明硬度低。

(2) 总成部件有无缺件。

正规的总成部件必须齐全完好，才能保证顺利装配和正常运行。一些总成件上的个别小零件若漏装，将使总成部件无法工作，甚至报废。

（3）几何尺寸有无变形。

有些零件因制造、运输、存放不当，易产生变形。检查时，可将轴类零件沿玻璃板滚动一圈，看零件与玻璃板贴合处有无漏光来判断是否弯曲。选购离合器从动盘钢片或摩擦片时，可将钢片、摩擦片举在眼前观察其是否翘曲。选购油封时，带骨架的油封端面应呈正圆形，能与平板玻璃贴合无挠曲；无骨架油封外缘应端正，用手握使其变形，松手后应能恢复原状。选购各类衬垫时，也应注意检查其几何尺寸及形状。

（4）结合部位是否平整。

零配件在搬运、存放过程中，由于振动、磕碰，常会在结合部位产生毛刺、压痕、破损，影响零件使用，选购和检验时要特别注意。

（5）转动部件是否灵活。

在检验机油泵等转动部件时，用手转动泵轴，应感到灵活无卡滞。检验滚动轴承时，一手支撑轴承内环，另一手打转外环，外环应能快速自如转动，然后逐渐停转。若转动零件发卡、转动不灵，说明内部锈蚀或产生变形。

（6）接合零件有无松动。

由两个或两个以上的零件组合成的配件，零件之间是通过压装、胶接或焊接等方式连接的，它们之间不允许有松动现象。如油泵柱塞与调节臂是通过压装组合的；离合器从动毂与钢片是铆接结合的；摩擦片与钢片是铆接或胶接的；纸质滤清器滤芯骨架与滤纸是胶接而成的；电器设备是焊接而成的。检验时，若发现松动应予以调换。

（7）装配记号是否清晰。

为保证配合件的装配关系符合技术要求，有一些零件，如正时齿轮表面均刻有装配记号。若无记号或记号模糊无法辨认，将给装配带来很大的困难，甚至装错。

（8）看防护表层是否完好。

大多数零件在出厂时都涂有防护层。如活塞销、轴瓦用石蜡保护；活塞环、缸套表面涂防锈油并用包装纸包裹；气门、活塞等浸防锈油后用塑料袋封装。选购时若发现密封套破损、包装纸丢失、防锈油或石蜡流失，应予退换。

（9）配合表面有无磨损。

若配合零件表面有磨损痕迹，或涂漆配件拨开表面油漆后发现旧漆，则多为旧件翻新。当表面磨损、烧蚀，橡胶材料变质时在目测看不清的情况下，可借助放大镜观察。

（10）看零件表面有无锈蚀。

合格的零配件表面，既有一定的精度又有铮亮的光洁度，越是重要的零配件，精度越高，包装防锈防腐越严格。选购时应注意检查，若发现零件有锈蚀斑点、霉变斑点或橡胶件龟裂、失去弹性，或轴颈表面有明显车刀纹路，应予调换。

2）测量法

（1）检验滚动轴承。

检验轴向间隙：将轴承外座圈放置在两垫块上，并使内座圈悬空，再在内座圈上放一块小平板，将百分表触针抵在平板的中央，然后上下推动内座圈，百分表指示的最大值与最小值之差，即是它的轴向间隙。轴向间隙的最大允许值为0.20 ~ 0.25 mm。

检验径向间隙：将轴承放在一个平面上，使百分表的触针抵住轴承外座圈，然后一手压紧轴承内圈，另一手往复推动轴承外圈，表针所摆动的数字即为轴承径向间隙。径向间隙的最大允许值为：0.10 ~ 0.15 mm。

（2）检验螺旋弹簧。

汽车上应用的压缩弹簧，如气门弹簧、离合器弹簧、制动主缸弹簧和轮缸弹簧；拉伸弹簧，如制动蹄片回位弹簧等。弹簧的自由长度可用钢板尺或游标卡尺测量，弹力的大小可用弹簧试验器检测。弹簧歪斜可用直角尺检查，歪斜不得超过2°。

（3）检查结合平面的翘曲。

例如，检查气缸盖和气缸体结合平面的翘曲，可采用平板或钢尺作基准，将其放置在工作面上，然后用塞尺测量被测件与基准面之间的间隙。检查时应按照纵向、横向、斜向等各方向测量，以确定变形量。

（4）检查轴类零件。

例如，检查轴类零件的弯曲，可将轴两端用V形铁水平支承，用百分表触针抵在中间轴颈上，转动轴一周，表针摆差的最大值反映了轴弯曲程度（摆差的1/2即为实际弯曲度）。

测量轴类零件实际尺寸与基本尺寸的误差，一般用外径千分尺测量。除检查外径，还需检查其圆度和圆柱度。

3）比较法

用标准零件与被检零件做比较，从中鉴别被检零件的技术状况。用此法可检验弹簧的自由长度和负荷下的长度、滚动轴承的质量等。如将新旧弹簧一同夹在虎钳上，用此法可判断弹簧弹力大小。

4）探测法

（1）敲击法。

判定部分壳体和盘形零件是否有裂纹、用铆钉连接的零件有无松动以及轴承合金与钢片的结合是否良好时，可用小锤轻轻敲击并听其声音。如发出清脆的金属声音，说明零件状况良好；如果发出的声音沙哑，可以判定零件有裂纹、松动或结合不良。

浸油锤击是一种探测零件隐蔽裂纹最简单的方法。检查时，先将零件浸入煤油或柴油中片刻，取出后将表面擦干，撒上一层白粉（滑石粉或石灰），然后用小锤轻轻敲击零件的非工作面，如果零件有裂纹，通过振动会使浸入裂纹的油渍溅出，裂纹处的白粉呈现黄色油迹，便可看出裂纹所在。

（2）磁力探伤法。

用磁力探伤仪将零件磁化，使磁力线通过被检测的零件，如果表面有裂纹，在裂纹部位磁力线将会偏移或中断而形成磁极，建立自己的磁场。若在零件表面撒上颗粒很细的铁粉，铁粉即被磁化并附在裂纹处，从而显现出裂纹的位置和大小。

（3）荧光探伤。

在零件表面涂上一层渗透性好的荧光乳化液，它能渗透到最细的裂纹中去。经过一段时间以后，将零件表面的荧光乳化液洗去但缺陷内仍保留有荧光液，在紫外线的照射下而发光，从而可以确定缺陷的位置、形状和大小。

除此之外，配件质量鉴别方法还有平衡性试验、着色探伤和水压实验等，它们对一些具体配件的质量鉴别发挥着一定的作用。

本章内容小结

汽车配件供应追求无库存，卖一买一，这正与JIT生产形式相一致。

影响零件流通级别的因素有车辆投放市场的使用周期，制造、设计上的问题，使用不合理，燃油、机油选择不当或油质有问题，道路状况，季节性。

汽车配件订货管理是指汽车配件经销商通过各种订单类型的合理搭配，以最低的订货成本达到客户满意和资本占用的最佳平衡。汽车配件订货管理是库存管理的核心内容。它主要解决订货时间、订货种类、订货数量、订货方式等问题。

汽车配件订货流程，根据配件用途将汽车配件订货分为库存补充件、客户订购件和维修厂急需件订货三类。

汽车配件采购管理原则包括：勤进快销原则、以销定进原则、以进促销原则、储存保销原则等。

汽车配件销售企业在组织进货时，要根据企业的类型、各类汽车配件的进货渠道以及汽车配件的不同特点，合理安排组织进货。一般有以下四种类型：集中进货，分散进货，集中进货与分散进货相结合，联购合销。

市场上常见的配件一般有以下几个来源：原厂件、配套厂外销件、许可生产件、其他来源的零件。

配件鉴别的方法很多，常用的方法是“五看”、“四法”。

五看是指看商标和包装、看包装、看文件资料、看表面处理。

四法包括检视法、测量法、比较法和探测法。

思考与练习

1. 简述汽车配件订货管理的概念及作用。
2. 简述汽车配件采购的原则。
3. 汽车配件采购的方式有哪些？
4. 简述汽车配件鉴别和验收的方法。
5. 假设你作为一个汽车配件采购人员，你如何选择和评价配件供应商？

第 8 章　汽车配件仓储管理

8.1　仓储管理的基本概念

8.1.1　仓储管理的概念

仓储(warehousing) 是指通过仓库对暂时不用的物品进行储存和保管。根据国家标准GB/T 18354—2006《中华人民共和国国家标准 · 物流术语(修订版)》的定义，仓储是利用仓库及相关设施设备进行物品的入库、存贮、出库的活动。“仓”即仓库，为存放物品的建筑物和场地，可以是房屋建筑、大型容器或特定的场地等，具有存放和保护物品的功能。“储”即储存、储备，表示收存以备使用，具有收存、保管、交付使用的意思。仓储具有静态和动态两种，即既有静态的物品储存，也有动态的物品存取。仓储是物品保管控制的过程；仓储活动发生在仓库等特定的场所，仓储的对象既可以是生产资料，也可以是生活资料，但必须是实物动产；仓储是生产活动的延续，但仓储不创造和增加价值，且具有不均衡性和不连续性。

随着科学技术的进步，特别是电子计算机的出现和发展，给仓储业带来了一系列的重大变化。在整个仓储活动过程中，可以使用电子计算机进行控制，增设光电感应系统，利用“自动分拣系统”对物品进行分类管理，让机器人进入仓库等。目前，许多先进的国际仓储活动已经不是原来意义上的仓储，而是变成了一个经济范围巨大的物品配送服务中心，并发展成为现代化的仓储管理。

仓储管理(inventory management) 就是对仓库及仓库内的物品所进行的管理，根据GB/T 18354—2006 的定义，仓储管理是指对仓储设施布局和设计以及仓储作业所进行的计划、组织、协调和控制。

仓储管理属于经济管理科学，同时也涉及应用技术科学，故属于边缘性学科。仓储管理的内涵随着其在社会经济领域中的作用不断扩大而变化。

8.1.2　仓储管理的内容

仓储业作为经济活动中的一个行业，既具有一般企业管理的共性，也体现出其本身的管理特点。从理论和实务角度来看，仓储管理涉及以下诸方面内容：仓储网点的布置和选址，仓储设施的选择，仓储规模的确定，仓储商务管理，特殊物品的仓储管理，库存货商组织，仓储计划，仓储作业，物品包装和养护，仓库治安、消防和生产安全，仓储经济效益分析，仓储物品的保税制度和政策，库存管理与控制，仓储管理中信息技术的应用以及仓储系统的优化等。

8.1.3　仓储管理的原则

保证质量、注重效益、提高效率、确保安全和完善服务是仓储管理的基本原则。

1. 保证质量

保证质量是指库存物品在保管期内，不变质、不生锈、不腐烂、不变味、不虫咬、不发霉、不燃及不爆等。仓储管理中的一切活动，都必须以保证在库物品的质量为中心，仓储活动中的各项作业必须要有质量标准，并严格按照标准作业，没有质量的数量是无效的、有害的。由于用户需求日益多样化、个性化，因而企业在质量水平、营业水平上都面临着激烈的竞争。按照 ISO 9002 标准进行质量体系认证，已成为当今国际服务贸易领域的发展趋势。

2. 注重效益

在市场经济条件下，仓储企业的业务活动应围绕着获得最大经济效益的目的进行组织和经营。仓储活动中所耗费的物化劳动和活劳动的补偿是由社会必要劳动时间决定的。实现利润最大化则需要做到经营收入最大化和经营成本最小化。仓储活动应为实现一定的经济效益目标，必须力争以最少的人、财、物消耗，及时、准确地完成最多的储存任务。

3. 提高效率

效率管理时仓储其他管理的基础，没有生产的效率，就无法开展优质的服务。仓储的效率表现在仓容利用率、货物周转率、进出库时间和装卸车时间等指标上。

高效率的实现是管理艺术的体现，通过准确核算、科学组织、妥善安排场所和空间机械设备与人员合理配合，形成部门与部门之间、人员与人员之间、设备与设备之间、人员与设备之间默契配合，使生产作业过程有条不紊地进行。

高效率还需要有效管理过程的保证，包括现场的组织于督促、标准化和制度化的操作管理以及严格的质量责任制的约束等。

4. 确保安全

仓储活动中不安全因素很多。有的来自库存物，如有些物品具有毒性、腐蚀性、辐射性和易燃性等；有的来自装卸搬运作业过程，如每一种机械的使用都有其操作规程，违反规程就要出事故；还有的来自人为破坏。因此，特别要加强安全教育，提高认识，制定安全制度，贯彻执行“安全第一、预防为主”的安全生产方针。

5. 完善服务

仓储活动本身就是向社会提供服务产品。问题在于是向所有的顾客提供同样的服务，还是针对不同的顾客提供不同的服务。对企业来说，与那些为企业创造了 75% ~ 80% 利润的占客户总数 20% ~ 30% 的重要顾客建立牢固关系，无可厚非；将大部分营销预算花在只创造 20% 利润的 80% 的顾客身上，无疑也是一种浪费或效率低下。这是一个不容争论的事实。事实上，无论是一对一营销还是顾客关系管理技术等现代营销思想，已经以一种“顾客分类管理”的方式将顾客进行区别对待，相应地社会对优质服务、个性化服务等方面的需求也就给企业提出了新的课题。

仓储的服务水平与仓储经营成本有着密切的相关性，两种互相对立。服务好，成本高，收费则高，仓储服务管理就是在降低成本和提高服务水平之间保持平衡。

8.1.4　仓储管理的对象

随着仓储业的发展，仓储管理的地位也日益重要，仓储已成为物流过程中的核心环节，它的功能已不是单纯的物品储存，而是兼有包装、分拣、整理、装备等多种辅助性功能，使仓储管理成为动态的管理。因此，广义的仓储管理应该包括对这些工作的管理。

仓储管理研究的是物品流通过程中对物品储存环节的经营和管理，以及为提高经营绩效而进行的计划、组织、指挥、监督以及调节活动。

仓储管理主要是从整个物品流通中的购、销、储、运各个环节的相关关系中，研究物品的收、管、发和与之相关的加工经营活动，以及围绕物品储存业务所展开的对人、财、物的运用与管理。

8.1.5 汽车配件仓储的作用和任务

1.仓储的作用

仓库是汽车配件销售企业管理的重要组成部分，是为汽车配件销售服务的物资基地，仓储的主要作用如下。

1）保证汽车配件使用

汽车配件销售企业的仓库是服务于用户的，是为本企业创造经济效益的物资基地。仓库管理的好坏，是汽车配件能否保持使用价值的关键之一。如果严格地按照规定加强对配件的科学管理，就能保持其原有的使用价值，否则，就会造成配件的锈蚀、霉变或残损，使其部分、甚至是全部失去使用价值。所以加强仓库科学管理，提高保管质量，是保证所储存的汽车配件价值的重要手段。

2）为用户提供配件服务

用户需要各种类型的汽车配件，汽车配件销售企业在为用户服务过程中，要做大量的工作。最后一道工序就是通过仓库保管员，将用户所需要的配件，发给用户，满足用户的需求，以实现销售企业服务交通运输、服务用户的宗旨。

2.仓储的任务

仓储的基本任务，就是搞好汽车配件的进库、保管和出库工作，在具体工作中，要求做到保质、保量、及时、低耗、安全地完成仓储保管工作的各项任务，并节省保管费用。

1）保质

保质就是要保持库存配件的原有使用价值。为此，必须加强仓库科学管理，在配件入库和出库的过程中，要严格把关，凡是质量或其包装不合乎规定的，一律不准入库和出库；对库存配件，要进行定期或不定期检查或抽查，凡是需要进行保养的配件，一定要及时进行保养，以保证库存配件质量随时都处于良好状态。

2）保量

保量是指仓库保管按照科学的储存原则，实现最大的库存量。在汽车配件保管活动中，变动的因素较多，比如配件的型号、规格、品种繁多，批次不同，数量不一，长短不齐，包装有好有坏，进出频繁且不均衡，性能不同的配件保管要求不一致等。要按不同的方法分类存放。同时既要保证便于进出库，又要保证储量，这就要求仓库保管员进行科学合理的规划，充分利用有限的空间，提高仓库利用率。

同时，要加强对配件的动态管理，配件在入库和出库过程中，要严格执行交接点验制度，不但要保证其质量好，而且要保证数量准确无误，对库存配件一定要坚持“有动必对、日清月结”，定期盘点，认真查实，保证库存配件随时做到账、卡、物三相符。

3）及时

配件在入库和出库的各个环节中，在保证工作质量的前提下，都要体现一个“快”字。在入库验收过程中，要加快接货、验收、入库速度；在保管保养过程中，要安排便于配件进出库的场地和空间，规划货位和垛形，为快进、快出提供便利条件；在配件出库过程中，组织足够的备货力量，安排好转运装卸设备，为出库创造有利条件。对一切繁琐的、可要可不要的手续，要尽量简化，要千方百计压缩配件和单据在库停留时间，加快资金周转，提高经济效益。

4）低耗

低耗是指配件在库保管期间的损耗降到最低限度。配件在入库前，由于制造商或运输、中转单位的原因，可能会发生损耗或短缺，所以应严格进行入库验收把关，剔除残次品、发现短缺数量，并做好验收记录，明确损耗或短少责任，以便为降低保管期间的配件损耗、短缺创造条件。配件入库后，要采取有效措施，如装卸搬运作业时，要防止野蛮装卸，爱护包装，包装损坏了要尽量维修或者更换；正确堆码，合理选择垛形及堆码高度，防止压力不均倒垛或挤压坏产品及包装。对上架产品，要正确选择货架及货位。散失产品能回收应尽量回收，以减少损失，千方百计降低库存损耗。同时要制定各种产品保管损耗定额，限制超定额损耗，把保管期间的损耗降到最低限度。

5）费用省

费用省是指节省配件的进库费、保管费、出库费等成本。为达此目的，必须充分发挥人的智慧和作用，加强仓库科学管理，挖掘现有仓库和设备的能力，提高劳动生产率，把仓库的一切费用成本降到最低水平。

6）保安全

保安全指做好防火灾、防盗窃、防破坏、防工伤事故、防自然灾害、防霉变残损等工作，确保配件、设备和人身安全。

8.2　汽车配件入库程序

汽车配件类型繁多，除了金属材料制品外，还有橡胶制品外，工程塑料、玻璃、石棉等，此外，还有汽车美容用品、各种油品、液品、油漆类等。汽车配件入库是物资储存活动的开始，也是仓库业务管理的重要阶段。这一阶段主要包括接运、验收和办理入库手续等环节。入库是指仓库管理员依据入库计划，接受备件供应商入库申请，在收到备件和相应入库验收单时，按照库房管理制度清点货物，通过入库搬运、安排货位、堆码等工序，按照要求将配件存放在指定地点，并在入库验收单上签字。

1. 接运

进仓是配件入库的第一步。它的主要任务是及时而准确地接收入库配件。在接运时，要对照货物单认真检查，做到交接手续清楚，证件资料齐全，为验收工作创造有利条件。应避免将已发生损坏或差错的配件带入仓库，造成仓库的验收或保管出现困难。

2. 入库验收

入库验收是配件进入仓库保管的关键一步。入库的配件情况比较复杂，有的在出厂之前就不合格，如包装含量不准确、包装本身不合乎保管和运输的要求等。有的在出厂时虽然是合格的，但是经过几次装卸搬运和运输，致使有的包装损坏、含量短少、质量受损，使有的配件已经失去了部分使用价值，有的甚至完全失去使用价值。这些问题都要在入库之前弄清楚，划清责任界限。一经验收入库，仓库保管工作就正式开始，同时也就划清了入库和未入库之间的责任界限。否则，配件在入库保管之后，再发现质量、数量问题，就责任不清，给企业造成不必要的经济损失。因此，搞好入库验收工作，把好“收货关”，就是为提高仓库保管质量打下良好的基础。

1）入库验收的依据

(1) 根据入库凭证(含产品入库单、收料单、调拨单、退货通知单) 规定的型号、品名、规格、产地、数量等各项内容进行验收。

(2) 参照技术检验开箱的比例，结合实际情况，确定开箱验收的数量。

(3) 根据国家对产品质量要求的标准，进行验收。

2）入库验收的要求

(1) 及时。验收要及时，以便尽快建卡、立账、销售，这样就可以减少配件在库停留时间，缩短流转周期，加速资金周转，提高企业经济效益。

(2) 准确。配件入库应根据入库单所列内容与实物逐项核对，同时对配件外观和包装认真检查，以保证入库配件数量准确，防止以少报多或张冠李戴的配件混进仓库。如发现有霉变、腐败、渗漏、虫蛀、鼠咬、变色、沾污和包装潮湿等异状的汽车配件，要查清原因，做出记录，及时处理，以免扩大损失，要严格实行一货一单制，按单收货、单货同行，防止无单进仓。

3. 入库程序

入库验收，包括数量和质量两个方面的验收。数量验收是整个入库验收工作中的重要组成部分，是搞好保管工作的前提。库存配件的数量是否准确，在一定程度上是与入库验收的准确程度分不开的。配件在流转的各个环节，都存在质量验收问题。入库的质量验收，就是保管员利用自己掌握的技术和在实践中总结出来的经验，对入库配件的质量进行检查验收。验收入库的程序如下。

(1) 点收大件。

仓库保管员接到进货员、技术检验人员或工厂送货人员送来配件后，要根据入库单所列的收货单位、品名、规格、型号、等级、产地、单价、数量等各项内容，逐项进行认真查对、验收，并根据入库配件的数量、性能、特点、形状、体积，安排适当货位，确定堆码方式。

(2) 核对包装。

在点清大件的基础上，对包装物上的商品标志和运输标志，要与入库单进行核对。只有在实物、商品和运输标志、入库凭证相符时，方能入库。同时，对包装物是否合乎保管、运输的要求要进行检查验收，经过核对检查，如果发现票物不符或包装破损异状，应将其单独存放，并协助有关人员查明情况，妥善处理。

(3) 开箱点验。

凡是出厂原包装的产品，一般开箱点验的数量为5%～10%。如果发现包装含量不符或外观质量有明显问题时，可以不受上述比例的限制，适当增加开箱检验的比例，直至全部开箱。新产品入库，亦不受比例限制。对数量不多，而且价值很高的汽车配件，生产厂原包装的或拼箱的汽车配件，国外进口汽车配件，包装损坏、有异状的汽车配件等，必须全部开箱点验，并按入库单所列内容进行核对验收，同时还要查验合格证。经全部查验无误后，才能入库。

(4) 过磅称重。

凡是需要称质量的物资，一律全部过磅称质量，并要记好质量，以便计算、核对。

(5) 配件归堆建卡。

要根据配件性能特点，安排适当货位。归堆时一般按“五五堆码”原则(即五五成行、五五成垛、五五成层、五五成串、五五成捆)的要求，排好垛底，并与前、后、左、右的垛堆保持适当的距离。批量大的，可以另设垛堆，但必须整数存放，标明数量，以便查对。建卡时，注明分堆寄存位置和数量，同时在分堆处建立分卡。

(6) 上账退单。

仓库账务管理人员，根据进货单和仓库保管员安排的库、架、排号，以及签收的实收数量，逐笔逐项记账，并留下入库单据的仓库记账联，作为原始证保留归档。另外两联分别退还业务和财务部门，作为业务部门登录商品账和财务部门冲账的依据。配件入库的全部过程到此结束。配件进货的过程中，单据与实物的流转情况如图8-1所示。

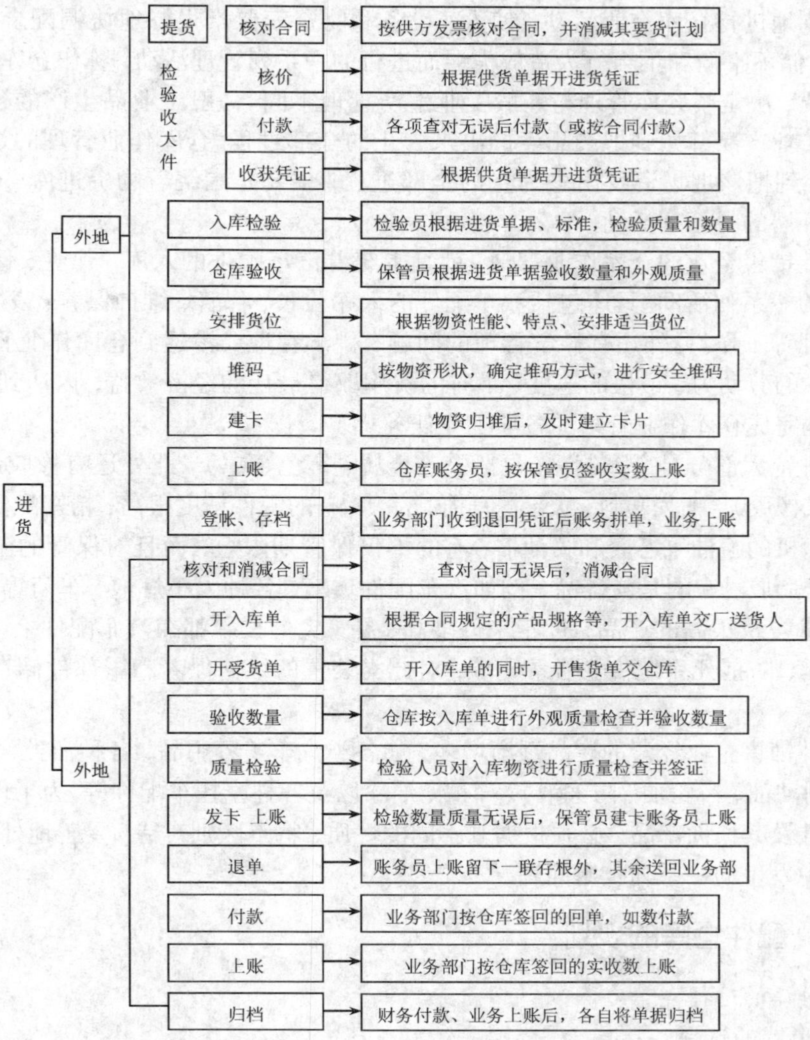

进货
外地
提货
检验收大件
核对合同
按供方发票核对合同，并消减其要货计划
核价
根据供货单据开进货凭证
付款
各项查对无误后付款（或按合同付款）
收获凭证
根据供货单据开进货凭证
入库检验
检验员根据进货单据、标准，检验质量和数量
仓库验收
保管员根据进货单据验收数量和外观质量
安排货位
根据物资性能、特点、安排适当货位
堆码
按物资形状，确定堆码方式，进行安全堆码
建卡
物资归堆后，及时建立卡片
上账
仓库账务员，按保管员签收实数上账
登帐、存档
业务部门收到退回凭证后账务拼单，业务上账
外地
核对和消减合同
查对合同无误后，消减合同
开入库单
根据合同规定的产品规格等，开入库单交厂送货人
开受货单
开入库单的同时，开售货单交仓库
验收数量
仓库按入库单进行外观质量检查并验收数量
质量检验
检验人员对入库物资进行质量检查并签证
发卡 上账
检验数量质量无误后，保管员建卡账务员上账
退单
账务员上账留下一联存根外，其余送回业务部
付款
业务部门按仓库签回的回单，如数付款
上账
业务部门按仓库签回的实收数上账
归档
财务付款、业务上账后，各自将单据归档

图8-1　单据与实物的流转情况图

4. 关于入库验收工作中发现问题的处理

（1）在验收大件时，如发现少件或者多出件，应及时与有关负责部门和人员联系，在得到他们同意后，方可按实收数签收入库。

（2）凡是质量有问题，或者品名、规格串错，证件不全，包装不合乎保管、运输要求的，一律不能入库，应将其退回有关部门处理。

（3）零星小件的数量误差在 2% 以内，易损件的损耗在 3% 以内的，可以按规定自行处理，超过上述比例，应报请有关部门处理。

（4）凡是因为开箱点验被打开的包装，一律要恢复原状，不得随意损坏或者丢失。

8.3　汽车配件仓库管理

为了顺利地进行仓库作业活动，使人、设备和物资三要素很好地协调配合，避免浪费，防止供、需、储不平衡和不当行为造成失误而进行的一系列管理活动，称作仓库作业管理。仓库管理的性质，决定了仓库管理与一般工业生产管理不同。一般工业品生产的过程，是从准备生产某种工业产品开始到把产品生产出来为止的全部过程。仓库作业管理的过程，是从物资入库开始，到把该批物资发出去为止的全部过程，主要是围绕着物资进库、保管和保养、出库为中心开展的一系列活动。

汽车配件销售企业的仓库作业管理，就是围绕着汽车配件的入库、保管、保养和出库为中心所开展的一系列活动。具体包括汽车配件的入库验收、保管、维护保养、发货、账册、单据和统计管理等工作。另外还有科学管理的问题，科学管理要渗透到仓库作业管理的各个方面，要以最少的劳动力、最快的速度、最省的费用取得最佳的经济效益，以达到保质、保量、安全、低耗地完成仓库作业管理的各项工作任务。

汽车配件绝大部分是金属制品（包括黑色金属、有色金属），此外还有橡胶制品（包括天然橡胶、合成橡胶）、工程塑料、玻璃、石棉制品等。有的配件精度很高，精密配件不能随便拆换，例如柴油机的喷油泵芯套和喷油器；有的不仅保管期限短，而且对保管的温度有一定的要求、例如补胎胶；有的是易碎品，例如汽车配件玻璃、各种大小灯泡、车门等。由于汽车配件是一种技术含量很高的产品，近年来许多高、精、尖的技术都在汽车配件上应用，如计算机、安全气囊、防抱死系统、电喷系统等，对此类装置的维修保养和零部件储存提出了更高的要求。

汽车配件销售企业经营的产品逐渐增多，如各类汽车美容用品、各种油类、液类（汽、柴机润滑油、制动油、齿轮油、防冻液）、车蜡、油漆以及各种摩托车配件等。为了保管好各种各样的汽车配件及其横向产品，必须根据其不同的性质、特点区别对待，妥善地处理好在入库、保管和出库中发生的一系列技术问题。

8.3.1　配件仓库的规划

1. 配件仓库的选择

1）仓库形式的选择

汽车配件营销商可根据经营项目、营销规模、备件结构、经济实力等综合因素来选择仓库形式，主要有投资自建仓库、合同仓库及公共租赁仓库等形式。

一般来说，企业对自建仓库和合同仓库有充分的使用权，以用来满足企业年度的基本需求；而公共仓库则可以被用来应付旺季之需。是选择自建仓库还是选择租赁公共仓库，汽车配件经营企业应该根据自身的特点和条件，在对成本和需求权衡分析的基础上作出合理的选择。

2）配件仓库数量的选择

只有单一市场的中小规模汽车配件经营企业通常只需一个仓库；而产品是市场遍及全国各地的大规模汽车配件经营企业，要经过可行性综合分析后，决定仓库形式及仓库数量。仓库数量的多少，直接影响配件库存的各项成本指标。

配件仓库数量对配件仓储的各项成本都有重要的影响。一般来说，随着仓库数量的增加，运输成本会减少，而存货成本和仓储成本将增加。只有在某一点，即仓库数量的最佳选择点，总成本才达到最低。

配件仓库数量的选择还要与运输方式的选择相协调。例如，一个或两个具有战略性选址的仓库结合快捷的运输方式，就能在全国范围内提供快速优质的服务。尽管运输成本相对提高，但却降低了仓储和库存成本。由于运输方式的多样化、快捷性、便利性，再与其他仓储选择结合考虑，使得仓库数量选择的余地增大，当然选择的过程也变得非常复杂。

3）配件仓库的规模和选址

如果汽车配件经营企业租赁公共仓库，仓库选址决策的重要性相对小一些，因为可以根据经营需要随时改变。如果汽配经营企业自建仓库，尤其对于市场遍及全国的大型汽配经营企业来说，那么仓库的规模与选址就变得极为重要。

配件仓库选址需要对成本进行权衡分析。必须根据仓库在分销渠道中的作用来确定仓库的具体位置。例如，服务功能强的仓库设在市场附近，而保管功能强的仓库靠近货场。仓库选址必须综合考虑许多因素，如运输条件、市场状况和地区特点等；还需要评估设备安装和作业费用，诸如铁路货场、公路通道以及税金、保险费率等，这些费用在不同地点之间差异很大。此外，在确定仓库的选址之前，还必须满足其他几个要求，如该地点必须提供足以扩充的空间，必要的公用设施，地面必须能够支撑仓库结构以及该选址必须有充分的排水系统等。

当然，最终的选择必须基于广泛的分析。对自建仓库来讲，决策一旦实施，变动成本将相当高。因此，适当考虑所有因素是非常重要的。

4）仓库的布局决策和仓储设备系统的选择

仓库布局的决策是对仓库内部通道、空间、货架位置、配备设备及设施等实物布局进行决策。其目的是为了充分利用存储空间，提高存货的安全性，有效利用储运设备，提高仓库运作效率和服务水平。仓库布局还取决于配件仓储设施和配件仓储设备系统运作的需要，为配件供应流程和销售流程提供便利。因此，必须优化仓库布局，以适合仓储的需要。

仓库布局要从库房整个立体空间进行全面考虑。

（1）选择移动的距离短，所需的时间就少，费用就越低；

（2）仓库中的物流通道设计方案要合理，保持通道畅通，避免物流线路交叉，这样可以避免出现物流时间等待问题，以便提高仓库中配件的流通率；

（3）提高配件存放的安全性和存放量，但有些配件不能选用堆积存放的方式，应考虑库房空间容积，可选用货架、空间加层等方式，增加存放量。

装卸搬运系统是仓库配套设施需考虑的重要因素之一。随着现代物流的发展和生产模式的转变，仓库的主要功能逐渐从储存商品向促进商品的流通转换。因此，在进行仓库的结构设计时，应该最大程度地为加速商品流通提供便利，尤其需要在仓库设计的初期阶段，周密科学地设计装卸搬运系统。在仓库选址确定以后，就应对仓库布局、空间分布和装卸搬运系统进行设计。这些决策确定了仓库的特点，进而确定了装卸搬运作业的效果。

(1) 利用有限的空间提高货物存放率，需要进行合理的货架结构设计及摆放规划的选择；

(2) 合理选用仓库专用设备和用具，可在仓库内有效地传递和搬运配件，以便加快收发货物的速度，提高工作效率；

(3) 选用配件管理电脑软件联网控制系统，科学有效地控制配件整体经营运行。

2. 配件仓库规划的原则

(1) 有效利用有限的空间。根据库房大小及库存量，按大、中、小型及长型进行分类放置，以便于节省空间；用木箱或纸盒来保存中、小型配件；将不常用的配件放在一起保管；留出用于新车型配件的空间；无用的配件要及时报废清理。

(2) 防止出库时发生错误。将配件号完全相同的配件放在同一盒内；外观接近的不同配件最好分开存放，以免混淆；不要将配件放在过道上或货架的顶上。

(3) 保证配件的质量。保持清洁；避免高温、潮湿；避免阳光直射；禁止吸烟，仓库必须放置灭火器。

3. 配件仓库的整体构成

汽车配件仓库通常由配件存储区、配件卸货区、配件行政管理区三大部分组成。

1) 配件存储区

配件存储区是仓库的主体部分，是汽车配件存储放置的主要场所，具体分为货架、主通道、货架间通道三部分。

(1) 货架是用来摆放配件的，配件存储区平面图如图 8 - 2 所示，货架按照 2 列 3 行单层平面摆放，左右两边靠墙，中间为主通道。根据库房的平面区域及配件数量多少，货架可摆放成其他形式，如多列多行式等；为了提高库房的利用率，根据库房的平面区域及库房高度，货架还可摆放成多层式，如阁楼式，也称为立体库房。

(2) 通道主要是供仓库管理人员行走和仓库内专用工具车运输配件使用。货架间通道的宽度，常以使用的平板手推车宽度作为参考，一般常用宽度为 130 cm，主通道必须可以容纳两辆平板推车顺利通过，两人并列行走无阻碍，理货作业手推车可以顺利通行。

2) 配件卸货区

配件卸货区是供配件运输车辆装卸配件的场地，为了便于配件入库，卸货区通常设在仓库配件入库门处，卸货区要求有一定的空间，用于配件卸货而未清点上架时暂时的堆放，其高度和宽度应根据运输工具和作业方式而定。该区域应有暂时存放货架、配件分拣区域、理货专用工具等。

3) 配件行政管理区

配件行政管理区是仓库行政管理所在区域。该区域的位置设定，通常要从多方面综合考虑。对于汽车配件存储仓库而言，行政管理区一般设在仓库与维修车间衔接的地方，是业务接洽和管理的办公区域及仓库对维修车间发货的窗口，主要设有出库前台和配件管理主管办

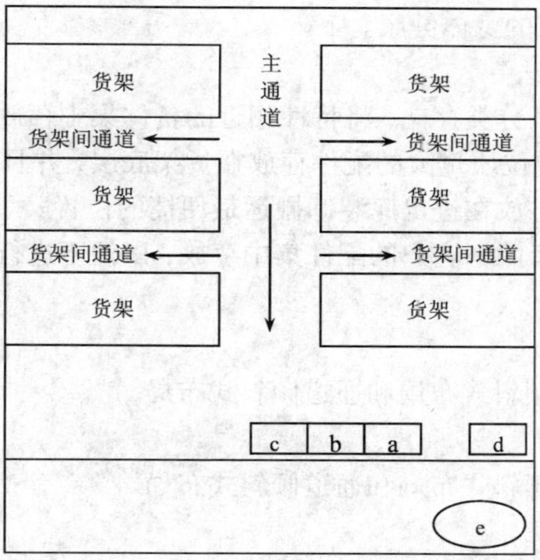

图 8－2　配件存储区平面图

a— 配件入库柜台；b— 配件购买区柜台；c— 配件取货区柜台；d— 收款处柜台；e— 客户咨询终端

公室。货架区、卸货区和行政管理区在仓库中的合理设计，能有效地利用空间位置，为企业减少不必要的浪费。

4. 货区布局

1）货区布局的基本要求

（1）适应仓储企业生产流程，有利于仓储企业生产正常进行，具体包括：

①单一的物流方向。仓库内配件的卸车、验收、存放地点之间的安排，必须适应仓储企业生产流程，按一个方向流动。

②最短的运距。应尽量减少迂回运输，专运线的布置应在库区中部，并根据作业方式、仓储配件品种、地理条件等，合理安排库房、专运线与主干道的相对位置。

③最少的装卸环节。减少在库配件的装卸搬运次数和环节，配件的卸车、验收、堆码作业最好一次完成。

④最大的利用空间。仓库总平面布置是立体设计，应有利于配件的合理储存和库容的充分利用。

（2）有利于提高仓储的经济效益。

①要因地制宜，充分考虑地形、地质条件，满足配件运输和存放上的要求，并能保证库容的充分利用。

②平面布置与竖向布置相适应。所谓竖向布置，是指建设场地平面布局中每个因素（如库房、货场、专运线、道路、排水、供电、站台等）在地面标高线上的相对位置。

③总平面布置应能充分合理地利用目前普遍适用的门式、桥式起重机一类的固定设备，合理配置这类设备的数量和位置，并注意与其他设备的配套，以便于开展机械化作业。

（3）有利于保证安全文明生产。

①库区内各区域间、各建筑物间，应根据《建筑物设计防火规范》的有关规定，留有一定的防护间距，并有防火、防盗等安全设施，经过消防和其他管理部门的验收。

② 总平面布置应符合卫生和环境要求，既满足库房的通风、日照等要求，又要考虑环境绿化、文明生产，保证员工的身体健康。

2）货区布局的基本方法

（1）根据配件特性分区分类存储，将特性相近的备件集中存放。

（2）将单位体积大、单位质量大的配件存放在货架底层，并且靠近出库区和通道。

（3）将周转率高的配件放在进出库装卸搬运最便捷的位置。

（4）将同一供应商或者同一客户的配件集中存放，以便于进行分拣配货作业。

3）货区的布局形式

（1）垂直式布局。

垂直式布局分为货垛倾斜式布局和通道倾斜式布局。

（2）倾斜式布局。

倾斜式布局分为货垛倾斜式布局和通道倾斜式布局。

5. 配件仓库的基本设施

配件仓库必须配备专用的配件运输设施；配备一定数量的货架、货筐；配备必要的通风、照明及防火设备器材；货架最好采用可调式的，以便于调整和节约空间，且颜色也应该统一；大、中货架和专用货架必须采用钢质材料，小货架可以不限制制作材料，但必须保证安全耐用。

6. 汽车配件仓库规划的基本要求

（1）仓库工作区应有明显的标牌，如“配件销售出货口”、“车间领料出货口”等。

（2）发料室、备赁暖、危险品仓库等应有足够的进货、发货通道和配件周转区域。

（3）货架的摆放要整齐划一，仓库的每一条过道要有明显的标示，货架应标有位置码，货位要有配件号和配件名称。

（4）不宜将配件堆放在地上，为避免配件锈蚀及磕碰必须保持完好的原包装。

（5）易燃、易爆物品应与其他配件严格分开管理，存放时要考虑防火、通风等问题。

（6）库房内应有明显的防火标志和齐备的消防设施。

（7）非仓库人员不得随便进入仓库内，仓库内不得摆放私人物品。

（8）索赔件必须单独存放。

8.3.2 仓库单据的管理

仓库保管账（通称实物账）是反映配件动态的主要根据。业务部门使用的进货、发货单据，是仓库收货发货的依据，是重要的经济档案资料。配件流量和库存统计，是反映配件动态的历史资料，也是仓库管理决策的主要依据。

1. 记账的依据

1）进货

进货的形式主要有正常进货、转仓进货、销售退货和工厂送货等。

（1）正常进货。凭业务部门盖章的进货单据（收料单）进货并记账，见表 8－1。

表 8 – 1　收料单

存放仓库

库区排号　　发货方发票日期年　月　日　号码　　承付期：

供货单位：　发运日期　　年　月　日　航次　　运单号　　销售牌价

货号：　　　合同号：　　　　调拨号：

规格	规格	产地	单位		数量	单价	总价
				应收			
				实收			

包装	箱捆	数量	备注	

登账（日期）　　收货（日期）　　检验（日期）　　制单（日期）

（2）转仓进货。业务部门内部转仓调入的配件，凭业务部门盖章的调拨单进货并记账。

（3）销售退货。凭退货通知单进货并记账，但不作统计，以免重复。退货包括以下几种情况：重复执行调拨合同造成的退货；执行合同逾期造成的退货；仓库不慎多发造成的退货；发货时串发造成的退货；仓库不慎少发而需方又不同意补发的货物；在待运期间需方因逾期而要求停发的货物。

（4）工厂送货。工厂自行送货时，由业务部门开配件入库单，仓库凭入库单签收大件，但不作记卡登账的依据。须正式收料单下达后，才上账登卡入库，库单见表 8 – 2。

表 8 – 2　产品入库单

年　月　日

品名	规格	单位		数量	包装定额
			应送		
			实收		
备注					

仓库签收：　　　　开票员：

2）发货

发货主要有正常发货、内部转仓发货、退货发货、换货和补货等。

（1）正常发货凭业务部门盖章的发货单据发货并记账。

（2）内部转仓凭业务部门盖章的调拨单发货并记账。

（3）退货凭红字收料单发货并记账。

（4）换货和补货凭业务部门的换货或补货通知单发货并记账，见表 8 – 3。

表 8－3　补发、调换、退货通知单

收发货单位：　　年　月　日　　　　　存放仓库

元发票号	品名	规格	单位	数量	单价	金额							
						十	万	千	百	十	元	角	分
说明	1. 对方索赔文号；2. 主要原因												

公章：　　　　　　　制单人：

2. 建账和记账的要求

1）建账

仓库建账是按车型还是按品种系列，要结合业务部门的管理方式，并根据仓库的实际情况采取相应的办法建立实物账，以便与业务部门对口管理，便于工作联系和清仓盘点。

2）记账

根据业务部门的进货及发货单据所列内容，逐项登账，如单据中有一项与前账不符，应另立账页。含量不同、产地不同等均应另立账页，以免产生差错。

3）书写

记账一律用签字笔，字迹要清晰、工整，不得涂改。

4）核单

账务员要严格核对进出库单据、印戳、日期等，以防止漏收货款或逾期提货（一般有效期15 d），甚至以假票、废票将货提走，给企业造成损失。

5）盘存

账务员应参加每季度或半年一次的定期盘存对账工作。盘存中的问题要做好记录，查明原因，妥善处理，从中吸取教训，改进账务管理。平时也应经常到库房对账，以保证账、卡、物和账（实物账）、账（业务部门的商品账）、物“三相符”。

3. 账册、单据管理

每年年终盘存活，应将账页全部换新。使用新账时，应按建账的要求逐项填写清楚。上年结转部分要注明原进库时间，以备查考。换下来的旧账页应按年限顺序集中保管。单据应按部系品种或按车型分类集中，按时间先后，分月装订保管。账册和单据的保管期限一般为10年。

4. 统计的依据与要求

1）统计的依据

配件进库、出库、结存数字的统计（亦称流量统计），系以业务部门开出的正式单据（包括收料单，调拨发票，调拨单，补货、换货、退货通知单，更正单等）和仓库实物账上的实物库存数为依据。其他临时性的收货单据（包括产品入库单）不列入统计。

2）统计的要求

统计报表要求及时、准确。统计报表要建立档案，积累历史资料，以备查阅。

表8－4～表8－8所示为一些常用的统计报表。

表 8－4　物资进出动态登记统计表

库　　　　　　　　　　　　　　　　　　　　　　　　年　　　月

库号	进库				出库				结存				空余面积/m^2
	笔数	件数	吨位/t	金额/万元	笔数	件数	吨位/t	金额/万元	笔数	件数	吨位/t	金额/万元	
1													
2													
3													
4													
合计													
实际面积/m^2	储存量定额				日平均实际储存量				完成定额数		每平方米储存数		

仓库负责人：　　　　　　　　　　　　填报人：

表 8－5　流量统计月报表

填报单位：　　　　　　年　　月　　　　　　　填报时间

项目 / 数量 / 库别	进库				出库				合计			
	笔数	金额/元	件数	质量/t	笔数	金额/元	件数	质量/t	笔数	金额/元	件数	重量/t

单位负责人：　　　　　　　　　　　　填报人：

表 8－6　差错、损失登记月报表

库

保管员姓名	原单据日期	凭证号码	应收或应发			错收或错发			损失金额/元	损失原因	登记日期
			品名	数量	金额/万元	品名	数量	金额/万元			

注：1. 差错：指收货和发货差错、损失，因保管过失造成霉烂、虫蛀、残损、丢失等损失；

2. 损失金额：一律以元为单位。

表 8－7　差错事故统计月报表

填报单位：　　　　　　　　年　　月　　　　　　　填报时间：

项目	进货				发货				保管				合计			
数量	溢余		差损		溢余		差损		溢余		差损		溢余		差损	
库别	件	金额	件	金额	件	金额	件	金额	件	金额	件	金额	件	金额	件	金额
合计																

单位负责人：　　　　　　　　　　　填报人：

注：1. 金额单位，元；

2. 易损件，小额商品在规定允许以内的损耗不记在其内。

表 8－8　仓库面积使用情况统计表

年　　月　　日　　　　　组别　　　　　　　　（面积单位：m^2）

库别	建筑面积	库内面积	障碍物面积					实际面积	走道面积		使用面积	面积利用率
			楼梯	柱子	墙距	柱距	大门		走道	支道		

注：大门口面积，指大门向内开时占据的面积视作障碍物除去。

8.3.3　配件的存放和管理

1. 配件的保管

为了充分发挥库房、保管员和设备的潜力，达到储存多、进出快、保管好、费用省的要求，应将进库储存保管的配件，统一按部、系、品种或按车型系列的部、系、品种实行条理化和 ABC 法相结合的办法进行管理。

所谓条理化管理，就是配件管理分类统一，安全堆码美观整齐。仓容利用经济合理，防潮、防高温、防照射，细致严密，卡物相符，服务便利，并存放好特殊的汽车配件。

1）保管要领

汽车配件种类繁多，因为使用的材料和制造方法的不同而各具特点，有的怕潮、有的怕热、有的怕光、有的怕压等，储存中会受自然因素的影响而发生变化，甚至会影响配件商品的质量。因此，在仓库管理中要做到以下几点。

（1）坚持先进先出的原则。各类汽车配件出厂时都规定了保证产品质量的储存日期，如各类金属配件在正常报关条件下 12 个月内不发生锈蚀；橡胶制品（如制动皮碗、胶皮水管、轮胎、V 带等），离合器片和蓄电池等也都有规定的保质期限。如果超出期限，就会影响汽车配件的使用性能或使用寿命。因此，要保证先进的配件先出库，力求在保质期限内尽快销售。严格执行配件进出库制度库存配件应严格执行先进先出的原则，尽量减少配件在库时间，使库存不断更新。

（2）安排适当的库房和货位。各种配件的性能不同，对储存保管的要求也不一样，所以，在安排库房和配件进库后具体安排货位时，应把不同类型、不同性质的配件，根据其对储存条件的要求，分别安排到适当的仓库和货位上去。

汽车配件，在同一车型不同系列中，甚至在同一个系中，可能有几种不同性能的配件，对于忌潮的金属配件，就应该集中放在通风、向阳的位置；对于忌高温的配件，就应该放在能避阳光的位置；对于防尘、防潮、防高温要求高的配件，应设专柜储存，专人保管，这样安排就比较合理。对于高档的或已开箱的配件，像收发机、仪器仪表、轴承等，在条件具备的情况下，可设密封室或专用储存柜储存。

(3) 合理利用仓容。根据库区的实际情况，结合配件的性能特点，对仓容的利用应做到合理布局，充分发挥人员、库房、设备的潜力，做到人尽其能、库尽其用，以最小的代价，取得最大的效益。

① 合理使用库房。各种配件体积质量相差很大，形状各异，要把这些不同大小、不同重量、不同形状的配件安排适当，以求得最大限度地提高仓容利用率，如前、后桥，发动机，驾驶室等重件、大件，可以放在地坪耐压力强、空间高、有起吊设备的库房。此外，还要根据配件的性能、特点和外形，配备一定数量的专用货架和格架等设备。

② 提高单位面积利用率。仓库的建筑面积是不可变的，但单位面积利用率是可变的，高层货架或在普通货架区的货架最上面一层铺盖楼板，用以储存轻泡配件（如汽车配件灯泡、灯罩、仪表等）。同时，随时清理现场，也可以提高单位面积利用率。

(4) 重视配件质保期要重视各种配件的储存期限。各类汽车配件出厂时，都规定了产品质量的储存日期，但在进货及仓库保管中常被忽视。如各类金属配件在正常保管条件下，自出厂之日起，生产厂保证在 12 个月内不锈蚀。橡胶制品也规定在一年内保证其使用性能符合标准要求。制动片，包括离合器摩擦片也规定在一年内保证其质量。蓄电池储存期限在 2 年内应具有干荷电蓄电池的性能，2 ~ 3 年内应具有一般电池的性能。制动皮碗从出厂之日起，在正常条件下可保管3 年以上仍保持外表面光亮，但通过试验看出，3 年以上时体积膨胀大大超过标准规定，虽能使用，但寿命下降。

据有关资料介绍，黑色金属配件在相对湿度100%，温度42℃ 以上时，只需2 ~ 3 h 即会生锈。因此，重视产品储存期限，并在期限内尽快销售是十分重要的。

(5) 必要时加枕垫及毡布。汽车配件绝大部分都是金属制品，应忌潮湿，不应直接置于地上存放，一般应加垫储存，以防锈蚀。枕垫的高度一般为10 ~ 30 cm。为了防晒、防尘等，对有些配件还应加盖毡布。

(6) 加强仓库内温度、湿度的控制。可采取自然通风、机械通风或使用吸潮剂等措施，以控制库内温度、湿度。必要时还应在配件库内安放温度计和湿度计，以便随时监控。储存环境不符合要求时，应及时采取相应的措施进行改善。

(7) 建立配件保养制度。选派有汽车配件保养知识和保养经验的人员，对滞销积压及受损配件进行必要的保养和修复，把库存配件的损失降到最低。

(8) 保持库内外清洁卫生。要做到库房内外无垃圾、杂草，以防止尘土、脏污、虫害、鼠害对配件造成损伤。若发现虫害、鼠害，应及时采取措施捕灭。

2) 配件保管分类

汽车配件存储分类管理办法有多种，采取哪一种办法管理，要根据各个单位保管员的专业知识水平、仓库设备、库存配件流量等具体情况，适当选择。

(1) 配件保管分类依据。

①按部、系、品种系列分库。就是所有配件，不分车型，一律按部、系、品种顺序，集中存放。例如，储存发动机系配件的库称为发动机库，储存通用工具和通用电器的库通用库。凡是品名相同的配件，不管是什么车型，都放在一个库内，这种管理方式的优点是仓容利用率高，而且比较美观，便于根据仓库的结构适当安排储存品种。缺点是顾客提货不太方便，特别是零星用户提少量几件货，也要跑几个库，再就是保管员在收发货时，容易发生差错。

②按车型系列分库。就是按所属的不同车型分库存放配件，例如东风、解放、桑塔纳等车型的配件，分别设东风牌汽车配件库、解放牌汽车配件库、桑塔纳汽车配件库等。这样存放，顾客提货比较方便，又可以减少保管员收发货的差错。缺点是仓容利用率较差，对保管员的业务技术水平也要求较高。

③按单位设专库。在一个库区内同时储存属两个单位或两个以上单位的配件时，也可以按单位设专库位存，但是不论是按部、系、品种系列还是按车型系列，如果是按单位库储存，或是两个以上单位（含两个单位）混合储存，都要为单位建卡和立账，要与这些存货单位的分类建账结合起来，实行对口管理，这样便于工作联系和清仓盘点，也于提高工作效率。

不论是按部、系、品种系列，还是按车型系列或者是按单位分库储存，凡是大件重件（含驾驶室、车身、发动机、前后桥、大梁等）都要统一集中储存，以便充分发挥仓库各种专用设备，特别是机械吊装设备的作用。这样，不仅可以提高仓容利用率，而且还可以减轻装卸搬运工人的劳动，提高劳动效率。

不管选择哪一种管理办法，当仓库储存的物资和保管员的配备一经确定，就要相对稳定，一般不宜随意变更，以便仓库根据储存物资的性能、特点，配备必要的专用设备（含专用货架、格架、开箱工具、吊装设备等），以适应仓库生产作业的需要。保管员可以在长期的实践中，不断提高专业技术知识和工作能力，向专业化、知识化方向发展，逐步培养出一批专业性的保管员队伍。

同时，不管采用哪种方式管理，在建账立卡时，都要和业务部门的商品账结合，实行对口管理，以便核对、盘点和相互间沟通，提高工作效率。

（2）分类保管的注意事项。

①按汽车配件类型存放。把相似的零件排放在一起。

②凡一个单位经营的汽车配件，只要性质相近和有消费连带关系的，要尽量安排在一起存储。

③互有影响、不宜混存的汽车配件，一定要隔离存放。

④按作业安全、方便分区分类。如出入库频繁的汽车配件，要放在靠近库门处；粗、重、长、大的汽车配件，不宜放在库房深处；易碎汽车配件避免与笨重汽车配件存放在一起，以免在搬运时影响易碎汽车配件的安全。

3）堆码

（1）堆码的要点。

仓库里的配件堆码必须贯彻“安全第一”的原则，不论在任何情况下，都要保证仓库、配件和人身的安全。同时还要做到文明生产，配件的陈列堆码，一定要讲究美观整齐，具体做到以下6点：

①安全“五距”。库内货垛与内墙的距离不得少于0.3 m，货垛与柱子之间不得少于0.1 ~ 0.2 m，货垛相互之间一般为0.5 m，货架相互之间一般为0.7 m。库外存放时，货垛与外墙的距

离不得少于 0.5 m，这样既可以避免配件受潮，同时又减轻了墙脚负荷，保证了库房建筑的安全。

② 实行定额管理库房的储存量指标应有明确规定。实行定额管理，每立方米的存放质量不得超过设计标准的 90%，以保证库房建筑安全达到设计使用年限，同时也保证了库存物资和人员的安全。

③ 堆码美观整齐。堆垛要稳，不偏不斜，不歪不侧，货垛货架排列有序，上下左右中摆放整齐，做到横看成行，竖看成线。有的零件，如车门、排气管等扁平或细长件宜竖直存放，平放会导致下面的零件损坏、浪费空间。包装上有产品标志的，堆码时标志应一律朝外，不得倒置，发现包装破损，应及时调换。

④ 质量较轻，体积较大的配件应单独存放，堆码时，一要注意适当控制堆码高度，二要注意不要以重压轻，以防倾倒。对易碎易变形的配件，更不可重压，以保证其安全。

⑤ 对某些配件，需露天存放时，也要美观整齐，但要上盖下垫，顶不漏雨，下不渗水，四周要通风，排水要良好。

⑥ 清理现场。每次发货后，及时清理现场，该拼堆的拼堆，该上架的上架，最后清扫干净，这样一方面可腾出货位，以便再次进货，同时又保持了仓库的整洁美观。

（2）堆码的方法。

① 重叠法。按入库汽车配件批量，视地坪负荷能力与可利用高度，确定对高层数，摆定底层汽车配件的件数，然后逐层重叠加高。上一层每件汽车配件直接置于下一层汽车配件之上并对齐。硬质整齐的汽车配件包装、长方形的包装和占用面积较大的钢板等采用此法，垛体整齐，稳固，操作比较容易。但不能堆太高，尤其是孤立货垛以单间为底，如直叠过高易倒垛。

② 压缝法。针对长方形汽车配件包装的长度与宽度成一定比例，汽车配件每层压缝堆码，即上一层汽车配件跨压下一层两件以上的汽车配件，下纵上横或上纵下横，货垛四边对齐，逐层堆高。用此法每层汽车配件互相压缝，堆身稳固，整齐美观，又可按小组出货，操作方便易于腾出整块可用空仓。每层和每小组等量，便于层批标量，易于核点数量。

③ 牵制法。汽车配件包装不够平整，高低不一，堆码不整齐，可在上下层汽车配件间加垫，并加放木板条，使层层持平有牵引力，防止倒垛。此法可与重叠法、压缝法配合使用。

④ 通风法。为便于汽车配件通风散潮，有的汽车配件的件与件不能紧靠，要前后左右都留一点空隙，宜采用堆通风垛的方法。其堆码方法多种多样，常见的有“井”字形、“非”字形、“示”字形、漩涡形等。需要通风散热、散潮，必须防霉及怕霉的汽车配件，常用此法。桶装、听装的液体汽车零件，排列成前后两行，行与行、桶与桶之间都留空隙；堆高上层对下层可压缝，即上一件跨压在下两件“肩”部，以便于检查有无渗漏。

⑤ 行列法。零散小批量汽车配件，不能混进堆垛，就按行排列，不同汽车配件背靠背成两行，前后都面对走道，形成行列式堆码，可以避免堆死垛（堆放垛中无通道，存取不便）。

2. 配件的养护

1）自然因素对汽车配件的影响

汽车配件品种繁多，因为使用的材料和制造方法的不同而各具特点在储存中应管理养护得当，才能保证汽车配件的质量不变化。

（1）温度对汽车配件的影响。汽车配件适宜的储存温度都有一定的范围，例如，橡胶类配件在25～30℃时，柔软而富有弹性，在高于40℃时，则软化发黏，但在10℃以下时，又会变硬变脆，从而失去弹性，强度下降；软木质垫，适宜温度一般为18～25℃；一些酚醛塑料制品在温度达40%以上时，就会发生变形，某些有油漆防护层的配件也会出现龟裂现象；金属制品对温度也有一定要求，因为金属配件表面涂有保养油或蜡，遇到高温，保养油或蜡也易熔化发生干黏。所以必须掌握仓库内的温度变化。一般来讲，保管汽车配件仓库的室温，应保持在20℃左右为宜。

(2) 湿度对汽车配件的影响。湿度指空气中水蒸气含量的程度，表示空气湿度通常用“绝对湿度”、“饱和湿度”和“相对湿度”表示。绝对湿度是指空气中实际所含的水蒸气，即按每立方米空气中所含水蒸气的质量表示，其计量单位为 g/m^3。饱和湿度是指空气中所含的水蒸气有饱和点，超过饱和点就变成水珠落下，这时的空气湿度称为饱和湿度。测定饱和湿度常用的器具是温湿度表。相对湿度是指空气中所含的水蒸气距离饱和水蒸气含量的程度。绝对湿度不能充分说明空气干湿程度的状态，相对湿度则能确切地表示空气潮湿程度。

相对湿度可表示为

$$\text{相对湿度} = \frac{\text{绝对温度}}{\text{饱和温度}} \times 100\% \tag{8-1}$$

由式(8－1)看出：相对湿度越高，距饱和点越近，越潮湿，这时对具有吸潮性件配件损害就越大，会使怕潮配件生霉腐蚀。金属配件本身虽不吸潮，但当湿度大时，在金属表面就会凝结一层极薄的水膜，甚至形成水珠，加速其氧化生锈，所以对金属配件，特别是精密配件，尤应注意防潮。石棉制品，如汽车配件各类衬垫(片)受潮后，会出现片状雪斑，使其技术性能降低。当相对湿度大于85%，气温在30℃以上时，电器配件及绝缘制品会受潮，性能下降。相反，相对湿度过低(一般小于50%)对某些配件也会产生不良影响，如油封用的橡胶和皮革会出现干裂、发脆，各种纸垫块等也会发生伸缩变形，一般库内相对湿度应保持在70%左右为宜。

但是，不同质的汽车配件又各不一样。例如，汽车配件轮胎，保管的相对湿度以50%～80%为宜；软木纸保管的相对湿度以40%～70%为宜；还有些汽车配件特别怕潮，例如，车用收放机、电器元件，受潮后会影响使用效果；仪器、仪表受潮后会影响其灵敏度。

(3) 日光对汽车配件的影响。适度的日光对有些配件能起到好的保护作用，以热能蒸发多余的水分。但过强的日光经常照射在零件上，也会产生不良影响，如橡胶制品、转向盘、分电器盖、蓄电池壳等在长期光照射下，会很快失去光泽并发生老化、开裂、发黏，失去弹性。汽车配件玻璃在长期日照和冷热温度较大变化下，会发生自然碎裂。金属制品、收录机等，也应避免日光照射。

(4) 其他因素对汽车配件的影响。尘土和杂物不但影响仓库清洁卫生，而且严重威胁库存配件的质量和安全，会加速金属配件锈蚀，并使电器元件绝缘性变坏，影响仪器仪表精密度和灵敏度，还会影响收音机、收放机的使用效果；各种虫害对库存配件的质量和安全，也影响很大，蛀虫、老鼠等常咬坏一些线织布质配件、坐垫以及配件包装物(含包装木箱、纸箱、纤维板箱等)，而且还会毁坏建筑物上的木材部分以及木质垫板、枕垫等。

2) 各种配件的管理和养护

钢铁在汽车配件材质中占多数。它的主要特点是，在潮湿时容易氧化生锈，表面上形成一层淡红色或暗褐色的细状粉末(即氧化铁)。由于氧化铁结构疏松，容易继续吸湿，如不及时清除保养，会促使金属进一步氧化锈蚀，出现麻点，破坏商品表面精度。根据实践经验，如零件上油(蜡)前清洗较好，油(蜡)配方合格，配件一般可储存5年左右不锈蚀。否则，一年内配件表面即呈现黑灰色或片状黑色污斑痕迹。

有色金属在汽车配件中，使用较多的是用钢和铝制造的活塞和各种衬套等，在储存中铜制产品与空气中的氧接触后，会生成绿锈，这就是铜制品的锈蚀表现。铝与空气中的氧接触，产生一层氧化铝，氧化铝薄膜也可起一定的阻止继续氧化的作用。但铝与空气中的酸及碱接触后，会产生白色粉末状的盐碱。

各种镀有防护层的配件：镀铬配件呈青光，外表光亮，抗腐蚀性强，但若灰尘长期包围表面，镀层会失去光泽，逐渐变暗；镀锡配件呈灰白色，有轻微光泽，但容易被坚硬物质划伤，如湿度过大，会从镀层内部生锈；镀铜的配件呈淡红色，不宜久放，储存时间长，即变成白红色，特别是与二氧化碳及酸接触后，表面会产生绿斑，影响美观；有油漆防护层的配件，表面坚韧而光亮，装饰性和耐蚀性均好，但受阳光辐射的影响，会发生褪色和脆裂，如遇油脂，也容易产生漆层脱落。

3）防范措施

汽车配件养护的常用办法是防潮、控制温度、清洁、定期保养等。

(1) 配件加垫。汽车配件绝大部分都是金属制品，属忌潮物资，一般都应加垫，以防锈蚀。至于垫的高度，要从实际需要出发，一般应为10～30 cm。枕垫的作用就是隔潮、通风。

(2) 加强库内温度、湿度控制。可采取自然通风、机械通风或使用吸潮剂等措施，以控制库内温、湿度。具体地说，就是根据不同季节、自然条件，采取必要的通风、降潮、降温措施。当库内湿度大于库外湿度时，可将门窗适当打开。当库内湿度降到与库外湿度基本平衡时，就将门窗关闭。如果库外湿度大于库内湿度，窗户不要打开。收货、发货必须开门时，作业完毕后，一定及时关门。有条件的仓库，除了上述自然通风之外，还可以采取机械通风的办法，在库房的上部安装排风扇，下部安装送风扇，这样可以加速库内空气流通，起到降温、降潮作用。

(3) 采取库内降潮办法。在雷雨季节或其他阴雨天气，库内和库外湿度都很高时，唯一的办法，就是使用吸潮剂吸潮。吸潮剂一般有生石灰、氯化钙、氯化锂。一般汽车配件采用氯化钙为宜。在使用吸潮剂吸潮时，必须关闭门窗和通风孔洞，才能保证吸潮效果。

(4) 建立配件保养制度。可选派一些有配件保养科学知识和保养经验的人员，对滞销积压及受损配件进行必要的保养。

(5) 搞好库内外清洁卫生。做到库房内外无垃圾，无杂草、杂物，加强环境绿化，以防尘土、脏物和虫害的滋生。经常检查库房内的孔洞、缝隙，配件包装，建筑的木质结构等，发现虫害要及时采取措施捕灭。

(6) 保证汽车配件包装完好无损。凡是有包装的配件，一定要保持其内、外包装的完好，这对于仓库保管员来说，是一项重要的纪律，必须严格遵守。如果损坏了包装，在某种意义上讲，就等于损坏了配件的质量。因为包装本身就是为了防潮、防尘、防磕碰，保护配件质量而设计的。

4）特殊汽车配件的存放和养护

一些特殊的汽车配件应采取不同的方法保管和养护，以保证其不变质。

(1) 不能沾油的汽车配件。存放轮胎、水管接头、V带等橡胶制品的配件时，特别怕沾柴油、润滑脂、润滑油等，尤其怕沾汽油。若常与这些油类接触，就会使上述配件中的橡胶质地膨胀，很快老化，加速损坏甚至报废。

风扇传动带、发电机传动带沾上油，就会引起打滑。同样，制动器的制动蹄片若沾上油，则会影响制动效果。

干式纸质空气滤清器滤芯不能沾油。否则灰尘、砂土黏附在上面，会将滤芯糊住。这样，会增大气缸进气阻力，使气缸充气不足，影响发动机功率的发挥。

发电机、电起动机的电刷和转子沾上润滑脂、润滑油，会造成电路断路，使之工作不正常，甚至致使汽车配件不能起动。风扇传动带、发电机传动带若沾上油，就会引起打滑，影响冷却和发电。干式离合器的各个摩擦片应保持清洁干燥，若沾上油就会打滑。同样，制动器的制动蹄片若沾上油，则会影响制动效果。散热器沾上润滑油、润滑脂后，尘砂黏附其上，不易脱落，会影响散热效果。

此外，对于橡胶制品，特别是火补胶，应在能保持环境温度不超过25℃ 的专用仓库内储存，以防老化，保证安全。

另外，为防止轮胎受压变形，也需要专门的货架保管，这种货架有固定的，也有可以拆装的。

(2) 爆燃传感器的存放。爆燃传感器受到重击或从高处跌落会损坏，为防止取放时失手跌落导致的损坏，这类配件不应放在货架或货柜的上层，而应放在底层，且应分格存放，每格一个，下面还应铺上海绵等软物。

(3) 减振器的存放。减振器在车上是承受垂直载荷的，若长时间水平旋转，会使减振器失效。因此，在存放减振器时，要将其竖直放置。水平放置的减振器，在装上汽车配件之前，要在垂直方向上进行手动抽吸。

(4) 玻璃制品配件。由于玻璃制品配件自重小，属轻泡物资，不能碰撞和重压，否则将发生破碎，使这些配件的工作性能丧失，故应设立专用仓库储存，而且在堆垛时应十分注意配件的安全。

(5) 塑料油箱。为减轻整车装备质量，越来越多的车型采用塑料油箱。塑料油箱在存放过程中有两个方面值得注意。因为塑料易变形，应将有塑料螺纹的安装孔(例如燃油浮子的安装孔) 盖子盖上并拧好，防止长时间储存变形后盖子拧不上，或者拧上后密封不好而发生燃油泄漏事故。所有的孔都应盖上防尘盖以防灰尘杂质进入油箱。因为塑料油箱上没有放油螺塞，一旦带有灰尘杂质的油箱装上车后，如要将杂质掏出来，只有将油箱拆下来才能清洗。

(6) 预防霉变的配件。对于软木纸、毛毡制油封及丝绒或呢制门窗嵌条一类储存期超过半年以上的配件，除应保持储存场地干燥外，在毛毡油封或呢槽包装箱内，应放置樟脑丸，以防止霉变及蛀虫。

(7) 蓄电池的存放。存放蓄电池时，室温应保持在5 ~ 40℃。室内干燥，通风良好，不受阳光直射，远离热源，同时应避免与任何液体和有害物质接触。

(8) 精密液压偶件的存放。精密液压偶件是配合精密的配件，忌重压、碰撞、摔落，这类配件应保持良好的包装，分格存放。

3. 卡物相符、服务便利

“卡物相符”的程度，是考核仓库保管员工作质量的一项具体内容。卡物相符率高，就证明保管员的工作质量好，反之，就证明其工作质量差。提高卡物相符率的关键是认真执行“五五堆码”和“有动必对”的原则。其中，最重要的是“有动必对”，这是保证卡物相符的有力措施，每当发完一批货，必须将卡片的结存数量与库存实物结存数量，当时进行核对，一定要保持卡片的结存数与仓库的实物结存数相符。如果发现卡片结存数与库存实物不符，必须在配件出库之前查清楚，并进行妥善处理，否则不准出库。另外要把好“盘点关”。每月、每季或每半年一次的定期盘点，一定要盘彻底、点清楚。平时，应加强动态管理，常动的配件，要经常进行查对，发现问题要及时与业务部门联系，查明原因，及时处理，以保证卡物相符。

服务便利的基础工作是配件堆码要讲究科学性，不仅要把不同车型、品名、规格、单价、产地和含量的配件分别归堆，商品标志一律朝外，堆与堆之间要保持一定距离，而且，一定要遵循“五五堆码”的原则。大批量的配件，可以设分堆，建分卡，力求整数，并分层标明细数，便于做到过目成数，使发货、核对方便。

4. 用条形码管理汽车配件

要维持一个配件仓库的正常功能，就要处理好配件的入库、出库、统计、盘点、收集订单、交货、验货、填写发货单和签发收据等事宜。这些工作反复涉及在库配件和进货配件的品名、规格、型号、产地、进价及售价等参数。若给所有配件上都标注上条形码标签，则可以避免仓库管理人员反复抄写上述项目。

进货、发货时，工作人员只需利用便携式条形码阅读器——光笔读入货物包装上的条形码信息，然后通过条形码命令数据卡输入相应的数值和进货或发货命令，计算机就可打印出相应的单据。通过与主计算机联网，主计算机即可自动结算贷款、自动盘货，使以上各环节更加简化、快速且准确。

1）条形码的结构

条形码由黑色条符和白色条符根据特定的规则组成，黑、白条符以不同的排列方法构成不同的图案，从而代表不同的字母、数字和其他人们熟悉的各种符号。条形码示例如图 8－3 所示。

一个完整的条形码信息由多个条形代码组成。由于整条信息中的黑、白条符交替整齐地排列成栅栏状，人的眼睛不易区别其中单一字符的条形代码，要利用电子技术来识别。

ISBN　0-8120-4824-5

9 780519 040517

图 8－3　条形码示例

2）条形码信息的阅读

在仓库汽车配件条形码管理中，一般采用便携式条形码阅读器阅读汽车配件条形码信息。

便携式条形码阅读器一般配接光笔式或轻便的枪型条形码扫描器。便携式条形码阅读器本身就是一台专用计算器，有的甚至就是一部通用微型计算机。这种阅读器本身具有对条形码扫描信号的译解能力，条形码内容译解后，可直接存入计算机内存或机内磁带存储器的磁带中。阅读器本身具有与计算机主机通信的能力。通常，它本身带有显示器、键盘、条形码识别结果声响指示及用户编程功能。使用时，这种阅读器可与计算机主机分别安装在两个地方，可以通过线路连成网络，也可以脱机使用，利用电池供电，特别适用于流动性数据采集环境。收集到的数据可定时送到主机内进行储存。

8.3.4 典型的配件管理方法

为达到处处为用户着想，做到用户随到随发，尽量减少用户等候时间的目的，应采取科学便利的管理方法，改变保管员凭个人头脑记忆去执行存取工作的习惯。"靠个人头脑记忆"常出现当货保管员不在时，别人就难于发货，甚至找不到，发不出货。如果保管员本人也忘记了，就会造成更大的困难，用户取不到货，浪费了用户的时间，影响了企业的信誉，严重的会丢失客户，影响企业经济效益。

1. 三维坐标法

这里介绍一种存取配件极为方便有效的方法，实际上这种方法就是利用数学中的用三维坐标去确定空间的一点的方法。

1）操作办法

（1）划定货位，并编出小货位号。

（2）在账页上写明该种配件存放位置的货位号。

（3）在货架前悬挂有动态记录的货物卡片。

2）确认配件存放位置的具体方法

（1）把库内外将要存放配件的地方（即货位），都用交叉编号的方法给以命名，其做法是：对于平面货位，用交叉的两个号码来规定 —— 纵横坐标定位法。如果有多个库房，还应编库房号，或接配件种类定名。但应注意，各种号码都应在明位置标出。

（2）收货人收货后，在账页上写明该配件存放位置的货位号，如果一种货放在几个货位上，写明几个货位号，还可注明发出顺序。

（3）为了更有效地防止差错，并随时掌握货量的动态，还应在货位上配件前悬挂记录着动态，还应在货位上配件前悬挂记录着动态的货物卡片。

3）工作程序

（1）收货程序。核对进货票上与实物有关的品名、规格、单位、数量等，各项应完全相符。按进货票查对是否原来已有同种配件的账页。如果有，就只把票上有关项目记入原账页，并确定进货的存放货位，若仍放在原货位，则不必另写货位号，并继续使用原货卡。若另放在其他货位，必须写明进货的新货位号，再填写一个新的货卡，挂在货前。如果原来没有此货的账页，就要填写新账页，并写明存放的货位号后加入账册，配件前挂上新的货卡。

（2）发货程序。按提货票查出与它相符的账页，从账页上查出该货存放位置的货位号，按账页上写明的货位号到货位上核对货票与货卡，两者相符，即可发货。对货已发完的账页或货卡，都应保存起来，以便重新使用，一方面可以节约，另一方面也便于核查该货进出的历史情况。

4）三维坐标法存放方法的优点

（1）由于账页上有明确的配件存放位置，货位上有明确的货位编号，所以无论谁都能立即进行收发货工作，不会因新手、不认识货或记不住等情况而影响收发货。

（2）保管员的工作，因不受记忆力的影响，所以保管的物资品种是不受限制的。其工作能力只与工作量有关。

（3）仓库再大，品种再多，也只需一个值班人员，依靠查账，就具有收发任何一种货物的能力。另外，也是实现仓库管理自动化的基础。

(4) 货位上的存量与品种是灵活的，可以按需变动(移动了的货，要修改账页上的货位标记)，无需空出货位，专放某种货。这就使仓库的货位得到最充分的利用。

(5) 由于货卡上有收、发、存的动态记录，因此库存量的核对工作，就可以随时在货位上查清。检查人员也能直接了解到该货的动态等情况。

2. ABC 管理法

ABC 管理法也称重点管理法。现在世界上经济发达国家在经济活动中已经普遍采用这种管理方法。在实行上述按部、系、品种或按车型系列的条理化管理的同时，也应采用 ABC 分析法进行管理。

ABC 分析法是经济活动中应用的一种基本方法，是改善企业经营管理的一项基础工作，是企业进行经营决策的必要依据。它是一种从错综复杂、名目繁多的事物中找出主要矛盾，抓住重点，兼顾一般的管理方法。ABC 分析法又称重点管理法或分类管理法，广泛应用于商品的销售、采购、储备、库存控制等各个环节，目的在于提高资金利用率和经济效益。

1) ABC 分析法原理

汽车配件经营品种规格繁多，如何做到库存商品既能及时保证销售的不间断，又尽可能减少占用资金且保持适当的库存量，这就需要对仓库所储存的汽车配件，以品种规格及占用资金的大小进行排队，分为 ABC 三类进行管理。A 类配件品种少，占用资金大；B 类配件品种比 A 类多，但占用资金比 A 类少；C 类配件品种多，但资金占用少，其分析原理可用图 8－4 来表示。从图 8－4 可以看出：A 类配件品种只占总品种的 10% 左右，资金却占总资金 70% 左右；B 类配件品种占 20% 左右，其所占用资金也大致为 20% 左右；C 类配件品种占 70% 左右，资金只占 10% 左右，从其重要程度看，A 类最重要，B 类次之，C 类再次之。根据以上情况，对各类配件采取不同的管理方法。

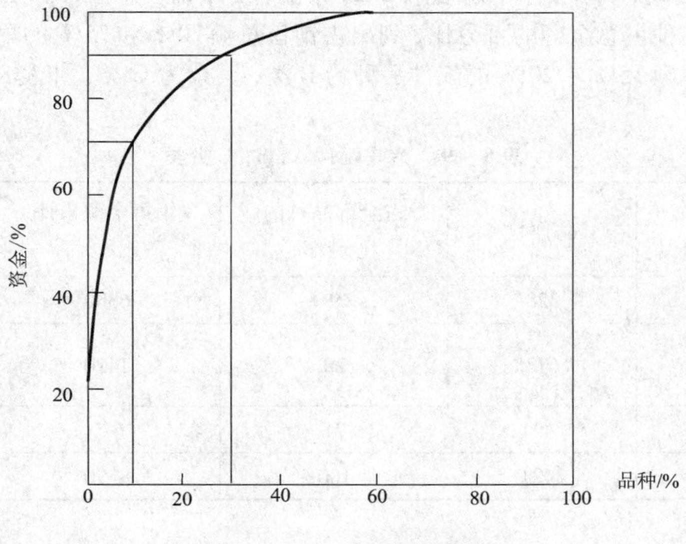

图 8－4　A，B，C 分析图

(1) A 类配件。

A 类配件一般是常用易损易耗配件，维修用量大，换件频率高，库存周转快，用户广泛，购买力稳定，是经营的重点品种。对这一类配件，一定要有较固定的进货渠道，订货批量较大，库存比例较高，在任何情况下，都不能断档脱销。决策者必须随时掌握其进、销、存的比例变化，使其占有优先地位。A 类配件的主要品种一般是活塞环、曲轴、气缸体、散热器、活塞、万向节、气缸垫、后制动片、钢圈、后半轴等几十个品种。在仓库管理上，对 A 类配件应采取重点措施，进行重点管理，选择最优进货批量，尽量缩短进货间隔时间，做到快进快出，加速周转。要随时登记库存变化，按品种控制进货数量和库存数量，在保证销售的前提下，将库存储备压缩到最低水平。

(2) B 类配件。

对 B 类配件只进行一般管理，管理措施主要是做到进销平衡，避免积压。

(3) C 类配件。

C 类配件，由于品种繁多，资金占用又小，如果订货次数过于频繁，不仅工作量大，经济效果也不好，一般可根据经营条件，规定该类配件的最大及最小储备量，当储备量降到最小时，一次订货达到最大量，以后订货也照此办理，不必重新计算，这样有利于集中力量抓 A 和 B 两类配件的管理工作。

2) ABC 分类方法

(1) 计算每种配件在一定时期内(例如一年内)所花费的资金总额，其计算方法是以配件单价乘以需求量，列出品种和资金一览表。

(2) 根据一览表，把每一配件品种资金数按大小顺序排列，计算出各品种占总金额的百分比。

(3) 根据配件品种数和资金额占全部品种数和总金额的百分比，将配件分成 A，B，C 三类。例如，某配件公司，每年销售汽车配件 3421 个品种，年销售总额 8390 万元。通过计算一种配件资金数及各品种占总金额的百分比，列出占销售总额 70% 和 75% 的配件各品种为 A 类，再划出占销售总金额 15% ~ 20% 的配件品种为 B 类，其余为 C 类，如表 8 – 9 所示。

表 8 – 9　汽车配件 A，B，C 分类

分类(按单一品种销售金额)	品种数	占全部品种的比例 /%	销售金额累计 / 万元	占销售总额的比例 /%
A(5 万元以上)	328	9	6300	75
B(1 万元以上、5 万元以下)	672	20	1420	17
C(其余)	2421	71	670	8
累计	3421	100	8390	100

表 8 – 9 中所列 3421 中配件种，单一品种销售金额 5 万元以上的有 328 种，其销售额合计约占售总额的 75%，占全部品种的 9%，这 328 种配件划为 A 类；销售金额 1 万元以上、5 万元以下的共 672 种，其销售额累计占总销售额的 17%，占全部品种数的 20%，这 672 种配件

划为B类；其余2421种配件，其销售额仅占总销售额的8%，而品种数却占总数的71%，这2421种配件划为C类。

对全部配件进行ABC分类是一项比较繁琐的工作。当前许多汽车配件销售企业实行了计算机管理，先将该企业经营的全部配件的品种、品名和其1年的销售额录入计算机数据库里，然后由电脑汇总销售总额及各品种全年销售额，再计算每个品种年销售额占年销售总额的比率，由大到小排序。从而分析出A，B，C三类品种。如果销售部门用电脑进行开票，整个部门的所有汽车配件品种每月每日销售额都已存入电脑，这样用电脑进行ABC分类就更为快速和准确，而且既可以让电脑对全年的销售情况做ABC分类，又可对半年或近几个月的销售情况做ABC分类。电脑只需几分钟即可完成ABC分类。最后由打印机输出ABC分类清单，效益较人工计算提高几百倍，既节省人力，又提高了信息反馈速度。

3)ABC分析法的特点

ABC分析法在配件仓库的管理科学性、计划性、经济效益等方面已显示出了强大优势，已被许多企业采用，主要有以下作用。

(1) 可使配件库存管理有条理，储备有重点，供应有主次，订货易选择，核算有基础，统计好分析，为配件核算和计划编制工作奠定了基础。

(2) 可以对配件合理分类，较准确地确定订货批量和储备周期。能克服不分主次盲目储备的缺点，使储备从定性分析上升为定量分析，做到配件储备定额合理先进。

(3) 以资金大小依次分类，可以使管理人员自觉形成对资金管理的重视，并且管好A类配件，就能取得用好资金的主动权，可以改变管理人员“只管供，不管用，只管物，不管资金”的片面做法，提高配件仓库的微观经济效益。

(4) 对于占用资金不多的C类配件，可采用规定该类配件的最大及最小储备量的方法来保证供应，节省了大量的时间和保管费用，避免了人力、财力、物力的浪费，能更好地集中精力抓主要矛盾，管好A类及B类配件。

(5) 能有效地帮助仓库管理人员逐步摸索和分析配件进销及库存的数据和规律性，有助于避免配件库存积压，进行合理储备，有助于加速资金周转，便于仓库核算及企业经济效益的提高。

(6)ABC分类法不仅可使配件分类清楚，而且还可使合同管理更为严格，因为配件一旦缺货，就能及时反映出供需矛盾，所以还能增强执行合同的严肃性。

(7) 有助于企业进行库存结构分析。汽车配件销售企业的库存结构，就是指适销对路的配件在整个库存中所占的比例。适销配件占的比例大，就叫库存结构好；适销商品所占的比例小，就叫库存结构差。库存结构是汽车配件销售企业的一项重要业务指标，它直接标志着企业商品资金占用合理与否，反映出企业经营管理的好坏，经济效益的高低。企业应该经常对其库存结构进行分析，不断通过扩大销售和调整进货等手段，调整库存结构，保持库存结构的最佳状态。

3.广州本田汽车维修站的配件仓储管理

仓储工作是企业经营管理中的重要环节，其管理的好坏，将会直接影响到企业的经营、经济效益。因而企业在经营管理中，决不可忽视对仓储工作的管理。

要采用先进的管理方法、组织形式，科学地组织生产、销售和服务，就要使用PDCA循环法。在这里介绍一下如何将PDCA这一科学管理方法引入汽车配件行业的仓库管理工作中。

广州本田汽车维修站的配件管理采用的就是 PDCA 循环法，即 PLAN(计划)、DO(实施)、CHECK(检查)、ACTION(处理)。PDCA 循环法就是把汽车配件管理工作分为四个阶段和八个步骤，并通过不断循环来达到提高管理水平的目的。

1）计划阶段

广义地讲就是具体制订企业质量计划，提出总的质量目标。狭义地讲就是对某一项具体工作制订计划，提出总的目标。具体来讲又分为以下四个步骤。

(1) 分析目前现状，找出存在的问题。分析仓储工作应从以下几方面着手：库容、人员、库存结构、库存设置、通风条件等；然后从以上分析中找出存在的问题，以便为下一步工作提供条件。

(2) 分析产生问题的各种原因以及影响因素。作为仓储管理工作人员，应该注意的问题是：进货时的验收关。作为配件行业的仓库进货，不光是点点数字、查查件数，还要防止劣质汽车配件进入仓库，把好验收的最后关头。发货容易出现错误，给用户带来不必要的麻烦。汽车配件入库的码放以及平时的管理、保养。而造成这些问题产生的因素，均来源于保管人员的素质以及管理得不够科学。

(3) 分析并找出管理中的主要问题。在步骤(2) 中，分析到管理中的主要问题是保管人员的素质。其次，管理措施的制订也要跟上。

(4) 制订管理计划，确定管理要点。根据以上分析，对查找出的问题，制订管理的措施、方案，明确管理的重点。制订管理方案时要注意整体的详尽性以及互相排斥性的原则。详尽性即方案尽可能多些，排斥性是指选择甲方案就不能选择乙方案。

2）实施阶段

实施就是指按照制订的方案去执行，即按在管理工作中全面执行制订的方案执行。

3）检查阶段

检查实施计划的结果，这一阶段是比较重要的一个阶段。它是对实施中方案是否合理，是否可行，有何不妥的检查。通过检查工作，调查实施效果，为下一阶段工作提供条件。

4）处理阶段

处理阶段包括以下两个步骤：

(1) 加以标准化，即把已成功的可行的条文进行标准化，将这些纳入到制度、规定中，防止以后再发生错误的情况。

(2) 找出尚未解决的问题，转入到下一个循环中去，以便解决。

PDCA 循环法是一种科学的工作方式，将其利用到汽车配件行业中的仓储工作中很有必要。目前，国内汽车配件行业中的仓储管理工作是比较落后的，存在的主要问题是保管人员的素质很低，一般只求能发货即可；配件堆放不合理，货架摆放很随便，不能做到按统一体号、区号、架号、层号、位号来科学管理，使人进入仓库感到很乱；对库存货物的保养不及时，不认真，甚至常年不动，出现一些汽车配件配件生锈，黏在一起，造成不必要的损失；此外还有入库验收不严，使得一些劣质配件流入仓库，造成库存积压。

因此，在引入 PDCA 循环法的时候，要针对行业问题制订计划，其重点是要解决保管人员的素质问题。同时，随着科学技术的进步，逐步向计算机化过渡，使仓储工作走向科学化轨道。

5）广州本田汽车特约维修服务站配件仓库内的布局

（1）空间的利用。根据配件的大小及库存量，按照小型配件、中型配件、大型配件、长型配件来进行分类放置，以节省空间。

① 用配件纸盒来保存小型配件、中型配件。

② 使用适当尺寸的配件货架以及配件纸盒。

③ 将不常用的配件放在一起进行保管。

④ 留出用于保存新车型配件的空间。

⑤ 没有用的配件要及时废弃，扔掉。

（2）防差错的保障措施为了防止配件入库时发生错误，采取了一系列的保障措施。

① 将配件号码完全相同的配件放在同一个配件纸盒内。

② 不要将配件号码完全相同的配件放在两个以上不同的地方。

③ 不要将配件放在通道上或配件货架的顶上。

④ 将货位号写在标签上。

⑤ 地面、墙壁、配件货架、配件纸盒的颜色要明快。

⑥ 提供适当亮度的照明。

（3）为了保证配件的质量，应做到以下几点。

① 仓库内要经常保持清洁。

② 避免高温、潮湿。

③ 避免阳光直接照射。

④ 仓库内要禁止吸烟，要放置灭火器。

4. 丰田汽车特约维修服务站配件库房管理

丰田公司对汽车配件库房仓储管理总结出 7 种技术方法。

（1）垂直仓储。垂直仓储可防止由于堆积仓储的压力而损坏配件，节省空间，易于提货、装箱。例如将排气消声器垂直摆放于专用货架，而不是水平放置，避免了由于配件过长突出到过道，危害工人，并难于提货，垂直摆放易于提货装箱，并减少浪费空间。

（2）按产品仓储。将汽车配件分类，例如分为金属产品、箱装零件、塑料零件等，并分类存放，避免零件装箱、提货时被损毁，减少浪费。

（3）重型零件放在下部低位。出于安全和便于提货的角度考虑，应将重型零件放置在货架的下部低位，这样可在提货、装箱时减少上下运动，仓储环境安全，便于安全操作。

（4）按每个零件号分开放置。以配件号顺序仓储配件，减少了寻找配件的时间，平均每件配件的寻找时间可减少 4 s，并能减少制作货架标牌的位置数字位数，促进空位管理，方便盘点。

（5）按容易拿取分放。每个货架都有一定的高度，但汽车配件货架的高度一般不超过 1.8 m，按这个高度一般将货架分为 3 ~ 4 层，将周转速度快的配件放置在货架中部为宜（伸手可及之处），方便装箱、提货时确认配件，以减少时间。例如将丰田 4500 产汽车配件离合器摩擦衬片放置在货架伸手可及之处。

（6）非正规零件管理。例如将盘点时发现的损毁零件放置在货架顶部，便于检查，提醒库房管理人员处理这些零件，或在库房专辟一个存放报废零件的货区等。

（7）按配件的周转速度仓储。将周转速度快的配件放置在离库房提货区近的位置，方便提货，减少提货时间。

在进行汽车配件零件库房配件仓储设计时，随着汽车配件周期性的变化，例如春季和秋季以保养类零件需求多，应对其重点存储，而冬季由于冰雪路面易于出现突发性故障，外饰件需求多(风窗玻璃、翼子板、车灯等)，需要在库房对汽车配件的摆放进行调整等。当然，并不一定完全遵循上述这7种仓储技术，因为汽车配件仓储的主要内容就是如何利用有限的空间存储更多的汽车配件配件，但是一定要遵循以下原则：安全、质量和效率。

8.4 汽车配件出库程序

汽车配件出库，标志着储存保管阶段的结束，把好"出货关"是全库管理工作的重要一环。汽车配件出库管理的任务是把配件及时、迅速而准确地发放到使用者手中。出库工作关系到企业资金的周转速度，直接影响企业的生产秩序。为保证配件出库的及时、准确，应使出库工作尽量一次完成。同时，要认真实行"先进先出"的原则，减少物资的储存时间，特别是有保存期限的配件，应在期限内发出，以免配件变质损坏。应严格按照出库程序进行工作。

1. 出库的程序

(1) 核对单据。业务部门开出的供应单据(包括供应发票，转仓单，商品更正通知单，补发、调换、退货通知单等)是仓库发货、换货的合法依据，保管员接到发货或换货单据后，先核对单据内容、收款印戳，然后备货或换货。如发现问题，应及时与有关部门联系解决，在问题未弄清前，不能发货。

(2) 备货。备货前应将供应单据与卡片、实物核对，核对无误，方可备货。备货有两种形式：一种是将配件发到理货区，按收货单位分别存放并堆码整齐，以便复点；第二种是外运的大批量发货，为了节省人力，可以在原垛就地发货，但必须在单据上注明件数和尾数(即不足一个原箱的零数)。无论采用哪种形式，都应及时记卡、记账、核对结存实物，以保证账、卡、物三相符。

(3) 复核、装箱。备货后一定要认真复核，复核无误后，用于用户自提的，可以当面点交。属于外运的，可以装箱发运。装箱清单见表8－10。

在复核中，要按照单据内容逐项核对，然后将单据的随货同行联和配件一起装箱。如果是拼箱发运的，应在单据的仓库联上注明，如果编有箱号的，应注明拼在几号箱内，已备查考。无论是整箱或拼箱，都要在箱外写上运输标记，以防止在运输途中发错到站。

(4) 报运配件。经过复核、装箱、查号码后，要及时过磅称重，然后按照装箱单内容逐项填写清楚，报送运输部门向承运单位申请准运手续。

(5) 点交和清理。运输部门凭装箱单向仓库提货时，保管员先审查单据内容及印章以及经手人签字等，然后按单据内容如数点交。点交完毕后，随即清理现场，整理货位，腾出空位，以备再用。用户自提货的一般不需备货，随到随发，按提单内容当面点交，并随时结清，做到卡物相符。

(6) 单据归档。发货完毕后，应及时将提货单据(盖有提货印章的装箱单)归档，并按照其时间顺序，分月装订，妥善保管，以备查考。

表 8－10　仓库装箱清单

收货单位：　　　　　制表日期：　　　年　　　月　　　日　　　发货仓库

<table>
<tr><td rowspan="3">发票号码</td><td rowspan="3">品名</td><td rowspan="3">规格</td><td rowspan="3">数量</td><td colspan="5">装箱情况</td><td rowspan="3">合计质量/g</td></tr>
<tr><td colspan="2">木箱</td><td colspan="2">纸箱</td><td rowspan="2">捆</td></tr>
<tr><td>原箱</td><td>拼箱</td><td>原箱</td><td>拼箱</td></tr>
<tr><td></td><td></td><td></td><td></td><td></td><td></td><td></td><td></td><td></td><td></td></tr>
<tr><td></td><td></td><td></td><td></td><td></td><td></td><td></td><td></td><td></td><td></td></tr>
<tr><td></td><td></td><td></td><td></td><td></td><td></td><td></td><td></td><td></td><td></td></tr>
<tr><td></td><td></td><td></td><td></td><td></td><td></td><td></td><td></td><td></td><td></td></tr>
<tr><td></td><td></td><td></td><td></td><td></td><td></td><td></td><td></td><td></td><td></td></tr>
<tr><td rowspan="5">货款结算</td><td colspan="3">货款及管理费</td><td colspan="2">运杂费</td><td rowspan="2">合计金额</td><td rowspan="2">托收时间号码</td><td>运输工具</td><td rowspan="5"></td></tr>
<tr><td>单据</td><td>货款</td><td>管理费</td><td>单据</td><td>金额</td><td>标签号</td></tr>
<tr><td></td><td></td><td></td><td></td><td></td><td></td><td></td><td>货票号</td></tr>
<tr><td></td><td></td><td></td><td></td><td></td><td></td><td></td><td>承运时间</td></tr>
</table>

2. 出库的要求

(1) 凭单。发货仓库保管员要凭业务部门的供应单据发货，但如果单据内容有误，不合规定、手续不完备时，保管员可以拒绝发货。

(2) 先进先出。先进先出法是指根据先购进的存货先发出的成本流转假设，对存货的发出和结存进行计价的方法。采取这种方法的具体做法是先按存货的起初余额的单价计算发出的存货的成本，领发完毕后，再按第一批入库的存货的单价计算，依次从前向后类推，计算发出存货和结存存货的成本。保管员一定要坚持“先进先出、出陈储新”的原则，以免造成配件积压时间过长而变质报废。因为汽车配件更新换代很快，配件制造工艺也在不断地更新，如果积压时间过长，很可能因为淘汰老、旧产品而报废。

(3) 及时准确。一般大批量发货不超过 2 天。少量货物，随到随发。凡是注明发快件的，要在装箱单上注明“快件”字样。发出配件的车型、品种、规格、数量、产地、单价等，都要符合单据内容。因此，出库前的复核一定要细致，过磅称重也要准确，以免因超重发生事故。

(4) 包装。完好配件从仓库到用户，中间要经过数次装卸、运输，因此，一定要保证包装完好，避免在运输途中造成损失。

(5) 待运配件。配件在未离库前的待运阶段，要注意安全管理。例如，忌潮的配件要垫，怕晒的配件要放在避光通风处。总之，配件在没离开仓库之前，保管员仍然要保证其安全。

配件发货过程中，单据与实物流转情况见表 8－11。

表 8－11　单据与实物流转情况见表

发货	港站发货	削减合同	根据发货清单削减合同
		开票　下账	开票，并销商品账
		分票　交单	接收货单位分票、登记、交仓库签收
		登票　下库	仓库将票登记，交保管员签收
		对单　备货	保管员审核财务收款印戳核对供货单据备货
		销卡　销账	仓库备货后保管员销卡，核对仓库销账
		复核　装箱	出库复核无误随货同行单据装箱
		称重　填装箱单	除原箱有质量外其余要称重，按要求填写装箱单
		报运	仓库将填好的装箱单，向运输单位报请准运
		发货	凭仓库装箱单到仓库提货收回提单装订保管
		托运	货到港交清后，办理托运凭证
		收款	根据合同或运输凭证向收货方收款
		归档	贷款收回后，原供货单据存根归档
	发货自提	削减合同	根据发货清单削减合同
		开票　销卡	开票，并销账
		收款	供货但经提货人签字后收款或托运
		发货　销卡	供应单据经财务收款盖章，提货人签字后发货
		复点	物资出库，逐票复核，点交提货人
		放行	发货交接手续办妥后开出门正放行
		销账	仓库账务员审核单据，手续办齐，销账
		归档	供应单据销账后，按月装订成册

3. 发货的复核

1）送货的复核

需要对外送货的汽车配件在发货时，由仓库保管人员凭送货提货单配货，填写标签。备货后集中于待运场所时，在装车前还要进行逐单核对。复核的内容包括：汽车配件有无差错；箱号、件数是否相符；发往地点与运输路线有无错误；收货单位名称书写是否正确、清楚等。复核后，理货人员应在出库凭证上签字或盖章，已明确责任。

2）自提的复核

自提汽车配件出库时，保管人员根据提货单配货发付，由复核人员或其他配合工作的保管人员会同提货人（顾客）对汽车配件的品名、规格、等级及数量等进行复核。未经复核或单货不符的汽车配件不得出库。

3）装箱的复核

出库汽车配件凡是由仓库装箱的，由保管人员按单配货，交给装箱人员复核汽车配件品名、规格、等级、数量和计算单位等，并填制装箱单，签字或盖章后将其置于箱内，然后施封。

4）账、货、结存数的复核

保管人员据单配货，从货垛、货架上取货以后，应立即核对汽车配件结存数，同时检查汽车配件的数量、规格等是否与记账员在出库凭证上的账面结存数相符，并且要核对汽车配件的货位号、货卡有无问题，以便做到账、货、卡三者相符。

4. 出库核算方法

汽车维修企业一般采用先进先出法、加权平均法及个别计价法确定发出存货的成本。

1）先进先出法

先进先出法是根据先购进的存货先发出的成本流转假设，对存货的发出和结存进行计价方法。采用这种方法的具体做法是先按存货的起初余额的单价计算发出的存货的成本，领发完毕后，再按第一批入库的存货的单价计算，依次从前向后类推，计算发出存货和结存存货的成本。

先进先出法是存货的计价方法之一。它是根据先购入的配件先领用或发出的假定计价的。用先进先出法计算的期末存货额，比较接近市价。

先进先出法是以购入的存货先发出这样一种存货实物流转假设为前提，对发出存货进行计价的一种方法。采用这种方法先购入的存货成本在后购入的存货成本之前转出，据此确定发出存货和期末存货的成本。

例：假设库存为零，1 日购入 A 配件 100 个，单价 2 元；3 日购入 A 配件 50 个，单价 3 元；5 日销售发出 A 配件 50 个，则发出单价为 2 元，成本为 100 元。

先进先出法假设先入库的配件先耗用，期末库存配件就是最近入库的配件，因此发出配件按先入库的配件的单位成本计算。

以先进先出法计价的库存配件则是最后购进的配件存货。在市场经济环境下，各种配件的价格总是有所波动的，在物价上涨过快的前提下，由于物价快速上涨，先购进的存货其成本相对较低，而后购进的存货成本就偏高。这样发出存货的价值就低于市场价值，配件销售成本偏低，而期末存货成本偏高。但因配件的售价是按近期市价计算，因而收入较多，销售收入和销售成本不符合配比原则，以此计算出来的利润就偏高，形成虚增利润，实质为“存货利润”。

由于虚增了利润，就会加重企业所得税负担，以及向投资人分红增加，从而导致企业现金流出量增加。但是从筹资角度来看，较多的利润、较高的存货价值、较高的流动比率意味着企业财务状况良好，这可获得社会公众对企业的信任，增强投资人的投资信心；而且利润往往是评价一个企业负责人政绩的重要指标，不少企业按利润水平的高低来评价企业管理人员业绩的好坏，并根据评价结果来奖励管理人员。此时，管理人员往往乐于采用先进先出法，因为，这样会高估任职期间的利润水平，从而多得眼前利润。

2）加权平均法

加权平均法也称为全月一次加权平均法，是指本月购入存货数量加上月初存货数量为权数或本月购入存货成本加上月初存货成本，计算出存货的加权平均单位成本，以此为基础计算本月发出存货的成本和月末库存存货的成本的一种方法。具体算法如下：

$$\text{存货加权平均单位成本} = \frac{\text{（月末存货成本 + 本月购入存货成本）}}{\text{（月初存货数量 + 本月购入存货数量）}} \qquad (8-2)$$

$$\text{月末库存存货成本} = \text{月末库存存货数量} \times \text{存货加权平均单位成本} \qquad (8-3)$$

$$\begin{aligned}\text{本月发出存货的成本} &= \text{本月发出存货数量} \times \text{存货加权平均单位成本} \\ &= \text{月初存货成本} + \text{本月收入存货成本} - \text{月末存货成本}\end{aligned} \quad (8-4)$$

加权平均法在市场预测里就是在求平均数时，根据观察期各资料重要性的不同，分别以不同的权数加以平均的方法。其特点是：所求得的平均数，已包含了长期趋势变动。

加权平均法的优点是计算手续简便。缺点是：第一，采用这种方法，必须要到月末才能计算出全月的加权平均单价，这显然不利于合算的及时性；第二，按照月末加权平均单价计算的月末库存配件价值，与现行成本相比，有比较大的差异。

事实上，资产负债表中的数据是一个时点数，而利润表中的数据是时期数，财务比例是财务报表中数据的比值。如果计算某一时点数，其中一个数据来自于资产负债表而另一数据来自于利润表，来自于资产负债表的数据在整个期间（如1年）内可能是变化的，如股本数、净资产、总资产等，由于取数方法的不同就出现了全面摊薄和加权平均的概念。全面摊薄是指计算时按照期末（如年末）数计算，不取平均数，如用年末股数计算的全年摊薄每股收益。加权平均法是计算平均值的一种方法，是按照权数来进行平均。还有一种就是简单平均法，如计算存货周转率时就采用了简单平均法。

3）个别计价法

个别计价法又称为个别认定法、具体辨认法。采用这一方法是假设存货的成本流转与实物流转一致，按照各种存货，逐一辨认各批发存货和期末存货所属的购进批次或生产批次，分别按其购入或生产时所确定的单位成本计算各批发出存货和期末存货成本的方法。

个别计价法的优点是计算发出存货的成本和期末存货的成本比较合理、准确。但在实际操作中工作量繁重、困难较大，适用于容易识别、存货品种数量不多、单位成本较高的存货计价。个别计价法的计算公式为：

$$\text{发出存货的实际成本} = \text{各批（次）存货发出数量} \times \text{该批次存货实际进货单价} \quad (8-5)$$

例：某工厂本月生产过程中领用A材料2000 kg，经确认其中1000 kg属第一批入库材料，其单位成本为25元；600 kg属第二批入库，单位成本为26元；400 kg属第三批入库，单位成本为28元。本月发出A材料的成本计算如下：

$$\text{发出材料实际成本} = 1000 \times 25 + 600 \times 26 + 400 \times 28 = 51800\text{（元）}$$

一般配件部门通过服务率来统计配件的出库效率。配件部门与维修部门协作旨在减少维修技工的闲置时间，增加维修车间和配件部门的生产力，提高顾客便利性和满意度，并提高经销商利润。

为了最大限度让顾客满意，关键之处在于4S店应依据承诺将完工车辆交给顾客。维修部门的服务率应在90% ~ 95%，并且每月进行监控。在大多数情况下，维修部门是配件部最重要的顾客，并且经销店最大的配件收益还是由维修部门的配件服务来获得的。因此，经销店库存水平能够持续稳定地向维修部门提供所需的配件是非常重要的。如果要检查上述执行情况，经销店应每月监控服务率。服务率的监控服务率。服务率的监控方法如下所示：

$$\text{服务率} = \frac{\text{当月出库总件数} - \text{缺货件数}}{\text{当月出库总件数}} \times 100\% \quad (8-6)$$

若按照每天的供应情况统计服务率，则更加精确。

$$服务率 = \frac{当日接收到的订货中立即出库率在 50\% 或以上的配件件数}{当天接收订单的总件数} \times 100\% \tag{8-7}$$

例：维修部门一个月的总施工单数为 752，其中有 728 个施工单需要更换配件。此 4S 店配件库存可以满足的施工单有 672 个，则该配件部门当月的服务率为：

$$服务率 = \frac{672(有配件库存的施工单)}{728(所有需要配件的施工单)} \times 100\% \tag{8-8}$$

另外，除了统计服务率之外，销售配件的品种和数量对于配件的库存和订货也有重要的指导意义，所以配件部门要对每天销售的配件的品种和数量进行统计。

8.5　仓储零件盘点

所谓盘点，是指定期或临时对库存备件的实际数量进行清查、清点作业，即为了掌握配件的流动情况（入库、在库、出库的状况），对仓库现有配件的实际数量与保管账上记录的数量相核对，以便准确地掌握库存数量。配件库存盘存是指仓库保管员定期或不定期地对库存汽车配件的数量进行核对，清点实存数，如实地反映存货的增减变动和结存情况，并加以整理，使账、物相符，查对账面数，账、物是否对应，有无差错，配件有无变质、失效、残损和滞销等情况。通过盘存，可以彻底清查库存配件情况，彻底发现和查清库存配件管理中已暴露的或隐蔽、潜在的差错和事故，及时发现问题，及时处理，从而减少或避免经济损失。

8.5.1　盘点的原则

企业在进行配件盘点时，应该按照以下原则进行。

(1) 真实：要求盘点所有的点数、资料必须是真实的，不允许作弊或弄虚作假，掩盖漏洞和失误。

(2) 准确：盘点的过程要求准确无误，无论是资料的输入、陈列的核查、盘点的点数，都必须准确。

(3) 完整：所有盘点过程的流程，包括区域的规划、盘点的原始资料、盘点点数等都必须完整，不要遗漏区域、遗漏配件。

(4) 清楚：盘点过程多属于流水作业，不同的人员负责不同的工作，因此，所有资料必须清楚，人员的书写必须清楚，配件的整理必须清楚，才能使盘点顺利进行。

8.5.2　盘存的内容

1. 清点数量

对按件计的汽车配件应全部清点；对成批堆垛的配件应按垛清点，对堆垛层次不清的货物，要翻垛整理并逐批清点。

2. 核对账与货

根据清点的汽车配件实数来核对保管账所列配件的结存数，逐笔核对。查明实际库存量与账、卡上的数字是否相符；检查收发有无差错；查明有无超储积压、损坏、变质的汽车配件。

3. 账与账核对

汽车配件保管账应定期或在必要时与财务部门或相关业务部门的账核对。

仓库保管员盘查库存，一般每月一次，主要是检查汽车配件的数量、质量、保质期等，并做好记录；财务对账一般每半年或一年一次，特殊情况除外。

8.5.3 盘存的方法

盘存的方法按时间和重要程度分类主要分为日常盘存、定期盘存和重点盘存。

1. 日常盘存

日常盘存也称为动态盘点，是一种不定期盘存。通常是对动态出入库的配件进行清点和复核。根据配件的流动性，进行某个区域盘点、某个货架盘点、某个货位盘点，即对每天发出的配件随时盘点。这种盘点核对方式省时省力，发现问题可及时纠正，有效提高账货相符率；对于收益最大的流动件，可以做到及时补货，提高了资金周转率；对于配件的管理级别可随时调整，做到以最少的资金获取最多的利益。

2. 定期盘存

定期盘存是在一段时间内，定期对仓库内的配件进行盘点。一般在月末、季末、年末进行，核对后一般要做出“已盘”标记。这种盘点方式除了对实存数与系统记录数进行核对外，还可以控制库存配件的流动性变化，尽力保持投资成本与缺货成本相平衡，与客户满意度相平衡。

定期盘点有以下 4 类：

(1) 月末盘点。发现有的配件在 1 个月内无销售，应做好记录，注意观察；通过盘点可掌握手法频次很高的配件，应做好记录、重点跟踪管理，这是属于高收益范围的配件，做好及时补货，不要出现短库。

(2) 季度盘点。发现有的配件在3个月内无销售，属于滞销件，要引起重视，应做好记录，并调整订货数量，调整服务营销手段来减少库存；由于季节的变化，通过盘点发现有的配件手法频次降低，有的收发频次增高，那么，就要做好库存的管理级别修正，保证那些流动性好、收益高的配件不出现短库现象。

(3) 双季度盘点。发现有的配件在 6 个月内无销售，属于积压件，应做好记录，并申请主管负责人这价销售，或者通过同行业之间调剂解决等；通过盘点，时刻掌握库存配件动态变化。

(4) 年末盘点。发现有的配件在一年内无销售，属于死库存，应做好记录，并申报给主管负责人，做报废、这价或其他处理方式。

盘点结束，要做好盘点汇总、处理、系统、数据授权修正等工作。通过盘点可以有效控制库存结构，及时处理那些低周转备件、补充流动性好收益高的配件，从而保证资金周转率正常，保证仓库有效运营。

3. 重点盘存

重点盘点是指根据收、发、订货工作的需要，为某种特定目而对仓库物资进行盘存和检查，如工作调动、意外事故、仓库搬迁等进行的盘存。这种盘点方式，要有相关人员参加，并做好记录。

定期盘存和重点盘存时均应有财务人员负责监盘，监督保管人员进行实物清点、确认，同时检查各财产物资对方是否合理，库存是否适宜，有无过期、损坏情况存在，盘存情况应及时登记，登记于相应的《材料物资盘点明细表》上。盘点结束以后，编写《盘点报告》，填写处理意见并上报。

8.5.4　盘存结果及处理

对盘存后出现的盈亏、损耗、规格串混、丢失等情况，应组织复查，分析产生的原因，及时处理。

1. 储耗

对易挥发、潮解、溶化、散失、风化的配件物品，允许有一定的储耗。凡在合理储耗标准以内的，由保管员填报“合理储耗单”，经批准后，即可转财务部门核销。储耗的计算，一般一个季度进行一次，计算如下：

$$合理储耗量 = 保管期平均库存量 \times 合理储耗率 \tag{8-9}$$

$$合理储耗率 = 账存数量 - 实存数量 \tag{8-10}$$

$$储耗率 = 保管期内实际耗损量 / 保管期内平均库存量 \times 100\% \tag{8-11}$$

实际储耗量超过合理储耗部分作盘亏处理，凡因人为的原因造成物资丢失或损坏，不得计入储耗内。

2. 盈亏调整

在盘存中发生盘盈或盘亏时，应反复落实，查明原因，明确责任。由保管员填制“库存物资盘盈盘亏报告单”，经仓库负责人审核签字后，按规定上报审批。

3. 报废与削价

由于保管不当造成霉烂、变质、锈蚀的配件，在收发、保管过程中损坏并已失去部分或全部使用价值的配件，因技术淘汰需要报废的配件，经有关部门鉴定确认不能使用的配件等，由保管员填写“物资报废单”，经技术鉴定后需要削价处理的，由保管员填写相关“物资削价报告单”，按规定报经审批后处理。

4. 事故

由于被盗、火灾、水灾、地震等原因，及仓库人员失职，导致配件数量和质量受到损失的，应作事故向有关部门报告。

在盘存过程中，还应清查有无本企业多余或暂时不需要的配件，以便及时把这些配件调拨给其他需用单位。

8.6　汽车配件仓储经济管理

经营汽车配件的资金有 70% 以上被库存商品资金所占用，推行保本期是把物流管理引入时间效益观念，使经营工作由事后分析转向事前预测，有利于增强商品进、销、存的预见性，使商品资金加速周转，提高经济效益。它是在商品销售量、成本、利润分析的基础上，结合经营上的特点，进行利润、费用、储存时间的分析，从经营商品盈亏角度，对商品的保本储存期限进行预测，从而对商品进、销、存全过程进行系统的综合管理。

8.6.1 汽车配件保本期管理方法及应用

1. 保本期和保本量的计算方法

(1) 保本期的计算方法。

保本期是指商品从购进到实现销售不至于发生亏损的最长储存期限。在保本期截止之日销售出去的没有利润，但能保本。超保本期销售就要发生亏损，保本期计算公式如下：

$$保本期天数 = \frac{(1 + 加成率) \times (1 - 管理费用率 - 利前税率) - 1}{日息率} \qquad (8-12)$$

式中：加成率指商品进销差价与销售原价的百分比。

商品保本期在业务经营中起到“标尺”和“界限”的作用，增强了“时间就是效益”的观念，进、销、存不忘保本期，树立全面为销售服务的思想。

在测算中，管理费用和利前税率可用上年度实际数，利息率用当年的，加成率是预测的。

(2) 保本量的计算方法

保本期是指商品在库的最长期限。保本量是控制进货或库存的最高数量，其计算方法为：

$$保本期 = \frac{预测期销售数量}{预测期天数} \times 保本期天数 \qquad (8-13)$$

一般保本量每年测算一次，将测出的数字记在主要车型经营品种动态分析台账上，作为衡量进货量和库存时的一把尺子。

2. 保本期的操作程序

(1) 收到商品发票和记收单据后，由物价员测定该商品加成率，用保本期公式算出保本期天数，合同员在入库单上填上保本期界限日。

(2) 商品放进仓库后，保管员在填制商品保管卡片时，同时注明保本期界限日。当出现超保本期商品时，在保管卡片上印上显著标志，以示警告。

(3) 营业员收到商品入库单后，要按照单上的保本界限日记在营业账或商品账上，当出现超保本期商品时，向主管业务部门或经理反馈，反馈单如表 8-12 所示。

表 8-12 月超保本期反馈表

车型：

商标编号	品名	单位	产地	单价 / 元	超保本期数量	金额 / 元

按保本期的要求，应当随时发生，随时反馈。

(4) 如果前批进货尚未销完。一般不应当再进货，若有前批进货剩余较少时，可视同后一批一卡保管，但是要先进先出。若前批商品剩余数量较多时，要分卡保管，对新进的商品执行新的保本期界限日。

（5）业务部门和经理收到反馈单后，要立即组织有关人员认真分析造成超保本期的原因，制定措施，堵塞漏洞，抓紧处理，把问题消灭在萌芽状态。

3. 商品保本期管理法的作用

（1）利用库存商品保本期管理法，能把住进货关，防止“病从口入”。并且能够及时发现问题，及时调整结构，加速商品资金流转。

（2）应用商品保本期管理法可以发动全体员工参与经营管理。商品进来后，各环节按保本期界限日进行监督。保管员发现了问题，提出警告，营业员发现了问题，给予反馈，问题提出来后，领导就必须研究解决，加强各个环节员工的责任感。

（3）用商品保本期管理法，增强了员工的时间价值观念。进、销、存都要考虑到保本期，以减少费用，提高经济效益。

8.6.2　汽车配件合理储备量的确定

汽车配件储备是汽配流通领域中的一个重要环节，在流通中应做到流而不断、储而不阻，使配件储备真正起到“蓄水池”的作用，这对企业销售额、资金周转及经济效益的提高是非常重要的。

1. 合理储备量的概念

所谓合理储备量，应包括两个方面的内容，一是指库存储备的总金额趋于合理，二是指单一品种储备量与市场需求大致接近，即按车型、品种的库存结构合理。显然这二者是密切相关的，前者是总体需求，对于后者有指导性的约束，后者是前者的具体体现，是前者的基础。否则，总额合理，单一品种结构畸形，仍不利于资金周转，也将影响销售量。所以，确定合理储备量的原则应该是，满足用户需求，有利于资金周转。

2. 合理储备量的确定

一个企业库存储备总值大小的确定，其因素是多方面的。首先是所承担供应范围内所拥有的车型车数，这是基本依据，其供应范围大、涉及的车辆多，则储备总额就大，反之则少。其次是企业本身所拥有的流动资金有多少，所必须达到的资金周转次数是多少。如果资金少、资金周转天数少，则必须加速库存周转，在这种情况下，库存储备额就不能过大。同时，储备量也取决于该企业单车的年供应水平，单车供应水平高，储备总额则需要大一些。单车供应水平又与车辆技术状况、路面等级、车辆出车率及其运输性质有关，为了便于说明问题，用下式表示储备量值的确定：

$$W = qg/f \tag{8-14}$$

式中：W—— 库存储备总额，元；

q—— 单车年供应平均水平，元／辆；

f—— 要达到的资金周转指标，次／年；

g—— 供应的车辆总数，辆。

为使计算更为准确，现设 i 为任意一种车型，则式（8－14）还可表示为：

$$W = \sum \frac{q_i g_i}{f_i} = \frac{q_1 g_1}{f_1} + \frac{q_2 g_2}{f_2} + \cdots + \frac{q_n g_n}{f_n} \tag{8-15}$$

由式（8－15）可知：企业库存合理储备总额等于其所供应的各种车型应储备的平均金额之和。现以实际数据举例，如表 8－13 所示。

表8－13　各车型配件供应水平及资金周转情况表

项目＼车型	桑塔纳	CA1091	EQ1091	BJ1022	BJ2020N
供应车辆数／辆	1802	2215	325	500	219
单车供应平均水平／(元·辆$^{-1}$)	934	273	123	874	140
资金周转指标／(次·年$^{-1}$)	1.6	1.2	1.2	1.5	1.2

由上表数据代入式(8－15)，则

$$W=\frac{934\times1802}{1.6}+\frac{273\times2215}{1.2}+\frac{123\times325}{1.2}+\frac{874\times500}{1.5}+\frac{140\times219}{1.2}$$

但是，上式中各个量不是一成不变的，而是随市场形势的变化而不断变化的，因此，合理储备量应定期核定，以取得符合市场变化的最佳值。

关于单一品种合理储备量的确定，主要应以该品种历史同期（一般为上年）销售水平为依据，但同样也要考虑市场流通的快慢，即库存周转的次数，一般可用下式表示：

$$W=\overline{m}(1+k\%)/f \tag{8－16}$$

式中：W—— 单一品种储备数；

$\overline{m}$—— 单一品种历史销售平均数；

f—— 其应达到的去存周转次数；

k—— 表示该品种因各种因素而变化，所取的储备量增减系数。

在取 k 值时，如发展车型配件，取增值；如淘汰品种，取减值。即具体品种具体分析，这样才能使单一品种库存储备趋于合理，从而使整个库存结构合理。

根据一汽大众汽车配件有限公司与服务站签订的意向协议书，为确保售后服务的正常进行，服务站、大用户、专卖店开始订货前，应制订出该站的储备定额及每一种备件的最低库存，并根据保有量的变化情况，每半年或一年修改一次。储备定额及最低库存量确定后，应成为服务站订货的主要依据。

已签协议的服务站、大用户、专卖店，当地保有量在100辆以下时，备件的储备应不少于12万～15万元；当地保有量达到100辆以上时，每增加一辆，备件的储备定额需要增加2000元。

已开业的服务站，当地保有量在250辆以下时，配件的储备应不少于30万元；当地保有量达到250辆以上时，每增加一辆，备件的储备定额需要增加2000元。

案例 —— 某大众奥迪汽车4S店的配件库存管理

南京某汽车4S店，是一家以经营奥迪汽车为主的企业。该企业从2003年开始涉足大众奥迪汽车4S店的经营，经过多年的磨砺，目前在南京地区发展已出现规模。由于近两年4S经营模式有了一些调整，该企业也受到影响，其整车销售空间受到进一步压缩，目前经营利润逐步转向汽车售后市场，包括配件供应与维修服务。作为汽车售后服务的关键，尽管该公司在多年的经营中，备件库存管理积累了一些好的经验，但由于该企业在发展前期利润来源主要集中在整车销售上，随着利润点的转移，其配件库存管理显得力不从心，选择好的配件库存管理方法与策略就显得尤为重要。

在该公司应用ABC管理法主要有两方面问题：一是，如何能快速生成订货方案以及去确定安全库存量；二是，增强销售数据分析和综合考虑实际情况，确定合理库存水平。针对这两方面问题，结合前面对4S配件库存管理的研究后，该企业决定将计算机技术和ABC分类管理方法相结合，得出解决方案。

该备件辅助预测方案主要按两条线索设计，一条主线是按照实现配件ABC分类管理、库存方案及订货方案生成；另一条辅线则是围绕对配件信息与配件销售数据的分析进行设计。在两条线索的综合作用下，其库存管理逐步趋向科学合理。另外，在具体方案实现中，配件辅助预测系统使用Delphi7进行程序开发，Delphi是基于窗体和面向对象，对数据库有强大支持功能，其开发的数据库简单、高效。数据库则采用SQL Server2000数据库，以保证数据的安全和高效。此外，为了使该系统具有通用性，在实际开发设计过程中，所有涉及企业数据的地方，全部采用数据临时导入或通过共享企业相关数据库数据。

结论：由于汽车配件库存管理不用于一般物资管理，如果直接将已有库存管理理论应用到汽车配件库存管理中，在实际运作时，必然存在不合理之处，可能会使配件库存过多或不足，导致大量资金占用或无法满足正常需求，从而影响4S企业经济效益。所以，该企业通过对4S经营模式的现状及服务配件相关库存理论进行研究后，提出综合运用ABC分类管理法与现代计算机技术相结合的解决方案，达到快速对4S企业汽车配件进行分类、预测、确定订货量、订货时机及安全库存等，科学合理地对配件库存进行有效控制和管理。

本章内容小结

仓储是指通过仓库对暂时不用的物品进行储存和保管。根据国家标准，仓储是利用仓库及相关设施设备进行物品的入库、存贮、出库的活动。仓储管理涉及以下诸方面内容：仓储网点的布置和选址，仓储设施的选择，仓储规模的确定，仓储商务管理，特殊物品的仓储管理，库存货商组织，仓储计划，仓储作业，物品包装和养护，仓库治安、消防和生产安全，仓储经济效益分析，仓储物品的保税制度和政策，库存管理与控制，仓储管理中信息技术的应用以及仓储系统的优化等。

汽车配件入库是物资储存活动的开始，也是仓库业务管理的重要阶段。这一阶段主要包括接运、验收和办理入库手续等环节。入库是指仓库管理员依据入库计划，接受备件供应商入库申请，在收到备件和相应入库验收单时，按照库房管理制度清点货物，通过入库搬运、安排货位、堆码等工序，按照要求将配件存放在指定地点，并在入库验收单上签字。

仓库作业管理的过程，是从物资入库开始，到把该批物资发出去为止的全部过程，主要是围绕着物资进库、保管和保养、出库为中心开展的一系列活动。

汽车配件销售企业的仓库作业管理，就是围绕着汽车配件的入库、保管、保养和出库为中心所开展的一系列活动。具体包括汽车配件的入库验收、保管、维护保养、发货、账册、单据和统计管理等工作。另外还有科学管理的问题，科学管理要渗透到仓库作业管理的各个方面，要以最少的劳动力、最快的速度、最省的费用取得最佳的经济效益，以达到保质、保量、安全、低耗地完成仓库作业管理的各项工作任务。

典型的配件管理方法有三维坐标法和 ABC 管理法。

ABC 管理法也称重点管理法。现在世界上经济发达国家在经济活动中已经普遍采用这种管理方法。在实行上述按部、系、品种或按车型系列的条理化管理的同时，也应采用 ABC 分析法进行管理。

一些特殊的汽车配件应采取不同的方法保管和养护，以保证其不变质。如不能沾油的汽车配件，爆燃传感器的存放，减振器的存放，玻璃制品配件，塑料油箱，预防霉变的配件，蓄电池的存放，精密液压偶件的存放等。

汽车配件养护的常用办法是防潮、控制温度、清洁、定期保养等。

汽车配件出库，标志着储存保管阶段的结束，把好“出货关”是全库管理工作的重要一环。汽车配件出库管理的任务是把配件及时、迅速而准确地发放到使用者手中。为保证配件出库的及时、准确，应使出库工作尽量一次完成。同时，要认真实行“先进先出”的原则，减少物资的储存时间，特别是有保存期限的配件，应在期限内发出，以免配件变质损坏。应严格按照出库程序进行工作。

盘点，是指定期或临时对库存备件的实际数量进行清查、清点作业，即为了掌握配件的流动情况(入库、在库、出库的状况)，对仓库现有配件的实际数量与保管账上记录的数量相核对，以便准确地掌握库存数量。

盘点的原则有真实、准确、完整、清楚等。

盘存的方法按时间和重要程度分类主要分为日常盘存、定期盘存和重点盘存。

经营汽车配件的资金有70% 以上被库存商品资金所占用，推行保本期是把物流管理引入时间效益观念，使经营工作由事后分析转向事前预测，有利于增强商品进、销、存的预见性，使商品资金加速周转，提高经济效益。

思考与练习

1. 什么是仓储管理?
2. 仓储管理应遵循哪些原则?
3. 汽车配件仓储的作用和仓储的任务是什么?
4. 汽车配件入库作业和出库作业包括哪些内容?
5. 如何进行汽车配件仓库规划?
6. 仓库单据管理包括哪些内容?
7. 什么是汽车配件的合理储备量?合理储备量如何确定?
8. 堆码的方法有哪些?
9. 何谓盘存?盘存的内容和方法是什么?盘存的结果如何使用和处理?
10. 如何存放特殊汽车配件?
11. 什么是三维坐标法?
12. 什么是 ABC 管理法?
13. 汽车配件出库核算方法有哪些?
14. 什么是汽车配件保本期管理方法?

第 9 章　汽车配件销售

9.1　汽车配件销售特性

汽车配件销售企业将销售业务看作是最重要的业务环节，企业的一切活动都应该围绕着销售进行。在汽车配件市场竞争日益激烈的情况下，销售业务开展的如何，对企业的生存和发展起着举足轻重的作用。

1. 较强的专业技术性

现代汽车是融合了多种高新技术的集合体，其每一个零部件都具有严格的型号、规格、工况标准。要在不同型号汽车的成千上万个配件品种中为顾客精确、快速地查找出所需要的配件，就必须有高度专业化的人员，并由计算机管理系统作为保障。从业人员既要掌握商品营销知识，又要掌握汽车配件专业知识、机械制图知识以及汽车配件的商品检索知识，并且会识别各种汽车配件的车型、规格、性能和用途等。

2. 经营品种多样化

一辆汽车在整个运行周期中，约有 3000 种零部件存在损坏和更换的可能，所以经营某一个车型的零配件就要涉及许多品种规格的配件。即使同一品种和规格的配件，国内外有许多生产厂家，其质量、价格上的差别也很大，甚至还存在假冒伪劣产品。作为汽车配件的销售人员，要能够在繁杂的配件中为用户准确选择和推荐所需要的配件，并且要确保货真价实。

3. 经营必须有相当数量的库存支持

由于汽车配件经营品种多样化以及汽车故障发生的随机性，为确保广大消费者的各种需求，经营者需要相当数量的库存支持，因此，大部分资金用于库存储备和商品在途资金储备。

4. 经营必须有服务相配套

汽车集高新技术和常规技术于一体，涉及机械、电子电器、自动控制、计算机等多种技术，经营者必须提供相应的配套服务，特别是技术服务至关重要。相对于一般生活用品而言，经营配件更强调知识、技术服务。

5. 销售的季节性

汽车配件市场会受到自然界春夏秋冬季节变换的影响。在雨水较多的春季，为适应车辆在雨季行驶，对车上的雨布、各种挡风玻璃、车窗升降器、电气刮水器、刮水臂及片、挡泥板等配件需求就特别多。炎热的夏季，因为气温高，发动机机件磨损大，火花塞、白金(断电触点)、气缸床、进排气门、风扇带及冷却系部件等的需求特别多。寒冷的冬季，气温低，发动机难起动，需要的蓄电池、预热塞、起动机齿轮、飞轮齿环、防冻液、百叶窗、各种密封件等配件就增多。据调查资料显示，季节性需求所带来的销售额，占总销售额的30% ~ 40%。

6. 销售的地域性

我国国土辽阔，有山地、高原、平原、乡村、城镇，并且不少地区海拔高度悬殊。这种地理环境，也给汽配销售市场带来地域性的不同需求。在山地高原，因山路多、弯道急、坡度大，颠簸频繁，汽车钢板弹簧较易断裂，变速部件、传动部件、减振器部件也易损坏，需要更换总成件较多。在城镇、市区，由于拥堵，汽车启动和停车次数频繁，其所需起动、离合、制动、电器设备等部件的数量就比较多。

9.2 对汽车配件销售人员的基本要求

作为一名汽车配件销售人员，应具备良好的综合素质、得体的形象、专业的业务素质、较强的服务意识，具体应达到以下的基本要求。

1. 汽车配件销售人员的形象与举止要求

在形象方面，销售人员仪表和着装应遵循整洁、统一、干净的原则，以树立专业、正规的形象。销售人员应当仪表端庄、整洁、自然，不过分修饰。头发保持整齐不凌乱，注意个人卫生，保持面部清洁，口腔清洁、无异味。着装要合体、合时，做到自然、潇洒、整洁、庄重和协调，使衣着打扮之美与自身好的形象相映衬。

在言行举止方面，销售人员与顾客交流时，要注意说话语调、语气、眼神，做到态度诚恳，表情自然大方，注意微笑，善于与人沟通交流。并做到举止文明，站有站相、坐有坐相。站要上身挺拔，收腹，双目平视，双肩自然，不耸肩。坐时要上身挺拔，端庄、收腹，坐椅子的2/3，需要移动座位时，先移座位，后坐下，并从左边进入。要注意头正、肩平、躯挺、目光自然、不左顾右盼。行进时要步幅适当、步速平稳；不忽急忽慢、不低头驼背、不摇头晃脑或双臂大甩。在前面给客人带路引导时要尽可能走在客人左侧前方，整个身体半转向客人方向，保持两步的距离，遇到上下楼梯、拐弯、进出门的时候要伸手示意，并提示客人该怎么走。

2. 汽车配件销售人员业务素质方面的要求

作为汽车配件销售人员应该具备专业的业务素质，熟悉所经营配件车型的技术性能，结构特点、车辆分布及数量，掌握配件的消耗规律；懂得现代汽车配件横向产品及相关知识，了解高新技术；善于捕捉市场信息，市场价格行情的涨落以及国家对汽车产品制定的相关政策等信息等，用较强的专业知识解答客户疑问，赢得客户的信赖。在具体业务方面，应具备以下基本业务能力。

1）开单制票

销售员开出的单据，必须字迹清楚，并且严格按照单据的格式逐项书写清楚、准确无误。否则就会给收款、记账、发货等环节造成困难，给用户造成不必要的麻烦。

2）管理售货卡

售货卡是销售员的台账，也是其了解市场变化、掌握配件销售动态、编制进销计划的依据和历史资料。销售员在售货时不仅要迅速地抽出卡片，完成售货，减少用户等候时间，同时应做到登记、统计、结转账准确，保管完整。

3）为所销售的主要汽车配件通用互换原则提供咨询

由于汽车车型的发展变化非常快，使得汽车配件种类繁杂，这为汽车配件销售部门在汽车配件的采购、经营方面带来许多困难。但配件在一定范围内具有互换性，还有的稍加改进就可以互换、代用。有的修理厂在修理过程中因购不到该车的维修配件而使修理中断，造成较大的经济损失。作为汽车配件销售人员，有必要掌握一些配件互换性方面的知识，以便于更好地服务于用户，并且提高销量。

4）书写信函

有的外地客户经常来函求购急缺配件，为了巩固老客户，取信新客户，不论生意成交与否，都要做到来信必复，回复要及时。重视书写信函的质量，发挥信函在业务往来中的作用。

5）正确使用常用量具

在汽车配件流通过程中常用的量具包括游标卡尺、百分表、千分表、扭力扳手、塞尺、万用表、示波器等，要求销售人员会熟练使用。

6）熟练快速地计算货款

销售员计算货款要做到一准、二快、三清。也就是说，销售员在计算货款时要准确、迅速，并将计算结果报给顾客，让顾客听清楚。为了避免误会，计价的整个过程，都要当着顾客的面进行。如果顾客对货款有疑问时，销售员要耐心地重算一遍，并有礼貌地做好必要的说明和解释。

为了加快计算货款的速度，减少顾客等候的时间，防止算错账，对于一些特殊情况，如某一种配件销量大、交易又比较频繁时，可以根据单价、计量单位预先计算好数据，制成价格速算表，帮助快速计算。

3. 汽车配件销售人员服务态度、服务水平方面的要求

1）良好的服务意识

汽车配件销售属于汽车服务业，作为汽车配件销售人员应该具备良好的服务意识，态度诚恳、真诚，急顾客所急，想顾客所想，在业务活动中坚持以诚待人，以信为荣，认真倾听、尊重用户，为顾客排忧解难，做顾客的贴心人。

2）灵活运用柜台语言艺术

销售员要能够向客户介绍配件的产地、适用车型、价格等信息。一个经验丰富的销售员，必须注意灵活运用柜台语言艺术，对各类客户均要做到有问必答、语言准确、条理清楚，态度诚恳，能给客户以愉快的感觉，促成交易。

3）根据用户的不同要求，提供各种形式的服务

随着汽车配件市场的竞争日益激烈，各大汽车公司技术水平和生产设备的不断完善，汽车产品的性能几乎趋于一致，市场竞争就会向产品的服务方面转移，因此对用户提供的服务会直接影响到市场占有率。为了扩大经营，应运用多种多样的服务手段，如送货上门、函电售货、代包代运等多样服务活动，把生意做活。

4）尊重民族风俗习惯

我国是一个多民族的国家，有许多民族风俗习惯，作为一个销售员必须了解各地风土人情，多研究不同民族的风俗习惯，不要触犯各民族的禁忌。

9.3　汽车配件销售流程

汽车配件销售流程包括三个不同的对象：对外零售、维修部取件、批发。下面分别就三种销售对象的销售流程进行介绍。

1. 对外零售工作流程

汽车配件对外零售工作流程如图 9 – 1 所示。

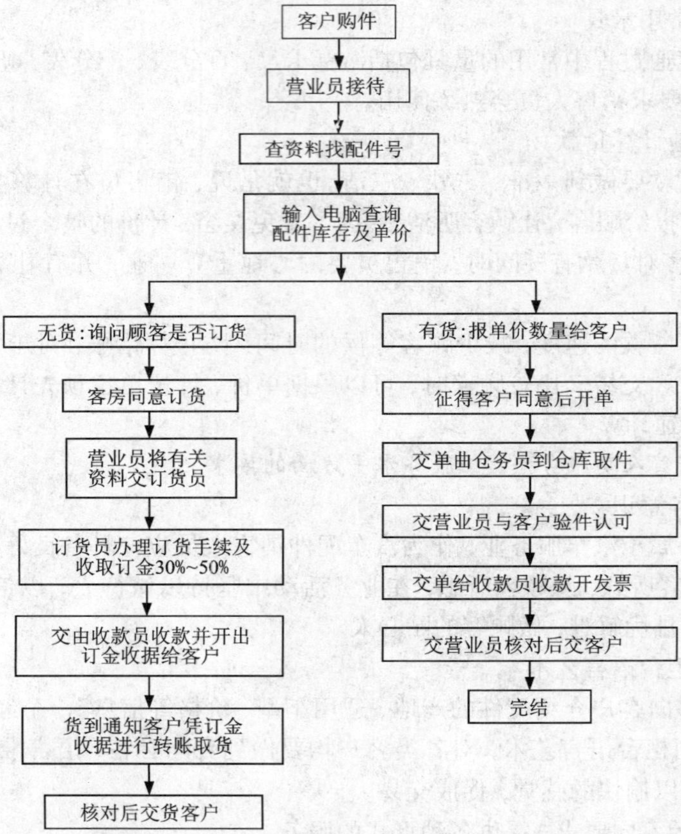

图 9 – 1　汽车配件对外零售工作流程

（1）接待顾客。服务人员接待顾客要注意态度热情，服务周到；能够根据顾客的要求为顾客分析配件的价格、质量、使用等因素，让顾客感觉到购买的不仅是配件，更获得了优质的服务。

（2）查询有关信息。根据顾客的描述或所带来的废旧配件，通过配件手册或电脑光盘查询出所需配件的编号、库存情况、价格等相关信息。

（3）开配件取货单。顾客决定购买后，由营业员开出取货单并签字后，交由仓务员到仓库取件，仓务员提取配件后在取货单上签字，交由营业员和客户确认，此时库存量暂不做修改，因为存在客户不满意而退回的可能性。

(4) 办理交货手续。营业员在客户确定要货后，开销售凭单，这是财务收款的依据。财务收款并开出发票，顾客凭销售凭单和发票取货。此时库存数量才进行修改。

(5) 其他。当库存无货，则需要订货，一般情况下需要预收 30% ~ 50% 的订金。订货过程中要信守诺言，保证交货的时间。如果确实遇到不可抗拒的原因而导致交货的延迟，一定要及时通知顾客并取得谅解。

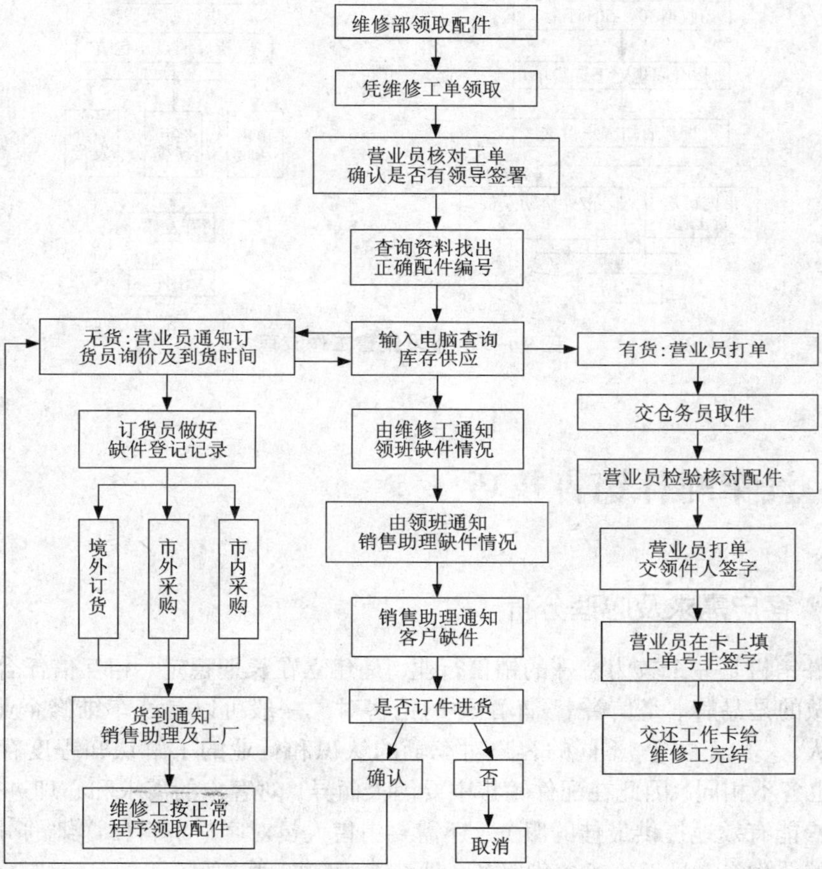

图 9 - 2　维修部取件工作流程

2. 维修部取件(领料)工作流程

对于 4S 店等同时带有维修职能的汽车配件营销企业，其维修部取件的工作流程如图 9 - 2 所示。维修部取件的主要特点在于它属于内部结账，是以维修人员的工卡为结账的凭证，这在取货单和销售单上可以体现。

3. 批发销售工作流程

代理订货及批发销售工作流程如图 9 - 3 所示。

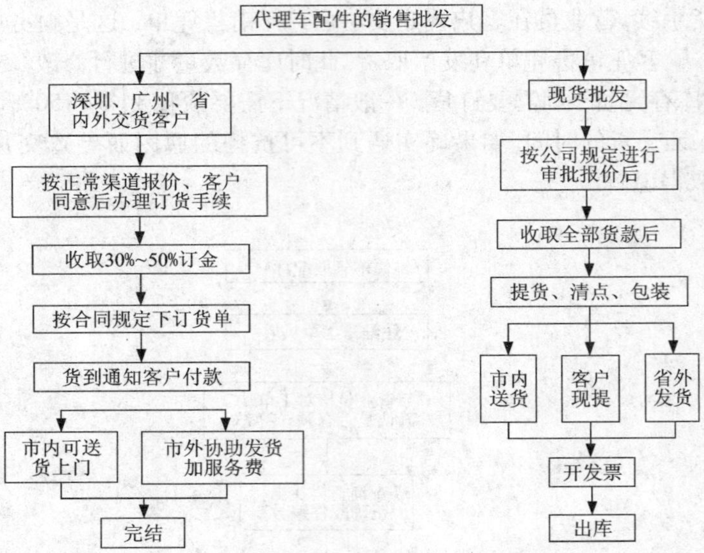

图9－3　批发销售工作流程

9.4　汽车配件销售技巧

9.4.1　客户需求及心理分析

汽车配件销售是一个较为特殊的销售行业，是建立在长期稳定、相互信任合作基础上的业务往来，做的是品牌、是信誉。汽车配件的销售对象一般可以是汽车维修企业、汽车配件商、单位车队、一般车主等。不同的客户对车辆的认识和行业的了解认知程度存在较大的差异，其需求也各不相同，因此在配件销售中要因人而异，对客户的需求和心理进行分析。为了对众多的客户能有效地提供最佳的服务，还需要销售人员对客户资料作详细的分析并给予最大限度的支持，并确定是否给予送货服务，是否需要定期拜访等。

用户购买配件的心理活动分为产生动机、寻找商品、要求调选、决心购买、买后感受等五个阶段。从用户进店走近柜台的行动、寻找商品的神态中正确判断他们的来意，做到先打招呼、热情接待；观察用户的购买行为，从其行动和表情中分析用户的心理活动，判断用户的购买动机，进一步判断出用户的企业性质，拥有多少车辆和购买能力；当用户购买完配件之后，还要观察、分析用户买后的心理活动和感受，判断出用户的满意度，做好售后服务，为下次交易打下基础。购买动机和购买要求，是形成购买行为的主要因素。

9.4.2　商品介绍的FAB法

FAB是三个英文字母的组合。F是指特征（feature）即产品的固有属性；A是指优点（advantage）即由产品特性所带来的产品优势；B是指利益（ benefit），即客户通过使用产品所得到的利益。

1. 特征(feature)

在向顾客介绍配件的过程中，注意从配件的特征人手，着重讲本质、功能，描述工作原理，这就需要销售人员对所经营配件的技术特征、构成、材料、工艺、目前的技术水平等有深入透彻的了解。介绍过程中要随时注重顾客的反应，如在讲到配件的某项特征时，顾客频频点头，表明顾客可能对该项技术有所了解，销售人员就可以适当抛出一些深层次的专业术语，使顾客认同销售人员所介绍的特征。如果顾客表情茫然，反映不强烈，就要在介绍中多用一些通俗易懂的语言激发顾客的兴趣，让顾客开口，做出肯定或否定的决定。在汽车配件的介绍中，还要关注配件之间的关联性。例如，顾客需要购买汽车点火线圈配件，销售人员就可以建议顾客彻底检查一下汽车的点火系统，看看火花塞是否出现积炭或烧蚀，是否需要清洗或者更换，以保证发动机的良好运行。另外，同一厂家甚至不同厂家的某些车型的某些配件是可以通用互换的，这就需要销售人员平时注意积累自己的经验，记住常规配件的互换性，在销售过程中可以向客户进行有针对性的推荐。

2. 优点(advantage)

介绍完配件的特征，接下来需要运用好横向对比的销售技巧，多引用旁证材料，突出所介绍的配件的优点、优势。同一种商品在价格、包装、品牌等方面都会有一些差异性，销售人员就要帮助顾客分析所介绍配件的优点，以及和其他产品的差别。在进行比较的过程中，要进行综合、全面的比较，说明其优势所在，切忌故意以贬低其他产品来抬高自己的产品的做法。

3. 利益(benefit)

销售人员能否将商品的特征和优点转换成为顾客的最终利益是达成交易的关键步骤，因为利益才是顾客发生购买行为的根本动机。因而所介绍的商品有再多的特征和优点，如果不能为顾客所认可，不能满足顾客的所需要的最终利益，将很难打动顾客。但如果在交谈过程中挖掘出顾客的特殊需求点，并及时利用商品的某些特性和优点满足那些需求，就转化为顾客的最终利益。因此，成功的商品介绍就是能够捕捉顾客的特殊需求点，并与产品的特性、优势匹配、吻合，才能帮助顾客购买到他所需要的最大利益。

销售人员需要做的就是要说明此配件商品能给客户带来的好处，由于其优异的质量和良好的性能可以为客户带来更好的实用性，创造的有效价值，比如说能减少阻力、降低油耗、改善整车性能、延长维护周期等等。

在运用FAB技术之前，配件销售人员应首先熟悉自己所要销售的各款配件，并将它们的属性、作用、利益等各方面全部罗列出来，做成一份表格，运用FAB陈述方法多加练习，以增加对产品和FAB技术的理解，切实做好产品介绍工作。除此之外，要将产品特性转换为客户利益，还要了解客户的特殊需求。具体来说，将产品特性转换为客户利益，可以按照以下五个步骤进行：

步骤1：深入全面地了解产品知识；

步骤2：从事实调查和询问技巧中发掘客户的特殊需求；

步骤3：介绍产品的特性(说明产品的功能及特点)；

步骤4：介绍产品的优点(说明功能及特点的优点)；

步骤5：介绍产品的特殊利益(阐述产品能满足客户的特殊需求，能带给客户特殊利益)。

对配件商品的介绍是销售人员与顾客直接面对面交流时间最长的一个环节，能否抓住顾客的心，使其迅速作出购买决定，很大程度上取决于这个环节。在介绍过程中，要注重与顾客的充分互动，不要单方面灌输，而要注重互动交流，注重捕捉顾客的反应和传递的信息，注意节奏的变化，有来有往，调动顾客的积极性，多提一些简单的互动性的问题，并通过提问发掘顾客的需求点。FAB 法需要配件销售人员在日常工作中不断积累经验，多学习，多思考，才能运用得得心应手，并取得良好的效果。

9.4.3　抓住成交机会

成交是整个销售过程中的关键阶段，在成交阶段销售人员的核心任务是促使顾客采取购买行动，这就需要特定的方法促使顾客最终达成交易。

1. 成交信号的识别

在销售活动中，顾客如果已经产生购买意图，这种意图通过语言或行动显示出来，表明可能采取购买行动的信息称为成交信号，成交信号主要包括以下几个方面。

1）语言信号

顾客开始谈论以下方面的问题：

配件的当前库存量或最快交货日期、交货方式、运输方式、付款方式；配件的安装、使用、维护、存储、保养和售后服务；开始讨价还价，进一步压低价格，当出价合理时，仍然以种种理由要求降低价格；对目前正在使用的其他厂家的产品表示不满；提出转换洽谈环境与地点。

2）动作信号

销售人员认真观察顾客的动作可以识别是否有成交的倾向，因为一旦顾客完成了认识产品的过程，拿定主意要购买时，一般会觉得一个艰苦的心理活动就要结束了，会出现和前面过程完全不同的动作，比如频频点头，仔细端详配件产品，仔细看说明书，陷入沉思，突然移动身体，改正坐姿，反复询问商品好坏等这样的细节动作变化。

3）表情信号

顾客陷入深思，或神色更加活跃，态度更加友好，对销售人员的态度明显好转，表情突然变得开朗，眼神和面部表情更加温和、开朗等细节表情的变化也是一种成交信号。

在与顾客面谈时，要时刻留意对方，特别是在话题转换时认真观察顾客表现出什么不同的状态，对方的语言、动作、表情的细微变化往往就是顾客的“购买信号”。实际上，如果销售人员善于分析顾客的购买心理，从顾客注意力被吸引、发生兴趣、产生联想、激起欲望提出异议、比较、下定决心等一系列阶段性的变化，就会发现成交的最佳时机。准确地把握时机非常重要，过早或过晚提出交易都不利于交易的完成。

2. 达成交易的常用方法

1）从众成交法

顾客大多都会有一些从众心理，对于一般车主来说，其消费行为既是个人行为又是社会行为，既受个人消费观念影响，又会受到社会消费环境的影响，销售人员可以通过例证、数字或调查结果说明确实受到大多顾客的青睐，从而促进交易。

2）机会成交法

此成交法是依据机会成本理论，即向顾客说明购买机会本身就是一种财富，如果失去机会就等于要多支付机会成本。

3）直接请求成交法

明确的直接请求顾客购买产品的成交方法，适用于已经识别出顾客的成交信号情况下，利用请求向顾客进行提示并略为向顾客施加一些心理压力，从而达成交易。

4）选择成交法

销售人员提出两项以上的建议供顾客选择，每个建议选项都对销售活动有利，因为如果只提出一项建议很有可能被对方一口否决，而提供两项以上的选择有助于引导顾客将注意力集中在可选方案的比较上，有助于交易的完成。

5）假定成交法

销售人员假定顾客已经同意购买，通过讨论一些细节问题，从而促成交易的完成。这种方法适用于老顾客、中间商、决策能力较低的顾客、主动表示要购买或已经表现出购买信号的顾客，这种方式避免了与顾客谈论购买决策的问题，在一定程度上减轻了顾客的心理压力，把顾客成交信号直接过渡到成交行为，大大提高了销售的效率。

6）优惠成交法

销售人员通过向顾客提供进一步的优惠条件而促成交易。这种方式利用了顾客的求利心理，可以起到吸引大顾客、扩大产品影响、加快交易达成和加快资金回笼的作用。但是长期使用这种方法势必会助长顾客对优惠条件的更进一步要求，造成恶性循环。所以，在应用此方法时，销售人员每承诺一个优惠条件，也应该适当地要求顾客相对做一些让步。

7）保证成交法

保证成交法就是消除顾客担心风险的心理以促成交易。销售人员提供种种保证，如主动提出“免费送货上门”，免除顾客运货的担忧；提出“配件出现问题可以包退包换”，免除对方对产品质量的担忧；提出“三年之内免费维护”，可以使顾客消除在使用过程中的忧虑。但是应用保证成交法时应充分考虑到不同配件产品本身的特点以及在结构、性能、质量上的差异性，在作保证的时候要认真，注重诚信，一经保证就要负责任，决不能仅仅为了达成交易而向顾客随意作口头上的保证。

8）利益汇总成交法

销售人员经过努力，采用各种方法将配件的特性和优点展现给顾客之后，顾客可能当时并没有在意，到了一定时间，销售人员要有意识地将顾客可以获得的认可利益进行汇总，并扼要地再次提醒顾客，加深顾客对利益的认可，并提出要求达成交易。

9.5　汽车配件索赔

1. 索赔目的和索赔范围

汽车配件索赔是对产品质量的担保，是赢得用户信赖、树立企业形象和维护品牌信誉的重要一环，也是经销商长远利益的保证。

索赔范围包括包装没有破损状态下的盈、亏、错、损；包装质量不合格而造成的损坏、丢失；本身质量不合格的配件和错发的配件。对于运输途中损坏或被窃，这种情况 4S 店应与保险公司联系索赔；整箱零配件丢失，这种情况 4S 店应与承运人联系查找；过期提出索赔申请不予受理；提出的索赔申请不完整，任何其他形式的《索赔申请》不予受理；货物自提方式造成的损失不接受索赔。

2. 汽车配件索赔注意事项

索赔纠纷多是在于对车辆或配件故障属于质量问题还是人为因素判定而引起的。不同的车型质量担保期不同，不同的配件质量担保期也不同。车辆的质量担保期一般从首次领取车辆行驶证或开具购车发票之日开始，在质量担保期内车辆出现的质量问题，用户有权向特约服务站提出索赔，服务站进行确认后根据技术要求对损坏的配件进行修复或更换。而由于车辆索赔造成的用户在时间、精神或物质等方面的间接损失，汽车制造厂家一般不负责赔偿。

汽车制造厂家在规定了用户索赔权利的同时，也规定了不属于质量担保范围的情况：

（1）车辆未在厂家特约服务站进行定期保养；

（2）车辆安装了未经汽车生产厂家许可使用的配件，或车辆进行了未经汽车生产厂家许可的改装；

（3）由于使用不当或滥用车辆造成的损坏；

（4）属正常磨损情况的易损件。

在此要特别提出车辆易损件的索赔，这是在索赔时容易引起纠纷的情况。按照一些汽车制造厂商的规定，车辆上的灯泡、制动摩擦片、“三滤”以及轮胎等易损件的质量担保期都很短，而且在正常损耗范围内不予赔偿。因此，用户在易损件出现问题时应该及时到特约服务站进行检查，以免超过索赔期限。但如果易损件是使用中的正常损耗，特约服务站应该给予说明和解释。

3. 汽车配件理赔定损原则

近年来，由于汽车整车价格以及配件的销售价格不稳定，特别是进口汽车的整车价格和配件价格的不统一，且变化幅度很大，因此承保金额也不一致，这样就给保险汽车出险后的定损、理赔工作带来了很大困难。另外，由于没有统一的配件价格标准，所以理赔人员在定损时的尺度很难掌握，有时同样的车损，但保险金额差别很大，而部分损失赔偿时却一样对待，即使以比例赔偿，其差别也较大。为了解决这些实际问题，对于汽车配件费用的计算方法一般采用配件价值占全车价值的比例计算方法。

汽车配件理赔定损应注意以下几点：

（1）百分比率是根据不论全车及配件价值怎样变化，而两者之间的比值基本不变这一原则制定的；

（2）百分比率表是根据同期车价（计划价）和配件价（计划价）计算出百分比率的；

（3）全车为100%，损毁件占全车的百分率是多少，以此赔偿计算损毁件占全车保险金额百分之多少，即以百分率乘以保险金额即为损毁件比例赔偿金额。如果市场现行价超过以此法计算出的价值时，以计算金额赔付，如低于计算比例金额时，按现行价赔付，即以什么样价值保险的就以什么样价值来赔付。

（4）不同的维修项目在选择用什么类型的配件时，都需要严谨地考虑和合适地判断。质量、公平和经济责任都是必须要考虑的问题，影响这些决策的主要因素包括：① 汽车的现值和全损限额；② 汽车使用年限、状况和行驶里程；③ 原装件、旧件和替换件的可用性以及配件市场供应状况；④ 配件库存状况；⑤ 顾客期望。

本章内容小结

销售业务是汽车配件销售企业最重要的业务环节，企业的一切活动都应该围绕着销售进行。销售业务具有较强的专业技术性，从业人员既要掌握商品营销知识，又要掌握汽车配件专业知识、机械制图知识以及汽车配件的商品检索知识，并且会识别各种汽车配件的车型、规格、性能和用途等。

配件经营要求品种多样化，作为汽车配件的销售人员，要能够在繁杂的配件中为用户准确选择和推荐所需要的配件，并且要确保货真价实。

经营必须有相当数量的库存支持、经营必须有服务相配套，配件销售具有季节性和地域性。

汽车配件销售人员，应具备良好的综合素质，得体的形象，专业的业务素质，较强的服务意识，具体应达到以下的基本要求：汽车配件销售人员的形象与举止要求较高，并应具备专业的业务素质，熟悉所经营配件车型的技术性能，结构特点、车辆分布及数量，掌握配件的消耗规律；懂得现代汽车配件横向产品及相关知识，了解高新技术；善于捕捉市场信息，市场价格行情的涨落以及国家对汽车产品制定的相关政策等信息等，用较强的专业知识解答客户疑问，赢得客户的信赖。

汽车配件销售流程包括三个不同的对象：对外零售、维修部取件、批发三种。

商品介绍的FAB法是指：FAB是三个英文字母的组合。F是指特征(feature)即产品的固有属性；A是指优点(advantage)即由产品特性所带来的产品优势；B是指利益(benefit)，即客户通过使用产品所得到的利益。

汽车配件索赔是对产品质量的担保，是赢得用户信赖、树立企业形象和维护品牌信誉的重要一环，也是经销商长远利益的保证。

索赔范围包括包装没有破损状态下的盈、亏、错、损；包装质量不合格而造成的损坏、丢失；本身质量不合格的配件和错发的配件。

计算机数据库应用系统主要包括数据库(DB)、数据库管理系统(DBMS)、应用程序三大部分

思考题与练习

1. 与一般商品相比，汽车配件销售有何特点？
2. 对汽车配件销售人员的具体要求有哪些？
3. 简述汽车配件销售流程(零售、批发、维修部领料)。
4. 什么是FAB商品介绍法？
5. 达成交易的常用方法有哪些？
6. 简述汽车配件的理赔定损原则。

第 10 章　汽车配件计算机管理系统

10.1　计算机技术在汽车配件管理系统中的应用

10.1.1　计算机数据库应用系统

计算机数据库应用系统主要包括数据库(DB)、数据库管理系统(DBMS)、应用程序三大部分，这三大部分之间的关系，如图 10 - 1 所示。

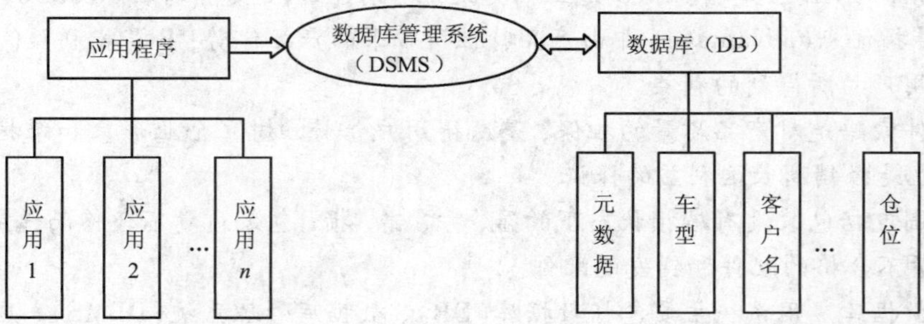

图 10 - 1　数据库应用系统的组成

1. 数据库(DB)

数据库是长期存储在计算机内有组织的、可共享的数据集合。数据库中的数据按一定的数据模型组织、描述和存储，具有较小的冗余度、较高的数据独立性和易扩展性，并可为各种用户共享。其主要特点有：

(1) 实现数据共享。数据共享包含用户可同时存取数据库中的数据，也包括用户可以用各种方式通过接口使用数据库，并提供数据共享。

(2) 减少数据的冗余度。同文件系统相比，由于数据库实现了数据共享，从而避免了用户各自建立应用文件，减少了大量重复数据，减少了数据冗余，维护了数据的一致性。

(3) 数据的独立性。数据的独立性包括数据库中数据库的逻辑结构和应用程序相互独立，也包括数据物理结构的变化不影响数据的逻辑结构。

(4) 数据集中控制。文件管理方式中，数据处于一种分散的状态，不同的用户或同一用户在不同处理中其文件之间毫无关系。利用数据库可对数据进行集中控制和管理，并通过数据模型表示各种数据的组织以及数据间的联系。

(5) 数据的一致性、可维护性、安全性和可靠性。主要包括：防止数据丢失、错误更新和越权使用；保证数据的正确性、有效性和相容性；在同一时间周期内，允许对数据实现多路径存取，又能防止用户之间的不正常交互作用；数据库管理系统提供一套方法，可及时发现故障和修复故障，从而防止数据被破坏。

2. 数据库管理系统

数据库管理系统(data base management system，DBMS)是一种操作和管理数据库的大型软件，是用于建立、使用和维护数据库的。它对数据库进行统一的管理和控制，以保证数据库的安全性和完整性。用户通过 DBMS 访问数据库中的数据，数据库管理员也通过 DBMS 进行数据库的维护工作。它提供多种功能，可使多个应用程序和用户用不同的方法在同时或不同时刻去建立、修改和询问数据库。它使用户能方便地定义和操纵数据，维护数据的安全性和完整性，以及进行多用户下的并发控制和恢复数据库。按功能划分，数据库管理系统大致可分为6个部分。

(1) 模式翻译。提供数据定义语言(DDL)，用它书写的数据库模式被翻译为内部表示。数据库的逻辑结构、完整性约束和物理储存结构保存在内部的数据字典中。数据库的各种数据操作(如查找、修改、插入和删除等)和数据库的维护管理都是以数据库模式为依据的。

(2) 应用程序的编译。把包含着访问数据库语句的应用程序编译成在 DBMS 支持下可运行的目标程序。

(3) 交互式查询。提供使用的交互式查询语言，如 SQL。DBMS 负责执行查询命令，并将查询结果显示在屏幕上。

(4) 数据的组织与存取。提供数据在外围储存设备上的物理组织与存取方法。

(5) 事务运行管理。提供事务运行管理及运行日志、事务运行的安全性监控和数据完整性检查，事务的并发控制及系统恢复等功能。

(6) 数据库的维护。为数据库管理员提供软件支持，包括数据安全控制、完整性保障、数据库备份、数据库重组以及性能监控等维护工具。

基于关系模型的数据库管理系统已日臻完善，并已作为商品化软件广泛应用于各行各业。它在客户服务器结构的分布式多用户环境中的应用，使数据库系统的应用进一步扩展。数据库管理系统具有如下功能：

(1) 数据定义功能。DBMS 提供相应数据语言(DDL)来定义数据库结构。它们是刻画数据库的框架，并被保存在数据字典中。

(2) 数据存取功能。DBMS 提供数据操纵语言(DML)，实现对数据库数据的基本存取操作，即检索、插入、修改和删除。

(3) 数据库运行管理功能。DBMS 提供数据控制功能，即是数据的安全性、完整性和并发控制等对数据库运行进行有效的控制和管理，以确保数据正确有效。

(4) 数据库的建立和维护功能。包括数据库初始数据的装入，数据库的转储、恢复、重组织，系统性能监视、分析等功能。

(5) 数据库的传输功能。DBMS 提供处理数据的传输，实现用户程序与 DBMS 之间的通信，通常与操作系统协调完成。

3. 应用程序

应用程序(Application)是指为了完成某项或某几项特定任务而被开发的运行于操作系统上的计算机程序。应用程序与应用软件的概念不同，但常常因为概念相似而被混淆。软件是程序与其相关文档或其他从属物的集合，一般把程序作为软件的一个组成部分。

应用程序运行在用户模式，它可以和用户进行交互，具有可视的用户界面。应用程序通常又被分为两部分：图形用户接口(GUI)和引擎(Engine)。在DOS或Windows系统下其扩展名为：*.exe或*.com。

10.1.2 计算机管理系统

计算机管理系统可分为一体化的系统模式和单一的子系统模式两种。

1. 一体化的系统模式

目前，对于国内的绝大多数汽车维修企业来说，尚不能实现一体化的系统模式。一体化的系统模式，如图10－2所示。

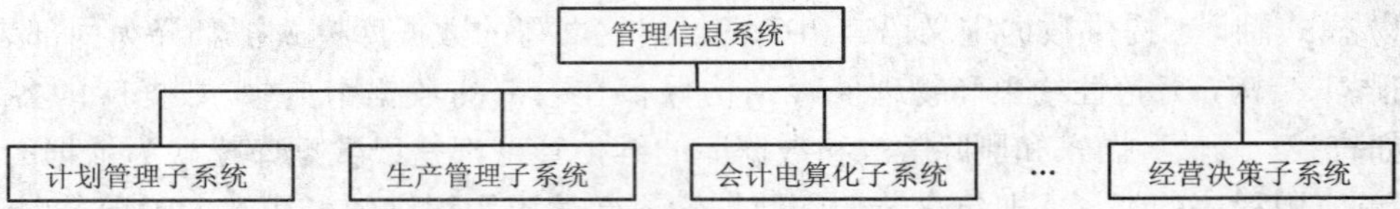

图10－2 一体化管理信息系统

2. 单一的子系统模式

单一的子系统模式是指单一的系统本身，而其他子系统尚未实施计算机管理，或者少数的子系统实施了计算机管理。现在的大多数企业实行的都是单一的子系统管理模式，如财务的电算化系统、汽车配件计算机管理系统等。

10.1.3 汽车配件管理软件

在汽车配件经销过程中，存在着大量的配件、商务、供应商及客户之间需要交换与共享的内容，这就是汽车配件管理和商务信息。在这些信息中，包括配件的基本信息(配件名称、配件编号、适用车型等)、商务信息(库存、价格、市场需求等)以及客户信息(客户名称、经营范围、经营规模等)。因此，信息是汽车配件管理和商务活动的基础。现代汽车种类繁多，结构日趋复杂，汽车配件营销人员需要掌握大量的与汽车配件相关的信息。例如，某客户需要定购某款车型的左前照灯，配件销售人员就应该迅速通过车辆识别信息(VIN、年款、生产厂家、品型、车型等)确定该配件的生产厂家、零件编号、进货价格、销售价格、库存量以及更换配件所需的工时等信息。面对一宗配件订单，配件销售人员必须掌握更多的信息，如果还是仅仅利用原始的书面资料，其工作效率肯定非常低。为了提高配件销售管理人员的工作效率，保证订购配件信息的精确性，采用电子化或网络化的汽车配件管理系统应该说是最好的解决办法。另外，不同生产厂家、车型和年款的汽车零件的互换性非常复杂，只有通过计算机的数据库技术才能够对零件的互换性匹配进行快速、准确的查找与对比。计算机技术除了应用在汽车配件销售外，还可以广泛应用于配件采购、配件库存管理、客户关系管理、配件营销等诸多环节。因此，通过计算机对汽车配件进行管理已经是汽车配件行业发展的大势所趋。

计算机技术在汽车配件管理中的应用已经有十几年的时间，发展相当迅速，从最初的配件信息查询、管理，发展到现在的配件订购、库存管理和销售网络化，目前，已经可以通过计算机来实现与汽车配件相关的很多事务的管理。计算机在汽车配件营销管理中的应用主要体现在以下几个方面：配件信息查询、配件订货与采购、配件库存管理、配件销售、客户关系与售后服务管理以及财务管理等。

计算机信息管理技术进入当前汽配行业，能使企业提高工作效率，保证工作质量，挖掘产品供应市场，降低生产经营成本，这是成功应用计算机后所取得的成果。作为一个有数个门市、上百家供应商、上万个配件品种、上千万件的配件库存且每年几千万元人民币销售额的汽配公司的领导层和工作人员，为使本公司在激烈的竞争中占有一定的市场份额，就需要随时能掌握各门市、各车型配件的销售、库存、进货情况，确定合理的库存结构，加速资金周转，避免断档和积压，确定质量最优、价格最低的进货厂家，使投入的资金发挥最大的效益。这些都是汽配公司的领导层最关心的数据信息，这是手工统计所难以提供的，唯有利用计算机技术，才能使汽配行业和汽配市场的管理更进一步规范化。

汽车配件管理软件的应用如下：

1. 汽车配件管理系统

汽车配件管理系统主要承担配件的流通管理，根据企业的性质不同，功能也有所区别。配件经销商所用的管理系统主要有4大模块：销售管理、采购管理、库存管理和财务管理。

(1) 销售管理。销售管理负责对顾客的订货进行处理并回答顾客的咨询，包括订货处理、缺货通知、通知财务、制作销售报表等功能，侧重对客户服务，以客户为中心开展是整个系统数据的入口。

(2) 采购管理。采购管理负责向供应商采购汽车配件并通知财务部门，包括采购配件、通知财务等功能，侧重与供应商的联系，以采购配件为中心展开。

(3) 库存管理。库存管理主要负责对供应商收货和对顾客发货，包括验证发货给顾客、收取供应商发的货、通知采购部门到货、制作库存报表等功能，管理公司配件库存。

(4) 财务管理。财务管理主要负责向顾客收款和向供应商付款，包括付款给供应商、向顾客收款、制作报表等功能，管理公司资金。

2. 汽车配件目录管理系统

任何一个零件都有其相对应的零件编号。零件编号就像人的身份证一样，每个零件一个编号。在描述一个零件的时候，最准确的方法是用零件编号描述。零件编号在订货、库存、销售等各个环节都需要用到。因此，汽车配件计算管理系统中设计了零件编号目录管理系统，不同品牌的生产厂商会提供经销商不同的零件目录系统。例如，日本本田公司提供的是AFD配件目录系统，美国福特公司提供的是Microcat零件目录系统等。

3. 汽车配件订购系统

配件订购系统是与互联网技术相结合，供应商在网上建立一个订购系统，实行实时订货。实时配件订购系统除了可以直接向供应商订购零件外，还可以实时查询供应商的库存数量，并准确预测零件的到货日期，同时，还可以查询零件替代状况、零件的价格以及订单的处理情况等。

目前，国外已开发并使用的汽车配件管理系统中，配件的检索与显示已经做到了三维立体视图，用户可以观察零件的各个细节，配件的目录管理与流通管理、定购管理相结合，功能十分强大。

10.2 汽车配件库房管理系统

10.2.1 汽车配件库房管理系统典型案例

现以西讯汽车配件管理系统为例，介绍汽车配件的采购、销售、库存、出库等计算机管理的具体功能及操作方法。西讯汽车配件管理系统界面如图 10 - 3 所示。

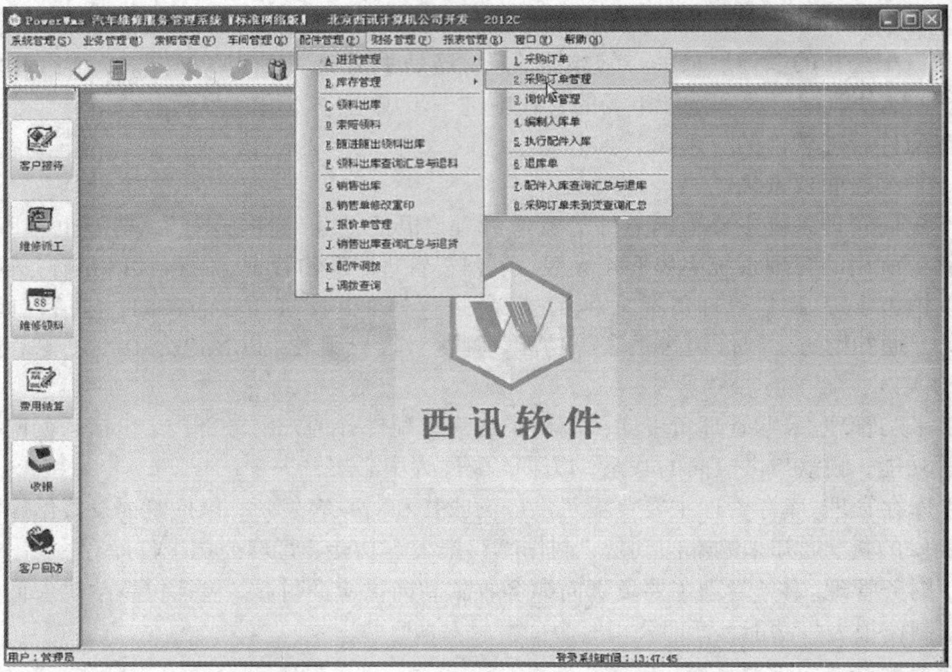

图 10 - 3　西讯汽车配件管理系统

1. 采购管理

采购管理是西讯配件管理系统中管理配件采购、入库的一个重要模块，主要功能包括：采购查询、订单到货入库、配件入库查询汇总与退库等相关功能。

1）采购订单

采购订单功能是系统编制采购询价单和采购订单的功能模块。编辑采购订单的主要操作步骤为：

（1）在主菜单窗口单击“配件管理”功能，然后在其下拉菜单中选择“进货管理”，选中“采购订单”，弹出采购订货编辑窗口。

（2）在窗口上方查询条件各栏目中给定过滤条件，单击窗口右侧“查询”功能，选出配件类型，可大大减少配件查询的范围。

(3) 在窗口右下方“查询条件”栏目中输入查询条件，找出要订货的配件(若配件资料库中没有要找的配件，单击“新增配件”，在资料库中增加所需配件)，回车确认。输入采购数量、采购价格后确认，即选定一个配件；如果需要多个配件，重复本步骤即可。查询条件可以是配件编号、配件名称、位码和助记码。前面加“%”，可进行模糊查询。

(4) 单击窗口右侧“采购订单”按钮，确定供应商、采购日期。

(5) 单击“打印”，可打印输出。

(6) 单击“导出”，可导出电子文件，在EXCEL下重新编辑、打印。

(7) 单击“完成”，采购订单制作完毕。

配件属性中包括类别属性，如果在登记配件属性资料时设置了配件的类别属性(如：发动机、转向、底盘、电器等)，在采购订单编辑窗口的“配件所属系统或类别”输入栏输入配件类别代码，配件采购订单编辑时查询检索的范围将限定在该配件类别内。例如，系统设置“E，电器”，在“类别”输入E，可以单独选出电器类配件。

配件属性中包括流动性分组属性，如果在登记配件属性资料时设置了配件的流动性分组属性，如A快速件，B慢速件，C滞销件等。在采购订单编辑窗口的“配件流动性分组”输入栏输入配件流动性分组代码，配件采购订单编辑时，查询检索的范围将限定在该配件分组内。

在“车型与通用互换性”输入栏输入车型或通用性条件，配件采购订单编辑时查询检索的范围将限定在车型或通用性条件约束的范围内。车型与通用互换性条件的输入系统允许输入车型或通用性字段中任意位置开始连续的几个字符作为条件，如某配件适合于A，B，C，D，E五种车型，在“车型与通用互换性”输入栏输入“D”系统，将显示出所有适用于D车型的配件品种。

采购订单的询价单制作步骤为：

(1) 在主菜单窗口单击“配件管理”功能，然后在其下级菜单中选择“进货管理”，再选中“采购订单”，弹出采购订货编辑窗口；或者直接在菜单中选择“进货管理”，再选中“采购订单”，弹出采购订货编辑窗口。

(2) 在窗口上方查询条件各栏目中给定过滤条件，单击窗口右方“查询”功能，选中配件类型，订货时可大大减少配件查询的范围。

(3) 在窗口右下方“查询条件”栏目中输入查询条件，找出要订货的配件，回车确认。输入采购数量和采购价格后确认，即选定一种配件。查询条件可以是配件编号、配件名称、位码和助记码。前面加“%”，可进行模糊查询。

(4) 依次选定其他配件。

(5) 单击窗口右方“询价单”功能，确定供应商和采购日期。

(6) 单击“打印”，可打印输出。

(7) 单击“导出”，可导出电子文件，在EXCEL下重新编辑、打印。

(8) 单击“完成”，询价单制作完毕。

在“查询条件”输入栏输入的查询检索允许条件是：配件编号、配件名称、位码和助记码。系统的查询检索是双焦点方式，即输入查询条件与上下移动光标可以同时进行。当光标停留在配件列表窗口时，输入配件编号、配件名称、位码和助记码，条件系统会自动输入到“查询条件”输入栏，随着查询条件不断输入，配件列表查询结果显示窗口中的查询结果随即显示；当查询结果多于一条记录时，不用鼠标单击配件列表窗口，直接按键盘的上下方向键，移动光标条即可选中配件。

在编制采购订单或制作询价单时，如遇到新的配件类型则单击窗口右方“新增配件”功能，弹出“配件属性编辑”窗口，录入配件信息。该“配件属性编辑”窗口的样式和操作要求与管理系统下配件属性资料管理一致。

在编制采购订单或制作询价单的过程中，如果要删除某一种配件的订货，先把该配件数量改为“0”。如果要删除所有选定的配件，单击窗口右方“作废选项”功能。

2）采购订单管理

采购订单管理功能是对“采购订单”功能模块编辑生成的采购订单，进行查询、修改、删除、重印及完成到货转入库的操作。

查询、修改采购订单是在主菜单窗口单击“配件管理”功能，然后在其下级菜单中选择“进货管理”，再选中“采购订单管理”；或在菜单中选择“进货管理”，然后再选择其下级中的“采购订单管理”，输入采购日期范围，单击窗口右方“查询”功能，列出符合条件的订货单。修改采购订单的操作过程如下：

(1) 在主菜单窗口单击“配件管理”功能，然后在其下级菜单中选择“进货管理”，再选中“采购订单管理”；或在菜单中选择“进货管理”，然后再选择其下级中的“采购订单管理”。

(2) 输入采购日期范围，单击窗口右方“查询”功能，列出符合条件的订货单。

(3) 鼠标单击选中要修改的采购订单。

(4) 单击窗口右方“修改”功能，弹出“采购订货编辑”窗口。

(5) 单击窗口右方“采购订单”功能，可查看该订单明细。

(6) 修改方法与采购订单编辑相同。

删除错误的采购订单的主要步骤为：

(1) 在主菜单窗口单击“配件管理”功能，然后在其下级菜单中选择“进货管理”，再选中“采购订单管理”。

(2) 输入采购日期范围，单击窗口右方“查询”功能，列出符合条件的订货单。

(3) 选中要删除的采购订单。

(4) 单击窗口右方“删除”功能，删除错误的采购订单。

重新打印采购订单的步骤为：

(1) 在主菜单窗口单击“配件管理”功能，然后在其下级菜单中选择“进货管理”，再选中“采购订单管理”。

(2) 输入采购日期范围，单击窗口右方“查询”功能，列出符合条件的订货单。

(3) 单击选中要打印的采购订单。

(4) 单击“修改”功能，弹出“采购订货编辑”窗口。

(5) 单击“采购订单”功能，可查看该订单明细。

(6) 单击“打印”功能，重新打印采购订单。

将采购订单的查询结果输出为 HTML 格式或转换到 Excel 下编辑生成报表，步骤为：

(1) 在主菜单窗口单击“配件管理”功能，然后在其下级菜单中选择“进货管理”，再选中“采购订单管理”。

(2) 输入采购日期范围，单击窗口右方“查询”功能，列出符合条件的订货单。

(3) 单击窗口右方"输出文件" 功能，将采购订单的查询结果输出为 HTML 格式。

(4) 在 EXCEL 下打开文件编辑报表，选择"所有文件"。

将采购订单输出为HTML格式，并转换到EXCEL。格式或作为EMAIL附件形式，步骤为：

(1) 在主菜单窗口单击"配件管理" 功能，然后在其下级菜单中选择"进货管理"，再选中"采购订单管理"。

(2) 输入采购日期范围，单击窗口右方"查询" 功能，列出符合条件的订货单，单击选中要输出的采购订单。

(3) 单击窗口右方"采购订单" 功能，可查看该订单明细。

(4) 单击"输出文件" 功能，将采购订单的查询结果输出为 HTML 格式。

(5) 在 EXCEL 下打开文件编辑报表，选择"所有文件"。

(6) 直接作为 EMAIL 附件形式发送。

将采购到货转入库单的步骤为：

(1) 在主菜单窗口单击"配件管理" 功能，然后在其下级菜单中选择"进货管理"，再选中"采购订单管理"。

(2) 输入采购日期范围，单击窗口右方"查询" 功能，列出符合条件的订货单。

(3) 单击选中到货，将其转入库生成采购订单。

(4) 单击窗口右方"采购到货" 功能，弹出"入库单" 窗口，输入仓库名、发票类型、入库日期。

(5) 核对进货数量、进价。未到货配件数量为"0"，单击"完成"，订货单转入库单。生成入库单，待财务审核入库。

操作时应注意，进价是不含税价，即成本价。如果进货价格含税，在入库时单击窗口右方"价格处理" 按钮，执行"进价 = 含税进价 /1.17" 的进价去税功能。

3) 询价单管理

询价单管理功能是对"采购订单" 功能模块编辑生成的询价单进行查询、修改、删除、重印及完成询价单转采购订单的操作。

查询询价单的步骤为：

(1) 在主菜单窗口单击"配件管理" 功能，然后在其下级菜单中选择"进货管理"，再选中"询价单管理"。

(2) 输入采购日期范围，单击窗口右方"查询" 功能，列出符合条件的询价单。

(3) 单击窗口右方"修改" 功能，可查看询价单明细。

修改询价单内容的步骤为：

(1) 在主菜单窗口单击"配件管理" 功能，然后在其下级菜单中选择"进货管理"，再选中"询价单管理"。

(2) 输入采购日期范围，单击窗口右方"查询" 功能，列出符合条件的询价单。

(3) 单击选中要修改的询价单。

(4) 单击窗口右方"修改" 功能，弹出"采购订货编辑" 窗口。

(5) 单击窗口右方"询价单" 功能，可查看该询价单明细。修改方法与"询价单制作" 相同。

删除询价单的步骤为：

(1) 在主菜单窗口单击"配件管理"功能，然后在其下级菜单中选择"进货管理"，再选中"询价单管理"。

(2) 输入采购日期范围，单击窗口右方"查询"功能，列出符合条件的询价单。

(3) 选中要删除的询价单。

(4) 单击窗口右方"删除"功能，删除该询价单。

重新打印询价单的步骤为：

(1) 在主菜单窗口单击"配件管理"功能，然后在其下级菜单中选择"进货管理"，再选中"询价单管理"。

(2) 输入采购日期范围，单击窗口右方"查询"功能，列出符合条件的询价单。

(3) 单击选中要打印的询价单。

(4) 单击窗口右方"修改"功能，弹出"采购订货编辑"窗口。

(5) 单击窗口右方"询价单"功能，可查看该询价单明细。

(6) 单击窗口右方"打印"功能，可打印该询价单。

将询价单的查询结果输出为 HTML 格式或转换到 EXCEL 下编辑生成报表的步骤为：

(1) 在主菜单窗口单击"配件管理"功能，然后在其下级菜单中选择"进货管理"，再选中"询价单管理"。

(2) 输入采购日期范围，单击窗口右方"查询"功能，列出符合条件的询价单。

(3) 单击窗口右方"输出文件"功能，将询价单的查询结果输出为 HTML 格式。

(4) 在 EXCEL 下打开文件编辑报表，选择"所有文件"。

将询价单输出为HTML格式，并转换到EXCEL下处理或生成EMAIL附件形式的步骤为：

(1) 在主菜单窗口单击"配件管理"功能，然后在其下级菜单中选择"进货管理"，再选中"询价单管理"。

(2) 输入采购日期范围，单击窗口右方"查询"功能，列出符合条件的询价单。

(3) 单击选中要输出的询价单。

(4) 单击窗口右方"询价单"功能，可查看该询价单明细。

(5) 单击"输出文件"功能，将采购订单的查询结果输出为 HTML 格式。

(6) 在 EXCEL 下打开该文件编辑报表，选择"所有文件"。

(7) 直接作为 EMAIL 附件发送。

将询价单转为采购订单的步骤为：

(1) 在主菜单窗口单击"配件管理"功能，然后在其下级菜单中选择"进货管理"，再选中"询价单管理"。

(2) 输入采购日期范围，单击窗口右方"查询"功能，列出符合条件的询价单。

(3) 选中要转为采购订单的询价单。

(4) 单击窗口右方"转采购单"功能，该询价单转为采购订单。

4) 编制入库单

通过入库单功能将需要入库的配件品种编辑生成入库单。然后在"配件入库"模块中打开入库单，审核无误后执行入库功能，将配件入到库存中。

入库单编辑的操作步骤如下：

(1) 在主菜单窗口单击"配件管理"功能，然后在其下级菜单中选择"进货管理"，再选中

"入库单"，弹出入库单窗口，确定供应商、发票类型、税率、采购员、存放的仓库等信息。

(2) 单击配件编号栏，输入配件编号后回车，调出配件信息。输入进货数量、进价后回车确认。通过上下移动光标依次录入其他配件。

(3) 单击窗口右方"完成"，入库单编辑完成。操作时应注意：进价是不含税价，应是成本价。如果进价含税，单击窗口右方"价格处理"，将显示"进价 = 含税进价/1.17"。另外，进价也可由网点价(或外币价)乘以系数批量生成；出库价可以由进价乘以系数得到，也可由网点价乘以系数得到。

入库单编辑过程中涉及的主要环节有：供应商的确定、进货发票类型的确定、进货配件的类型和税率、入库仓库、采购员信息、入库配件的品种等14个环节。

确定供应商的步骤为：

(1) 在供应商栏输入供应商代码，回车确定。

(2) 单击下拉菜单，直接查找。

(3) 单击"查找供应商"，弹出供应商信息窗口，在查询条件栏用代码、助记码或名称查询，确定。

(4) 如果是新供应商，单击"新供应商"，弹出"增加供应商"窗口，登记基本信息，单击"其他信息"，登记账号、税号等内容后，单击确定。

确定进货发票类型的步骤为：

进货发票有增值票、普通票和其他票等。单击下拉菜单，确定发票类型后，自动显示相应的税率。

设置进货配件的发票类型和税率的步骤为：

发票类型设置见"系统管理/基本代码表维护/发票类型定义"。

确定入库仓库的步骤为：

在入库单窗口上方，单击下拉菜单并且确定。软件可多库管理，主要用于区分各大类配件，如富康、大众、辅料、油漆、轮胎等。

录入采购员信息的步骤为：

在入库单窗口上方采购员输入栏输入采购员代码后回车，系统调出采购员姓名。

录入入库配件品种的步骤为：

(1) 直接录入：在"入库单"窗口直接输入配件编号，回车确认录入。

(2) 查询录入：在"入库单"窗口配件编号栏输入配件编号、名称、助记码等前几位后回车，弹出配件资料查询窗口，移动光标选中配件，回车或双击鼠标选择。查询条件前加"%"，可进行模糊查询。

录入入库配件品种时的技巧有：

(1) 在入库单窗口录入入库配件时，首先选择确定供应商、发票类型、入库仓库、采购员信息，接着输入进货配件品种。

(2) 录入进货配件时，操作人员往往认为在配件编号输入栏输入进货配件的编号，对于一些综合维修企业的配件编号往往不规范，入库选择配件资料比较困难。

(3) 系统允许在配件编号输入栏输入配件编号、配件名称、助记码、位码，系统均可进行配件资料的查询检索。

录入入库配件进价的步骤为：

(1) 进价是不含税价，即成本价。如果发票进价含税，单击窗口右方“价格处理”，将显示“进价 = 含税进价 /1.17”，价税分离。

(2) 进价也可单击窗口右方“价格处理”，由网点价(或外币价) 乘以系数批量生成。

有些要求不太严格的用户，可不单独考虑税的因素。

在价格处理中处理配件出库价格的步骤为：

在价格处理窗口中首先选择“处理出库价格”，再选择以哪个价格为基数作调整，可以由进价乘以系数得到，也可由网点价乘以系数得到配件的出库价格。

增加新配件属性资料入库的步骤为：

在“入库单”窗口，单击“新增配件”按钮，系统将弹出新增配件属性的窗口，根据系统要求录入配件属性资料后按“确定”按钮即可。

入库配件的进货价格生成方式的步骤为：

(1) 入库配件的进货价格可以通过直接输入进货价格的方式生成。单击“价格处理”按钮，执行入库价格批处理功能，根据系统配件属性资料中的网点价计算入库价格。

(2) 如果进货配件的价格是含税单价，操作人员可以执行“价格处理”功能，换算出各配件品种的去税单价，方便入库。

入库配件出库价格确定的步骤为：

入库配件的出库价格系统采用两级定价的方法，即在输入入库价后，软件首先会根据系统仓库设置的加价率，自动算出批发价、零售价和领料价格。入库人员可以根据实际经营需要，对每个配件品种的价格进行二次修订。

修改入库单的步骤为：

(1) 系统修改入库单是有条件的，只能对还没有执行配件入库的入库单进行修改，一旦入库单执行了配件入库操作，该入库单将不允许再作变更。

(2) 修改的方法是在“入库单”窗口单击“打开”，选择还未执行配件入库的入库单；与编辑入库单的操作方法一样修改入库单；修改完成后，单击“完成”按钮即可。

完成入库单编辑工作并打印入库单的步骤为：

入库单编辑完成后单击“完成”按钮，系统会提示“是否打印?”，如果操作人员确认，系统将在保存入库单的同时打印输出入库单。

5) 执行配件入库

新到货的配件入库分为两个步骤：编辑生成入库单，财务审核后执行配件入库；完成配件入库后，库存数量增加。

执行配件入库的步骤为：

(1) 在主菜单窗口单击“配件管理”功能，然后在其下级菜单中选择“进货管理”，再选中“执行配件入库”。窗口显示待入库的入库单列表。

(2) 单击选中要修改的入库单。

(3) 单击窗口右方“打印送检通知”功能，打印送检通知单，配件质量检验合格后，才可入库。

(4) 单击窗口右方“入库单”功能，弹出该入库单明细。

(5) 单击窗口右方“打印”功能，可打印入库单。

(6) 经财务审核无误后，单击窗口右方“执行入库”功能，配件入库，库存增加。

执行配件入库时的主要环节包括入库单审核注意事项、错误的入库单作废、错误的入库单执行配件入库后的调整三个部分。

入库单审核注意事项有：

(1) 入库仓库的正确性。

(2) 供应商的正确性。

(3) 发票类型和税率的正确性。

(4) 合计金额、税额、总金额与进货凭单的一致性。

(5) 配件明细、数量、入库价格、零售价格、批发价格、领料价格的正确性。

(6) 采购员信息输入的正确性。

错误的入库单作废步骤为：

(1) 在主菜单窗口单击"配件管理"功能，然后在其下级菜单中选择"进货管理"，再选中"执行配件入库"，窗口则显示待入库的入库单列表。

(2) 单击选中要删除的入库单。

(3) 单击窗口右方的"删除"功能即可。

错误的入库单执行配件入库后的调整步骤如下：

执行配件入库后若发现入库单有错误，需在"配件管理/进货管理/配件入库查询汇总与退库"功能下处理。将错误的配件品种通过入库退货单进行调整，在执行入库退库后再将正确的配件品种重新进行入库操作。

6) 退库单操作

(1) 选择要退配件所在仓库。

(2) 输入查询条件，单击窗口右方的"查询"功能，找出要退货的配件后回车，输入退货数量。

(3) 单击窗口右方的"退库单"功能，弹出入库退货单窗口。

(4) 选择要退货的供应商、发票类型和业务员，单击完成即可。

7) 配件入库查询汇总与退库

配件入库查询汇总与退库功能以供应商、配件、仓库、发票等详细内容，查询配件进货业务，浏览及重新打印入库单及执行入库退库功能。配件入库查询的步骤如下：

(1) 在主菜单窗口单击"配件管理功能"，然后在其下级菜单中选择"进货管理"，再选中"配件入库查询汇总与退库"。

(2) 输入查询条件，单击窗口右方的"查询"功能，列出所有符合条件的配件。

(3) 用鼠标移动窗口滚动条查看详细信息。

查询结果显示中，黑色为正常入库的配件，绿色表示随进随出(参见随进随出领料)，红色表示入库退货。在配件入库查询汇总窗口给定查询条件，按"查询"按钮查询出配件进货入库的结果后，按"输出文件"按钮，在操作人员给定输出的文件名后，系统将查询结果导出为HTML格式的电子文档。

执行入库退库操作步骤如下：

(1) 在主菜单窗口单击"配件管理"功能，然后在其下级菜单中选择"进货管理"，再选中"配件入库查询汇总与退库"。

(2) 输入查询条件，单击窗口右方"查询"功能，找出要退货的配件或入库单。

(3) 单击窗口右方"退货单"功能，弹出入库退货单窗口进行编辑。

(4) 输入退货数量，单击"完成"即可。

2. 库存管理

库存管理的功能是维护库存配件的价格、货位等管理属性，分析库存状态，盘点调整库存差异，以及打印输出库存报表。

1）配件库存维护

配件库存维护功能是查询指定仓库或全部仓库的配件品种和库存金额，输出、打印库存清单；单件或批量修改库存配件的价格，包括对长库龄的库存积压配件进行降价处理。

查询各仓库的库存品种与金额的步骤如下：

(1) 在主菜单窗口单击"配件管理"功能，然后在其下级菜单中选择"库存管理"，再选中"配件库存维护"，打开库存维护窗口。

(2) 选择仓库名，单击窗口右方的"查询"功能，弹出查询条件窗口，输入具体条件，确定后，就能显示所有符合要求的库存配件的详细信息。

(3) 在窗口下方，显示库存品种与金额合计。

2）价格数据外部更新

导入厂家提供的最新配件资料来更新软件资料库中的配件资料。

3）配件进销存管理

配件进销存管理相当于传统手工记账管理中的三级账，反映单品种配件的进销存详细档案。

配件进销存查询的步骤如下：

(1) 进入进销存查询窗口。

(2) 选择仓库，直接输入或单击起始时间后端的按钮选择输入起始时间；输入配件编号条件。如果输入的配件编号条件确切，系统会自动调出该配件的产地和名称；如果输入的配件编号不确切，系统将弹出窗口，列出满足查询条件的配件，供操作人员选择。

(3) 单击"查询"按钮，系统将查询出该配件从起始时间之后的进销存档案。

(4) 单击"打印"按钮，可以打印输出该配件的账页。

配件进销存查询中的调整功能可调整库存中单个配件的入库价格和库存数量。随着经营时期的延伸，单配件品种的账页会变得很长，而在查询某配件品种的三级账时，往往没有必要查询过于久远的经营数据，而是希望从某一日期开始进行查询。起始时间就是为了满足该需求而设定的一个查询起始日期条件。如果给定起始时间条件，系统将只查询该日期之后的进销存记录；如果起始时间条件为空，系统将查询该配件自从系统应用以来的所有进销存记录。

4）库存变动报表

在此功能下可查询某个库房在一段时间内库存数量有变动的所有配件记录。库存变动报表查询步骤为：

(1) 选择要查询的仓库。

(2) 单击日期右侧按钮，选择起止日期，单击"查询"，显示库存变动报表。

5）库存滞销品种汇总分析

库存滞销品种指已经入库一个时期，一直未能销售的库存积压配件的品种。库存滞销品种汇总分析只适用于系统设置中成本结转采用批次管理的管理模式。查询分析库存滞销品种的步骤为：

（1）在主菜单窗口单击“配件管理”功能，然后在其下级菜单中选择“库存管理”，再选中“库存滞销品种汇总分析”功能，打开窗口。

（2）选择要查询的仓库、入库日期范围以及出库的频次等条件，单击窗口右方“查询”功能，显示该日期范围内入库，而在指定时间内出库次数少于指定次数的库存配件。然后将库存滞销品种汇总分析的查询结果输出为存档文件，并打印输出。

6）安全库存报警

列出库存中低于安全库存的配件明细。如果库存中有低于安全库存的配件，每次软件启动都会有自动弹出安全库存报警窗口。

设定配件安全库存时先选择“系统管理／基础代码表维护／供应商与配件资料管理／配件属性资料维护”，在所要设定的配件上点鼠标右键，选择“修改”，在“安全库存”处设定安全。

7）盘点结果录入

库存盘点结果录入功能包括打印盘点准备表和录入实际盘点结果两项功能。盘点准备表指库房管理人员盘点库存的明细清单，盘点准备表可以按照货位、配件编号、配件名称来进行排序。盘点准备表用计算机打印出来，用于仓库盘点的配件清单列表，具体操作步骤为：

（1）进入库存盘点结果录入窗口。

（2）单击仓库输入栏后端的按钮，选择配件仓库，系统即刻调出该仓库所有库存配件。

（3）单击窗口左下角排序选择方式，库存配件随即根据所选方式排序。

（4）单击“盘点准备表”按钮，打印输出盘点准备表。

8）库存调整

库存调整功能是审核库存盘点结果录入窗口生成的盘点单，在确认盘点盈亏无误后，通过执行“库存调整”功能，调整系统中的库存账本数量，使库存实盘数量与系统账本数量一致。

查询选择盘点单的步骤为：

进入“配件管理／库存管理／库存调整”窗口，系统自动列出“盘点结果录入与盘点准备表打印”模块编辑生成的还未执行库存调整的盘点单，上下移动光标可以直接选择盘点单。

审核、修改盘点单的步骤为：

（1）浏览分析各仓库的账面金额、实盘金额、盘盈金额和盘亏金额并进行审核；需要查看配件各品种详细盈亏情况时，可以单击“修改”按钮，列出光标指定盘点单的盘点明细。

（2）若对盘点单需要进行修改，则单击“修改”按钮，在系统弹出的修改窗口进行修改。修改窗口的操作与“盘点结果录入与盘点准备表打印”窗口一致。

删除错误的盘点单的步骤为：

对于在“盘点结果录入与盘点准备表打印”窗口编辑生成的，还未执行库存盘点的盘点单，需要删除时，应单击“删除”按钮，在得到操作人员确认后即可删除。

执行库存调整，改变系统库存数量的步骤为：

盘点单经审核无误后，单击“库存调整”按钮，系统将依照盘点单的盈亏记录，调整计算机中的账面库存数量。已经执行了库存调整操作的盘点单，系统不允许再删除。

3. 出库管理

1）领料出库

领料指配件仓库向正在维修中的客户车辆供应配件，是维修服务过程由的一个雷菲环节沿窑出庄的青式为。打开“系统管理／其他参数设置”，在其中选择“发料模式”，参数值“1”是正常领料出库，参数值“2”则是发料模式。“领料出库”功能是将库存现有的配件，以领料单的方式向业务接待员和正在维修中的客户车辆供应配件。

领料出库操作步骤为：

(1) 进入“领料管理／领料出库”窗口。

(2) 单击仓库输入栏后端的按钮，选择确定领料出库的仓库，否则，查询和出库操作不允许执行。选择确定领料出库的仓库后，系统首先调出该仓库库存配件的列表。

(3) 输入查询条件查找需要领料的配件，查询条件包括配件编号、配件名称、助记码和位置码(助记码是配件名称的拼音字头编码，由系统自动生成；位置码是用户单位的自定义代码)。

(4) 用键盘上的上下箭头移动光标找到领料配件。

(5) 按回车键或用鼠标双击领料配件，系统弹出领料数量和领料价格的确定窗口。在输入领料数量并确定领料价格后，单击“确定”按钮，一种领料配件选择完毕；如果还有领料配件，则重复上述方法进行操作。

(6) 在所有领料配件选择完成后，单击“领料单”按钮(快捷键 ALT + E)，系统弹出领料单窗口。

2）发料出库

“发料出库”功能是将在委托书上录入的材料，以发料的方式向正在维修中的客户车辆供应配件。发料出库操作步骤为：

(1) 进入“领料管理／领料出库”窗口。

(2) 单击领料窗口右边的“打开”按钮，选择需要发料的委托书号，单击“确定”后出现领料窗口。

(3) 在仓库代码栏输入配件所在仓库的代码后回车，如果本仓库中没有相应的配件，软件会弹出提示对话框，显示有这个配件的仓库的记录。

(4) 在所有领料配件选择完成后，单击“领料单”按钮，系统弹出领料单窗口。

领料委托书的确定是在派工单号输入栏直接输入派工单号的号码。用鼠标单击派工单号输入栏后端的按钮，系统将弹出正在维修中车辆的所有派工单，让操作人员查询选择。

在领料人输入栏输入领料人代码后，系统自动调出领料人信息。核实领料配件的品种及价格，需要增加领料的配件品种。单击“退出”按钮，返回前级窗口继续选择；如果需要删除已经选择的配件品种，单击“删除”按钮或在需要删除的配件记录上单击鼠标右键，在得到操作人员确认后，将删除光标指定的配件品种。单击“完成”按钮，打印输出领料单，在领料人签字后完成一笔领料操作。

查询条件的输入规律是在查询条件输入栏输入的查询检索允许条件是配件编号、配件名称、位码和助记码。系统的查询检索是双焦点方式，即输入查询条件与上下移动光标可以同时进行。当光标停留在配件列表窗口时，输入配件编号、配件名称、位码、助记码等信息，系统会自动输入于“查询条件”输入栏，随着查询条件不断输入，配件列表查询结果显示窗口中的查询结果随即显示。当查询结果多于一条记录时，不用鼠标点击配件列表窗口，直接按键盘的上下箭头移动光标条便可选中配件。

双焦点配件查询选择的操作具有一些规律和技巧，需要操作人员反复测试来掌握。仓库在没有领料业务时应停在“领料出库”窗口，随时查询、报价和编辑生成领料单。在输入查询条件后，窗口会显示出一些看似毫不相关的配件，如输入查询条件“D”、配件编号、配件名称、助记码，则位码中包含有“D”的配件品种都会被列出来。但是，随着输入条件的越来越具体，上述现象将不再出现。该查询方法是新概念版特有的查询模式，用户掌握后会非常方便。在领料出库的查询编辑窗口，选择配件出库的仓库后，若再给定车型条件，之后的配件查询、检索将限定在该车型范围内，从而达到缩小配件查询范围的目的。

车型条件可以是车型字段中间的描述。汽配企业如果深刻理解该特性，并给车型合理编码，则会达到满意的配件管理效果。

派工单的领料受维修业务管理的控制，只有已经派工但还没有竣工的正在维修中的派工单才能领料。在领料单编辑过程中，若需要作废已经选择的配件品种，则单击“作废选项”按钮，在操作人员确认后，当前已经选择好的领料配件品种将被放弃，可以开始编辑下一张领料单。

在领料价格难以确定时，将光标定位在指定的配件品种上，单击“配件详尽”按钮，系统将弹出窗口列表显示出该配件历史出库价格供参考，同时可以查询该配件的网点价格和配件的其他详细属性。

3）领料出库查询汇总与退料

领料出库查询汇总与退料功能是对已经发生的维修领料业务的再处理，包括查询核对、重印领料单、退料处理、领料出库配件索赔状态变更等功能。领料单查询汇总与退料窗口。

（1）灵活运用查询条件，具体内容如下：

① 输入完整的委托书号，可以查询一份委托书领料的详细明细；如果输入委托书号的前几位，可以查询出某年或某年某月所有的委托书领料情况。

② 输入完整的领料单号，可以查询一份领料单的详细领料情况；如果输入领料单号的前几位，可以查询出某年或某年某月所有的领料单汇总的领料情况。

③ 输入牌照号码和出库日期范围，可以查询某车辆在指定日期的配件领料情况。

④ 输入仓库条件和日期条件，可以查询指定仓库在指定日期范围的领料出库详细情况；供应商和供应商代码条件查询领料出库情况只适用于批次管理配件的应用方式，给出供应商条件查询指定供应商进货的配件领料出库情况。

⑤ 输入客户名称和客户代码条件和日期条件，可以查询指定客户在确定的时间范围内的配件领料情况。

⑥ 输入配件编号、配件名称、产地条件，可以查询指定配件的领料出库情况。

⑦ 输入领料人代码和日期条件，可以查询指定维修工领料详细情况。查询结果为黑色表示正常领料出库的配件目录；查询结果为红色表示随进随出领料出库的配件记录。

⑧ 单击列标题，查询结果将根据指定列重新排序。例如，单击出库价格列标题，查询结果将按照出库价格从小到大排序。

（2）重印领料单。将光标定位在需要重印的领料单配件记录上，单击“领料单”按钮，系统将弹出光标指向配件所在的领料单，单击“打印”按钮，系统将重新打印输出领料单。

(3) 执行领料退料操作。将光标定位在需要退料的配件记录上，单击“退料单”按钮，系统将弹出退料单窗口。

在“数量”输入栏，输入退料数量，单击“完成”按钮将完成退料操作并打印输出领料退料单。

4. 销售管理

销售配件仓库向客户或配件经营单位直接销售配件的业务，尤其适用于维修企业的配件经营部。

1) 销售出库

销售出库功能是将库存现有的配件，以销售单的方式向客户或配件经营单位直接销售配件的业务处理。配件销售分为开销售单和结算收银两部分功能，配件销售的结算收银与维修结算单的结算收银以及三包索赔单结算收银合并为一个功能，在财务管理模块下完成。销售出库操作步骤为：

(1) 选择确定销售出库的仓库，否则，查询和出库操作不允许执行。选择确定销售出库的仓库后，系统首先调出该仓库库存配件的列表。

(2) 确定价格策略：销售价、批发价。

(3) 输入查询条件查找需要销售的配件。查询条件包括配件编号、配件名称、助记码和位码。

(4) 用键盘上的上下箭头移动光标，找到销售配件。

(5) 按回车或鼠标双击销售配件，系统弹出销售数量和销售价格的确定窗口。在输入销售数量并确定销售价格后，单击“确定”按钮，一种销售配件选择完毕；若还有其他销售配件，则重复上述方法操作。

(6) 在所有销售配件选择完成后，单击“销售单”按钮，系统弹出销售单窗口。

(7) 用鼠标单击客户名称输入栏，选择确定客户信息。

2) 报价单

编辑生成报价单和编辑生成销售单的操作基本一致，只是在所有销售配

件选择完成后单击“报价单”按钮，系统弹出报价单窗口。

3) 报价单管理

报价单是配件销售之前为了与客户核准配件的品种和价格而设计的一种业务处理功能。报价单的编辑与销售出库的编辑操作方法类似，合并在销售出库功能中。报价单管理功能是对配件出库模块生成的报价单进行进一步管理，包括查询、修改和重印报价单，以及将报价单直接转为销售单或将无效或错误的报价单删除等。其具体内容如下：

(1) 浏览、重印报价单。

(2) 将报价单转为销售单。

① 光标定位到需要转为销售单的报价单记录上。

② 单击“销售单”按钮，系统会弹出销售单窗口。在确定转为销售单之前可以修改各配件品种的数量，修改配件的销售价格，删除客户确定不要的品种。修改数量时系统要求不能大于目前库存的数量；修改价格时系统要求不能小于操作员确定的最低售价；删除配件品种时在要删除的配件品种上单击鼠标右键，执行右键菜单上的“删除光标行指定的记录”功能。确认销售单的品种、数量、价格后单击“完成”按钮，系统完成报价单向销售单的转换，并打印

输出销售单。

(3) 删除错误的报价单。

① 将光标定位到需要删除的报价单记录上。

② 单击“删除”按钮，在操作员确认后将删除该报价单。

4) 销售出库查询汇总与退货

销售出库查询汇总与退货功能是对已经发生的销售业务的再处理，包括查询核对、重印销售单、退货处理等。销售出库查询汇总与退货窗口。

5. 库存调拨

库存调拨是指配件在不同的仓库之间的调拨。

1) 库存调拨步骤

库存调拨的步骤主要有：

(1) 选择要调拨的源仓库，也就是要调出配件的仓库。此时显示此仓库中所有的配件，输入查询条件，查找需要调拨的配件，查询条件包括配件编号、配件名称、助记码和位码。

(2) 用键盘上的上下箭头移动光标，找到要调拨的配件。

(3) 按回车键或用鼠标双击销售配件，系统弹出调拨数量的确定窗口；在输入调拨数量并确定后，则一个调拨配件选择完毕；若还有其他配件，则重复上述方法操作。

(4) 在所有调拨配件选择完成后，单击“调拨单”按钮，系统弹出调拨单窗口。

(5) 选择需要调入的仓库(即目标仓库)，单击“完成”即可；如果需要删除某个配件，则用上下箭头或鼠标单击选择该配件，单击“删除”即可。

2) 调拨单查询汇总

调拨查询汇总功能是对已经发生的调拨业务的再处理，包括查询核对、重印调拨单等功能，调拨单查询汇总窗口。

单击列标题，查询结果将根据指定列重新排序。例如，单击价格列标题，查询结果将按照价格从小到大排序。将光标定位到需要重印的调拨单配件记录上，单击“调拨单”按钮，系统将弹出光标指向配件所在的调拨单，单击“打印”按钮，系统将重新打印输出调拨单。

10.2.2　汽车配件管理系统应用注意事项

1. 配件数据影响因素

影响配件数据正确与否的因素是多方面的，应着重注意如下几个方面：

(1) 配件库本身的基础数据，即在进行配件基础数据登记时应准确无误。

(2) 配件发料。在每次配件发料时都应保证不丢失数据，并由保管员在第二天将发料单与每日消耗清单进行核对。

(3) 内部领用。对于内部领用的材料应及时削减库存。

(4) 销售。对于销售的配件，除按规范操作外，还应及时打印销售结算单。

(5) 结算。财务人员应每天核实收款数目与实际收款金额是否相符，并定期与配件库核实配件库存。

(6) 到货处理。每次进货时，在入库工作结束后，要与实物相对照。

2. 实际应用问题

(1) 系统在运行一个阶段后，系统管理员应会同各有关人员对系统中出现的问题进行讨论，针对存在的问题提出解决办法。

(2) 硬件设施的保证。系统的电源稳定是保证系统不丢失数据的重要因素，因此，在企业内应配备良好的电源以保证系统运行稳定。

(3) 搞好企业内各项工作的衔接。系统在运行开始阶段必然会带来一些问题，因此，在系统运行开始阶段搞好各个方面的衔接工作。

(4) 做好系统的备份。为避免系统的损坏给企业带来影响，各工作站应轮流做好系统的备份，备份资料至少应保存三天。备份可采用径向备份的办法，把每天系统的备份做在各个工作站上。

10.3 汽车配件电子商务

10.3.1 电子商务的产生与发展

1. 电子商务产生和发展的条件

电子商务最早产生于20世纪60年代，发展于20世纪90年代，其产生和发展的重要条件主要是：

(1) 计算机的广泛应用。近30年来，计算机的处理速度越来越快，处理能力越来越强，价格越来越低，应用越来越广泛，这为电子商务的应用提供了基础。

(2) 网络的普及和成熟。由于Internet逐渐成为全球通信与交易的媒体，全球上网用户呈级数增长趋势，快捷、安全、低成本的特点为电子商务的发展提供了应用条件。

(3) 信用卡的普及应用。信用卡以其方便、快捷、安全等优点而成为人们消费支付的重要手段，并由此形成了完善的全球性信用卡计算机网络支付与结算系统，使“一卡在手，走遍全球”成为可能，同时也为电子商务中的网上支付提供的重要的手段。

(4) 电子安全交易协议的制定。1997年5月31日，由美国VISA和Mastercard国际组织等联合制定的SET(Secure electronic transfer protocol)，即电子安全交易协议的出台，该协议得到大多数厂商的认可和支持，为在开发网络上的电子商务提供了一个关键的安全环境。

(5) 政府的支持与推动。自1997年欧盟发布了欧洲电子商务协议，美国随后发布“全球电子商务纲要”以后，电子商务受到世界各国政府的重视，许多国家的政府开始尝试“网上采购”，这为电子商务的发展提供了有力的支持。

2. 电子商务发展的两个阶段

1）基于电子数据交换的电子商务

基于电子数据交换(electronic data interchange，EDI)的电子商务从技术的角度来看，人类利用电子通信的方式进行贸易活动已有几十年的历史了。

早在20世纪60年代，人们就开始了用电报报文发送商务文件的工作；20世纪70年代人们又普遍采用方便、快捷的传真机来替代电报，但是由于传真文件是通过纸面打印来传递和管理信息的，不能将信息直接转入到电子信息系统中，因此人们开始采用EDI作为企业间电子商务的应用技术，这也就是电子商务的雏形。

EDI在20世纪60年代末期产生于美国，当时的贸易商们在使用计算机处理各类商务文件的时候发现，由人工输入到一台计算机中的数据70%是来源于另一台计算机输出的文件，由于过多的人为因素，影响了数据的准确性和工作效率的提高，人们开始尝试在贸易伙伴之间的计算机上使数据能够自动交换，EDI应运而生。

EDI是将业务文件按一个公认的标准从一台计算机传输到另一台计算机上去的电子传输方法。由于EDI大大减少了纸张票据，因此，人们也形象地称之为“无纸贸易”或“无纸交易”。

从技术上讲，EDI包括硬件与软件两大部分。硬件主要是计算机网络，软件包括计算机软件和EDI标准。

从硬件方面讲，20世纪90年代之前的大多数EDI都不通过Internet，而是通过租用的计算机线在专用网络上实现，这类专用的网络被称为VAN(value-added network，增值网)，这样做的目的主要是考虑到安全问题。但随着Internet安全性的日益提高，作为一个费用更低、覆盖面更广、服务更好的系统，其已表现出替代VAN而成为EDI的硬件载体的趋势，因此，有人把通过Internet实现的EDI直接叫做Internet EDI。

从软件方面看，EDI所需要的软件主要是将用户数据库系统中的信息，翻译成EDI的标准格式以供传输交换。由于不同行业的企业是根据自己的业务特点来规定数据库的信息格式的，因此，当需要发送EDI文件时，从企业专有数据库中提取的信息，必须把它翻译成EDI的标准格式才能进行传输，这时就需要相关的EDI软件帮忙。

EDI软件主要有以下几种：

(1) 转换软件(Mapper)。转换软件可以帮助用户将原有计算机系统的文件，转换成翻译软件能够理解的平面文件(Flat file)，或是将从翻译软件接收来的平面文件，转换成原计算机系统中的文件。

(2) 翻译软件(Translator)。将平面文件翻译成EDI标准格式，或将接收到的EDI标准格式翻译成平面文件。

(3) 通信软件。将EDI标准格式的文件外层加上通信信封(Envelope)，再送到EDI系统交换中心的邮箱(Mailbox)，或由EDI。系统交换中心内将接收到的文件取回。

EDI软件中除了计算机软件外还包括EDI标准。美国国家标准局曾制定了一个称为X12的标准，用于美国国内。1987年联合国主持制定了一个有关行政、商业及交通运输的电子数据交换标准，即国际标准一 UN/EDIFACT(UN/EDI For administration, commerce and transportation)。1997年，X12被吸收到EDIFACT，使国际间用统一的标准进行电子数据交换成为了现实。

2) 基于国际互联网的电子商务

由于使用VAN的费用很高，仅大型企业才会使用，因此限制了基于EDI的电子商务应用范围的扩大。20世纪90年代中期后，国际互联网(Internet)迅速走向普及化，逐步地从大学、科研机构走向企业和百姓家庭，其功能也已从信息共享演变为一种大众化的信息传播工具。从1991年起，一直排斥在互联网之外的商业贸易活动正式进入到这个王国，使电子商务成为互联网应用的最大热点。以直接面对消费者的网络直销模式而闻名的美国戴尔(Dell)公司1998年5月的在线销售额高达500万美元。另一个网络新贵亚马逊(Amazon.com)网上书店的营业收入从1996年的1580万美元猛增到1998年的4亿美元。eBay公司是互联网上最大的个人对个人的拍卖网站，这个跳蚤市场1998年第一季度的销售额就达1亿美元。像这样的营业性网站已从1995年的2000个急升为1998年的42.4万个。基于互联网的电子商务对企业之所以具有更大的吸引力，是因为：

（1）费用低廉。由于互联网是国际的开放性网络，使用费用很便宜，一般来说，其费用不到 VAN 的四分之一，这一优势使得许多企业尤其是中小企业对其非常感兴趣。

（2）覆盖面广。互联网几乎遍及全球的各个角落，用户通过普通电话线就可以方便地与贸易伙伴传递商业信息和文件。

（3）功能更全面。互联网可以全面支持不同类型的用户实现不同层次的商务目标，如发布电子商情，在线洽谈，建立虚拟商场或网上银行等。

（4）使用更灵活。基于互联网的电子商务可以不受特殊数据交换协议的限制，任何商业文件或单证可以直接通过填写与现行的纸面单证格式一致的屏幕单证来完成，不需要再进行翻译，任何人都能看懂或直接使用。

10.3.2　电子商务的基本知识

Internet 改变了企业的经营行为，改写了企业竞争规则，其中主要形式便是电子商务。电子商务是企业利用信息网络进行的商务活动，是一种电子化的运作方式。

电子商务这一概念自产生起，就没有一个统一的定义，不同研究者，不同组织从各自的角度提出了自己对电子商务的认识，主要有以下几种：

欧洲议会关于“电子商务”给出的定义是：“电子商务是通过电子方式进行的商务活动。它通过电子方式处理和传递数据，包括文本、声音和图像。它涉及许多方面的活动，包括货物电子贸易和服务、在线数据传递、电子资金划拨、电子证券交易、电子货运单证、商业拍卖、合作设计和工程、在线资料、公共产品获得等。它包括了产品（如消费品、专门设备）和服务（如信息服务、金融和法律服务）、传统活动（如健身、教育）和新型活动（如虚拟购物、虚拟训练）。”

电子商务涵盖的业务包括：信息交换、售前售后服务（提供产品和服务的细节，产品使用技术指南，回答顾客意见）、销售、电子支付（使用电子资金转账、信用卡、电子支票、电子现金）、建虚拟企业（组建一个物理上不存在的企业，集中一批独立的中小公司的权限，提供比任何单独公司多得多的产品和服务）、公司和贸易伙伴可以共同拥有和运营共享的商业方式等。

电子商务的运作是在一个范围广阔的开放的大环境和大系统中，利用计算机网络技术全面实现网上交易的电子化的过程，将参加电子商务活动的各方，包括商家、消费者、运输商、银行和金融机构、信息公司或证券公司以及政府管理部门等联系在一起。电子商务交易得以完成的关键在于可以安全地实现在网上的信息传输和在线支付的功能，所以为了顺利完成电子商务的交易过程，需要通过健全社会的电子商务服务系统，发展电子商务的规范和法规、建立安全和实用的电子交易支付方法和机制等，来确实保证参加交易的各方能够安全可靠地用电子商务的方式进行全部的商业活动。

10.3.3　电子商务的分类

电子商务按电子商务交易涉及的对象、商品内容和进行电子商务的企业所使用的网络类型等进行不同的分类。

1. 按参与交易的对象分类

按参与电子商务交易涉及的对象分类，电子商务可以分为以下三种类型：

（1）企业与消费者之间的电子商务（business to customer，B2C）。B2C指消费者利用因特网直接参与经济活动的形式，类同于商业电子化的零售商务。随着万维网的出现，网上销售迅速地发展起来。目前，在因特网上有许许多多各种类型的虚拟商店和虚拟企业，提供各种与商品销售有关的服务。通过网上商店买卖的商品可以是实体化的，如书籍、鲜花、服装、食品、汽车、电视等，也可以是数字化的，如新闻、音乐、电影、数据库、软件及各类基于知识的商品，还有提供的各类服务，包括安排旅游、在线医疗诊断和远程教育等。

（2）企业与企业之间的电子商务（Business to Business，B2B）。B2B方式是电子商务应用最重要和最受企业重视的形式，企业可以使用因特网或其他网络为每笔交易寻找最佳合作伙伴，完成从定购到结算的全部交易行为，包括向供应商订货、签约、接受发票和使用电子资金转移、信用证、银行托收等方式进行付款，以及在商贸过程中发生的其他问题如索赔、商品发送管理和运输跟踪等。企业对企业的电子商务经营额大，所需的各种硬软件环境较复杂，但在EDI商务成功的基础上发展得最快。

（3）企业与政府方面的电子商务（business to government，B2G）。B2G商务活动覆盖企业与政府组织间的各项事务。例如企业与政府之间进行的各种手续的报批，政府通过因特网发布采购清单，企业以电子化方式响应；政府在网上以电子交换方式来完成对企业和电子交易的征税等。这也成为政府机关政务公开的手段和方法。

2. 按交易涉及的商品内容分类

如果按照电子商务交易所涉及的商品内容分类，电子商务主要包括两类商业活动。

（1）间接电子商务电子商务涉及商品是有形货物的电子订货，如鲜花、书籍、食品、汽车等，交易的商品需要通过传统的渠道如邮政业的服务和商业快递服务来完成送货，因此，间接电子商务要依靠送货的运输系统等外部要素。

（2）直接电子商务电子商务涉及商品是无形的货物和服务，如计算机软件、娱乐内容的联机订购、付款和交付，或者是全球规模的信息服务。直接电子商务能使双方越过地理界限直接进行交易，充分挖掘全球市场的潜力。

3. 按电子商务使用的网络类型分类

根据开展电子商务业务的企业所使用的网络类型框架的不同，电子商务可以分为如下三种形式：

（1）EDI网络电子商务。EDI是按照一个公认的标准和协议，将商务活动中涉及的文件标准化和格式化，通过计算机网络，在贸易伙伴的计算机网络系统之间进行数据交换和自动处理。EDI主要应用于企业与企业、企业与批发商、批发商与零售商之间的批发业务。EDI电子商务在20世纪90年代已得到较大的发展，技术上也较为成熟，但是因为开展EDI对企业有较高的管理、资金和技术方面的要求，因此至今尚不太普及。

（2）因特网电子商务（Internet网络）。利用连通全球的Internet网络开展的电子商务活动，在因特网上可以进行各种形式的电子商务业务，所涉及的领域广泛，全世界各个企业和个人都可以参与，其正以飞快的速度发展，前景十分诱人，是目前电子商务的主要形式。

（3）内联网络电子商务（Intranet网络）。这是在一个大型企业的内部或一个行业内开展的电子商务活动，形成一个商务活动链，可以大大提高工作效率和降低业务的成本。

10.3.4 电子商务的应用特性

电子商务的特性可归结为：商务性、服务性、集成性、可扩展性、安全性和协调性。

1. 商务性

电子商务最基本的特性为商务性，即提供买、卖交易的服务、手段和机会。

网上购物提供一种客户所需要的方便途径。因而，电子商务对任何规模的企业而言，都是一种机遇。就商务性而言，电子商务可以扩展市场，增加客户数量；通过将万维网信息连至数据库，企业能记录下每次访问、销售、购买形式和购货动态以及客户对产品的偏爱，这样企业方就可以通过统计这些数据来获知客户最想购买的产品是什么。电子商务作为一种新型交易方式在许多地方取得成功。例如美国一家服务公司(Speed Serve. Inc.)创建了整套电子商务方案，建立了一家网上商店。由于节省了租用店面、雇用商场售货员等开支，使其能以低廉的价格出售数以百万计的书本、游戏和光碟。

2. 服务性

在电子商务环境中，客户不再受地域的限制，像以往那样，忠实地只做某家邻近商店的老主顾，他们也不再仅仅将目光集中在最低价格上。因而，服务质量在某种意义上成为商务活动的关键。技术创新带来新的结果，万维网应用使得企业能自动处理商务过程，并不再像以往那样强调公司内部的分工。现在，在 Internet 上许多企业都能为客户提供完整服务，而万维网在这种服务的提高中充当了催化剂的角色。

企业通过将客户服务过程移至万维网上，使客户能以一种比过去更简捷的方式完成过去较为费精力才能获得的服务。如将资金从一个存款户头移至一个支票户头，查看一张信用卡的收支，发货请求，乃至搜寻并购买稀有产品等，这些都可以足不出户而实时完成。显而易见，电子商务提供的客户服务具有一个明显的特性：方便。这不仅对客户来说如此，对于企业而言，同样也能受益。我们不妨来看这样一个例子：比利时的塞拉银行，通过电子商务，使得客户能全天候地存取资金，快速地查阅诸如押金利率、贷款过程等信息，这使得服务质量大为提高。

3. 集成性

电子商务是一种新兴产物，其中用到了大量新技术，但并不是说新技术的出现就必须导致老设备的死亡。万维网的真实商业价值在于协调新、老技术，使用户能更加行之有效地利用他们已有的资源和技术，更加有效地完成他们的任务。电子商务的集成性，还在于事务处理的整体性和统一性，它能规范事务处理的工作流程，将人工操作和电子信息处理集成为一个整体。这样不仅提高了人力和物力的利用效率，也提高了系统运行的严密性。为了帮助企业分析、规划其电子商务发展战略，指导设计和建立应用，更好地集成新老资源，充分地利用已有资源，IBM 建立了一种可伸缩型的网络计算模型 NCF。这种模型是开放的，并且是在现实产品和丰富的开发经验的基础上提出的。

4. 可扩展性

要使电子商务正常运作，必须确保其可扩展性。万维网上有数以亿计的用户，而传输过程中，时不时地会出现高峰状况。倘若一家企业原来设计每天可受理 40 万人次访问，而事实上却有 80 万，就必须尽快配有一台扩展的服务器，否则客户访问速度将急剧下降，甚至还会拒绝可能带来丰厚利润的客户的来访。

对于电子商务来说，可扩展的系统才是稳定的系统。如果在出现高峰状况时能及时扩展，就可使得系统阻塞的可能性大大下降。电子商务中，耗时仅2 min的重新启动也可能导致大量客户流失，因而可扩展性可谓极其重要。

5. 安全性

对于客户而言，无论网上的物品如何具有吸引力，如果他们对交易安全性缺乏把握，就根本不敢在网上进行买卖，企业和企业间的交易更是如此。在电子商务中，安全性是必须考虑的核心同题。欺骗、窃听、病毒和非法入侵都在威胁着电子商务，因此要求网络能提供一种端到端的安全解决方案，包括加密机制、签名机制、分布式安全管理、存取控制、防火墙、安全万维网服务器、防病毒保护等。为了帮助企业创建和实现这些方案，国际上多家公司联合开展了安全电子交易的技术标准和方案研究，并发表了SET(安全电子交易)和SSL(安全套接层)等协议标准，使企业能建立一种安全的电子商务环境。

6. 协调性

商务活动是一种协调过程，它需要雇员和客户，生产方、供货方以及商务伙伴间的协调。为提高效率，许多组织都提供了交互式的协议，电子商务活动可以在这些协议的基础上进行。传统的电子商务解决方案能加强公司内部相互作用，电子邮件就是其中一种。但那只是协调员工合作的一小部分功能，利用万维网将供货方连接至管理系统，再连接到客户订单处理，并通过一个供货渠道加以处理，这样公司就节省了时间，消除了纸张文件带来的麻烦，并提高了效率。

电子商务是迅捷简便、具有友好界面的用户信息反馈工具，决策者们能够通过它获得高价值的商业情报，辨别隐藏的商业关系并把握未来的趋势。

10.3.5　电子商务的功能

电子商务可提供网上交易和管理等全过程的服务。因此，它具有广告宣传、咨询洽谈、网上订购、网上支付、电子账户、服务传递、意见征询、交易管理等各项功能。

1. 广告宣传

电子商务可凭借企业的Web服务器和客户的浏览，在Internet上发播各类商业信息。客户可借助网上的检索工具(search)迅速地找到所需商品信息，而商家可利用网上主页(Home page)和电子邮件(E-mail)在全球范围内做广告宣传。与以往的各类广告相比，网上的广告成本更为低廉，而给顾客的信息量却最为丰富。

2. 咨询洽谈

电子商务可借助非实时的电子邮件(E-mail)，新闻组(News group)和实时的讨论组(chat)来了解市场和商品信息、洽谈交易事务，如有进一步的需求，还可用网上的白板会议(whiteboard conference)来交流即时的图形信息。网上的咨询和洽谈能超越人们面对面洽谈的限制，提供多种方便的异地交谈形式。

3. 网上订购

电子商务可借助Web中的邮件交互传送实现网上的订购。网上的订购通常都是在产品介绍的页面上提供十分友好的订购提示信息和订购交互格式框。当客户填完订购单后，通常系统会回复确认信息单来保证订购信息的收悉。订购信息也可采用加密的方式使客户和商家的商业信息不会泄漏。

4. 网上支付

电子商务要成为一个完整的过程，网上支付是重要的环节。客户和商家之间可采用信用卡账号实施支付。在网上直接采用电子支付手段将可省略交易中很多人员的开销。网上支付将需要更为可靠的信息传输安全性控制以防止欺骗、窃听、冒用等非法行为。

5. 电子账户

网上的支付必须要有电子金融来支持，即银行或信用卡公司及保险公司等金融单位要为金融服务提供网上操作的服务。而电于账户管理是其基本的组成部分，信用卡号或银行账号都是电子账户的一种标志，而其可信度需配以必要技术措施来保证，如数字凭证、数字签名、加密等手段的应用保证了电子账户操作的安全性。

6. 服务传递

对于已付款的客户应将其订购的货物尽快地传递到他们的手中。而有些货物在本地，有些货物在异地，电子邮件将能在网络中进行物流的调配。而最适合在网上直接传递的货物是信息产品，如软件、电子读物、信息服务等，可直接从电子仓库中将货物发到用户端。

7. 意见征询

电子商务能十分方便地采用网页上的“选择”、“填空”等格式文件来收集用户对销售服务的反馈意见，这样使企业的市场运营能形成一个封闭的回路。客户的反馈意见不仅能提高售后服务的水平，更能使企业获得改进产品、发现市场的商业机会。

8. 交易管理

整个交易的管理将涉及人、财、物等多个方面，包括企业和企业、企业和客户及企业内部等各方面的协调和管理。因此，交易管理是涉及商务活动全过程的管理。电子商务的发展，将会提供一个良好的交易管理的网络环境及多种多样的应用服务系统。这样，能保障电子商务获得更广泛的应用。

10.3.6 电子商务的关键技术

1. 电子商务的技术基础

计算机及网络技术为电子商务提供了网络层的技术支持；因特网上的万维网为电子商务提供了信息发布层的技术手段，实现了商务过程的动态数据交换。

(1) 计算机网络技术计算机网络是指分布在不同地点的许多台计算机进行连接，按照规定的网络协议以实现资源共享为目标的数据通信系统。计算机网络主要具有数据通信、资源共享、提高计算机的可靠性和可用性、分布式处理等功能。按网络范围和计算机之间互联的距离划分，可分为局域网和广域网。

国际互联网是指在全球范围内使用统一国际互联网通信协议(TCP/IP) 相互连接并传输信息的计算机网络的集合。在计算机网络中，对所有用户来说，他们都要共享网络中的资源。但是由于网中各个主机极其操作系统在功能和类型上都不相同，所以一个计算网络必须有一套全网“成员”共同遵守的“约定”，这就是所谓的网络协议。网络协议是实现网络通信的共同语言，其定义可归纳为，它是一组信息传送、输入输出格式和控制的协定。进入 Internet 的计算机，需遵守 TCP/IP 协议，其中传输控制协议 TCP(Transmission control protocol) 负责保证数据传输的可靠性，网间协议 IP(Internet Protocol) 则详细地规定了计算机在通信时应遵循的规则细节。Internet 主要服务包括电子邮件(E-mail)、远程登录(Telnet)、文本传输(FTP)、电子新闻(Usenet News)、环球信息网(WWW) 等。

网络互联设备除网卡、调制解调器(Modem)、中继器及网桥外，常用的连接设备还有集线器(Hub)、交换机(Switch) 和路由器(Router) 等。网络传输介质分有线介质和无线介质两大类，有线介质主要有双绞线、光缆等；无线介质主要有无线电波及微波两类。

(2) Web 技术企业要在 Internet 上实现电子商务，需要建立自己的 Web 站点。网站由许多网页组成，每个页面可以包括文本、声音、图像和动画，页面之间可以相互链接。每一个网页都有一个唯一的地址，这个地址成为 URL(统一资源定位器) 地址，在用户浏览器上，可通过 URL 地址查看到相应的网页。用户通过 WWW 浏览器向 WWW 服务器发出 URL 地址服务请求，服务器执行客户机请求，调出 HTML 文件发回给客户机，在客户机浏览器上显示 Web 页面。HTTP 协议(超文本传输协议) 是用于规范 www 服务器和浏览器之间超文本传输的基本协议。

用 HTML 编写的超文本文件称为 HTML 文件，大部分的静态网页可使用 HTML 语言设计，但对具有交互性的、动态的网页设计，HTML 显得无能为力。交互性、动态网页设计技术主要有 Java，Javascript、Vbscript，Flash，CGI，ASP，PHP，JSP 等。

2. 电子商务的关键技术

1) 安全认证

传统交易是面对面的，比较容易保证建立交易双方的信任关系和交易过程的安全性。电子商务在公共网络上传递订货、支付、票据等重要商务信息，买卖双方都可能面临安全威胁：如非法入侵篡改、盗窃信息；虚假身份的交易对象及虚假订单、合同；交易对象的抵赖(如拒绝承认网上谈判中商定的价格、数量、订单、合同，拒绝承认收到的货款或商品) 等，因此需要一定的安全认证机制和技术来保证交易双方身份的真实性、可信赖性和信息的有效性、机密性、完整性以及不可抵赖性。

(1) 密钥技术。密钥技术分为对称加密技术和非对称加密技术。使用对称加密技术的发送者和接收者拥有相同的密钥，算法比较简单，加密和解密的速度较快。

电子商务安全体系中一般使用双钥的非对称加密技术，一把为公钥，另一把为私钥，一个用于加密，另一个用于解密，但不可用一把密钥求出另一把密钥。公钥及其加密算法公开，可心放在网上下载。私钥只有自己知道，应严密保管。通信时，发送方用接收者的公钥对数据加密后发送，接收方用自己的私钥进行解密。此种技术的加密、解密算法复杂，但保密程度高。

(2) 数字签名。数字签名是密钥加密和信息摘要相结合的技术。发送者用自己的私钥对信息摘要加密后与原文一起发送出去，接收者用发送者的公钥对加密摘要进行解密，再对原文用 Hash 算法产生信息摘要。将此摘要与经解密的发送方信息摘要进行对比，若相同则说明信息完整且发送者身份真实。由于发送者的私钥是自己严密管理的，他不能否认用自己私钥加密发送的信息，因此数字签字解决了信息的完整性和不可抵赖性。

(3) 数字证书。数字证书是标志网上服务器或用户身份信息的一系列数据，它由权威公证的第三方机构：认证中心(CA) 签发，分为限于个人使用的个人证书和证明网上 Web 服务器身份有效的服务器证书。数字证书内容包括姓名、证书拥有者公钥及有效期、颁发数字证书的单位及数字签名、证书的序列号等，证书有颁发单位的数字签名，不能伪造和篡改。

数字证书采用公-私钥密码体制，每个用户拥有一把仅为本人所掌握的私钥，用它进行信息解密和数字签名，同时拥有一把公钥，并可以对外公开，用于信息加密和签名验证。当发送一份保密文件时，发送方使用接收方的公钥对数据进行加密，而接收方则使用自己的私钥进行解密。没有私钥的第三方是无法进行解密的，保证了数据信息的有效性和完整性。

数字证书可用于发送安全电子邮件、访问安全站点、网上证券交易、网上采购招标、网上办公、网上保险、网上税务、网上签约和网上银行等安全电子事务处理和安全电子交易活动。

(4) 认证中心。认证中心(CA) 是颁发数字证书的第三方权威机构，它接受数字证书的申请、处理、批准或拒绝及颁发证书，它提供对证书的查询、验证、更新、归档及作废等服务。它负责对公钥的管理，如密钥的生成、分发，确定密钥的有效期等。认证机构采用分级认证结构，上级认证中心负责签发和管理体制下一级管理中心的证书，通信双方通过 CA 签发的数字证书证实对方的身份，如果对签发证书的 CA 本身有怀疑，可以由签发该 CA 证书的上级 CA 来验证，这样逐级认证一直到最权威的 CA，也称为根 CA。

2) 网上支付

电子商务网上支付是建立在现存的银行清算系统基础之上的下层支付服务系统，是在金融电子支付的基础上发展起来的。网上支付系统借助于 Internet 而获得了快速、便捷、低成本、全球连通等诸多优点，但也引发了安全及信用两个方面的问题。首先，网上支付系统要实现在公共网络上传输敏感的支付信息，就必须要采取先进可行的安全技术；其次，网上支付系统将支付工具、支付过程无形化，原有的信用关系也发生了改变，除了原有的银行与客户之间的信用关系外，还多了一层网上的信用保证，需建立CN认证体系，保证网上支付结算关系中的身份真实可靠。

对于网上支付，银行的参与是必需的，网上支付体系必须借助银行的支付工具、支付系统及金融专用网才能最终得以实现。以 B2C(企业对消费者电子商务) 为例，参与方通常包括消费者(持卡人)、商户和银行。交易流程一般包括如下几个步骤：消费者向商户发送购物请求，商户把消费者的支付指令通过支付网关传往商户开户行(收单行)；收单行通过专用网络从消费者开户行(持卡行) 取得支付授权后，把授权信息送回商户；商户取得授权后，向消费者发送购物回应信息。如果支付获取与支付授权并非同时完成的话，商户还要通过支付网关向收单行发送支付获取请求，以把该笔交易的金额转账到商户账户中；银行之间则通过自身的支付清算网络完成最后的行间清算。由此可以看出，支付结算环节是由包括支付网关、收单行、发卡行以及金融专用网络完成的，离开了银行，便无法完成网上支付。因此，电子商务中的网上支付体系应该是融合了购物流程、支付工具、安全技术、认证体系、信用体系以及现在的金融体系为一体的综合大系统。

网上支付系统基本构成包括客户、商家、银行、支付网关、金融专用网、认证机构等。其中，支付网关是公用网与金融专用网之间的接口，支付信息必须通过支付网关才能进入银行支付系统，进而完成支付的授权和获取，金融专用网则是银行内部及行间进行通信的网络，具有较高的安全性。

根据使用的支付工具不同，网上支付系统大致可分为三类，即信用卡支付系统、电子转账支付系统和电子现金支付系统。为保证交易双方与银行在完成电子支付过程的安全性，针对不同的支付工具，国际上推出了多种有效的安全交易标准，如安全电子交易协议 SKT、安全接口层协议 SSL 等。

3）物流配送

电子商务商流包括信息流、资金流和物流。充分利用现代信息技术，实现对信息流的管理，这也是电子商务与传统商贸相比，最突出的特点。另外，电子商务还通过网上支付系统，实现对资金流的管理。但是，对大多数的商品实体，从供应商到消费者的物流过程，仍然需要物流系统最终完成。

严格来讲，物流配送并不是电子商务的一项技术，而是物流系统的功能环节，一些配送中心甚至就是一个物流系统。电子商务的发展促进了物流系统的完善发展，物流系统为电子商务提供了基础保障。

10.3.7 汽车配件的电子商务应用

电子商务的应用非常广泛，如网上银行、网上炒股、网上购物、网上订票、网上租赁、工资发放、费用缴纳等。汽车配件行业的电子商务，最关键的就是各种信息（供求、价格等）的共享，实现在线采购和所谓的“零库存”概念。

传统的配件行业信息交换是通过专业的报纸、杂志期刊、电话等方式实现的，由于这类媒体受地域、渠道和时间限制，使得信息总是封闭在一个相对较小的范围内，包括配件基本信息和供求信息等。这样就会出现用户急于订购配件但无采购渠道，而某些经销商又苦于配件长期积压的情况。另外，由于供求信息的相对封闭，使得配件营销环节增加，导致最终销售价格较高。

当各种配件信息通过网络全面公开后，“客户找商家”将变得更加简单，同时也可能出现“商家找客户”的情况了。成熟完善的电子商务网站，可以直接进行网上交易，即：在网上选择所需要的配件，生成订单，发送给网站的商务处理中心或者供应商，并通过网络或银行汇款进行支付，供货方就通过物流系统将所订购的配件发送给客户。

网上配件交易，很重要的一点是买卖双方要有准确的零件编号和生产厂家的说明，因为只有通过配件原厂编号，才能保证所订购零件的正确性。因为一种零件，有原厂件、配套件或副厂件之别，质量价格差异很大，因此网站必须对配件的生产厂家和品质加以说明，使客户能够在网络上采购到货真价实的商品，这就要求电子商务的运营商有较高的诚信度。

作为配件经营者，如果希望利用互联网拓展销售业务，甚至建立自己的网络商店或电子商务平台，其具体步骤如下：

需要明确定位，明确网上商店的目的，做好投资和回报计划。从我国目前的电子商务发展状况看，配件行业还不可能摆脱传统的经营方式，将全部业务转向网络。因为我国在电子支付、物流配送、企业信誉体系等方面尚不健全，另外，全社会的电子商务观念较差，应用范围相对较窄，因此，一个企业几乎无法全部依靠电子商务运营生存下去。但是，将当前业务向网络化发展势必为企业创造新的利润增长点，并对传统业务可以起到重要的补充作用。在国外，已经有越来越多的汽车配件企业正依靠电子商务迅速拓展业务。与开展传统的配件经营不同，网络配件营销不需要选地址、租店铺，取而代之的是一整套网站建设工作。一般来讲，建设电子商务平台有两种方法：一是独自开办一个网站；二是租借别人的网站。

独自开办一个网站是一个相当复杂、专业而昂贵的做法。首先，是采购服务器，根据不同需要价格一般在2万元以上。出于线路安全和网络连接速率的考虑，不应该把服务器放在自己的办公楼里，而应当放在一个大型专业的IDC服务商（互联网数据中心）那里，称为主机托管，此项费用根据地区、带宽、租用机柜空间大小和IDC条件不同，其租金每年在2万元以上。其次，软件采购、开发和集成也要有一定投入。软件的开发首先需要购买操作系统、数据库和开发工具软件；最重要的是还需要开发适合自己的电子商务软件平台，其费用往往在10万元以上。

一个独立商务网站的开办费用，总投资在几万到几十万元之间(当然，大型综合的电子商务网站的投资也可能上亿)。在网站正式运行运营后，企业还需要投入人力和资金进行维护，包括：服务器接入费用、开发人员的软件维护费用等。可见，电子商务的投入还是比较大的，一般只有大型企业，如汽车制造厂、大型汽车配件生产厂商才使用这种方式开办配件网上销售业务。这种做法的好处是安全稳定，保密性好，也有利于宣传企业。

对于中小规模的企业，要开办网上商店更务实的做法则是租借别人的网站。在国内，现在普遍流行的方法是一种商品代售制度，即由互联网公司开办一个网上汽配件信息库，互联网公司以帮助商家代销商品的名义，搜集大量商家的汽车配件的报价信息，在网站上加以罗列，接受顾客的订单，再转交给商家处理。由于竞争的压力，为了首先达到丰富网站内容的目的，这种服务大都免费。接受这种服务的商家，经营方式几乎无需任何变化。但是这种方法抹杀了每个商家的个性，把产品的品质、服务和价格的竞争，简化为单纯残酷的价格竞争，并没有受到广泛的欢迎。而且，相应的网上支付方式也未完善。因此，这恐怕还不能算真正的网上汽配商店。

现在，国内外开始采用一种更加先进的网络配件经营模式。专业的汽车类互联网公司，把自己的网站空间划分成很多小块，并提供数据库和电子商务软件系统，变成“网上汽配城”，企业根据自己要求搭建出一个一个的网上汽配商店。这种商店的投入很小，商家只要把自己的商品目录、图片上传到网站，便可以供顾客在网上商店内浏览订货，商家就可以在家处理订单了。这种方法给商家节省了大量的投资和管理费用。商家在网上也可以塑造独立的形象。在国内，这种形式的网上汽配商店也已经出现了，如中车在线汽车服务网等网站就提供了这样的平台。

汽车配件企业中小企业的电子商务平台非常重要，需要考虑如下因素：访问量和特定消费群体；软硬件系统稳定性、可靠性和维护能力；商家数量；配件信息综合服务能力，如配件号、价格和工时等；商业信誉。此外，还要考虑电子商务平台开展电子商务的实力，如销售渠道，包括物流、支付方式、配送方式等；商务推广支持以及是否具备开展电子商务的能力以及可供汽车配件企业借鉴等。

本章内容小结

计算机数据库应用系统主要包括数据库(DB)、数据库管理系统(DBMS)、应用程序三大部分。

计算机管理系统可分为一体化的系统模式和单一的子系统模式两种。

目前，对于国内的绝大多数汽车维修企业来说，尚不能实现一体化的系统模式。

单一的子系统模式是指单一的系统本身，而其他子系统尚未实施计算机管理，或者少数的子系统实施了计算机管理。现在的大多数企业实行的都是单一的子系统管理模式，如财务的电算化系统、汽车配件计算机管理系统等。

汽车配件管理软件包括，即汽车配件管理系统，配件经销商所用的管理系统主要有4大模块，即销售管理、采购管理、库存管理和财务管理；汽车配件目录管理系统和汽车配件订购系统。

汽车配件库房管理系统典型案例以西讯汽车配件管理系统为例介绍。

电子商务发展的两个阶段：

(1) 基于EDI的电子商务。

从技术上讲，EDI包括硬件与软件两大部分。硬件主要是计算机网络，软件包括计算机软件和EDI标准。

EDI软件主要有以下几种：转换软件、翻译软件、通信软件

(2) 基于国际互联网的电子商务。

基于互联网的电子商务对企业之所以具有更大的吸引力，是因为有费用低廉、覆盖面广、功能更全面、使用更灵活的特点。

电子商务涵盖的业务包括：信息交换、售前售后服务、销售、电子支付、建虚拟企业、公司和贸易伙伴可以共同拥有和运营共享的商业方式等。

电子商务的分类、电子商务的特性、功能、关键技术简介。

汽车配件的电子商务应用介绍。

思考与练习

1. 计算机数据库应用系统由哪几部分组成？
2. 计算机管理系统模式如何分类？
3. 汽车配件库房管理系统的如何应用？
4. 汽车配件管理系统应用注意事项有哪些？
5. 电子商务的应用特性是什么？
6. 电子商务的功能和分类是什么？
7. 电子商务的关键技术是什么？
8. 简述汽车电子商务的应用。

附录 A：汽车行业英语专业术语

1 ACC activated carbon canister 活性炭罐

2 ACI automatic car identification system 汽车自动识别系统

3 air cushion car 气垫车

4 air - cooled car 空气冷却式汽车，空冷式车辆，空冷式轿车(装用空冷式发动机的轿车)

5 APC aperture card 穿孔卡片

6 ASU automatic interference suppression for car radios suppresses ignition noise in the FM band 调频干扰自动抑制，在汽车收音机中附加入此电路即可抑制高压点火(噪音) 的干扰

7 baby car 微型轿车，超微型轿车(美俚语， = mini car, cycle car, midget car)；婴儿小车

8 backfiring in carburetor 化油器回火(= explosion in the carburetor)

9 baggage car 行李车

10 brake shoe carrier 制动蹄座

11 brush carrier 刷架

12 C&M care and maintenance 维修及保养

13 C. CARB conventional carburetor 常规化油器

14 C. P. car park (停) 车场

15 C/O carry over 携带

16 cable - testing car 电缆检查车

17 car aerial 汽车天线(= automobile aerial)

18 Car Alarm theft - deterrent system 汽车防窃警报系统

19 car antenna 车上天线，车载天线，汽车天线

20 car body 轿车车身

21 car mechanic 汽车维修工，机动车维修工

22 car navigation computer 车用导航计算机，车用导行计算机

23 car waiting to repair 待修汽车

24 car wander 汽车蛇行

25 car wash 洗车台，汽车清洗站

26 car wash trade 洗车业

27 car washer 洗车设备，洗车机；街道清洗机

28 car washing department 洗车工间，车辆清洗工间

29 car washing installation 洗衣装置，洗车设备

30 car washing machine 洗车机

31 car with elevator 带升降机车辆，升降机汽车

32 car with four independent wheels 四轮独立悬架式轿车

33 carb 化油器，汽化器(carburator 的简称)

34 CARB 1. 化油器(carburettor) 2. 碳化，渗碳(carbonization)

35 carb adjustment 化油器调准，化油器调节

36 CARB California Air Resources Board 加利福尼亚大气资源局

37 CARB carburetor 化油器，汽化器

38 carboard 纸板，硬纸板

39 carbon 碳(代号 C)；碳棒，电刷，石墨，积炭，积碳层

40 carbon electrode 碳棒，碳电极

41 carbon monoxide 一氧化碳(CO)

42 carbonization test (润滑油) 积炭试验

43 CARE corporate average regulated emission 公司规定的平均有害物排放量

44 CARP cooperate automotive research program 汽车合作研究程序

45 CARR carriage 车溜板

46 CARR carrier 运载工具，载体

47 carriage 车辆，车架，支架，托架；(机床的) 拖板；机器的滑动部分；底座，底盘；承重装置，承载器；运输，运费

48 carriage body 车身

49 CARS computer aided routing system 计算机辅助(运输网络中) 选线系统

50 CART carton 卡片纸

51 cartridge 管壳，盒；卡盘，夹头；座；套筒；衬套(过滤器的) 芯子；(照相) 胶卷；支架

52 cartridge fuse 熔断丝管，熔断丝

53 cartridge paper 画图纸，图画纸

54 CAT carburetor air temperature 化油器空气温度

55 CFC chlorofluorocarbons 含氯氟烃(氟属制冷剂)

56 CFRC carbon fiber friction material 碳纤维摩擦材料

57 CFRP carbon fiber reinforced plastic 碳纤维强化塑料

58 CL car load 车辆载负

59 CLCC closed loop carburetor control 闭环化油器控制

60 CO carbon monoxide 一氧化碳

61 CO_2 carbon dioxide 二氧化碳

62 COEI carbon - monoxide emission index 一氧化碳排放指数

63 COF container - on - flat car 平板车装运集装法，集装箱在平板货车上的运输方法

64 convertible car 活顶篷轿车

65 COTY car of year 当年(流行) 的汽车，年款汽车

66 CPT carpet 地毯

67 CR carriage return 回车

68 CUCV commercial utility cargo vehicle 商用，轻型，多用途载货汽车

69 DCCSC divided - chamber carbureted stratified - charge engine 分隔式燃烧室混合气层状充气发动机

70 diaphragm carburettor 膜片式化油器

71 diesel - engined passenger car 柴油(发动) 机客车，柴油机轿车

72 differential carrier 差速器壳(= differential case, differential housing)

73 dismantling from car to units 汽车拆成部件，汽车拆成总成

74 drill carriage 钻轴滑座

75 ECC - CU (control unit) electronically controlled carburetor control unit 电子控制的化油器控制装置

76 EFC electronic fecdback carburetor 电子反馈式控制化油器(电脑根据排气管中 O_2 传感器信号，自动调节空燃比)

77 EFC electronic fuel controlled carburetor 电子燃油控制化油器

78 EIC carbon emission index 碳排放量指数

79 electronically controlled carburetor 电脑控制化油器，电子控制式化油器(简称 ECC)

80 electronically controlled carburetor - control unit 电子控制式化油器的电子控制器(简称 ECC - Control unit)

81 emissions carburetor 防污染化油器

82 enclosed cardan shaft 封闭式传动轴(= encased propeller shaft)

83 EOHC engine - out hydrocarbon 发动机排出的碳氢化合物

84 explosion in carburetor 化油器回火(放炮)

85 explosion in the carburettor 化油器回火(= backfiring in carburetor, blowback, popping back)

86 exposed cardan shaft 开式万向传动轴；开式甲唐轴

87 fast back car 斜背式轿车

88 FBC feedback carburetor 反馈控制式化油器

89 float carburettor 浮子式化油器

90 float of carburettor 化油器，浮子

91 forecarriage (挂车) 前转向架

92 four door convertible car 四门车篷可折叠式轿车

93 four - tire car 四轮胎轿车(指使用被尖物刺穿或放炮漏气后仍能继续行驶的轮胎，因而不再需要备用胎汽车)

94 front - wheel - drive car 前轮驱动轿车(简称 f - w - d car)

95 fuel - cell car 燃料电池(驱动的) 轿车(1996 年 5 月 14 日，由 Mercedes - Benz 公司在柏林展出世界上第一辆氢燃料电池轿车，系将甲醇在车上通过一个专门的反应器，产生 H_2 和 CO_2，接着将 H_2 导入一个聚合物电池，在触媒的作用下，与空气反应，产生 H_2O 和电流，用电

流驱动车辆）

96 general purpose car 万能车，万用车，多用途车，多功能轿车（如全轮驱动的北京切诺基轿车）

97 GPC glass carbonate composite 玻璃聚碳酸酯复合材料

98 GT grade touring car 跑车

99 GT grand touring car 豪华高速旅游车

100 H/C fuel hydrogen/carbon ratio 燃油中（烃的）氢碳比

101 H/C hydrogen/carbon（烃的）氢碳比

102 HC hydrocarbon 碳氢化合物

103 H - Carb Hitachi 2Bbl carburetor（日本 Hitachi）两腔化油器

104 HCEI hydrocarbon emission index 碳氢化合物排放指数

105 HCS high carbon steel 高碳钢

106 HCSHT high carbon steel heat treated 热处理过的高碳钢

107 HPSiC hot - pressed silicon carbide 热压碳化硅

108 IFC carb integrated fuel control carburetor 综合控制供油化油器

109 implement carrier 机具运载装置，通用机架

110 instrument carrier panel 仪表板（ = instrument board）

111 insulating carton 绝缘纸板

112 intelligent car 智能化汽车，无人驾驶汽车，智能轿车（指运用计算机技术、电子技术、信息技术，使汽车能以最佳路线，最佳工况行驶，且能在自动公路上无人驾驶，自动行驶）

113 intercar radio 汽车之间的无线电通讯装置，车间无线电通讯装置

114 ISCO indicated specific carbon monoxide 指示马力一氧化碳排放率（量）

115 ITC international touring car championship 国际旅游（游览）轿车冠军

116 jet carburetor 喷雾式化油器

117 KDC knock down car 就地装配的汽车，当地组装的汽车

118 KDCL knock down in carloads（货物）以散装状态装车

119 laggage carrier（车内）行李架，行李搬运车（ = bag - gage carrier）

120 lamp carrier 灯座

121 LCL less - than - carload 零担的（货运）

122 lining of car 车身衬里

123 load - carrying 承载负荷的，承载的，承重的

124 long base car 长轴距轿车

125 luggage carrier 行李箱，行李架

126 luggage carrier extension（汽车）行李架的延长部分

127 luggage carrying capacity 行包承载能力，行李容量（ = luggage capacity）

128 M. CARB modified carburetor 改进的化油器

129 main carburettor 主化油器

130 microprocessor controlled car 微机控制轿车（一般指微机控制点火、喷油、变速的轿

车)

131 motor car mechanic(ian) 轿车技工，轿车技师，轿车机械技术员(= automobile mechanic)

132 motorcar headlamp 汽车前照灯(= automobile headlamp)

133 motorcar horn 汽车喇叭，轿车用喇叭

134 motorcar owner 轿车车主

135 motorcar radio set 汽车收音机(亦称 motorcar set)

136 motorcar repair shop 汽车修理场，轿车修理车间，轿车检修站

137 motorcar rim 小汽车轮辋，轿车轮辋

138 motorcar set 轿车收音机(= autoradio, automobile radio set, car radio receiver, car radio set, automobile receiver)

139 mounted load carrier 悬挂式装载车

140 multicylinder car 多缸发动机汽车

141 multi - nozzle carburetor 多喷油嘴式化油器(指化油器除主喷油嘴外，还有辅助喷油嘴，以适应高速、加速等工况用)

142 multi - throat carburetor 多腔化油器(= multibarrel, carburetor)

143 NFB non feedback carburetor 无反馈式化油器

144 Nissan Bluebird car 日产蓝鸟轿车(日本)日产公司1992年推出两种不同车身的蓝鸟轿车ARX - G, SSS - G，装用4缸发动机，排量2000 mL，最大功率107 kW，前轮驱动，可在挡风玻璃左上角显示行车速度及有关安全行车的指示)

145 Nissan Figaro car 日产费加罗轿车(日本日产公司1991年推出的微型轿车. 装用SOHC涡轮增压发动机，排量387mL，最大功率56 kW，自动变速，可折叠式软车顶)

146 NMHC non - methane hydrocarbon(emission) 不含甲烷的碳氢化合物(排放)

147 oil pump carrier 油泵泵壳，油泵托架，油泵小车

148 one way car 一次性轿车，便宜轿车，低级轿车

149 orthodox car 传统汽车，正统汽车，普通汽车，一般汽车

150 PAH poly cyclic aromatic hydrocarbon (发动机的)多环芳香族碳氢化合物(排放物)

151 PAH poly - aromatic hydrocarbon (发动机的)芳烃碳氢化合物(排放物)

152 passenger(- car)rim 轿车轮辋

153 passenger - car chassis 轿车底盘

154 passenger - carrying chassis 客车底盘(一般指大客车底盘)

155 PC polycarbonate 聚碳酸酯

156 PCAH polycyclic aromatic hydrocarbons 多环芳香族碳氢化合物

157 petrol - electric car 汽油 - 电动车辆

158 PGM - CARB programmed carburetor 可编程的化油器，电脑控制化油器

159 piston ring carrier 活塞环槽镶座(= ring carrier)

160 planet carrier 行星齿轮架，行星架

161 planet wheel carrier 行星齿轮轴架

162 planetary gear carrier 行星齿轮架

163 planetary pinion carrier（行星齿轮机构的）行星架（ = planet carrier）

164 popping in carburettor 化油器放炮，化油器回火（back firing in carburettor，popping - back）

165 posh car 最漂亮的轿车（英俚），豪华轿车

166 premier car company 第一流的轿车公司，名列前茅的汽车公司

167 primary carburetor 初级化油器，一级化油器（除高速、大负荷下使用二级化油器外，其他常用工况都使用一级化油器，亦称 primary side）

168 RC power car rotary combustion power car 转子发动机汽车

169 rear - engine car 后置发动机轿车，发动机后置式汽车

170 rear - steering car 后轮转向车

171 remoulded car 改造的汽车；改装的汽车；改型汽车

172 right hand control car 右转向盘车辆，右座驾驶车辆（用于靠左行驶的国家，= right hand drive car）

173 ring groove carbon remover 活塞环槽积炭清除工具

174 roof stick carline（木制厢式货车车身的）横顶梁，拱梁

175 safety car 安全汽车（指碰撞时，乘员不致遭受重大伤害的轿车，目前处于试验阶段）

176 saloon car 普通轿车（双排座轿车，驾驶员座与乘客间无隔板，= closed car，简称 saloon，美国称 sedan）

177 scraped car 报废汽车，废车

178 seal cartridge 密封衬套

179 secondary carburetor 次级化油器，二级化油器（在高速、大负荷下使用的双级化油器的第二级，亦称 secondary side）

180 sedan car 轿式小客车，轿车

181 semitrailer pole carriage 杆式半挂车

182 SHF synthesized hydrocarbon fluid 合成烃润滑

183 sightseeing car 游览客车，观光汽车

184 SISIC silicon carbide reaction - sintered 反应烧结碳化硅

185 solar car 太阳能汽车，太阳能轿车（ = solar powered car）

186 sonic - nozzle carburetor 声速喷嘴化油器

187 spare wheel carrier 备胎架

188 special passenger car 特种轿车（特种用途的轿车，如检阅车，指挥车）

189 spring carrier 钢板弹簧支架

190 spring carrier arm 弹簧托架

191 SSIC silicon carbide pressureless - sintered 不加压烧结碳化硅

192 steam - powered car 蒸汽动力汽车，蒸汽机汽车

193 steam - powered motor - car 蒸汽动力汽车，蒸汽机汽车

194 straight - eight car 直列八缸发动机汽车

195 streamlined car 流线型汽车

196 streetcar detector 有轨电车探测器

197 SU carburetor, skinner union SU 化油器

198 subcarrier 副载波

199 subcompact car 普通级轿车，小型轿车，(发动机排量大于 I L 且小于或等于 1，6 L)

200 super car 超级车，超级汽车(特指使用高级汽油的高压缩比发动机的轿车)

201 supercarburize 使混合气过渡

202 supercharged car (废气涡轮) 增压式汽车

203 SV - CBV solenoid valve carburetor bowl vent 化油器浮子室通风电磁阀

204 televsion car 电视车

205 THC total hydrocarbon 碳氢化合物总量(排放物中)

206 tilt car 前翻式驾驶室(tilting cab)

207 tow car 牵引车，拖车；拖走故障车的救援车(= tow truck)

208 TPHC tail pipe hydrocarbon 排气尾管碳氢化合物

209 track carrying wheel (履带行走装置) 托链轮(= carrying wheel, upper

210 tracked cars 履带车，履带式车辆

211 trunk carrier 行李舱支架，行李搬运车

212 twin - choke carburetor 双风门化油器，双阻风门化油器

213 two jet carburetor 双喷嘴化油器

214 two - door car 双门轿车，两门轿车(左右两侧各一个车门)

215 UBHC unburned hydrocarbons (发动机中) 未燃尽的碳氢化合物

216 under carriage 底架，脚架；起落架，下支架，(车辆的) 行走部分(机构)

217 unitized car 承载式车身轿车，整体式车身轿车(= frameless car, stressed - skin car, unitary car, single unit car, monocoque car)

218 unitized carrier - type axle housing 整体式桥壳(将减速器壳与轴壳的中间部分铸成一体，两端压入无缝钢管后，用塞焊将其与中间部分焊接在一起)

219 USE universal small car engine 通用小型车用发动机

220 vaporizing carburet(t)or 蒸发式化油器，汽化式化油器

221 variable - area carburetor 活动喉管化油器，可变喉管断面化油器(= variable - venturi carburetor)

222 variable - choke carburetor 可变喉管化油器(variable - venturi carburetor)

223 variable - stability car (专供试验用的) 稳定性可变的轿车

224 variable - venturi carburetor 可变喉管化油器，活动喉管化油器

225 VCC variable characteristic car 可变特性轿车

226 VRC variable research car 多变型车

227 VTV variable - venturi(carburetor) 可变喉管(化油器)

228 VV variable - venturi(carburetor) 可变喉管(化油器)

229 WC with care 小心(货运包装标志)

230 weight of car 车质量(缩写 WOC)

231 wireless car 带无线电装置的汽车

232 WORKCAP working capacity of activated carbon (吸收汽油蒸汽的) 活性炭工作容量

233 WTCARB weight of activated carbon required 活性炭需求量
track wheel)

附录 B：（规范性附录）汽车产品零部件编号中的组号和分组号

组号	分组号	名称	英文
10		发动机	Engine
	1000	发动机总成	Engine assembly
	1001	发动机悬置	Engine mounting
	1002	气缸体	Cylinder block
	1003	气缸盖	Cylinder head
	1004	活塞与连杆	Piston and connecting
	1005	曲轴与飞轮	Grank and flywheel
	1006	凸轮轴	Camshaft
	1007	配气机构	Valve gear
	1008	进排气歧管	Intake and exhaust manifold
	1009	油底壳及润滑组件	Oil pan lubrication group
	1010	机油收集器	Oil trap
	1011	机油泵	Oil pump
	1012	机油粗滤器	Oil coarse filter
	1013	机油散热器	Oil radiator
	1014	曲轴箱通风装置	Crankcase ventilator
	1015	发动机起动辅助装置	Engline start additional device
	1016	分电器传动装置	Distributor drive
	1017	机油细滤器	Oil fine filter
	1018	机油箱及油管	Oil tank and oil line
	1019	减压器	Debooster
	1020	减压器操纵机构	Debooster controller
	1021	正时齿轮机构	Timing gear

附录B：（规范性附录）汽车产品零部件编号中的组号和分组号

组号	分组号	名称	英文
	1022	曲轴平衡装置	Crank balancer gear
	1023	发动机标牌	Engine rating plate
	1024	发动机吊钩	Engine hanger
	1025	皮带轮与张紧轮	Pulley and tensioner
	1026	发动机电控单元执行装置	Engine ECU actuator
	1030	发动机工况诊断装备	Engine diagnostic package
11		供给系	Supply system
	1100	供给系装置	Supply device
	1101	燃油箱	Fuel tank
	1102	副燃油箱	Aux fuel cover
	1103	燃油箱盖	Fuel tank cover
	1104	燃油管路及连接件	Fuel line and connector
	1105	燃油粗滤器	Fuel coarse filter
	1106	输油泵	Fuel pump
	1107	化油器	Carburetor
	1108	油门操纵机构	Throttle control
	1109	空气滤清器	Air filter
	1110	调速器	Governor
	1111	燃油喷射泵（电喷系统）	Fuel injection pump（EFI system）
	1112	喷油器	Injector
	1115	发动机断油机构	Fuel cut device，engine
	1116	燃油电磁阀	Fuel solenoid valve/ SOL
	1117	燃油细滤器	Fuel fine filter
	1118	增压器	Supercharger/ SC
	1119	中冷器	Intercooler/ IC
	1120	燃油压力脉动衰减器	Fuel pressure damper
	1121	燃油分配器	Fuel distributor
	1122	燃油喷射泵传动装置	Fuel injection pump drive
	1123	电控喷射燃油泵	ECI pump
	1124	电控喷射喷油器	ECI injector
	1125	油水分离器	Oil water separator

组号	分组号	名称	英文
	1126	冒烟限制器	Smoke limiter
	1127	自动提前器	Automatic advane unit
	1128	高压燃油管路	High-pressure fuel line
	1129	燃油喷射管路	FIL
	1130	燃油蒸发物排放控制系统	FECS
	1131	燃油压力调节器	Fuel pressure regulator
	1132	进气系统	Intake system
	1133	释压阀	Relief valve
	1134	怠速控制阀	LAC valve/ IACV
	1136	燃气供给系装置	Fuel gas supply device
	1140	贮气瓶	Gas tank
	1141	燃气管路	Gas passage
	1142	蒸发器	Evaporator
	1143	过滤器	Filter
	1144	混合器	Fuel gas mixer
	1145	燃气空燃比调节阀	Air fuel ratio control valve/ AFCV
	1146	燃气压力调节器	Pressure regulator
	1147	气体流量阀	Gas flow valve
	1148	气体喷射器	Gas injector
	1149	充气口总成	Inflation opening
	1150	充气(出气)三通总成	Inflation three - way assembly
	1151	燃气减压阀	Gas pressure relief valve
	1152	燃气安全装置	Gas safety device
	1153	燃料选择开关	Fuel selection switch
	1154	空气预滤器	Air pre - cleaner
	1156	供给系电控单元执行装置	Supply system ECU actuator
12		排气系	Exhaust system
	1200	排气系装置	Exhaust device
	1201	消声器	Muffler
	1202	谐振器	Resonator
	1203	消声器进排气管	Intake or exhaust pipe, muffler

附录B：（规范性附录）汽车产品零部件编号中的组号和分组号

组号	分组号	名称	英文
	1204	消声器隔热板	Heat shield, muffler
	1205	排气净化装置（催化转化器）	Catalytic converter
	1206	二次空气供给系统	Secondary air supply system
	1207	排气再循环系统（EGR）	EGR system
	1208	隔热板	Heat shield
	1209	尾管	Tailpipe
13		冷却系	Cooling system
	1300	冷却系装置	Cooling device
	1301	散热器	Radiator
	1302	散热器悬置	Radiator mounting
	1303	散热器软管与连接管	Radiator hose and connecting pipe
	1304	散热器盖	Radiator cover
	1305	放水开关	Water drain tap
	1306	调温器	Temperature regulator
	1307	水泵	Water pump
	1308	风扇	Fan
	1309	风扇护风罩	Fan shroud
	1310	散热器百叶窗	Radiator shutter
	1311	膨胀箱	Espansion tank
	1312	水式热交换器	Water type heat exchanger
	1313	风扇离合器	Fan clutch
	1314	冷却系电控单元执行装置	Cooling system ECU actuator
15		自动液力变速器	Automatic transmission
	1500	自动液力变速器总成	Automatic transmission assembly
	1501	液力变矩器	Torque converter
	1502	自动变速器总成	Auto transmission subassembly
	1503	冷却器	Cooler
	1504	自动液力变速器操纵机构	Automatic transmission controller
	1505	液力变速器电控单元执行装置	Automatic transmission ECU actuator
	1506	液力偶合器	Fluid coupling

组号	分组号	名称	英文
	1507	锁止离合器	Lock - up clutch
	1508	单向离合器	One - way clutch
16		离合器	Clutch
	1600	离合器系统装置	Clutch system actuator
	1601	离合器总成	Clutch assembly
	1602	离合器操纵机构	Clutch operation
	1603	液力偶合器	Fluid coupling
	1604	离合器助力器	Clutch booster
	1605	储液罐	Fluid Reservoir
	1606	离合器取力器	Power take - off, clutch
	1607	离合器操纵管路	Clutch control line
	1608	离合器总泵	Clutch master cylinder
	1609	离合器分泵	Clutch release cylinder
	1610	ACS 自动离合系统	ACS automatic clutch system
17		变速器	Transmission
	1700	变速系统	Transmission system
	1701	变速器总成	Transmission assembly
	1702	变速器换挡机构	Transmission shifting mechanism
	1703	变速器换挡操纵装置	Transmission shift control
	1704	变速器油泵	Transmission pump
	1705	起动机构	Starting gear
	1706	变速器悬置	Transmission mounting
	1707	AMT 电控单元执行装置	AMT ECU actuator
	1708	同步器	Synchronizer
	1709	油压调节器	Transmission governor
	1710	油压开关总成	Transmission hydraulic switch assembly/ THS
	1711	润滑油滤清器	Transmission filter
	1712	冷却器	Transmission cooler
	1720	副变速器总成	Splitter assembly
	1721	副变速器	Splitter
	1722	副变速器操纵机构	Splitter controller

附录B:（规范性附录）汽车产品零部件编号中的组号和分组号

组号	分组号	名称	英文
18		分动器	Transfer case
	1800	分动器总成	Transfer case assembly
	1801	分动器悬置	Transfer case mounting
	1802	分动器	Transfer case
	1803	分动器换挡机构	Transfer case shifting mechanism
	1804	分动器操纵装置	Transfer case control
	1805	分动器选择开关	Transfer case selection switch
	1806	换挡气缸总成	Shift cylinder assembly
	1807	分动器电控单元执行装置	Transfer case ECU actuator
20		超速器	Overspeed machine
	2000	超速器总成	Overspeed machine assembly
	2001	超速器	Overspeed machine
	2001	超速器联轴器	Connection shaft，overspeed machine
	2002	超速器结合器	Overspeed connector
	2003	超速器操纵机构	Overspeed machine controller
21		电动汽车驱动系统	Electric vehicle driving system
	2100	电动汽车驱动装置	Electric vehicle drive
	2101	电池组	Battery pack
	2102	主开关	Main switch
	2103	驱动电动机	Traction motor
	2104	驱动控制系统	Drive control system
	2105	电缆及连接器	Cable and connectors
	2106	断路器	Chopper
	2107	充电器	Charger
	2108	车辆控制器	Vehicle controller
	2109	接线盒	Junction box
	2110	变压器	Transformer
	2011	传感器	Sensor

组号	分组号	名称	英文
	2112	高压保护装置/高压熔断器	High-tension protection device/ high-tension fusible device
	2114	电源管理系统	Power supply management system
	2116	发电机管理系统	Generator management system
	2118	增程型发电机	Dynamotor
	2120	燃料电池	Fuel cell/ FC
	2121	耦合器	Coupler
	2122	逆变器	Inverter
	2123	AC/DC 变换器	AC/DC converter
	2124	电池过热报警装置	Battery overheat warning device
	2126	插接器(插头)	Service plug
	2127	冷却系装置	Cooling device
	2128	电机过速报警装置	Motor over revolution warning device
	2129	电机过热报警装置	Motor overheat warning device
	2131	电机过电流报警装置	Motor over current warning device
	2132	整流器	Rectifier
	2133	漏电报警装置	Insulation failure warning
	2134	接触器	Electromagnetic contactor
	2136	运行显示装置	Standby indicator
	2137	电制动显示装置	Electric retarding indicator
	2138	故障诊断装置	Diagnosis tester
	2139	变流器	Converter
	2141	锁止机构	Lock actuator
	2142	电机控制器	Motor controller
	2143	继电调整器与变向器	Relay adjuster and reverser
	2144	联轴节	Coupler
	2146	变速系统	EV transmission
	2147	传动系统	EV drive triain
	2148	制动系统	EV brake system
	2149	动力单元	EV power unit
	2151	驱动单元	EV drive unit

附录B：（规范性附录）汽车产品零部件编号中的组号和分组号

组号	分组号	名称	英文
22		传动轴	Drive shaft
	2200	传动轴装置	Drive shaft device
	2201	后桥传动轴	Drive shaft, rear drive axle
	2202	中间传动轴	Mid drive shaft
	2203	前桥传动轴	Drive shaft, front drive axle
	2204	后桥第一中间传动轴	1 st mid drive shaft, rear drive axle
	2205	中桥传动轴	Drive shaft, center drive axle
	2206	中桥中间传动轴	Mid drive shaft, center drive axle
	2207	后桥第二中间传动轴	2 nd mid drive shaft, rear drive axle
	2208	前桥第一中间传动轴	1 st mid drive shaft, front drive axle
	2209	前桥第二中间传动轴	2 nd mid drive shaft, front drive axle
	2210	后桥第三中间传动轴	3 rd mid drive shaft, rear drive axle
	2211	中桥第二中间传动轴	2 nd mid drive shaft, center drive axle
	2212	传动轴保护架	Protective bracket, drive shaft
	2241	传动轴中间支承	Drive shaft intermediate mount
23		前桥	Front drive axle
	2300	前桥总成	Front drive axle assembly
	2301	前桥壳及半轴套管	Front drive axle housing and axle sleeve
	2302	前桥主减速器	Front drive axle final drive
	2303	前桥差速器及半轴	Front drive axle differential and axle shaft
	2304	转向节	Steering knuckle
	2305	前桥轮边减速器	Front drive axle wheel redactor
	2306	前桥差速锁	Front drive axle differential lock
	2307	前桥差速锁操纵机构	Front drive axle differential lock controller
	2308	变速驱动桥	Transaxle
	2309	前桥变速操纵机构	Speed changing controller, front drive axle
	2310	前桥轴头离合器	Front drive axle shaft clutch
	2311	前桥限位带	Stop belt, front drive axle
24		后桥	Rear drive axle
	2400	后桥总成	Rear drive axle assembly

组号	分组号	名称	英文
	2401	后桥壳及半轴套管	Rear drive axle housing and axle sleeve
	2402	后桥主减速器	Rear drive axle final drive
	2403	后桥差速器及半轴	Rear drive axle differential and axle shaft
	2404	转向节	Steering knuckle
	2405	后桥轮边减速器	Rear drive axle wheel redactor
	2406	后桥差速锁	Rear drive axle differential lock
	2407	后桥差速锁操纵机构	Rear drive axle differential lock controller
	2408	变速驱动桥	Transaxle
	2409	后桥变速操纵机构	Speed changing controller, rear drive axle
24		中桥	Center drive axle
	2500	中桥总成	Center drive axle assembly
	2501	中桥壳及半轴套管	Center drive axle housing and axle sleeve
	2502	中桥主减速器	Center drive axle final drive
	2503	中桥差速器及半轴	Center drive axle differential and axle shaft
	2505	中桥轮边减速器	Center drive axle wheel redactor
	2506	中桥差速锁	Center drive axle differential lock
	2507	中桥差速锁操纵机构	Center drive axle differential lock controller
	2510	轴间差速器	Interaxle differential
	2511	轴间差速锁	Interaxle differential lock
	2512	轴间差速锁操纵机构	Interaxle differential lock controller
	2513	中桥润滑油泵	Center drive axle lubricating pump
27		支承连接装置	Supporting and coupling device
	2700	支承连接装置	Supporting and coupling device
	2701	挂车台架	Trailer saddle piece
	2702	牵引装置	Trailer coupling
	2703	连接机构	Connection
	2704	挂车转向装置	Trailer steering device
	2705	转向装置的止位机构	Suspension stop piece steering device
	2706	挂车台架转向装置	Trailer saddle piece steering device
	2707	牵引连接装置	Draw bar

附录B:(规范性附录)汽车产品零部件编号中的组号和分组号

组号	分组号	名称	英文
	2720	挂车支承装置总成	Trailer supporting device assembly
	2721	挂车支承装置	Trailer supporting device
	2722	挂车支承装置的轴及滚轮	Shaft and roll wheel, trailer supporting device
	2723	支承装置升降机构	Hoisting gear, supporting device
	2724	支承装置升降驱动机构	Hoisting drive unit, supporting device
	2725	支承装置升降驱动机构操纵装置	Hoisting drive controller, supporting device
	2728	挂车自动连接机构	Automatic coupling
	2730	鞍式牵引座	Saddle coupling seat
	2731	铰接车转盘装置	Run tray device, articulated vehicle
	2740	辅助支承装置总成	Auxiliary supporting device assembly
	2741	辅助支承装置	Auxiliary supporting device
28		车架	Chassis frame
	2800	车架总成	Chassis frame assembly
	2801	车架	Chassis frame
	2802	发动机挡泥板	Engine fender
	2803	前保险杠	Front bumper
	2804	后保险杠	Rear bumper
	2805	牵引装置	Draw bar
	2806	前拖钩(拖拽装置)	Front hook
	2807	前牌照架	Front license - plate bracket
	2808	后牌照架	Rear license - plate bracket
	2809	防护栏	Fence rail
	2810	副车架总成	Auxiliary frame
29		汽车悬架	Suspension
	2900	汽车悬架装置	Suspension system
	2901	前悬架总成	Front suspension assembly
	2902	前钢板弹簧	Front leaf spring
	2903	前副钢板弹簧	Front assist leaf spring
	2904	前悬架支柱及臂	Prop and arm, front suspension
	2905	前减震器	Front shock absorber

组号	分组号	名称	英文
	2906	前悬架横向稳定装置	Stabilizer bar installation, front suspension
	2908	调平控制系统	Level control system
	2909	前推力杆	Front pusher
	2911	后悬架总成	Rear suspension assembly
	2912	后钢板弹簧	Rear leaf spring
	2913	后副钢板弹簧	Rear assist
	2914	后独立悬架控制臂	IRS control arm
	2915	后减震器	Rear shock absorber
	2916	后悬架横向稳定装置	Stabilizer bar installation, rear suspension
	2917	侧向稳定后拉杆	Rear pull rod, side stability
	2918	平衡悬架	Balanced suspension
	2919	后悬架反作用杆	Reactive link, rear suspension
	2920	限位器	Suspension stopper
	2921	附加桥钢板弹簧	Leaf spring, additional axle
	2922	附加桥附加弹簧	Additional spring, additional axle
	2923	附加桥减震器	Shock absorber, additional axle
	2924	附加桥横向稳定器	Additional axle stabilizer
	2925	前横臂独立悬架系统	Independent suspension system, front crossarm
	2926	后横臂独立悬架系统	Independent suspension system, rear crossarm
	2930	前空气悬架	Front air suspension
	2935	后空气悬架	Rear air suspension
	2940	第二前悬架总成	2nd front suspension assembly
	2941	第二前悬架钢板弹簧	2nd front leaf spring
	2942	第二前悬架减震器	2nd front shock absorber
	2945	悬架电控单元执行装置	Suspension ECU actuator
	2950	空气悬架电控单元执行装置	Air Suspension ECU actuator
	2955	液压悬架电控单元执行装置	Hydraulic suspension ECU actuator
	2960	油气悬架	Hydropneumatic suspension
	2965	限位拉索	Stop cable
30		前轴	Front axle
	3000	前轴总成	Front axle assembly

附录B：（规范性附录）汽车产品零部件编号中的组号和分组号

组号	分组号	名称	英文
	3001	前轴及转向节	Front axle and steering knuckle
	3003	转向拉杆	Steering link
	3010	第二前轴总成	Second front axle assembly
	3011	第二前轴及转向节	Second front axle and steering knuckle
31		车轮及轮毂	Wheel and wheel hub
	3100	车轮及轮毂装置	Wheel and wheel hub system
	3101	车轮	Wheel
	3102	车轮罩	Wheel arch
	3103	前轮毂	Front wheel hub
	3104	后轮毂	Rear wheel hub
	3105	备轮架及升降机构	Spare wheel bracket and regulator
	3106	轮胎	Tire
	3107	备轮举升缸总成	Spare wheel lifting cylinder assembly
	3109	备轮举升手压泵	Spare wheel lifting hand pump
	3117	附加轴轮毂	Wheel hub, additional axle
	3112	连接法兰	Connecting flange
	3113	轮辋	Rim
32		附加桥(附加轴)	Additional axle
	3200	附加桥总成	Additional axle assembly
	3201	摆臂轴及摆臂	Rocker shaft and arm
	3202	附加桥举升机构	Additional axle lifting gear
	3203	举升机构管路系统	Lifting gear line
33		后轴	Rear axle
	3300	后轴总成	Rear axle assembly
	3301	后轴及转向节	Rear axle and steering knuckle
	3303	转向拉杆	Steering link
34		转向系统	Steering system
	3400	转向装置	Steering device

组号	分组号	名称	英文
	3401	转向器	Steering gear
	3402	转向盘及调整机构	Steering wheel and regulator
		100 转向盘总成	Steering wheel Assy
	3403	转向器支架	Steering gear bracket
	3404	转向轴及万向节	Steering universal joint
	3405	转向操纵阀	Steering control valve
	3406	动力转向管路	Power steering line
	3407	动力转向油泵	Power steering pump
	3408	动力转向油罐	Power steering oil reservoir
	3409	动力转向助力缸	Power steering cylinder
	3411	整体动力转向器	Integral power steering gear
	3412	转向附件	Steering accessories
	3413	紧急制动转向装置	Emergency power steering device
	3415	转向转换装置	Steering change - over device
	3417	助力转向控制滑阀	Power steering control spool valve
	3418	电子助力转向执行装置	Power steering ECU actuator
35		制动系	Brake system
	3500	制动系装置	Brake device
	3501	前制动器及制动鼓	Front brake and brake drum
	3502	后制动器及制动鼓	Rear brake and brake drum
	3504	制动踏板及传动装置	Braking pedal and drive
	3505	制动总泵	Brake master cylinder
	3506	制动管路	Braking line
	3507	驻车制动器	Parking brake
	3508	驻车制动操纵装置	Parking brake control device
	3509	空气压缩机	Air compressor
	3510	气压或真空增力机构	Air pressure or vacuum booster
	3511	油水分离器	Oil water separator
	3512	压力调节器	Pressure regulator
	3513	贮气筒及支架	Air storage and bracket
	3514	气制动阀	Air brake valve

附录 B：（规范性附录）汽车产品零部件编号中的组号和分组号

组号	分组号	名称	英文
	3515	保险装置	Insurance device
	3516	快放阀	Quick release valve
	3517	紧急制动阀	Emergency braking valve
	3518	加速阀(继动阀)	Relay valve
	3519	制动气室	Brake chamber
	3520	气制动分离开关	Air brake shut - off swich
	3521	气制动管接头	Air brake pipe fitting
	3522	挂车制动阀	Trailer braking valve
	3523	感载阀	Load - sensing valve
	3524	缓速器	Retarder
	3525	制动压力调节阀	BPMV
	3526	手制动阀	Hand braking valve
	3527	辅助制动装置	Auxiliary braking device
	3529	防冻泵	Antifreeze pump
	3530	弹簧制动气室	Spring braking chamber
	3533	双路阀	Dual - circuit protection valve
	3534	压力保护阀	Pressure protection valve
	3540	真空助力器带制动泵总成	Vacuum booster with master cylinder assembly
	3541	真空泵	Vacuum pump
	3548	发动机进气制动	Inlet brake system, engine
	3549	发动机排气制动	Exhaust brake system, engine
	3550	ABS 防抱死装置	Antilock brake system/ ABS
	3551	制动调整臂	Brake adjusting arm
	3555	空气干燥器总成	Air dryer assembly
	3556	制动截止阀	Brake stop valve
	3561	制动软管及连接器	Brake hose and connection
	3562	制动带	Brake band
	3565	车辆稳定性辅助装置	VSA
	3567	车辆稳定性辅助装置电控单元执行装置	VSA ECU actuator
	3568	EBS 电控单元执行装置	EBS ECU actuator

组号	分组号	名称	英文
36		电子装置	Electronic installation
	3600	整车电子装置系统	Vehicle electronic installation
	3601	车载电子诊断装置	Vehicle diagnosis device
	3602	自动驾驶装置	Automatic guidance
	3603	防撞雷达装置	Guide radar detector
	3604	巡航装置	Cruise control
	3605	防盗系统	Theft protection system
	3606	IC 卡识读机	IC card identifier
	3607	电子报站器	Electronic station announcement machine
	3608	电喷电子装置	Electronic fuel injection electronic device
	3610	发动机系统电控装置	Engine system ECU
	3611	发动机系统电控用传感器	Engine system ECU sensor
	3612	电子喷射电控单元及传感器	ECI ECU and sensor
	3613	化油器电控单元及传感器	Carburetor ECU and sensor
	3614	供给系电控单元及传感器（底盘系统）	Supply system ECU and sensor
	3615	EGR 电控单元及传感器	EGR ECU and sensor
	3616	冷却系电控单元及传感器	Cooling system ECU and sensor
	3621	自动液力变速器电控单元及传感器	Automatic transmission ECU and sensor
	3623	AMT 电控单元及传感器	AMT ECU and sensor
	3624	分动器电控单元及传感器	Transfer case ECU and sensor
	3629	空气悬架电控单元及传感器	Air suspension ECU and sensor
	3630	ABS 电控单元及传感器	ABS ECU and sensor
	3631	缓速器电控单元及传感器	Retarder ECU and sensor
	3634	转向系电控单元及传感器	Steering system ECU and sensor
	3635	EBS 电控单元及传感器	EBS ECU and sensor
	3636	车辆稳定性辅助装置电控单元及传感器	VSA ECU and sensor
	3638	TPMS 系统	TPMS set
	3658	安全气囊电控单元及传感器	Air bag ECU and sensor
	3658	门窗电控单元及传感器	
	3661	前照灯自动控制装置（AFS）	Headlamp automatic control device

附录B:(规范性附录)汽车产品零部件编号中的组号和分组号

组号	分组号	名称	英文
	3665	集中润滑系统电控单元及传感器	centralized lubrication system ECU and sensor
	3670	汽车总线(CAN/LIN)	Automobile bus
	3671	车身电子控制系统/总线接点	body electronic control system/ CAN interface
	3674	车身集中控制系统(BCM)	Body control module
	3676	空调系统传感器	Heat and air conditioner(A/C) system sensor
	3682	卫生间电控单元及传感器	Toilet ECU and sensor
37		电气设备	Electric equipment
	3700	电气设备	Electric equipment
	3701	发电机	Generator
	3702	发电机调节器	Generator regulator
	3703	蓄电池	Battery
	3704	点火开关装置及车门锁芯	Ignition switch device and door latch
	3705	点火线圈	Ignition coil
	3706	分电器	Ignition distributor
	3707	火花塞及高压线	Spark plug and ignition wire
	3708	起动机	Starter
	3709	灯光总开关	Master lighting switch
	3710	变光开关	Dimmer switch
	3719	遮光罩	Light shield
	3721	电喇叭	Electric horn device
	3722	中央控制盒/电路保护装置	Electric central control box and cricuit protection device
	3723	接线器/连接器	Terminal
	3725	点烟器	Cigar lighter
	3728	磁电机	Magneto
	3730	挂车供电插座	Trailer cable socket
	3735	各种继电器	Relay of all kinds
	3736	电源总开关	Main switch
	3737	搭铁开关	Earth switch
	3740	微电机	Small - power motor
	3741	刮水电机及开关	Wiper motor and switch

组号	分组号	名称	英文
	3742	中隔墙电机及开关	Inter - partition wall motor and switch
	3743	座位移动电机及开关	Seat adjustment motor and switch
	3744	暖风电机及开关	Heater motor and switch
	3745	空调电机及开关	Air conditioner motor and switch
	3746	门窗电机及开关	Window life motor and switch
	3747	洗涤电机及开关	Washer motor and switch
	3748	后风窗除霜装置及开关	Rear defroster unit
	3749	散热器风扇电机及开关	Cooling fan motor and switch
	3750	转换开关(开关组件)	Change - over switch
	3751	接触器	Electromagnetic contactor
	3752	爆震限制器	Knock limiter
	3753	行程电磁铁	Travel electromagnet
	3754	电磁开关	Electromagnetic switch
	3755	制动位液面装置(报警)	Brake fluid level device
	3757	气压警报开关	Air pressure warning switch
	3758	车门信号开关	Door signal switch
	3759	座椅加热器及控制开关	Seat heater and switch
	3761	真空信号开关	Vacuum signal switch
	3763	车辆限速装置	Vehicle speed limiter
	3764	ABS 系统调节电动机	ABS control motor
	3765	电子节气门	Electronic throttle
	3766	闪光器(及时间控制器)	Flasher
	3767	燃油泵电动机	Fuel pump motor
	3768	电子点火模块	Electronic ingnition mould
	3769	进气预热器	Intake air heater
	3770	电预热塞	Glow plug
	3773	方向盘多功能开关总成	Multifunicion switch Assy. in the steering wheel
	3774	组合开关	Multi - function switch
	3775	主副油箱转换阀	Change - over valve, main or aux fuel tank
	3776	倒车监视系统	Reverse monitoring television
	3777	分动器控制装置	Transfer case electronic control devise
	3778	电子防盗装置	Electronic theft protection

附录 B:(规范性附录)汽车产品零部件编号中的组号和分组号

组号	分组号	名称	英文
	3779	取力指示器及开关	Power take off indicator and switch
	3780	电压转换开关	Voltage change - over switch
	3781	空挡开关	Neutral - position switch
	3782	电动外后视开关装置	Electric rear mirror switch
	3783	冷风电动机	Cooling motor
	3784	逆变器	Inverter
	3785	防暴电子设备	Anti - riot electronic equipment
	3786	天线电动机	Antenna (motro) driving system
	3787	中央门锁	Central locking mechanism
	3788	火焰塞	Flame plug
	3789	润滑泵电动机	Lubricating pump motor
	3790	电子门锁	Electronic lock for door
	3791	遥控接收器及遥控器	Wireless door lock and remote controller
	3792	翘板开关	Rocker switch
	3793	负离子发生器	Negative - ion generator
38		仪器仪表	Instrument
	3800	仪器仪表装置	Instrument device
	3801	仪表板	Instrument panel assembly
	3802	车速里程表、传感器及软轴	Speedometer and sensor and flexible shaft
	3803	远光指示灯	Full - beam indicator
	3804	电钟	Electronic lock
	3805	陀螺仪/水平仪/海拔仪	Gyroscope /gradienter / altitude instrument
	3806	燃油表	Fuel gauge
	3807	机油温度表	Oil temperature indicator
	3808	水温表	Water temperature indicator
	3809	气体温度表	Air temperature indicator
	3810	机油压力表	Oil pressure gauge
	3811	电流表	Ammeter
	3812	电压表	Voltmeter
	3813	转速表	Tachometer
	3814	真空表	Vacuum indicator

组号	分组号	名称	英文
	3815	混和气点火器	Mixture igniter
	3816	空气压力表	Air gauge
	3818	警报器装置	Alarm device
	3819	蜂鸣器	Buzzer
	3820	组合仪表	Combination instrument
	3822	燃气显示装置	Gas indicator
	3824	稳压器总成	Voltage signal assembly
	3825	水位报警器总成	Water lever tell - tale
	3826	气制动储气筒压力表	Air brake reservoir pressure indicator
	3827	发动机油压表	Engine oil pressure indicator
	3828	冷却液温度表	Coolant thermometer
	3832	变速器操纵信号显示装置	Transmission control signal indicator
	3833	举升信号装置	Lifting signal device
	3834	差速操纵信号显示装置	Differential control signal indicator
	3850	车辆行驶记录仪	Vehicle traveling data recorder
	3853	挂车自动连接信号显示装置	Trailer auto connecting signal indicator
	3865	集中润滑系统显示装置	Centralized lubrication indicator
	3871	预热温度开关及显示器总成	Preheat temperature switch and indicator assembly
	3872	蓄电池欠压报警装置	Battery low - voltage warning device
	3876	出租车计价系统	Taximeter
39		随车工具及组件	Tool set and comp.
	3900	随车工具及组件	Tool set and comp.
	3901	通用工具	General tools
	3903	说明牌	Descriptive label
	3904	铭牌	Label
	3905	铲子	Spader
	3907	牵引钢绳	Towing steel string
	3908	防滑链	Antiskid chain
	3909	备用桶	Spare pail
	3910	灭火器及附件	Extinguisher and accessory
	3911	油脂枪	Grease gun

附录B:(规范性附录)汽车产品零部件编号中的组号和分组号

组号	分组号	名称	英文
	3912	轮胎气压表	Tire air pressure gauge
	3913	起重器	Crane
	3914	保温套	Cosy
	3915	活动扳手	Adjustable spanner
	3916	特种工具	Special tools
	3917	轮胎充气手泵	Tire inflator
	3918	拆卸工具	Disassembling tools
	3919	工具箱	Tool box
	3920	厚薄规及量规	Feeler stock and gauge
	3921	装饰标牌	Farnish label
	3922	备品包箱	Spare tools box
	3923	车辆识别代号标牌	Vehicle identification number label
	3924	发动机修理包	Engine repair kit
	3926	三角警告牌	Triangular warning plante
40		电线束	Wiring harness
	4000	汽车线束装置	Vehicle Wiring harness system
	4001	发动机线束	Chassis wiring harness system
	4002	车身线束	Body wiring harness
	4003	仪表板及控制台线束	Instrument panel and console harness
	4004	座舱线束	Passenger compartment wiring harness
	4005	顶棚线束	Roof wiring harness
	4006	装货空间线束	Loading space wiring harness
	4007	车门线束	Door wiring harness
	4008	电源系统线束	
	4010	车架线束/底盘线束	Chassis wiring harmess
	4011	前线束	Front wiring harness
	4012	中间线束	Center wiring harness
	4013	后线束	Rear wiring harness
	4014	空调线束	Air condition harness
	4016	线束固定器(线夹)	Harness clamp
	4017	线束插接器	Harness connector

组号	分组号	名称	英文
	4018	灯具线束	Lamp wiring harness
	4021	拖挂车专用线束系统	Trailer special wiring harmness system
	4022	货柜车专用线束系统	Container car special wiring harmness system
	4023	冷冻／冷藏车专用线束系统	Refrigerated van special wiring harmness system
	4024	计程车／警用车／救护车等专用车线束系统	Taxicar/ police car/ ambulance etc. special wiring harmness system
	4025	旅行宿营车专用线束系统	Camping car special wiring harmness system
	4035	线束过线橡胶保护套	Wiring harness rubber sleeve
41		汽车灯具	Automobile lamp
	4100	汽车灯具装置	Automobile lamp system
	4101	前照灯	Head lamp
	4102	前小灯位置灯	Side light
	4103	仪表灯	Instrument lamp
	4104	内部照明灯及开关	Interior lamp and switch
	4106	工作灯	Working lamp
	4107	尾灯	Tail lamp
	4108	牌照灯	License plate lamp
	4109	停车灯	Parking lamp
	4111	转向灯及开关	Turn lamp and switch
	4112	投光灯	Projection lamp
	4113	倒车灯及开关	Reversing lamp and switch
	4114	示廓灯	Marker lamp
	4116	雾灯及开关	Fog lamp and switch system
	4117	侧标志灯(侧反射器)	Side lamp(side reflector)
	4118	半挂车标志灯	Semi – trailer signal lamp
	4119	防空灯及开关	Black – out lamp and switch
	4121	组合前灯	Combination head lamp
	4122	壁灯	Bracket lamp
	4123	顶灯	Roof lamp
	4124	阅读灯	Reading lamp
	4126	踏步灯	Courtesy lamp

附录B：（规范性附录）汽车产品零部件编号中的组号和分组号

组号	分组号	名称	英文
	4127	行李箱照明灯	Luggage compartment lamp
	4128	应急报警闪光灯	Hazard warning lamp
	4129	警告灯	Emergency warning lamp
	4131	门灯	Door lock warning lamp
	4133	组合后灯	Rear combination head lamp
	4134	制动灯及开关	Stop lamp and switch
	4135	回复反射器	Retro reflector
	4136	闪光器	Flasher
42		特种设备	Special equipment
	4200	特种设备	Special equipment
	4201	机械打气泵	Mechanical tire inflator
	4202	一档取力器（动力输出装置）	First gear power take - off
	4203	增压泵及减速器	Supercharging pump and reducer
	4205	二档取力器	Second gear power take - off
	4207	三档取力器	Third gear power take - off
	4209	发动机拆卸器	Engine stripping attachment
	4210	特种设备气压操纵装置	Special equipment air pressure control
	4211	取力器	Power take - off
	4212	水下部件通气管	Underwater comp. s breather pipe
	4221	轮胎充气系贮气筒	Tire air inflation reservoir
	4222	轮胎充气系压力控制阀	Tire air inflation pressure valve
	4223	轮胎阀体	Tire valve body
	4224	轮胎充气接头	Tire air inflation fitting
	4225	轮胎充气管路	Tire air inflation pipeline
	4240	车门自动开关机构	Door auto switch device
	4250	集中润滑系统	Centralized lubrication
	4260	集中气动助力伺服系统	Centralized servo system, air assisted
45		绞盘	Winch
	4500	绞盘总成	Winch Assembly
	4501	绞盘	Winch

组号	分组号	名称	英文
	4502	绞盘传动轴	Winch drive shaft
	4503	绞盘操纵装置	Winch control device
	4504	绞盘钢索、链条及钩	Winch tightwire, chain and hook
	4505	绞盘鼓	Winch drum
	4506	绞盘驱动装置	Winch drive
	4507	绞盘支架	Winch bracket
	4508	液压泵、液压马达	Hydraulic pump, hydraulic motor
	4509	液压管路及连接器	Hydraulic pipe and connection
50		车身	Body
	5000	车身总成	Body assembly
	5001	车身固定装置	Body fixing device
	5002	车身翻转机构	Body tilting gear
	5004	车身锁止机构	Body locking gear
	5005	放物台	Body exterior trimming
	5006	车身外装饰	Article bed
	5009	白车身装配总成	BIW assembly
	5010	车身骨架	Body skeleton
	5012	伸缩棚装置	Flexible aulin device
	5014	绞接栅及转盘机构	Joint grille and roll disc system
51		车身地板	Body floor
	5100	车身地板总成	Body floor assembly
	5101	车身地板零件	Body floor parts
	5102	车身地板护面	Body floor shield
	5107	车身地板盖板	Body floor cover plate
	5108	工具箱	Tool box
	5109	地毯	Carpet
	5110	地板隔热层	Floor heat insulator
	5111	进风口罩	Inlet air vent mask
	5112	售票台	Conductor table
	5120	驾驶区地板总成(前地板总成)	Front floor assembly

组号	分组号	名称	英文
	5121	驾驶区地板	Driver's compartment floor
	5122	纵梁	Longeron
	5123	横梁	Crossmember
	5124	压条	Batten
	5130	乘客区地板总成（后地板总成）	Rear floor assembly
	5131	通道地板	Passage floor
	5132	侧面地板	Side floor
	5133	后地板	Rear floor
	5134	纵梁	Longeron
	5135	横梁	Crossmember
	5136	压条	Batten
	5140	地板骨架总成和前踏步总成	Front step assembly (Floor skeleton assembly)
	5150	中间踏步总成	Middle step assembly
	5160	后踏步总成	Rear step assembly
	5172	车身下防护装置	Body lower protections
	5173	车身下防护板	Body lower shield
	5174	车身下导流板	Body lower flow guide
52		风窗	Windshield
	5200	风窗总成	Windshield assembly
	5201	风窗框	Windshield frame
	5202	风窗铰链	Windshield hinge
	5203	风窗侧面玻璃	Windshield side glass
	5204	风窗升降装置	Windshield regulator
	5205	刮水器	Wiper
	5206	风窗玻璃及密封条	Windscreen glass and sealing strips
	5207	风窗洗涤器	Washer
53		前围	Front wall
	5300	前围总成	Front wall assembly
	5301	前围骨架及盖板	Front wall skeleton and cover plate
	5302	前围护面	Front wall shield

组号	分组号	名称	英文
	5303	杂物箱	Glove box
	5304	前围通风孔	Vent hole, front wall
	5305	副仪表板	Console
	5306	仪表板	Instrument panel
	5310	前围隔热层	Front wall heat protector
	5315	高架箱	Elevated box
54		侧围	Side wall
	5400	侧围总成	Side wall assembly
	5401	侧围骨架及盖板	Side wall skeleton and cover plate
	5402	侧围护面	Side wall shield
	5403	侧围窗	Side wall window
	5404	侧围升降机构	Side wall regulator
	5405	中间支柱	Central pillar
	5406	三角窗	Quarter window
	5409	内行李架	Inside luggage
	5410	侧围隔热层	Side wall heat protector
	5411	行李舱门	Luggage compartment door
55		车身装饰件	Body trim
	5500	车身装饰	Body trim
	5501	顶盖装饰件	Roof trim
	5502	喷水口装饰件	Spray water port trim
	5503	安全带装饰件	Safety belt trim
	5504	车身底部装饰件	Body bottom trim
	5506	牌照及照明装置装饰件	License plate and illumination device trim
	5507	活动入口装饰件	Entrance trim
	5508	中间支柱装饰件	Central pillar trim
	5509	散热器护珊装饰件	Radiator grille trim
	5511	大灯、信号灯装置装饰件	Head lamp and signal lamp trim
	5512	轮罩装饰件	Wheelhouse trim
	5513	排气口出口装饰件	Exhaust port trim

附录 B：（规范性附录）汽车产品零部件编号中的组号和分组号

组号	分组号	名称	英文
	5514	散热器导流板装饰件	Radiator flowguide trim
	5516	变速杆装饰件	Gear shift lever trim
	5517	空调装饰件	Air condition trim
	5518	行李箱装饰件	Luggage box trim
	5519	驾驶台装饰件	Driving table trim
	5521	地板装饰件	Floor trim
	5522	车壁装饰件	Interior rim of side wall trim
	5523	豪华座椅装饰件	Executive limousine seat trim
	5524	行李架装饰件	Luggage rack trim
	5526	乘客扶手装饰件	Passenger armrest trim
	5527	卧铺装饰件	Sleeping berth trim
	5528	车门搁物袋	Door stuff bag
	5529	座椅背搁物袋	Seat back stuff bag
	5531	专用隔热、隔音装饰件	Special heat and sound insulation trim
	5532	专用防尘、防雨密封装饰件	Special dust and rain proof seal trim
56		后围	Rear wall
	5600	后围总成	Rear wall assembly
	5601	后围骨架及盖板	Rear wall skeleton and cover plate
		200 后围裙板组件	Rear wall cowl plate comp.
	5602	后围护面	Rear wall shield
	5603	后围窗	Rear wall window
	5604	行李箱盖	Luggage box cover
	5605	行李箱盖铰链及支柱	Luggage box cover hinge and pillar
	5606	行李箱盖锁及手柄	Luggage box cover lock and handle
	5608	行李箱护面	Luggage box shield
	5610	后围隔热层	Rear wall heat protector
	5611	刮水器	Wiper
	5612	洗涤器	Washer
	5613	隔栅	Grille
	5614	导流板	Flowguide

组号	分组号	名称	英文
57		顶盖	Roof
	5700	顶盖总成	Roof assembly
	5701	顶盖骨架及盖板	Roof skeleton and cover plate
	5702	顶盖内护面	Roof interior shield
	5703	顶盖通风窗	Roof vent window
	5704	顶盖外护面	Roof exterior shield
	5709	行李架总成	Luggage rack assembly
	5710	顶盖隔热层	Roof heat protector
	5711	顶盖升降机构	Roof regulator
	5713	应急窗(安全窗)	Emergency window (safety window)
58		乘员安全约束装置	Passenger safty restraint system
	5800	乘员安全约束装置	Passenger safty restraint system
	5810	安全带总成	Seat belt assembly
	5811	前安全带	Front seat belt
	5812	后安全带	Rear seat belt
	5813	中间安全带	Central seat belt
	5814	安全带收紧器	Seat belt retractor
	5820	安全气囊总成	Air bag assembly
	5821	前气囊袋	Front air bag
	5822	侧气囊袋	Side air bag
	5823	气体发生器	Gas generator
	5824	安全气囊电控单元执行装置	Air bag ECU actuator
	5825	微处理器	Microprocessor
	5826	安全气囊触发器	Air bag activator
	5830	儿童约束保护系统	Child restraint system
	5831	儿童安全座椅	Child restraint seat
	5832	儿童安全门锁	Child safety lock
	5833	儿童安全带	Child seat belt
	5834	童车和轮椅约束装置	Baby carriage and wheelchair restraint device
59		客车舱体与舱门	Bus compartment body and door

附录B：（规范性附录）汽车产品零部件编号中的组号和分组号

组号	分组号	名称	英文
	5901	大行李舱体	Large luggage compartment body
	5902	大行李舱门	Large luggage compartment door
	5903	蓄电池舱体	Battery compartment body
	5904	蓄电池舱门	Battery compartment door
	5907	除霜器舱体	Defroster compartment body
	5908	除霜器舱门	Defroster compartment door
	5909	空调舱体	A/C compartment body
	5910	空调舱门	A/C compartment door
	5915	配电舱体	Distribution compartment body
	5916	配电舱门	Distribution compartment door
	5918	小行李舱体	Small luggage compartment body
	5919	小行李舱门	Small luggage compartment door
	5920	其他舱体与舱门	Other compartment body and door
60		车篷及侧围	Roof head lining and side wall
	6000	车篷总成	Roof head lining assembly
	6001	车篷骨架及附件	Roof head lining skeleton and accessory
	6002	车篷及侧围	Roof head lining and side wall
	6003	车篷后窗	Roof head lining rear window
	6004	车篷升降机构	Roof head lining regulation
	6005	车篷座	Roof head lining seat
61		前侧面车门	Front side door
	6100	前侧面车门总成	Front side door assembly
	6101	车门骨架及盖板	Door skeleton and cover plate
	6102	车门护面	Door shield
	6103	车门窗	Door window
	6104	车门玻璃升降机构	Door glass regulator
	6105	车门锁及手柄	Door lock and handle
	6106	车门铰链	Door hinge
	6107	车门密封条	Door sealing strips
	6108	车门开关机构	Door switch system

组号	分组号	名称	英文
	6109	车门滑轨及限位机构	Door slide rail and stop system
	6110	车门气路	Door air circuit
	6111	车门气泵	Air pump，door
	6112	车门应急开启装置	Emergency opening of the door device
62		后侧车门	Rear side door
	6200	后侧车门总成	Rear side door assembly
	6201	车门骨架及盖板	Door skeleton and cover plate
	6202	车门护面	Door shield
	6203	车门窗	Door window
	6204	车门玻璃升降机构	Door glass regulator
	6205	车门锁及手柄	Door lock and handle
	6206	车门铰链	Door hinge
	6207	车门密封条	Door sealing strips
	6208	车门开关机构	Door switch system
	6209	车门滑轨及限位机构	Door slide rail and stop system
	6210	车门气路	Door air circuit
	6211	车门气泵	Air pump，door
	6212	车门应急开启装置	Emergency opening of the door device
63		后车门	Rear door
	6300	后车门总成	Rear door assembly
	6301	车门骨架及盖板	Door skeleton and cover plate
	6302	车门护面	Door shield
	6303	车门窗	Door window
	6304	车门玻璃升降机构	Door glass regulator
	6305	车门锁及手柄	Door lock and handle
	6306	车门铰链	Door hinge
	6307	车门密封条	Door sealing strips
	6308	车门开关机构	Door switch system
	6309	车门助力撑杆	Rear door power – assisted stay rod
	6310	后门窗刮水器	Rear door window wiper

组号	分组号	名称	英文
	6311	后门窗洗涤器	Rear door window washer
	6312	后门窗除霜器	Rear door window defroster
64		驾驶员车门	
	6400	驾驶员车门总成	Driver door
	6401	车门骨架及盖板	Door skeleton and cover plate
	6402	车门护面	Door shield
	6403	车门窗	Door window
	6404	车门玻璃升降机构	Door glass regulator
	6405	车门锁及手柄	Door lock and handle
	6406	车门铰链	Door hinge
	6407	车门密封条	Door sealing strips
	6408	车门开关机构	Door switch system
	6409	驾驶员车门(右)	Driver door, R. H.
66		安全门	Emergency door
	6600	安全门总成	Emergency door assembly
	6601	安全门骨架及盖板	Emergency door skeleton and cover plate
	6602	安全门护面	Emergency door shield
	6605	安全门锁及手柄	Emergency door lock and handle
	6606	安全门铰链	Emergency door hinge
	6607	安全门密封条	Emergency door sealing strips
	6608	安全门开关机构	Emergency door switch system
67		中侧面车门	Middle side door
	6700	中侧面车门总成	Middle side door assembly
	6701	车门骨架及盖板	Door skeleton and cover plate
	6702	车门护面	Door shield
	6703	车门窗	Door window
	6704	车门玻璃升降机构	Door glass regulator
	6705	车门锁及手柄	Door lock and handle
	6706	车门铰链	Door hinge

组号	分组号	名称	英文
	6707	车门密封条	Door sealing strips
	6708	车门开关机构	Door switch system
	6709	车门滑轨限位机构	Door slide rail and stop system
	6710	车门气路	Door air circuit
	6711	车门气泵	Air pump, door
	6712	车门应急开启装置	Emergency opening of the door device
68		驾驶员座	Driver seat
	6800	驾驶员座总成	Driver seat assembly
	6801	驾驶员座骨架	Driver seat skeleton
	6802	驾驶员座骨架护面	Driver seat skeleton shield
	6803	驾驶员座软垫	Driver seat soft cushion
	6804	驾驶员座调整机构	Driver seat regulator
	6805	驾驶员座靠背	Driver seat backrest
	6807	驾驶员座支架	Driver seat bracket
	6808	驾驶员座头枕	Driver seat head restraint
	6809	驾驶员座扶手	Driver seat armrest
69		前座	Front seat
	6900	前座总成	Front seat assembly
	6901	前座骨架	Front seat skeleton
	6902	前座骨架护面	Front seat skeleton shield
	6903	前座软垫	Front seat soft cushion
	6904	前座调整机构	Front seat regulator
	6905	前座靠背	Front seat backrest
	6906	前座扶手	Front seat armrest
	6907	前座支架	Front seat bracket
	6908	前座头枕	Front seat head restraint
	6930	前座中间座	Central seat, front seat
70		后座	Rear seat
	7000	后座总成	Rear seat assembly

附录B：（规范性附录）汽车产品零部件编号中的组号和分组号

组号	分组号	名称	英文
	7001	后座骨架	Rear seat skeleton
	7002	后座骨架护面	Rear seat skeleton shield
	7003	后座软垫	Rear seat soft cushion
	7004	后座调整机构	Rear seat regulator
	7005	后座靠背	Rear seat backrest
	7006	后座扶手	Rear seat armrest
	7007	后座支架	Rear seat bracket
	7008	后座头枕	Rear seat head restraint
71		乘客单人座	Single passenger single seat
	7100	乘客单人座总成	Single passenger seat assembly
	7101	乘客单人座骨架	Single passenger seat skeleton
	7102	乘客单人座骨架护面	Single passenger seat skeleton shield
	7103	座位软垫	Seat soft cushion
	7104	座位调整机构	Seat regulator
	7105	座位靠背	Seat backrest
	7106	座位扶手	Seat armrest
	7107	座位支架	Seat bracket
	7108	乘客单人座头枕	Passenger single seat head restraint
	7109	座椅附件	Seat accessory
72		乘客双人座	Double passenger seat
	7200	乘客双人座总成	Double passenger seat assembly
	7201	乘客双人座骨架	Double passenger seat skeleton
	7202	乘客双人座骨架护面	Double passenger seat skeleton shield
	7203	座位软垫	Seat soft cushion
	7204	座位调整机构	Seat regulator
	7205	座位靠背	Seat backrest
	7206	座位扶手	Seat armrest
	7207	座位支架	Seat bracket
	7208	乘客双人座头枕	Passenger double seat head restraint
	7209	座椅附件	Seat accessory

组号	分组号	名称	英文
73		乘客三人座	Triple passenger seat
	7300	乘客三人座总成	Triple passenger seat assembly
	7301	乘客三人座骨架	Triple passenger seat skeleton
	7302	乘客三人座骨架护面	Triple passenger seat skeleton shield
	7303	座位软垫	Seat soft cushion
	7304	座位调整机构	Seat regulator
	7305	座位靠背	Seat backrest
	7306	座位扶手	Seat armrest
	7307	座位支架	Seat bracket
	7308	乘客三人座头枕	Passenger triple seat head restraint
74		乘客多人座	Multi passenger seat
	7400	乘客多人座总成	Multi passenger seat assembly
	7401	乘客多人座骨架	Multi passenger seat skeleton
	7402	乘客多人座骨架护面	Multi passenger seat skeleton shield
	7403	座位软垫	Seat soft cushion
	7404	座位调整机构	Seat regulator
	7405	座位靠背	Seat backrest
	7406	座位扶手	Seat armrest
	7407	座位支架	Seat bracket
	7408	乘客多人座头枕	Passenger multi seat head restraint
75		折合座	Folding seat
	7500	折合座总成	Folding seat assembly
	7501	折合座骨架	Folding seat skeleton
	7502	折合座骨架护面	Folding seat skeleton shield
	7503	座位软垫	Seat soft cushion
	7504	座位调整机构	Seat regulator
	7505	座位靠背	Seat backrest
	7506	座位扶手	Seat armrest
	7507	座位支架	Seat bracket

附录B：（规范性附录）汽车产品零部件编号中的组号和分组号

组号	分组号	名称	英文
76		卧铺	Sleeping berth
	7600	卧铺总成	Sleeping berth assembly
	7601	卧铺骨架	Sleeping berth skeleton
	7602	卧铺软垫	Sleeping berth soft cushion
	7603	卧铺支架	Sleeping berth bracket
	7604	卧铺骨架护面	Sleeping berth skeleton shield
	7605	卧铺扶手	Sleeping berth assist grip
	7606	卧铺靠背	Sleeping berth backrest
	7607	卧铺调整机构	Sleeping berth regulator
	7608	卧铺搁脚架	Sleeping berth foot rest bracket
	7609	卧铺梯	Sleeping berth ladder
	7611	卧铺附件	Sleeping berth accessory
78		中间隔墙	Inter - partition wall
	7800	中间隔墙总成	Inter - partition wall assembly
	7801	中间隔墙骨架及盖板	Inter - partition wall and cover plate
	7802	中间隔墙护面	Inter - partition wall shield
	7803	中间隔墙窗	Inter - partition wall window
	7804	中间隔墙玻璃升降机构	Inter - partition wall glass regulator
	7805	中间隔墙门	Inter - partition wall door
79		车用信息通讯与声像装置	Vehicle information communication and audio - visual equipment
	7900	车用信息通讯与声像装置	Vehicle information communication and audio - visual equipment device
	7901	无线接收与播放机集成系统（收放机）	Video recorder
	7902	（无线电发报机）单一功能影音视听装置	（Radio transmitter）monofunction audio - visual device
	7903	天线	Antenna
	7904	滤波器	Filter

组号	分组号	名称	英文
	7905	车载电话	Onboard phone
	7906	防干扰装置	Anti – interferenle device
	7908	录放机/扩音器	Car tape cassettle player/ car amplifier
	7909	扬声器系统	Speaker system
	7910	车用视盘机	Car disk player
	7911	车用音响装置	Car acoustics
	7912	显示器总成	Display assembly
	7913	车用卫星定位导航装置	Onboard GPS
	7914	车载计算机	Onboard computer
	7917	车内监控器及摄像系统	Inner monitoring camera system
	7921	电源附件	Power source accessories
	7922	声像附件	Audio – visual accessories
	7925	信息通讯附件	Information communication accessories
	7930	交通信息显示系统	Traffio information display system
	7932	视频显示器装置	Video display
	7935	车载多功能显示系统	Onboard multifunctional display
	7937	车载电台系统	Onboard broadcast system
81		空气调节系统	Air conditioner system
	8100	空气调节装置	Air conditioner device
	8101	暖风设备	Heater device
	8102	除霜设备	Defroster device
	8103	制冷压缩机	Cooling compressor
	8104	车身强制通风设备	Compulsory blower cooling unit
	8105	冷凝器	Condenser
	8106	膨胀阀	Expansion valve
	8107	蒸发器（制冷器）	Evaporator
	8108	空调管路	Air conditioner line
	8109	贮液干燥器	Receiver dryer
	8110	吸气节流阀	Suction valve
	8111	冷气附件	Cooling accessory
	8112	空气调节操纵装置	Air conditioner control

附录B：（规范性附录）汽车产品零部件编号中的组号和分组号

组号	分组号	名称	英文
	8113	空气净化设备	Air cleaning unit
	8114	空调电气设备	Air conditioner electric equipment
	8115	加温设备	Heating unit
	8116	冷、暖风流量分配器	Cooled or heater air distributor
	8117	空气流量分配器	Air flow distributor
	8118	恒温调节器	Constant temperature adjuster
	8119	进、送风格栅	Inlet and outlet wind grille
	8121	进气道与滤清器	Air inlet line and cleaner
	8122	集液器	Accumulator
	8123	供暖和通风系统	Heater and ventilation
82		附件	Accessory
	8200	附件	Accessory
	8201	内后视镜	Inside mirror
	8202	外后视镜	Outside mirror
	8203	烟灰缸	Ashtray
	8204	遮阳板	Visor
	8205	窗帘	Curtain
	8206	搁脚板	Foot rest plate
	8207	各种用具、枪架	Various tools and gun bracket
	8208	反光器	Reflector
	8209	安全锤	Emergency hammer
	8213	冰箱	Refrigerator
	8214	饮水器	Water bowl
	8215	拉手	Handle
	8218	物品盒	Article box
	8219	下视镜	Sill mirror
	8220	保险柜	Safe
	8221	杯架	Cap bracket
	8222	书架、工作台	Book shelf and working table
	8223	药箱	Medicine chest
	8224	随车文件盒	Car document box

组号	分组号	名称	英文
	8225	衣钩	Clothes hook
	8226	行李挂钩	Luggage hook
	8227	告示牌	Notice board
	8228	投币机	Coin machine
	8230	卫生间总成	Toilet assembly
	8231	卫生间	Toilet
	8232	卫生间储水箱	Water reservoir, toilet
	8233	卫生间供排水装置	Water supply and drainage device, toilet
	8234	卫生间电控单元执行装置	Toilet ECU actuator
	8235	卫生间污物处理封装装置	Pollutants disposal sealing device, toilet
	8240	炊事间总成	Kitchen assembly
	8261	发动机装饰附件	Engine trim accessory
84		车前、后钣金	Body front or rear sheet - metal front and rear
	8400	车前钣金零件	Body front sheet - metal
	8401	散热器罩	Radiator cover
	8402	发动机罩及锁	Engine cover and lock
	8403	前翼板	Front wing
	8404	后翼板	Rear wing
	8405	踏脚板	Stepboard
85		车箱	Cargo body
	8500	车箱总成	Cargo body assembly
	8501	车箱底板	Cargo body cargo floor
	8502	车箱边板	Cargo body side gate
	8503	车箱后板	Cargo body tail gate
	8504	车箱前板	Front board, cargo body
	8505	车箱板锁	Cargo body lock
	8506	车箱座位	Cargo body seat
	8507	车箱工具箱	Cargo body tool box
	8508	车箱篷布及支架	Cargo body roof cloth and bracket
	8509	车箱护栏	Cargo body fender

附录 B：（规范性附录）汽车产品零部件编号中的组号和分组号

组号	分组号	名称	英文
	8511	车箱挡泥板	Cargo body fender board
	8514	后门骨架总成	Rear door frame assembly
	8515	翼开启机构	Wing opening gear
	8516	顶棚外蒙皮总成	Roof outer panel assembly
86		车箱倾斜机构	Cargo body inclination
	8600	车箱倾斜机构总成	Cargo body inclined gear assembly
	8601	车箱底架	Cargo body bracket
	8602	倾斜机构	Inclined gear
	8603	倾斜机构液压缸	Hydraulic cylinder, inclined gear
	8604	倾斜机构油泵	Oil pump, inclined gear
	8605	倾斜机构油泵管路	Oil pump line, inclined gear
	8606	倾斜机构操纵装置	Inclined gear controller
	8607	分配机构	Distribution
	8608	举升机构油箱	Oil tank, lifting gear
	8610	举升机构传动轴	Drive shaft, lifting gear
	8611	油泵限位阀	Oil pump limit valve
	8613	举升节流单向阀	Lifting throttle single check valve
	8614	下降限位阀	Descending limit valve
	8615	下降节流单向阀	Descending throttle check valve
	8616	滤清器	Filter
	8617	车箱保险支架总成	Insurance bracket assembly, cargo body

注：在附录 A 中，车身钣金与其他共用分组时，车身钣金使用 □□□□1 ××~□□□□4 ××，其他使用 □□□□5 ××~ □□□□9 ××。

2012 年第三次发布，编号为 Q/SQJ - C - 0002 - 2012，本标准由四川汽车工业股份有限公司技术中心负责起草。

本标准主要起草人：周杨宇，戴丽萍。

附录 C：（规范性附录）
产品结构特征代号

产品特征代号可用于选择配置和采纳先进技术、销售宣传。

序号	特征代码	名称	名称(英文)	备注
1	D×/S×	车门数/座位数	Door number/seat number	×：数量
2	SRS	安全气囊	Supplemental restraint system	
3	ABS	防抱死装置	Anti - lock brake system.	
4	FSB	前排三点式安全带	3 - point safe belt - front	
5	RSB	后排安全带	Safe belt - rear	
6	SSG	防侧撞安全保护	Side safe guard	
7	TBL	高位刹车灯	Top brake light	
8	ARM	防炫目内后视镜	Anti - dazzle inner rearview mirror	
9	CHP	底盘保护	Chassis protection	
10	CSL	儿童防护锁	Child safe lock	
11	SBUW	安全带未系警告	Safe belt untying warning	
12	DULW	车门未关警告	Door unlocking warning	
13	HHL	卤素前大灯	Halogen headlight	
14	MFM	手动可折叠外后视镜	Manual foldable outer rearview mirror	
15	CHL	镀铬字标	Chromed label	
16	SSB	车身同色饰条	Stripe of the same color to the body	
17	BSB	车身同色保险杠	Bumper of the same color to the body	
18	SA	座式天线	Socket antenna	
19	LCT	浅色内饰	Light color interior trim	

附录C：（规范性附录）产品结构特征代号

序号	特征代码	名称	名称(英文)	备注
20	GCT	灰色内饰	Grey interior trim	
21	CDH	普通门把手	Common door handle	
22	DAL	车门礼仪灯	Door adorning lamp	
23	PS	助力转向	Power steering	
24	CCL	中控门锁	Central control door lock	
25	RBO	后备箱车内开启	Rear luggage box opened in the car	
26	MDS	驾驶座手动调节	Manual adjuster of driver seat	
27	FAH	前排上下可调头枕	Front up - down adjustable headrest	
28	RAG	后排上下可调头枕	Rear up - down adjustable headrest	
29	FTH	可倾斜前头枕	Front tiltable headrest	
30	IRL	车内阅读灯	Inner reading lamp	
31	RAT	后座烟灰缸	Rear ash tray	
32	CAC	仪表板背光颜色	Console apheliotropic color	
33	ACF	空调粉尘过滤器	Air conditioner dust filter	
34	CCB	中央杂物盒	Center cargo box	
35	ECU	电子控制装置	Electronically controlled unit	
36	DAB	驾驶员安全气囊	Driver air bag	
37	PAB	乘员座安全气囊	Passenger air bag	
38	DRA	碰撞门匙自动解除	Door key removing automatically if colliding	
39	ABD	防盗装置	Anti - burglar device	
40	RTL	遥控门锁	Remote lock	
41	RSR	倒车雷达	Reverse radar	
42	CIG	镀铬进气格栅	Chromed intake grille	
43	STR	钢制轮圈	Steel rim	
44	AAR	铝合金轮圈	Aluminium alloy rim	
45	OMW	带转向灯外后视镜	Outer rearview mirror with winker	

序号	特征代码	名称	名称(英文)	备注
46	OCL	镀铬外拉式门把手	Outward chromed door lever	
47	OLB	车身同色外拉式门把手	Outward door lever the same color to body	
48	ADG	防强光着色玻璃	Anti - dazzle colored glass	
49	FRS	真皮座椅	Fur seat	
50	VS	丝绒(纺布)(仿皮)座椅	Velour(cloth)(leather)seat	
51	FSW	真皮方向盘	Fur steering wheel	
52	OSW	普通方向盘	Ordinary steering wheel	
53	TCC/PCC	钛合金/桃木中控面板	Titanium alloy/Peach center console	
54	OCC	普通中控面板	Ordinary center console	
55	FDL	真皮门把手	Fur door lever	
56	TDL/PDL	钛合金/桃木门把手	Titanium alloy/peach door lever	
57	EBD	电子制动力分配系统	Electronic brakeforce distribution	
58	PW	电动车窗(前/后)	Power window(front/rear)	
59	PRM	电动外后视镜	Power outer rearview mirror	
60	ASW	可调方向盘	Adjustable steering wheel	
61	OD	单碟 CD	One disc(CD)	
62	RO	收音机	Radio	
63	TP	磁带机	Tape player	
64	VCD	视屏高密光盘	Video compact disc	
65	MP3	MP3 接口	MP3 adapter	
66	RCL	遥控中央门锁	Remote central door lock	
67	H2	扬声器(2个)	Horn	
68	H4	扬声器(4个)	Horn	
69	ADM	防眩目外后视镜	Anti - dazzle outer rearview mirror	
70	CMP	凸轮轴位置传感器	Camshaft position	
71	CPS	曲轴位置传感器	Crank shaft position sensor	

附录 C：（规范性附录）产品结构特征代号

序号	特征代码	名称	名称（英文）	备注
72	KS	爆震传感器	Knock sensor	
73	SPI	单点燃油喷射	Single point injection	
74	MFI	多点燃油喷射	Multi point fuel injection	
75	M/T	手动变速器	Manual transmission	
76	CVT	无极变速器	Continuouslr variable transmission	
77	SOHC	单顶置凸轮轴发动机	Single overhead camshaft	
78	DOHC	双顶置凸轮轴发动机	Double overhead camshaft	
79	TP	节气门位置传感器	Throttle position	
80	VSS	车速传感器	Vehicle speed sensor	
81	TWC	三元催化转化器	Three way conrerter	
82	EGR	废气再循环	Exhaust gas recirculation	
83	ECS	电子控制悬架	Electronic controlled suspension	
84	VSC	汽车稳定控制系统	Vehicle stability contyol	
85	ASR	汽车驱动防滑控制系统	Acceleration slip regulation	
86	GPS	全球导航系统	Global position system	
87	ECT	电子控制自动变速器	Emission control system	
88	PPS	电子控制液压动力转向系统	Progressive power steering	
89	OBD	车载诊断系统	On B0ardDiagnostics	

注：2012 年第三次发布，编号为 Q/SQJ - C - 0002 - 2012，本标准由四川汽车工业股份有限公司技术中心负责起草。

本标准主要起草人：周杨宇，戴丽萍。

参考文献

[1] 林凤，张志，何宝文等. 汽车配件管理与营销(第1版)[M]. 重庆：重庆大学出版社，2009.

[2] 黄炳华，汽车配件管理与营销(第1版)[M]. 广州：华南理工大学出版社，2006.

[3] 人力资源和社会保障教材办公室. 汽车配件营销知识第2版[M]. 北京：中国劳动社会保障出版社，2009.

[4] 周杨宇，戴丽萍. 四川汽车工业股份有限公司乘用车《汽车零部件编号规则》Q/SQJ－C－0002－2012，2012.

[5] 魏炳麟. 市场调查与预测(第三版)[M]. 大连：东北财经大学出版社，2009.

[6] 鲁植雄. 汽车服务工程(第2版)[M]. 北京：北京大学出版社，2014.

[7] 刘树伟，郑利民. 汽车服务企业管理[M]. 北京：清华大学出版社，2012.

[8] 中国汽车工业协会网站，[DB/OL]. http://www.caam.org.cn/.

[9] 姚丽萍. 汽车零部件营销[M]. 北京：机械工业出版社，2014.

[10] 郑颖杰. 汽车配件与物流管理[M]. 北京：机械工业出版社，2014.

[11] 边伟. 汽车及配件营销[M]. 西安：西安电子科技大学出版社，2012.

[12] 陈兆俊，王丽娜. 汽车备件管理[M]. 北京：北京理工大学出版社，2015.

[13] 陈永革. 汽车市场营销[M]. 北京：高等教育出版社，2012.

[14] 孙凤英. 汽车配件与营销[M]. 北京：机械工业出版社，2011.

[15] 张彤，牛雅丽. 汽车售后配件管理[M]. 北京：机械工业出版社，2015.

[16] 宓亚光. 汽车配件经营与管理[M]. 北京：机械工业出版社，2014.

图书在版编目(CIP)数据

汽车配件管理/龚建春,张敬东主编.—长沙:中南大学出版社,2016.6

ISBN 978-7-5487-2342-4

Ⅰ.汽… Ⅱ.①龚…②张… Ⅲ.①汽车-配件-销售管理
Ⅳ.F766

中国版本图书馆 CIP 数据核字(2016)第 143037 号

汽车配件管理

主编　龚建春　张敬东

□责任编辑　韩　雪
□责任印制　易红卫
□出版发行　中南大学出版社
社址:长沙市麓山南路　邮编:410083
发行科电话:0731-88876770　传真:0731-88710482
□印　　装　长沙市宏发印刷有限公司

□开　　本　787×1092　1/16　□印张 19.25　□字数 485 千字
□版　　次　2016 年 6 月第 1 版　□印次　2016 年 6 月第 1 次印刷
□书　　号　ISBN 978-7-5487-2342-4
□定　　价　42.00 元